ECUMENICAL MOVEMENT

한국교회 에큐메니칼 운동사 1884-1945

| 신수일 지음 |

쿰란출판사

한국교회 에큐메니칼 운동사 1884-1945

에큐메니칼 운동의 세 가지 흐름(신앙과 직제, 삶과 봉사, 세계선교와 복음전도)에 비추어 볼 때, 현재 한국 개신교의 에큐메니칼 운동의 현황은 너무나도 빈약한 것으로 보인다.

첫째로 장로교 하나만 보아도 자체 내의 연합을 이룩하지 못하고 100개 이상의 교단들로 분열되어 있으며, 장로교와 감리교 등 각 개신교파들이 다양성 속에서 코이노니아를 추구하는 연합운동(a united church)을 추구하고 있지 않으며, 로마 가톨릭 교회 및 동방정교회와의 연합운동은 더 말할 것도 없다(신앙과 직제 운동). 둘째로 개신교가 연합하고 나아가서 가톨릭 교회와도 연합하여 사회 참여와 역사 참여를 지향해야 하는데, 이것도 성과가 없기는 마찬가지이다(삶과 봉사 운동). 셋째로 세계선교는 더 말할 것도 없다. 개신교파들이 연합하여 선교 협의체를 구성하고 선교사 파송과 선교업무 일반을 모두 총괄해야 하지만, 현재 한국 개신교는 다분히 교파별 선교, 선교단체 중심의 선교, 심지어는 개인의 각개 전투식 선교가 지배적인 것 같다(세계선교와 복음전도운동). 때문에 이와 같은 우리 한국교회의 현 상황은 에큐메니칼 운동을 절실히 요청하는 것으로 판단된다.

하지만 이상과 같은 한국 개신교의 암담한 에큐메니칼 현황을 보면서 신수일 박사의 《한국교회 에큐메니칼 운동사》(1884~1945)를 읽을 때에, 놀랍게도 독자들은 1884-1910년까지 초기 선교사들의 선교활동과 한국 개신교 정착 과정에서 '하나의 교회'를 향한 열정이 얼마나 뜨거웠나를 발견할 것이고, 1910~1930년 어간에는 그것이 어떻게 꽃을 피웠는가를 알게 될 것이며, 1930~1945년 어간에는 그와 같은 개신교 연합의 노력이 얼마나 퇴거하였나를 볼 수 있을 것이다.

비록 '하나의 교회'를 추구하는 초기의 파란 싹이 나무로까지 자라지 못하고 선교사들의 에큐메니칼 정신의 부족과 신생 교회(the younger church)인 한국 개신교의 미성숙으로 인하여 짓밟히고 흙에 파묻히고, 다만 그것이 왕성한 '연합사업'으로만 꽃을 피웠지만, 오늘날 우리는 짓밟히고 흙에 파묻혀 있는 그 '파란 싹'을 되살려야 할 것이고, 연합사업을 좀더 교회 연합에 기초하여 추진해야 할 것이며, 해외선교 역시 그와 같은 교회연합운동을 바탕으로 이루어 나가야 할 것이다.

이 책을 읽을 때에, 적어도 독자들은 1945년까지의 한국 개신교의 과거 이야기에서 매우 왕성한 연합사업들과, 교파를 초월하는 항일운동, 청년운동, 여성운동, 농촌운동, 계몽운동 등 오늘날 우리가 발전 계승시켜야 할 '삶과 봉사' 운동 차원의 활동들을 발견하면서 역사를 통한 학습이 매우 소중함을 깨닫게 될 것이다.

본서는 한국 개신교의 에큐메니칼 운동을 부정적으로만 보려는 독자들에게 그것이 한국 개신교의 뿌리에서는 그런 것이 아니라고 하는 것을 깨닫게 해줄 뿐만 아니라 그동안 한국 개신교의 역사가 보여 주는 모든 비 에큐메니칼 요소들과 경향들이야말로 오늘날 에큐메니칼 운동을 추구하는 사람들에게 큰 교훈이 된다고 하는 사실을 가르쳐 준다. 그리고 1945년까지의 한국 개신교사를 통하여 교회의 연합사업 혹은 에큐메니칼 사업이 교회의 일치 추구보다 훨씬 더 왕성했었다고 하는 사실을 확인하면서, 우리는 연합사업과 세계선교(그리고 통일 이후의 선교)와 같은 프락시스를 앞세우고 그 다음에 교회 일치 추구를 시도해야 한다고 하는 교훈을 준다.

에큐메니칼 운동사에 있어서도 복음선교의 현장(프락시스)에서 교파들의 연합과 협력의 필요가 생겨서 '신앙과 직제' 운동이 시작되었고, WCC와 같은 기구를 먼저 제안한 것도 '신앙과 직제' 운동이 아니라 '삶과 봉사'(프락시스) 운동이었다. 1920년 동방정교회의 콘스탄티노플 성총회가 WCC의 형성을 위해 제안했던 '교회들의 코이노니아'는 예외로 하더라도.

끝으로, 이 책의 저자인 신수일 박사의 역사 기술 방법론에 대하여 한마디 하고 싶다. 그는 비록 장로회신학대학교에서 교육을 받아 장로교에서 목사 안수를 받았고 그동안 장로교에서 목양을 해오고 있으나, 그의 역사관은 교파적 특색을 접고 포스트모더니즘과 에큐메니칼 운동의 '신앙과 직제' 운동을 따라서 '다양성 속에서 코이노니아'를 추구하는 역사 기술 방법론을 택하였다. 즉, 그는 각 교파의 교회 전통과 신학 전통의 특성을 인정하면서도 교회들과 신학들의 에큐메니시티를 추구하기 때문에 교파주의적 역사관을 넘어서고 있는 것으로 보인다. 오히려 그가 몸담고 있는 '장로교'라고 하는 지역성(locality)을 '다양성' 차원에서 내세우지 않은 것이 흠이 될 정도이다.

장로회신학대학교 명예교수(역사신학)
바른 교회 아카데미 연구위원회 위원장
NCCK 신앙과 직제 위원회 위원장
2008년 2월 25일
이형기(Ph. D.)

추천의 글

기독교회 역사 2000년은 한마디로 분열의 역사이다. 교회 사상 처음 교회였던 예루살렘 교회에서 구제하는 문제로 히브리파 과부들과 헬라파 과부들이 패를 나누어 갈등을 빚었고, 고린도 교회 역시 예수파, 게바파, 바울파, 아볼로파로 나뉘어 분쟁을 겪었던 사실을 성경은 기록하고 있다.

예수님께서 십자가를 앞에 두고 겟세마네 동산에서 피 같은 땀을 흘리며 기도하셨던 제목은 "저들로 하나 되게 하시옵소서"였다(요 17장). 사도 바울은 에베소 교회에 써 보낸 편지에서 "성령의 하나 되게 하신 것을 힘써 지키라 몸이 하나이요 성령이 하나이니…… 주도 하나이요 믿음도 하나이요 세례도 하나이요 하나님도 하나이시니"(엡 4:3~6)라고 역설하여 하나의 교회를 강력히 권고하였다.

그러나 교회는 이런 주님의 기도와 사도 바울의 권면을 정면으로 거부하고 역사 속에서 헤아릴 수 없는 분열과 나뉨을 지속하여 왔다. 교회가 분열하는 것은 마귀의 역사이다. 성령은 하나 되는 역사를 하지만 마귀는 분열을 획책한다.

교회는 하나님의 피로 사신 거룩한 모임이지만, 또한 인간들이 모여 이룬 집단이기에 의견 충돌이 있게 마련이고, 생각과 판단이 다를 수밖에 없다. 따라서 의견 충돌은 어떤 의미에서 당연한 일이다. 그러나 이런 의견의 상이함은 신앙으로 극복되어야 한다.

한국교회의 역사, 특히 장로교회의 역사는 한마디로 분열과 나뉨의 역사라 해도 과언이 아니다. 복음이 선포되고 일제 강점기를 지나 해방이 될 때까지는 시대적 상황과 맞물려 분열이 심화

되지 않았지만 해방 후에는 걷잡을 수 없는 분열과 갈림의 회오리바람 속으로 빨려 들어갔다. 이런 분열의 상처는 오늘도 치유되지 않고 더욱 가속되고 있는 상황이다. 이는 분명히 한국교회가 예수님의 말씀과 사도 바울의 권면을 뿌리친 결과라 말할 수밖에 없다.

초기 한국에 나와 생명을 바쳐 가며 복음을 전해 주었던 선교사들은 한국교회의 교파 없는 단일 교회 형성을 위해 많은 노력을 기울였다. 그러나 제반 상황이 이를 성공으로 이끌지 못했다. 교회 일치의 꿈은 이루지 못했으나 여러 분야에서 각 교파가 협력하는 에큐메니즘의 정신을 발현하여 그 결과가 오늘에까지 이르고 있다.

본서의 저자 신수일 목사는 목회의 바쁜 생활 속에서도 학구적 열정을 불태우며 멀리 남단 포항에서 서울까지 오르내리면서 신학박사를 취득하였고 이번에 그가 심혈을 기울여 작성한 논문을 정리하여 책으로 내놓게 되었으니 지도 교수로서 뿌듯한 보람을 느낀다.

신 목사는 한국교회 일치의 역사를 자세히 정리했다. 복음이 선포된 때로부터 해방까지의 역사를 정확한 사료를 동원하여 예리한 통찰력으로 한눈에 일별할 수 있게 정리해 주었다. 교회가 교회 자력으로 교회 일치를 이루지 못한 것을 일제 말기 일제가 강압적으로 통합하는 비극을 연출하였다. 국가 권력이 자기들의 편의와 통제 용이를 위해 한국의 모든 개신교회를 통합했으며, 한국교회는 일본교회에 강제 편입되는 수모를 겪었다. 교회가 자력으로 통합을 이루지 못하면 타력에 의해 그렇게 될 수 있다는 역사의 아이러니를 보았다.

이 책은 한국교회 역사, 특히 에큐메니칼 운동 역사에 관심 있는 이들에게는 필독서가 될 것이다. 또한 이 분야에 관심을 갖거나 글을 쓰는 이들에게 지침서가 될 수 있을 것이다. 모두에게 일독을 권할 만한 가치가 있는 책으로 높이 추천한다.

2008년 2월 25일
미주장로회신학대학교
총장 김 인 수

머리말

우리 나이 45세가 되어서 학문을 마치고 첫 졸작을 세상에 내놓게 되었습니다. 이 책은 장로회신학대학교 역사신학 신학박사 학위논문으로 제출한 것으로, 한국에서 처음 시도하는 글이기에 이것이 앞으로 '한국교회 에큐메니칼 운동사'를 더욱 새롭고 성숙하게 서술하는 디딤돌이 되었으면 하는 마음으로 내놓습니다.

돌이켜 보면 1991년 장신대 신대원 초년 시절부터 졸업할 때까지 지금은 은퇴하고 명예교수로 계신 이형기 교수님의 지도 아래 몇몇 학생들과 에큐메니칼 문서를 읽으며 신대원 생활을 보냈던 추억이 새롭습니다. 그것이 계기가 되어 역사신학(교회사)에 눈을 뜨게 되고 대학원에서 그것을 공부하였고, 만학이 되었지만 박사과정을 마치며 논문을 쓰게 된 것이 "한국 개신교 연합운동 역사 연구(1884~1945)"(《한국교회 에큐메니칼 운동사》)가 되었습니다.

석사학위 논문은 미국 드루 대학교(Drew University)에서 고대 교부인 터툴리안(Tertullian)과 몬타니즘(Montanism)의 관계를 논하였는데(Tertullian and the New Prophecy-Why Tertullian was Attracted by the New Prophecy?), 박사과정에서는 한국교회사를 서술하였습니다. 그것은 한국에서 공부하니 한국교회사를 다루는 것이 좋겠다는 임희국 교수님의 조언이 있었고, 뜻을 같이하는 동료와 더불어 한국교회사에 공헌할 수 있는 주제를 찾다가 본인은 '한국교회 에큐메니즘'에 대해서,

동료는 '1930년대 장로교 상황' 에 대해서 서술하였습니다.

그동안 에큐메니칼 관계 문서들이 저자의 은사이신 이형기 교수님을 중심으로 번역 또는 정리되어 출판되었지만, 진작 한국교회 에큐메니칼 운동사에 대한 포괄적인 작업이 없었던 것이 사실입니다. 전택부 선생님의《한국 에큐메니칼 운동사》가 출판된 것이 유일한 것이지만, 이것은 역사 서술이라기보다는 자료를 정리하여 에큐메니칼 운동의 정보를 전해 준 글이었습니다.

이에 비해 본 저서는 '에큐메니칼 신학' 에 기초한 '에큐메니즘적 교회사 서술 방법론' 에 의거하여 한국교회 에큐메니칼 운동의 전반을 다룬 방대한 작업입니다. 첫 글을 내놓기에 사관에 입각하여 역사를 서술하는 기술 및 신학적 비평이 서툴고 부족한 면이 있음을 솔직히 고백합니다. 이제 시작하는 것이니만큼 독자들께서 넓은 마음으로 헤아려 주시기 바랍니다.

본 저서가 '해방 전까지 한국교회 에큐메니칼 운동사' 를 기술하였기에 앞으로 '해방이후의 한국교회 에큐메니칼 운동사' 를 계속하여 서술하고 출판하게 될 것입니다(《한국교회 에큐메니칼 운동사 II》). 다행히, 신학공부를 마쳐갈 즈음 신학강의를 할 수 있는 기회가 주어져 포항 성서신학원에서 '세계교회사' 와 '한국교회사' 를 전담하여 가르치고, 부산장신대 신대원에서 '에큐메니칼 운동사' 를 가르쳤고, 장신대 신대원에서 '한국교회사' 를 가르치게 되었습니다. 강의를 통하여 더 온전한 역사 서술 기술 및 신학적 비평력을 길러 다음 출판에서 선보일 수 있길 기대합니다.

본 저서가 나오기까지 많은 분들의 사랑을 받았습니다. 먼저 부족한 사람으로 하여금 학문과 경건의 훈련을 받게 하시고 하나님의 나라의 사역자로 세워 주신 하나님께 감사드립니다.

논문의 시작부터 이 책이 출판되기까지 사랑으로 지도해 주신 김인수 교수님께 감사드리고, 한국교회사를 서술하도록 동기 부여를 해주시고 필요 적절한 지도를 아낌없이 베풀어 주시고 1차 심사를 통하여 논문을 심층화할 수 있게 해주신 임희국 교수님과 서원모 교수님께 감사드리며, 최종 심사에서 논문의 약점을 지적해 주시고 더 나은 논문이 되도록 도와주신 성종현 교수님과 현요한 교수님, 총신대 박용규 교수님, 감신대 이덕주 교수님께 감사드립니다. 본 저서가 나오게 된 신학적 기초를 제공해 주시고 추천의 글까지 세심하게 제공해 주신 이형기 교수님께 특별히 감사드립니다.

본 저서의 자료 수집을 위해 협조해 준 본교 장로회신학대학교, 한국기독교역사연구소, 연세대학교, 미국 Drew 대학교, Yale 대학교, Princeton 신학교 관계자와 현지 동문 후배들, 특별히 수많은 자료 제공(프린스턴 신학교 Speer 도서관 내에 Moffett Collection을 설치)과 더불어 많은 조언을 아낌없이 주고 누구보다 아시아와 한국을 사랑하시는 마펫 박사님(Dr. Samuel H. Moffett)과 긴 기간 숙박을 제공해 준 신대원 동기인 뉴욕 영광교회 박태성 목사님 부부에게 감사드립니다.

박사과정을 시작하도록 허락해 주신 시흥교회에 감사드리고, 박사과정 학생임에도 불구하고 담임목사로 청빙하여 아낌없이 후원해 주고 이 책의 출판까지 담당해 주신 포항의 어머니 교회(창립 107주년)인 포항대송교회 당회와 교우님들께 말할 수 없는 큰 감사를 드립니다. 또한 긴 세월 학문과 목회 중에도 언제나 변함없는 격려와 후원과 기도를 해주신 장인 채상국 장로님과 장모 유정자 권사님(경천교회), 아내 채경임과 3남매 하은, 성은, 예찬에게 감사드립니다. 이 모든 분들의 사랑과 도움이 없이는 학문도 출판도 결코 이뤄질 수 없었기에 이분들의 이름을 게재하며 하나님께 영광을 돌립니다.

2008년 2월

포항 철강공단 대송교회 당회실에서

신수일

차 례

차 례

I 서론

한국[1] 개신교[2]의 선교는 해외로부터 각기 교파적 배경을 가진 선교사들에 의해서 시작되었다.[3] 마펫(S. H. Moffett)은 2차 대전 말엽까지 한국에 들어온 개신교 선교부 및 선교회는 모두 42개나 되어 이것이 오늘날과 같은 수많은 교파로 나눠지고, 나아가 한국교회 선교의 시작부터 연합의 본질을 어둡게 한 요인이었

---

1) 본서가 전개하는 시기의 국가명이 몇 차례 바뀌었다. 朝鮮王朝, 大韓帝國(1897.8.12~1910.10.22.), 朝鮮(1910년 이후 해방 전까지) 등이다. 이태진은 일제의 국호 변경에 대하여 설명하기를, 1910년 한일병탄 후 조선 통감부는 총독부로 바뀌었고, 일제는 이때 한국의 국호를 조선으로 바꾸었는데 그것은 대한제국의 줄임말인 한국을 그 이전 왕조 시대의 국호로 되돌린 것이며, 이렇게 함은 한국의 제국으로의 격상을 인정하지 않고 무시한 것이라고 한다[이태진, 서울대 이태진 교수의 동경대생들에게 들려준 한국사-메이지 일본의 한국 침략사 (서울: 태학사, 2005), p. 22]. 이런 점에서 본서는 국호의 사용을 고유 명칭을 제외하고 대한제국의 줄임말인 한국으로 통일하도록 하겠다. 이 국호는 해방 이후 지금까지도 통용되고 있기 때문에 일제가 일방적으로 돌려놓은 조선이라는 국호를 쓰지 않는 것이 타당하다고 하겠다.

2) 본서는 한국 개신교 연합운동 역사를 다루며, 이하 한국교회라 함은 한국 개신교를 일컫는다. 개신교 중에서도 본 논문이 다루는 시기에는 주로 장로교와 감리교가 한국교회의 주류를 이루는 가운데 연합운동이 이뤄졌으므로, 부득불 장 · 감을 중심으로 하는 연합운동이 서술될 것이다.

다고 지적한다.[4)]

이렇게 다양한 교파의 선교사들이 국내에 입국하여 선교를 함으로 자연히 한국교회는 '하나의 교회'가 아니라 여러 다양한 교파로 분리된 가운데 이 땅에 교회가 설립되어 자라기 시작한 것이다. 그러므로 한국교회는 처음부터 연합운동이 필요한 상황이었다. 한국 개신교의 연합운동은 '하나의 교회'로 통일하는 '교파연합운동'을 시도하다가 이루지 못하고 '연합사업운동'으로 전향되었다.[5)] 그러므로 본서에서 지향하는 연합운동사는 '교파연합'의 시도 과정을 논하되, '연합사업운동'을 중심으로 고찰될 것이다.

A. 선행연구 및 연구 목적

---

3) 1884년 최초의 선교사로 입국한 북장로교회 선교사 알렌(H. N. Allen)으로 시작하여, 1885년 북장로교회 언더우드(H. G. Underwood), 북감리교회 아펜젤러(H. G. Appenzeller), 1889년 호주 장로교회 데이비스(J. H. Davies), 1890년 영국 성공회 코르프(C. J. Corfe), 1892년 남장로교회 레이널즈(W. D. Reynolds), 전킨(W. M. Junkin), 테이트(L. B. Tate), 1893년 캐나다 장로교회 맥켄지(W. J. McKenzie)[C. A. Clark, *The Nevius Plan for Mission Work-Illustrated in Korea* (Seoul: The Christian Literature of Society, 1937), p. 100.], 1894년 미국 침례교회, 1905년 안식일교회, 1906년 구세군, 그리고 1907년 동양선교회(성결교 전신) 등이다[N. C. Whittemore, "Fifty Years of Comity and Co-operation in Korea", *The Fifty Anniversary Celebration of the Korea Mission of the Presbyterian Church in the U.S.A. June 30-July 3, 1934* (Seoul: YMCA Press, 1934), p. 96.].

4) S. H. Moffett, *The Christians of Korea* (New York: Friendship Press, Inc., 1962), p. 45.

5) 기독교대한감리회총리원교육국 편, 한국감리교회사 (서울: 기독교대한감리회총리원교육국, 1975), p. 167. 이하 이 책을 《한국감리교회사 I》로, 이성삼 저작의 《한국감리교회사》를 《한국감리교회사 II》로 한다. 그것은 같은 제목의 저작이지만 전자가 1930년 이전을, 후자가 그 이후를 다루고 있는 시리즈물이며 후자는 실제로 책 제목이 《한국감리교회사 II》이다.

1. 선행연구

그동안 한국교회 연합운동에 대한 연구가 여러 측면에서 이뤄져 왔다. 그러나 대부분의 것들이 한 가지 주제를 가지고 다루거나 또는 부분적인 작업이었을 뿐이다. 가령, 선교사들의 연합정신,[6] 기독교 의료사(醫療史),[7] 찬송가사(讚頌歌史),[8] 사회운동사,[9] 청년운동사,[10] 민족 · 신앙운동사,[11] YMCA 운동사,[12] YWCA 운동사,[13] 성서공회사,[14] 기독서회사,[15] 문화운동사,[16] 농촌운동[17] 등과 같은 것들이다.

---

6) 김인수, "초기 한국교회 선교사들의 에큐메니칼 정신과 활동에 관한 고찰", 장신논단 제8집 (1992), pp. 156-179. "초대 선교사 언더우드의 에큐메니칼 정신과 사역", 현대와 신학 제17집 (1993). John Man-Soo Kim, *Horace Grant Underwood: Ecumenism and Inter-Religious Dialogue in a Korean Missionary Context* (Unpublished Dissertation of St. Louis University, 1992). Chang Uk Byun, *Abstract of Comity Agreements Between Missions in Korea from 1884 to 1910: The Ambiguities of Ecumenicity and Denominationalism* (Unpublished Dissertation of Princeton Theological Seminary, 2003).

7) 이만열, 한국 기독교 의료사 (서울: 아카넷, 2003).

8) 閔庚培, 韓國敎會讚頌歌史 (서울: 연세대학교 출판부, 1997).

9) 閔庚培, 韓國基督敎 社會運動史: 1885-1945 (서울: 대한기독교출판사, 1987). 천화숙, 한국여성 기독교사회운동사 (서울: 혜안, 2000). 이만열, "한국 기독교 사회운동", 基督敎思想 제314호 (1984. 8.). 허은숙, 한국 기독교 사회운동사 연구-YMCA와 면려회를 중심으로 (서울: 연세대학교 연합신학대원 미간행 석사학위 논문, 1992).

10) 전택부, 한국기독교청년회 운동사 (서울: 정음사, 1978). 조이제, 한국감리교청년회 100년사 (서울: 감리교청년회 100주년 기념사업위원회, 1997).

11) 閔庚培, 日帝下의 韓國基督敎 民族 · 信仰運動史 (서울: 대한기독교서회, 1991).

12) 대한 YMCA 역사편찬위원회 편, YMCA 40년사 (서울: 대한 YMCA 연합회 출판부, 1962). 대한 YMCA 연맹, 한국 YMCA 운동사 1895-1985 (서울: 로출판, 1986). 서울 YMCA 편, 서울YMCA운동사 1903-1993 (서울: 로출판, 1993).

13) 대한 YWCA연합회, YWCA 40년사 (서울: 대한 YWCA 연합회 출판부, 1962), 한국 YWCA 반백년: YWCA 희망의 상징 (서울: 대한 YWCA 연합회, 1976). 서울 YWCA, 서울 YWCA 50년사 (서울: 서울 YWCA, 1976).

14) 김호용, 대한성서공회사 I, II (서울: 대한성서공회, 1993).

15) 대한기독교서회 편, 대한기독교서회 약사 1890-1960 (서울: 대한기독교서회, 1960). 이장식, 대한기독교서회 백년사 (서울: 대한기독서회, 1984).

16) 이만열, 한국기독교문화운동사 (서울: 대한기독교출판사, 1987).

전택부의《한국 에큐메니칼 운동사》[18]가 출판되어 초기 교회부터 6 · 25한국전쟁까지 좋은 자료를 제공하고 있으나 연구저서로서는 미흡하고, 전성천이 자신의 예일(Yale) 대학교 박사학위 논문을 책으로 출판한《Schism and Unity in the Protestant Churches of Korea》[19]는 한국교회의 분열과 연합의 역사를 서술하지만 연합운동사 전체를 아우르며 폭넓게 다루지 않았고, 한국기독교협의회에서 70년사[20]를 출판했으나 역사 서술을 하지 않고 연표만을 만들었다. 또 박상중의 편저로 여러 저자들의 글을 모아《한국교회와 에큐메니칼 운동》[21]이 출판되었는데, 이것 역시 초기 교회부터 체계적으로 정돈된 책이 아니며 파편적 논문의 모음으로 대부분 해방 이후의 것만 주로 취급하고 있고, 해방 이전의 것으로 오직 민경배의 "NCC 출범 이전의 한국교회 일치 운동사"[22]가 있지만 열두 페이지에 불과한 소논문이다. 따라서 현재까지 한국교회 에큐메니칼 운동사를 전반적으로 다룬 학위

---

17) 한규무, 일제하 한국기독교 농촌운동 1925-1937 (서울: 한국기독교역사연구소, 1997).

18) 전택부, 한국 에큐메니칼운동사 (서울: 한국기독교협의회, 1979).

19) S. C. Chun, *Schism and Unity in the Protestant Churches of Korea* (Seoul: The Christian Literature of Society, 1979).

20) 한국기독교협의회 70년 역사편찬위원회 편, 하나되는 교회, 그리고 세계: 한국기독교협의회 70년 연표 (서울: 대한기독교서회, 1994). 이 책은 1882년 12월 12일 "복음서를 한글로 번역하여 중국 심양에서 출판"으로 시작하여, 1994년 8월 16일 "95년 희년맞이 토론회 개최(타워호텔)"까지 112년간의 주요 연표를 아홉 개 시기로 구분하여 서술한다. 1. 한국교회 연합운동을 위한 모색(1882-1917) 2. 협력하여 열리는 한국선교의 새로운 지평(1918-1923) 3. 민족계몽과 복음의 공동증거(1924-1937) 4. 8 · 15해방과 새 시대 건설(1945-1950) 5. 전후교회와 사회의 재건을 위한 노력들(1951-1960) 6. 평신도운동과 한국교회 갱신(1961-1970) 7. 민주화 인권운동의 선두에서(1971-1980) 8. 통일희년을 향한 믿음의 행진(1981-1990) 9. 하나되는 교회, 그리고 세계(1991-) 등이다. 이어서 주제별 연표를 정치사, 생활과 사업, 신앙과 직제, 선교와 여성, 그리고 문화사 등으로 나누어 기술하고, 부록으로 각 회기의 임원 명단, 출판물 목록, 헌장(규칙) 및 세칙, 그리고 주요 성명서 등을 싣고 있다.

21) 박상중 편저, 한국교회와 에큐메니칼 운동 (서울: 대한기독교서회, 1992).

22) 위의 책, pp. 55-67.

논문이나 저서가 하나도 없다.

2. 연구 목적

위와 같은 점에서 본 연구는 부분적 연구로 이어져 온 한국교회 연합운동사를 전반적으로 다루는 것을 학위논문으로는 처음 시도하는 것이다. 초기 교회는 그리스도를 머리로 하는[23] 교파와 교단이 없는 '하나의 교회' 였을 뿐이다. 그러나 고대 교회가 신학화 작업을 하는 가운데 여러 의견의 차이가 돌출되기 시작하였고 또 지역적 갈등까지 일어나 결국 동방교회와 서방교회로 나뉘더니, 16세기 종교개혁 이후 개혁교회와 루터교회로부터 시작한 개신교는 핵분열로 이어져, 오늘날에는 수많은 교단과 교파로 분열되어 있는 실정이다.

한국 개신교는 상술(上述)한 것과 같이, 서구의 여러 교단 및 교파로부터 파송된 선교사들에 의해 선교사역이 시작되어, 각 교파 교회가 이 땅에 이식되는 가운데 형성되었으므로 초기부터 연합운동이 필요하였다. 초기 선교사들과 한국 교인들의 노력으로 이 땅에 '하나의 교회' 를 세우기 위한 분투가 이어졌으나, 장 · 감이 각기 총회를 조직하면서 그 일은 요원(遼遠)하여졌고, 오늘날은 이를 위한 가능성이 더욱 희미한 상태에 있다. 일부 초기 선교사들과 한국인들이 그렇게도 원했던 '하나의 교회' 는 선교사들을 파송한 모국(母國) 총회의 반대와 국내적 요인 등으로 비록 이루어지지 못하였지만, 교단 및 교파 간의 연합사역은 1938년 신사참배 강요 이전까지 줄곧 이어져 왔음은 간과할 수 없다.

---

23) 엡 1:22, 5:23; 골 1:18.

본서에서는 '하나의 교회'를 설립하려 했던 과정 및 실패의 요인을 밝힐 것이며, 나아가 이러한 노력 속에 펼쳐진 연합 사역의 과정과 결실 및 갈등과 더불어 실패로 끝난 사례까지 상세하게 분석하고 비평할 것이다.

현대 에큐메니칼 운동은 교파를 통합하는 차원보다 상호 교단 및 교파를 인정하고 상존하며 협력하는 차원으로 이어지고 있다. 이런 의미에서 본 논문은 한국 초기 교회가 연합하고자 노력했던 역사를 드러내고자 한다. 물론 초기 교회의 연합운동에는 한계성 및 갈등 등이 있었고 이것 또한 규명하게 될 것이다. 그러나 일련의 한계점이 있었음에도 불구하고 초기 교회의 연합운동은 연합운동에 대한 무관심과 비협력 가운데 있는 현대 한국교회가 본받고 학습해야 할 부분 또한 많다고 할 수 있다. 마치 현대 교회가 예루살렘 초대교회를 이상적인 교회의 모델로 삼고 교회 갱신을 위해 힘쓰듯이, 현대 한국교회도 연합운동에 있어서 초기 한국교회 연합운동사를 기억하며 더욱 교단 및 교파 간의 연합 및 협력 사업을 확장해 나가도록 독려하는 데 본 논문의 목적이 있다.

B. 연구 방법론 및 범위

1. 연구 방법론

본 논문은 한국교회사 서술의 하나이기에, 본 논문이 지향하는 사관, 즉 역사 방법론을 밝힐 필요가 있다. 그동안 한국교회사 서술 방법론으로 시도된 것으로 백낙준의 선교사관(宣教史觀),[24] 민경배의 민족사관(民族史觀),[25] 주재용의 민중사관(民衆史

觀),[26] 이만열의 수용사관,[27] 김인수의 섭리사관(攝理史觀),[28] 박용규의 복음주의 사관(복음주의적 해석),[29] 한국기독교사연구회의 실증사관(實證史觀),[30] 이덕주의 토착교회사관[31] 등이었다. 본 연구가 지향하는 교회사 서술 방법은 포스트모더니즘의 약점을 극복하는 에큐메니즘적 교회사 서술의 하나라 할 수 있다. 이 방법론을 서술하기 전에 모더니즘의 역사관과 포스트모더니즘의 역사관에 대해서 살펴본다.

a. 모더니즘의 역사관

모더니즘의 출발은 19세기 역사주의(historicism)로, 이것은 정치사를 중심으로 역사서술을 하며 국가나 민족을 정당화한 어용 역사 기록으로 거대담론(巨大談論)에 기초한 역사서술이었다. 이것의 대표자가 랑케(L. von Ranke)로, 그는 역사서술에서 철저한 객관성을 주장하며 역사서술자의 모든 주체성을 철저하게 배제시켰다.[32] 그에게서 역사가는 "과거를 판단하는 것"을 금하고 "실제 그것이 어떻게 일어났는지를 보여 주는 것"[33]뿐이다.

이후 모더니즘의 전형을 보여 준 사람이 카(E. H. Carr)로, 그

---

24) 白樂濬, 韓國改新敎史 (서울: 연세대학교 출판부, 1973).
25) 閔庚培, 韓國基督敎會史 (서울: 대한기독교서회, 1972).
26) 주재용, "한국 기독교 백년사", 신학연구 제21집 (1979, 가을호), pp. 199-216.
27) 이만열, 한국 기독교 수용사 연구 (서울: 두레시대, 1998).
28) 김인수, 한국 기독교회의 역사 (서울: 장로회신학교 출판부, 1997).
29) 박용규, 한국기독교회사 I, II (서울: 생명의말씀사, 2004).
30) 한국기독교역사연구소, 한국 기독교의 역사 I, II. (서울: 기독교문사, 1989, 1990).
31) 이덕주, 한국 토착교회 형성사 연구: 한국적 기독교의 뿌리를 찾아서 (서울: 한국기독교역사연구소, 2000).
32) 이형기, 하나님의 나라와 교회-20세기 주요 신학의 종말론적 교회론 (서울: 한들출판사, 2005), pp. 422-423.

는 역사가는 "과거가 어떠했는지를 보여 주는 것"이라고 주장하던 랑케를 비판하고 역사를 "현재와 과거의 끊임없는 대화"라 하며, 그 대화의 결과물이 바로 '역사'라 하였다.[34] 카는 영국사에서 가장 화려했던 빅토리아 시대 말에 성장기를 보내며 '진보로서의 역사'를 견지하였는데,[35] 그에게서 진보란 "역사를 과학적으로 연구하기 위한 과학적 가설"[36]이다. 카에게 있어서 역사는 현재와 과거의 대화의 산물이기에 역사의 존재 방식은 담론이다.[37] 그리고 이 대화의 방향을 결정하는 것은 미래의 목표라는 나침반으로, 역사의 시간을 과거, 현재, 미래로 연결하는 단선적 흐름으로 파악하며 카는 이런 시간관에 의해 역사가 진보한다는 확신을 가졌다.[38]

b. 포스트모더니즘의 역사관

그러나 진보사관(進步史觀)이 제1차 세계대전 이후 무너지며 역사주의 또한 사양길을 걷고 말았는데, 이것을 촉구한 것으로 칼 바르트의 《로마서 강해》(1921), 슈펭글러(O. Spengler)의 《서구문명의 몰락》(*Der Untergang des Abendlandes*, 전2권, 1918~1922), 그리고 소로킨(P. A. Sorokin)의 저서 등이

33) "Preface to the First Edition of Histories of the Latin and Germanic Nations", in Leopold von Ranke, *The Theory and Practice of History*, ed. Georg G. Iggers and Konard von Moltke (Indianapolis, 1973), p. 137. Georg G. Iggers, *Geschitswissenschaft im 20. Jahrhundert*, 임상우, 김기봉 역, 20세기 사학사 (서울: 푸른역사, 1999), p. 47에서 재인용.

34) 김기봉, '역사란 무엇인가'를 넘어서 (서울: 푸른역사, 2000), p. 21.

35) 위의 책, p. 23.

36) E. H. Carr, What is History? (London: Macmillan, 1961). 위의 책에서 재인용.

37) 위의 책, p. 26.

38) 위의 책, pp. 31-32.

있다.[39] 역사주의와 결별하고 새로운 역사서술을 소개한 것이 〈아날〉(*Annales*) 지를 중심으로 모인 프랑스의 아날 학파로, 이들은 종래의 정치사 중심의 역사서술에서 벗어나 페브로(Lucien Fevere)와 블로크(Mark Block)가 경제사 및 사회 경제사를 시도하였고,[40] 그 후예들은 이어서 사회학으로 기울어졌다가 20세기 후반에는 미시사, 일상사 및 포스트모던적 조각난 역사와 합류하여 앞선 세대와 많은 차이성을 나타내게 되었다.[41] 이러한 과정을 통하여 모더니즘 역사관의 핵심인 거대담론 및 진보사관에 대한 도전으로 거대담론을 해체하고 진보사관을 부정하는 포스트모던 역사서술 시대가 도래하였다.

포스트모더니즘의 역사서술에서는 모더니즘이 추구하였던 역사적인 객관성, 보편성, 목적 지향성 모두가 해체되고 만다.[42] 포스트모던 역사관 가운데 주목되는 것이 미시사(微視史, micro history)와 문화사, 즉 미시문화(微視文化-micro culture)사인데, 20세기를 주도했던 거시(巨視)와 경제 및 사회에 대한 도전으로 나타난 것이다.[43] 미시사는 말 그대로 역사의 사실(reality)을 마치 카메라의 줌으로 당겨 보는 것과 같이 작은 규모나 척도로 보려 하며, 개인이나 공동체를 막론하고 실명을 추적하고, 사

---

39) 이형기, 하나님의 나라와 교회, p. 423. 소로킨은 1930년에 하버드(Harvard) 대학교에 사회학과를 창설하였고, 대표적인 저서는 《농촌사회학 원전》(原典)(*A Systematic Source Book in Rural Sociology*, 전 3권, 1930~1932), 《사회적 문화적 동학》(Social and Cultural Dynamics, 전 4권, 1937~1941), 재앙에 빠진 인간과 사회(Man and Society in Calamity, 1942), 《이타적 사랑》(Altruistic Love, 1950) 등이 있다. "P. A. Sorokin", The New Encyclopaedia Britanica vol. 11 (London: Encyclopaedia Britanica, Inc., 1985), 21.

40) Georg G. Iggers, 20세기 사학사, pp. 85-87.

41) 이형기, 하나님의 나라와 교회, p. 423.

42) 위의 책, p. 424.

43) 곽차섭 편, 미시사란 무엇인가?-역사학의 새로운 가능성-미시사의 이론, 방법, 논쟁 (서울: 푸른역사, 2000), p. 13.

회를 문화적 텍스트로 다루며, 소그룹의 개개인들을 추적하며 그들의 행적은 물론 관계망을 밝히며, 이야기 식으로 서술하고, 추론적 패러다임이나 실마리 찾기 등의 방법으로 '가능성의 역사'를 지향한다.[44)]

포스트모던 시대에 신학방법론에 있어서도 새로운 시도가 있었다. 그것은 20세기 후반에 이르러 소련 및 동유럽의 사회주의 체제가 붕괴되면서 다차원적인 세계가 형성되며 문화와 종교의 다양한 원리를 서로 인정하는 다원주의와 상대주의의 경향이 뚜렷하게 나타나기 시작한 것이다.[45)] 포스트모더니즘의 다원화는 가치체계의 다양한 원리는 인정하지만 혼합주의에 빠지는 것이 아니라 지킬 것은 지키면서 대화의 장으로 나가자는 것으로,[46)] 교파나 종교의 다양성을 서로 인정하며 에큐메니칼 지구 공동체를 지향하는 것이다. 이런 면에서 포스트모더니즘은 다원화의 원리에 반대되는 문화동질화의 현상을 적극 반대한다.[47)] 이제는 동질성의 추구에서 다양성과 다원화를 추구하는 세계 사조 속에서 자기의 절대화를 버리고 다양성을 인정하는 가운데 다양성이 동질성을 대처하는 신학방법론이 제안되었다.[48)]

c. 포스트모더니즘의 약점을 극복하는 에큐메니즘적 교회사 서술

---

44) 위의 책, pp. 25-27.
45) 임희국, 선비 목회자 봉경 이원영 연구-이원영 목사의 생애와 사상 (서울: 기독교문사, 2001), p. 288.
46) 위의 책.
47) 임희국, "연합정신에 입각한 영남지역 교회사 연구", 신학과 목회 제12집 (1998), pp. 87-88.
48) 임희국, "연합정신의 현장에 닿은 신학교육", 교회와 세계 제214집 (2002. 12), p. 54.

포스트모더니즘에 대응한 새로운 신학적 패러다임을 에큐메니칼 공동체의 에큐메니칼 신학에서 찾을 수 있다. 그 이유는 포스트모더니즘의 특징들이 인류 공동체가 직면한 문제이며 전(全) 세계 교회들이 당면한 과제이기 때문으로, 이러한 시대적 특징들로 우리는 세계 교회의 일치에로의 부름과 선교와 세계 참여로 요청을 받고 있기 때문이며, 이것들은 어느 한 교파의 신학이나 실천으로 해결될 수 없기 때문이라고 한다.[49] 특별히 1993년 산티아고에서 열린 제5차 신앙과 직제 세계대회 주제인 "신앙, 삶, 복음 증거 안에서의 코이노니아를 향하여"(Towards Koinonia in Faith, Life and Witness)가 포스트모던 패러다임을 위한 에큐메니칼 신학의 틀을 제공하는데, 그 이유에 대해 이형기는 다음과 같이 설명한다.

> 사도적 신앙 내용을 다루는 신앙 차원의 코이노니아와 세례, 성만찬, 직제를 중심으로 하는 교회적인 삶 차원의 코이노니아 이외에 선교와 사회적 증거를 포함하는 증거 차원의 코이노니아를 다루고 있기 때문이다. 신앙과 직제 제5차 세계대회가 정의하는 '코이노니아'란 무엇인가? 그것은 'community', 'communion', 'fellowship', 'participation', 'solidarity', 'sharing', 'partnership'을 뜻하며, 이는 교회들의 다양성 속에서의 일치, 진정한 일치를 이룬 지역 교회들의 협의회를 통한 일치, 유기적인 일치, 진정으로 보편적인 에큐메니칼 총회

49) 이형기, 21세기를 향한 새로운 신학적 패러다임의 모색 (서울: 장로회신학대학교 출판부, 1997), p. 221. 이형기는 그 예로, "보쉬의 제7항: '상호의존을 향하여'(큉은 제1항, 튀빙겐 심포지엄은 제1항)와 국경 없는 자유무역과 정보화 사회는 교회들의 일치를 요구하고 있으며, 보쉬의 제3항: '목적론적 차원의 재발견'(큉의 제5항: 평화운동, 환경운동, 튀빙겐 심포지엄 제8항: 실천적 운동)을 비롯한 나머지 항목들은 모두 세계 교회의 선교적 과제와 사회 참여의 과제를 제시해 가고 있다"고 한다.

> 등 교회의 가시적 일치를 가장 잘 표현하는 교회론적 개념으로서 교회의 대 사회관계와 대 창조세계 관계로 연장, 적용될 수 있다.[50)]

이와 동시에 '사도적 신앙' 차원의 통일성을 확보해야 하는데, 그것은 예수 그리스도의 교회는 신앙과 신학의 시간적, 공간적 보편성과 지역성을 동시에 포함하는 것이다.[51)]

이러한 시대의 변화와 더불어 교회사 서술에도 새로운 방식이 도입되었는데, "세계성과 지역성 그리고 보편성과 다양성(지역적 특성)"을 동시에 서술하는 방법이 그것이다. 즉 "세계 보편종교인 기독교와 그 안에 있는 다양한 교회의 모습을 동시에 생각"하는 것이다. 이것을 임희국은 '에큐메니즘적 교회사 연구'라고 하며,[52)] 에큐메니즘의 자세에 대해 다음과 같이 주장한다.

> 이렇게 다양한 교회의 모습, 다양한 신학과 신앙고백의 차이를 인식하고 또 인정하면서 하나 됨을 추구하는 에큐메니즘의 자세는 남이 나와 꼭 같지 않다고 해서 배타적으로 밀어내거나 배척하지 말고 품어 주고 감싸 주고 부족함을 메워 주는 자세다. 세계 교회가 하나 되는 출발점은 몸의 각 지체가 모두 머리에 연결되어 있듯이 세상의 다양한 교회들은 교회의 머리가 그리스도임을 함께 고백하고, 이들이 각기 그리스도의 지체임을 확인하고 그리고 다 함께 그리스도 안에서 한 몸을 이루는 지체임을 확인하는 데 있다. 이를 통해서 교파/교단주의를 극복하기 위한 대화가 시작된다. 그리고 함께 기독교가 걸어온 발자취를 뒤돌아보면서 교회가 갈라졌던 역사적 원인과 과정 그리고 결과를 다

50) 위의 책, pp. 221-222.
51) 위의 책, p. 237.
52) 임희국, 선비 목회자 봉경 이원영 연구-이원영 목사의 생애와 사상, p. 286.
임희국, "연합정신에 입각한 영남지역 교회사 연구", pp. 89-90.

시 한 번 규명하고 반성해서, 기독교가 맨 처음 시작되었던 물줄기를 찾아내어 공동의 신앙유산을 확인한다. 이것이 세계 보편교회를 향한 연합정신이라 말할 수 있다.[53)]

그러므로 교회사 서술은 이제 에큐메니즘에 의해 어느 지역에만 편중하는 서술이 되어서는 곤란하고 모든 대륙 및 교회사를 통틀어 연구하여,[54)] "다양한 축을 가진 세계 보편교회(eine polyzentrische Weltriche)"[55)]를 그림으로 세계성과 지역성 그리고 보편성과 다양성을 서술하는 교회사가 되어야 할 것이다.[56)]

이런 면에서 본 논문은 '다양성을 통한 일치' 라는 에큐메니즘 정신으로 초기 한국 개신교의 전래 시기부터 해방 전까지의 교회 연합운동사를 서술할 것이다. 이러한 역사서술을 위해 필자는 장 · 감 등 교파나 어떤 기독교 단체에 대한 편견을 버리고 공정한 자세를 견지할 것이다. 또한 자료의 사용에 있어서도 선교사들 및 외국 교회의 자료와 더불어 한국교회의 자료까지, 장 · 감의 자료만이 아니라 기타 교파 및 단체의 자료도 골고루 이용하

---

53) 위의 책, pp. 90-91. 임희국의 '에큐메니즘적 교회사관' 은 벤즈(Ernst Benz: 1907-1978)의 《에큐메니즘적 관점에서 본 교회사》(*Kirchengeschichte in Oekuminisher Sicht*)에서 기인한다. F. W. Kantzenbach, Ernst Benz, *Die allgemeine Kirchengeschichte und das Programm*, "Kirchengeschichte in oekumenisher Sicht" (in: R. Falsche/E. Gendbach〈Hg.〉, In momoriah Ernst Benz. Religionen, Geschichte, Oekumene, Leiden 1981), pp. 45-48. 임희국, "20세기를 회고하고 21세기를 전망하는 역사신학방법론: 기독교 세계의 변화와 교회사 서술의 새로운 구상", 영남신학연구소 김동건 편, 신학의 전망: 21세기를 맞으며 (서울: 한국장로교출판사, 1999), p. 100에서 재인용.

54) 임희국, "연합정신에 입각한 영남지역 교회사 연구", p. 93.

55) J. B. Metz의 용어이며, K. Koschorke, "Kontextualitaet und Universlaitaet als Problemstellungen der Kirchengeshcichte", *Evangelishe Theologie* 52 (1992), p. 221. 임희국, "연합정신에 입각한 영남지역 교회사 연구", p. 93에서 재인용.

56) 위의 책.

고자 한다. 각 교파 및 교단의 회의록으로부터 시작하여 선교사들의 편지, 일기, 보고서, 선교사들이 발간한 신문, 잡지, 서적, 선교사들이 한국인들과 공동으로 저술한 자료들, 한국인이 발간한 신문, 잡지, 서적에 이르기까지 다양한 자료들을 비교 연구하며 본 논문을 서술할 것이다.

2. 연구 범위

본서의 연구 범위는 1884년 최초 선교사의 내한 이후 해방 전까지 한국교회사에 나타난 연합운동사를 서술하는 데 있다. 1945년까지 서술하게 된 것은 이때가 일제 강점기의 끝으로 해방이 되는 시점이며, 더불어 논문작업의 분량이 제한되기 때문이다. 본 연합운동사가 지향하는 방향은 한국에 '하나의 교회'를 설립하고자 했던 초기 교회의 노력이 중단되었으므로, 연합사업 차원에서의 연합운동을 중심으로 서술하게 될 것이다.

본서의 시기 구분(periodization)은 크게 세 시기로 나눌 수 있다. 첫째 시기는 1884년 복음 전래 이후 1910년 한일병탄이 이뤄지기까지, 즉 초기 선교사 시대에 나타난 연합운동사를, 둘째 시기는 1910년 이후 1930년으로 장·감을 중심으로 연합운동이 꽃을 피운 시기이며, 그리고 셋째 시기는 1930년 이후 연합운동이 시들해지고 소멸되어 간 때이다. 이렇게 시기를 구분하되 본서의 서술은 주제별로 하였다. 그것은 교회 연합이 이뤄진 것이 어떻게 변천되었는지를 시기별로 나누어 전개하다 보면 끊어지지만, 주제별로 전개하면 한눈에 관찰할 수 있기 때문이다. 주제별 전개에 앞서 연합운동의 시대적 배경을 밝힘으로 연합운동이 전개될 수 있었던 사회적, 신학적 배경과 더불어 선교사들의 연합정신까지 다룰 것이다. 초기 선교사들의 연합정신을 다룬 것은 그들이 초기에 이 땅에 '하나의 교회'를 설립하고자 했던 정신을 되새기기 위함이다.

연합운동의 주제는 크게 다섯 가지로 나누었다.

첫째, 의료선교를 다루었는데 그것은 의료선교야말로 한국 개신교의 문을 열어 준 공로와 더불어 교회연합(에큐메니칼)운동의 출발점이 되기 때문이다.

둘째, 의료선교만큼이나 한국교회의 양적 및 질적 성장에 크게 공헌을 한 교육사업, 즉 학교교육과 주일학교운동에 나타난 연합운동으로 초중고등학교 등의 설립으로 시작하여 신학교 및 대학의 설립까지 나타난 교회연합운동 및 주일학교연합회까지 다룰 것이다.

셋째, 문서선교에 있어서도 연합운동의 자취가 많았는데 성경번역 및 출판으로 시작하여 찬송가의 출판, 신문 및 잡지, 기타 성경주석 등에 이르기까지 광범위하게 이뤄졌으며, 이것들을 발행하기 위한 출판사의 설립까지 살펴볼 것이다.

넷째, 한국교회가 처음부터 민족의 삶의 현장을 등한시하지 않고 함께한 사회참여로서 여성사역으로 시작하여 청년사역, 애국충군의 모습을 보여 준 고종의 보호와 탄신일 축하, 한일병탄 이전과 이후의 항일운동, 절제운동과 농촌운동을 중심으로 하는 사회계몽운동까지 살필 것이다.

다섯째, 교단 및 교파 간의 연합운동으로 먼저는 장 · 감 각 교단 내의 연합운동으로 시작하여 '하나의 장 · 감'이 각기 형성되는 과정을 돌아보고, 이어서 교파간의 연합운동으로 선교사들만의 모임이었던 재한개신교복음주의선교부연합공의회로 시작하여 한국인들이 함께 참여하기 시작한 조선야소교 장 · 감연합협의회,

가장 큰 연합기구가 된 조선예수교연합공의회의 발족까지 살피며, 나아가 신앙 핍박, 사회주의 및 공산주의 등과 같이 '교회의 위협'을 직면하여 일어났던 교단 및 교파 간의 연합운동과, 일제의 침략과 식민통치를 전후하여 몹시 어려운 현실 가운데서도 교회의 성장 및 연합운동을 가능케 했던 부흥운동 및 해외선교에 대해서 살필 것이다.

이렇게 다섯 가지 큰 주제를 가지고 한국 개신교 연합운동사를 논한 후 끝내 연합운동이 좌절되고 교파주의로 회귀하며 각 교파로 정착한 것을 다루고, 마지막으로 본서를 요약하며, 본서를 통하여 얻게 된 역사학습을 중심으로 제언함으로써 본서의 결론을 맺을 것이다.

초기 교회부터 20세기 후반에까지 다루지 못하고 해방 전까지의 연합운동사만 기술하게 되는 것은 역사서술의 범위가 방대하기 때문이고, 해방 이후의 연합운동사는 훗날 작업이 계속될 것이기 때문이다.

II 한국 개신교 연합운동의 시대적 배경

주제별 연합운동을 서술하기 전 연합운동이 전개될 수 있었던 시대적 배경에 대해 살펴본다. 여기에는 사회적 배경은 물론 신학적인 배경과 더불어 초기 선교사들의 연합정신까지 포함한다. 이것은 앞서 구분한 세 시대를 따라 연합운동을 가능하게 했던 원인들을 요약하는 것으로, 한국 개신교 연합운동은 각 시대마다 교회가 처한 시대적 상황 및 환경과 연관을 맺고 있으며, 이에 따라 때로는 연합운동이 활발하게 추진되기도 했지만, 반대의 현상을 보인 시기도 있었다.[1] 앞의 두 시대는 전자의 경우이고 세 번째 시대는 후자의 경우라 할 수 있다. 그러므로 앞의 두 시대는 연합운동이 전개될 수 있었던 때였고, 세 번째 시대는 연합운동이 쇠퇴하고 급기야 소멸하게 된 시기였다.

---

1) 이덕주, "하나 되게 하소서-한국 개신교회 일치와 연합운동의 역사적 흐름", 그리스도인의 기도 (서울: 한국기독교협의회 교회일치와 종교간 대화위원회 & 한국 천주교 주교회의 교회일치와 종교간 대화위원회, 2007), p. 33.

A. 초기 선교사 시대(1884-1910)

1. 초기 선교사들의 연합정신

초기 선교사 시대에 연합운동을 가능하게 했던 첫째 원인은 초기 선교사들의 연합정신에 있다고 하겠다. 왜냐하면 초기 한국 개신교의 에큐메니칼 운동은 바로 연합정신을 가졌던 일부 선교사들에게서 비롯되었으며, 그들의 궁극적 목적은 한국에 교파 교회를 이식하는 것이 아니라 '하나의 교회'를 설립하는 데 있었으며, 이 일을 끝내 이루지 못했으나 이 정신을 가지고 시작하였던 시기였다.

초기 선교사들은 한국선교 초기에 당면한 여러 가지 한계성 속에서 서로 연합하지 않을 수 없는 환경에 있었다. 이것은 선교사들만이 아니라 포교 허용 이전의 초기 세례자들도 마찬가지였다.[2] 이런 한계적 상황 뿐만 아니라 우리가 간과할 수 없는 것은 선교사들의 에큐메니칼 정신이라고 할 수 있다. 영국의 여행가 비솝(I. B. Bishop) 부인은 1898년 한국을 방문한 가운데 선교사들의 헌신적인 삶을 관찰하고, 특히 선교사들의 협력과 일치가 교파를 초월하고 있는 것을 확인하고 감동을 받았다.[3]

초기 선교사들 가운데 안수 받은 목사들로서 최초의 사역자들이었던 언더우드(H. G. Underwood)와 아펜젤러(H. G.

2) L. H. Underwood, *Underwood of Korea Being An Intimate Record of the Life and Work of the Rev. H. G. Underwood, D.D, LL.D., for Thirty-One Years A Missionary of the Presbyterian Board in Korea* (New York: Fleming H. Revell Company, 1918), p. 90.

3) I. B. Bishop, *Korea and Her Neighbors-A Narrative of Travel, with an Account of the Recent Vicissitudes and present position of the Country*, vol. II (London: John Murray, Albemarle Street, 1898), pp. 157-158.

Appenzeller)는 이런 면에서 탁월한 자들이었다. 그리고 이들과 더불어 다른 선교사들의 연합정신도 살펴본다. 이들 초기 선교사들의 연합정신이 이 땅에 '하나의 교회'를 설립하고자 하는 추진력을 얻게 하였기 때문이다.

a. 언더우드의 연합정신

언더우드는 성장과정을 통하여 연합정신을 경험하였다. 먼저 그의 외조부 와우(Alexander Waugh)는 18세기 스코틀랜드의 유능한 설교가요 해외선교에 관심이 많았고, 성공회, 감리교, 장로교, 침례교, 독립교 등의 교파 연합운동을 전개하며 정기간행물을 편 에큐메니칼 운동의 선구자였다.[4] 외조부 와우의 "폭넓은 도량, 인류애, 통합에 대한 집념, 지도력"이 언더우드에게 큰 영향을 끼친 것이다.[5]

그의 부모는 회중교회(Congregational Church)의 교인들이었으므로 그는 회중교인의 모태신앙으로 태어나 성장하였으나, 그가 열두 살 때 부모님과 함께 미국 뉴저지 주의 더램(Durham)으로 이민을 와 살면서 네덜란드 개혁교회에 출석했고, 뉴욕 대학교를 졸업하고 신학교도 뉴브런스윅(New Brunswick)에 있는 화란개혁교회신학교(Dutch Reformed Theological Seminary)를 졸업하고 목사 안수를 받았으나, 한국으로의 선교사 파송은 미국 북장로교회로부터 받았으니,[6] 그의 이력서는 한마디로 에큐메니칼 경력의 소유자로 교파에 대한 개

---

4) 이광린, 초대 언더우드 선교사의 생애-우리나라 근대화와 선교활동 (서울: 연세대학교 출판부, 1991), pp. 1-2.
5) 위의 책, p. 2.

념에 매이지 않고 사역을 할 수 있었던 것이다.

언더우드가 한국에 입국한 이후 나타난 첫 번째 연합정신은 그의 어학선생을 택할 때 나타났는데, 그는 놀랍게도 천주교인이었지만 여러 프랑스의 천주교 선교사들을 가르친 경험이 있었던 송덕조를 자신의 어학선생으로 택하였던 것이다.[7] 이후에도 그는 연합정신에 입각하여 모든 사역을 경주하였는데, 그 예들을 살펴보자.

언더우드는 한국에 입국한 최초의 개신교 선교사 중의 한 사람으로 홀로 먼 지방까지 전도여행을 떠났고, 그 경험을 살려 1888년 4월 두 번째 장기 순회전도여행을 떠날 때는 북감리교회 선교부의 아펜젤러와 동행함으로[8] 장 · 감의 연합정신을 일찍부터 실행했다.[9] 아펜젤러와 언더우드는 그들이 선교사로 이 땅에 입국하기 전부터 구면 관계로, 그들은 1883년 10월 24일부터 28일까지 코네티컷 주의 하트포드(Hartford)에서 열린 미국신학교연

---

6) 김인수, "초대 선교사 언더우드의 에큐메니칼 정신과 사역", 〈현대와 신학〉 제17집(1993), p. 119. 언더우드가 졸업한 화란개혁신학교가 오늘의 뉴브런스윅 신학교(New Brunswick Theological Seminary)이다. 그가 이 신학교를 졸업한 후 네 살 때부터 품어 오던 선교사로 일하기 위해 화란개혁교회 해외선교부에 파송을 요청했으나 재정 부족을 이유로 거절당하고, 북장로교회 해외선교부에도 요청했지만 거기에서도 같은 대답을 받았다가 후에 파송을 받게 되었다. 이광린, 초대 언더우드 선교사의 생애, p. 14.

7) H. G. Underwood, " Securing a Romanist as Teacher" , *Foreign Missionary*, 1885. 11, 이만열, 옥성득 편역, 언더우드 자료집 I (서울: 연세대학교 출판부, 2005), p. 283. John Man-Soo Kim, *Horace Grant Underwood: Ecumenism and Inter-Religious Dialogue in a Korean Missionary Context* (Unpublished Dissertation of St. Louis University, 1992), p. 72.

8) L. H. Underwood, *Underwood of Korea*, p. 69. 순회전도사역은 네비어스가 방문하기 전에 이처럼 초기 선교사들에 의해 이뤄졌는데, 그것은 한국이 소부락 중심의 나라로 90%가 만 명 미만의 마을에 살고 있었고, 초기 선교부에서는 "이 사역이 한국의 최고 희망이다"라고 여길 정도였고, 실제로 1937년까지 한국 기독교인의 73%가 농촌에 있었다. C. A. Clark, *The Nevius Plan for Mission Work-Illustrated in Korea* (Seoul: Christian Literature Society, 1937), pp. 114-116.

9) *Annual Report of the Board of Foreign Missions of the Methodist Episcopal Church, Korea Mission 1888*, p. 337.

맹(The Inter-Seminary Alliance)에 참석하여 선교사로 헌신할 의지를 가졌고, 이후 변함없는 친구가 되었으며 뜻을 같이하였다.[10)]

예수회 선교사들이 궁궐과 종묘를 내다볼 수 있는 높은 지형에 성당을 짓겠다고 땅을 매입함으로 인해 외국 종교 포교 금지령이 내렸을 때에도 아펜젤러 내외와 언더우드와 그의 부인(L. H. Underwood)은 사적으로 또는 공공연하게 설교와 가르침을 계속하는 용기를 함께 발휘했다.[11)] 언더우드와 아펜젤러는 교인들을 이끌고 큰 소리로 "예수의 피밖에 없네" 찬송을 불렀으나 아무런 제재를 받지 않았고, 교인들은 다시 복음전도와 설교와 예배를 계속하였다.[12)]

언더우드는 호주 장로교회 선교사 데이비스(J. Henry Davies) 목사가 천연두로 갑자기 죽었을 때 그의 죽음을 애도하며 그가 영성과 헌신에 탁월한 인물이었음을 인정하였고,[13)] 또한 캐나다 장로교회 선교사 맥켄지가 한국어를 배우며 한국 사람들을 이해하고 그들과 같은 생활방식으로 살고자 할 때 소래(松川)로 가라고 조언해 주었다.[14)] 1899년 언더우드는 12주간 동안 1,600km를 걸어서 다섯 번의 순회전도여행을 했는데,[15)] 그는 여행 중에 1898년 가을 캐나다에서 입국한 그리어슨 부부(Dr.

10) William Elliot Griffis, *A Modern Pioneer in Korea-The Life Story of Henry G. Appenzeller* (New York: Fleming H. Revell Company, 1912), p. 86.
11) L. H. Underwood, *Underwood of Korea*, pp. 70-71. L. H. Underwood, *Fifteen Years Among The Top-Knots or Life In Korea* (New York: American Tract Society, 1904), pp. 13-15.
12) L. H. Underwood, *Underwood of Korea*, p. 73.
13) L. H. Underwood, *Fifteen Years Among The Top-Knots or Life In Korea*, p. 97.
14) 위의 책, p. 157.
15) L. H. Underwood, *Underwood of Korea*, p. 191.

and Mrs. Grierson)와 맥래(McRae)와 동행하며 그들로 한국을 이해하고 자기의 사역방식에 대해서 배우게 했다.[16)]

언더우드는 1896년 보스턴 침례교회(the Clarendon Street Baptist Church of Boston)로부터 파송된 선교사들을[17)] 기쁨으로 맞이하며 '선교부 공의회'(Council of Missions)에 참여하도록 요청하였으나 그의 제의는 '선교부 공의회' 다수에 의해 기각되었고, 이러한 그들의 태도는 그를 크게 슬프게 하였다.[18)] 언더우드는 각 교파의 선교사들의 숫자가 늘어나자, 휴양지를 건설하자고 선교부에 요청하였다. 당시 선교부 사람들은 그것의 필요성을 정확히 인식하지 못하였으나, 언더우드는 이 계획을 계속 추진하여 소래에 땅을 매입하고 휴양지를 건설하였다. 선교사들은 1913-1914년에 가서야 소래 해변의 휴양지를 알게 되었고, 이것으로 인해 고마워하게 되었다.[19)] 언더우드의 연합정신 노력의 결정체는 1905년 장·감 여섯 개 선교부의 모임인 재한개신교복음주의선교부연합공의회를 결성한 것이며, 그는 이 공의회의 초대 의장이 되었다.[20)]

이밖에도 언더우드의 연합정신이 나타난 일들은 대학을 세우되 연합대학을 설립할 것을 주장하였고,[21)] 찬송가 번역에서도 교단 및 교파 간의 갈등을 피하기 위해 신명에 있어 '하나님'이나

---

16) 위의 책, p. 192.
17) Earnest B. Gordon, *Adoniram Judson Gordon* (New York: Fleming H. Revell Company, 1896), pp. 222-274. John Man-Soo Kim, *Horace Grant Underwood*, p. 88에서 재인용.
18) L. H. Underwood, *Underwood of Korea*, pp. 198-199.
19) 위의 책, pp. 253-254.
20) 이것에 대해서는 본서 'VII. 교단 및 교파 간의 연합운동 B. 1. 재한개신교복음주의선교부연합공의회'를 참고하라.
21) 김인수, "호러스 그랜트 언더우드-선교사 활동과 인간적 측면을 중심으로", 〈장신논단〉 제19집(2003), p. 141. 그가 힘써 설립되게 된 조선기독교연합대학(연희전문)에 대해서는 본서 'IV. 교육선교 C. 대학의 설립'을 참고하라.

'신' 등을 사용하지 않고 '아버지'와 '여호와'만을 사용한 것,[22] 국내에 입국한 다른 장로교단들과의 연합공의회를 구성하고,[23] 선교지를 분할하는 예양협정을 체결한 것,[24] 성서번역위원회를 구성한 일,[25] 그리고 기독교청년연합회(YMCA)의 창설에 참여한 것[26] 등이다.

언더우드의 부인(L. H. Underwood)은 무디(D. L. Moody)와 언더우드를 비교하며 둘은 모두가 일을 추진할 때 어떤 장애물도 열정으로 극복해 갔으나, 무디는 반대를 무릅쓰고 자기 길을 갔지만 언더우드는 선교부와 부딪치고 갈라서지 않았다고 진술한다.[27] 언더우드는 영국의 불독과 같이 한 번 붙들면 놓지 않는 성격의 사람이었다. 그렇다고 언더우드가 언제나 불화를 일으킨 사람은 아니었으며, 도리어 그는 포용성이 있는 마음의 소유자였으며 형제들에게 양보할 줄 알았다. 다만, 원칙적인 일들에 대해서는 양보하지 않았다.[28]

언더우드는 한국에 '하나의 연합교회'(the Church of Christ in Korea)가 세워진다면 이 나라의 복음화에 상당한 도움이 되리라 예견했지만, 연합은 신중하게 다루어야 할 것이며, 연합이

22) 이것에 대해서는 본서 'V. 문서선교 B. 찬송가 출판'을 참고하라.
23) 이것에 대해서는 본서 'VII. 교단 및 교파 간의 연합운동 A. 1. 장로교 연합운동'을 참고하라.
24) 이것에 대해서는 본서 'VII., B. 1. 재한개신교복음주의선교부연합공의회'를 참고하라.
25) 이것에 대해서는 본서 'V., A. 성경 번역 및 출판'을 참고하라.
26) 이것에 대해서는 본서 'VI. 사회참여 B. 청년운동'을 참고하라.
27) L. H. Underwood, *Underwood of Korea*, pp. 211-212.
28) L. H. Underwood's Letter to Dr. Ellinwood, the General Secretary of the Mission Department of the Presbyterian Church in USA, 1894. 5. 28, p. 885. 이하 언더우드와 그의 부인 릴리아스의 편지의 자료는 김인수 교수가 모은 《언더우드 목사의 선교편지, 1884-1916》(서울: 장로회신학대학교 출판부, 2002) 영문판 참고.

될 수만 있다면 교회의 역량이 증가할 것은 자명한 일이었다.[29) 언더우드는 '하나의 연합교회'에 대한 비전에 대하여 다음과 같이 진술한다.

나는 유능하고 잘 훈련된, (그리고) 철저하게 헌신적인 토착적인 목회, 분파적이 아니고 연합된 그리스도의 교회, 거기에는 감리교인도, 장로교인도, 성공회교인도, 유대인도, 헬라인도, 스구디아인도, 자유자나 매인 자나 할례자나 무할례자가 구별이 없고 다만 그리스도만이 모든 것의 모든 것일 뿐인 교회가 이뤄져야 한다고 확신한다. 나는 이 나라가 강하고 큰 팔로 한편으로는 중국에, 다른 한편으로는 일본에 그 세력을 펼쳐, 편견을 줄이고 상대에 대한 믿음을 공고히 하여 한국이 그 이웃들과 더불어 어린양을 영원히 찬양하며, 왕 중 왕이며 만주의 주님을 드높이는 기독교 국가의 거대한 원(圓)을 이루는 새 나라가 되는 것을 바라본다.[30)]

연합신문인 〈기독신보〉는 1916년 11월 언더우드가 별세한 후 "고 언더우드 목ᄉᆞ의 행장"이란 제목을 통하여, 그가 생전에 장·감의 교파를 타파하고 서울에 대학교와 남녀 성경학교를 설립하여 한국 남녀 교인의 지덕을 개발하려고 노력했음을 보도하였다.[31)] 언더우드가 죽은 후에 모트(J. R. Mott)는 언더우드를,

29) H. G. Underwood's Letter to Dr. Brown, the General Secretary of Mission Department of the Presbyterian Church in USA (1906. 1. 16), pp. 1073-1075.

30) H. G. Underwood, "Twenty Year's Missionary Work in Korea", *The Missionary Review of the World*, vol. 28, no. 5 (1905. 5), p. 376. 김인수, 한국기독교회의 역사(상) (서울: 장로회신학대학교 출판부, 1997), pp. 268-269에서 재인용.

31) 기독신보, 1916. 11. 15. 〈기독신보〉는 이 가운데 여자 성경학교를 설립하지 못하고, 한국에서 별세하지 않고 뉴욕에서 별세한 것이 유감이라고 보도한다. 위의 책.

"그는 선교단체들 사이에서 연합과 실제적인 협력을 증진하는 정책을 산출하는 데 자신의 영혼을 바친 사람"[32]이라고 평가했다.

언더우드 부인도 분열을 일으키는 편협심, 이기심, 시기, 교만과 이 때문에 발생하는 무기력함과 정열, 시간, 재정의 낭비가 모국이나 선교지에서 모두 잘못되었다고 생각했으며 종파주의를 좋아하지 않았다. 그녀는 종파의 발생 이유가 무엇인지 알지도 못할 뿐만 아니라 관심조차 없는 한국교회에 분열을 일으킬 수 없음을 분명히 하였다.[33]

b. 아펜젤러의 연합정신

아펜젤러도 언더우드와 같이 연합정신이 투철한 사람이었다. 1888년 3월 장 · 감 선교부 회의에서 그가 행한 "한국의 장로교와 감리교" 제하의 연설문을 보면 그의 에큐메니즘을 잘 이해할 수 있는데, 그 중 일부를 보면 다음과 같다.

> 우리는 커다란 두 개의 종교 단체로서 이 언덕과 산들 위에 깃발을 펼치기 위해서 만났습니다. 그 깃발은 우리에게 신조로 새겨져 있습니다. '주도 하나이요, 믿음도 하나이요, 세례도 하나이요, 하나님도 하나이시니 곧 만유 위에 계시고 만유를 통일하시고 만유 가운데 계시도다.' 이 신조를 따르는 사람이면 그가 어떤 형식 밑에 있든지 우리는 그에게 저 옛날 사람이 한 것처럼 인사를 해야 합니다. "내 마음이 네 마음을 향하여 진실함과 같이 네 마음도 진실하냐. 여호나답이 대답하

---

32) L. H. Underwood, *Underwood of Korea*, p. 337.
33) L. H. Underwood, "A Prayer for Unity", *The Korea Mission Field*, vol. 9, no. 1 (1913. 1), p. 22. 이하는 KMF로 표기함.

되, 그러하니이다. 가로되 그러면 나와 손을 잡자." 열왕기하 10장 15절 말씀입니다. 이런 정신으로 나는 오늘밤 우리 앞에 있는 큰 문제를 논의하고자 합니다……교리를 토론하지 맙시다. 통일과 다양성-꼭 같은 길이로 톱에서 잘려 나왔다는 점에서-이 필요하다는 것을 당연히 합시다……한국이 우리 앞에 있습니다. 하나님의 영광스러운 복음을 위한 놀라운 땅입니다. 우리는 하나의 깃발을 의식하고 있으며, 그 생각이 전국에 시행되도록 계획되어야 한다는 것을 알고 있습니다.[34)]

아펜젤러는 다양성 속의 통일성을 추구한 한국교회 에큐메니즘의 선구자였다.[35)] 그는 1885년 겨울 모든 선교사들에게 자기 집에서 함께 송구영신예배를 드리자고 초청하였고,[36)] 이후 언더우드의 집에서 정기적으로 예배를 드렸는데, 예배의 인도는 돌아가며 담당했고 외국인교회 건립을 준비하며[37)] 연합교회(Union Church) 설립을 위한 위원회도 결성하였는데, 그 위원들로 연합교회 목사에 아펜젤러, 서기 및 회계에 스크랜턴 의사, 이사로 임기 2년 반의 스크랜턴 의사와 임기 1년 반의 언더우드, 임기 반년의 번커(D. A. Bunker)를 선출했다.[38)]

아펜젤러는 성경번역에서 하나님에 대한 칭호[神名]로 장 · 감

---

34) H. G. Appenzeller, "한국의 장로교와 감리교" (1886. 3. 날짜 미상) 이만열 편, 아펜젤러-한국에 온 첫 선교사 (서울: 연세대학교 출판부, 1985), pp. 319-320.
35) H. G. Appenzeller, "연례보고서", 1888. 이만열 편, 아펜젤러, p. 323.
36) 전체 선교사라고는 하지만 12명도 안 되었고, 그들은 모여서 새해(1896)에는 개종자의 영혼을 달라고 간절히 기도했다. H. G. Underwood, "The 'Today' from Korea", *The Missionary Review of the World*(1893. 11), 이만열, 옥성득 편역, 언더우드 자료집 II (서울: 연세대학교 출판부, 2006), p. 264.
37) H. G. Appenzeller, 자유와 빛을 주소서-H. G. 아펜젤러의 일기(1886-1902), 1886. 7. 24, 노종해 역 (서울: 대한기독교서회, 1988), p. 12. 이하 H. G. 아펜젤러의 일기
38) H. G. 아펜젤러의 일기, 1886. 11. 6, pp. 17-18.

이 난항에 부딪치자 이 건을 발의한 마펫에게 편지를 보내어, 자신은 천주교에서 사용하는 텬주(天主)는 반대하지만 중국에서 사용하는 샹데(上帝)나 하ᄂᆞ님으로 어떤 것도 찬성한다고 솔직하게 말하며 마펫이 자신의 의견에 찬성해 줄 것이라고 믿는다는 우의를 표시하였고, 결국 신명을 하느님으로 정하게 되는 데[39] 견인차 역할을 하는 에큐메니스트가 되었다.

c. 기타 선교사들의 연합정신

언더우드와 아펜젤러만이 아니라 초기의 다른 선교사들도 연합정신이 있었다. 북장로교회의 마펫이 한국에 도착하던 해인 1890년 8월 북쪽으로 전도여행을 떠날 때 북감리교회의 아펜젤러와 헐버트가 동행해 주었다.[40] 아펜젤러가 언더우드의 안내로 전도여행을 떠난 적이 있었는데, 이제는 그가 장로교 선교부의 마펫을 인도하였다. 북감리교회의 홀(W. J. Hall)과 북장로교회의 리(G. Lee)는 평양에 정착하는 과정에서 같은 집에 살기도 했는데, 그 집은 홀이 치료를 해준 어린 소년의 아버지 집이었으며,[41] 이후 장 · 감이 평양에서 선교부를 마련하는 데 평양만이 아니라 서울에 거주하던 장 · 감의 여러 선교사들이 서로 협력하였다.[42]

에비슨(O. R. Avison)도 연합정신이 분명하여 그는 본국에서

---

39) "아펜젤러가 마펫에게 보낸 편지" (1894. 5. 18), 이만열 편, 아펜젤러, pp. 350-360. 이광린, 초대 언더우드 선교사의 생애, pp. 103-104.

40) H. Rhodes, *History of the Korea Mission Presbyterian Church U.S.A. 1884-1934* (Seoul: Department of Education, The Presbyterian Church of Korea, 1934), p. 84.

41) Graham Lee's Letter to Dr. Ellinwood, 1893. 4. 13, Moffett's Collection, the Library of Princeton Theological Seminary.

42) 이것에 대해서는 본서 'VII. 교단 및 교파 간의 연합운동 C. 교회의 위협에 대한 대응'을 참고하라.

감리교 출신이었으나 언더우드가 자신을 한국 선교사로 초청했을 때 응하여[43] 북장로교회 선교사로 임명받아 한국에서 사역을 하였는데, 그는 교파의식을 하지 않고[44] 한국에서 선교활동을 하며 이 연합정신을 강조하였다. 에비슨의 에큐메니즘은 1930년 8월 연합신문인 〈기독신보〉에 나타난 그의 글을 보면 충분히 발견할 수 있다.

> 부정(不正)한 세력이 점점 가세하여 우리의 생활을 공격하는 이 시대에 기독교의 세력은 가급적 밀접히 연결할 필요가 잇지 안이한가. 하나님은 하나요, 그리스도도 하나요, 성신도 하나이다. 그러나 그리스도교는 왜 하나가 되지 못할까……37년 전 나는 가나다 감리교인으로 미국 뉴욕 장로교 해외선교부에 가서 조선에 선교할 목적을 말하였다. 내가 능히 장로교 선교사가 될 것이라 생각하느냐 하엿드니 그의(북장로교 해외선교부 총무 엘린우드) 대답이 조선에 감리교적 열심을 그대로 가지고 가서 그리스도만 힘잇게 전하면 그만이라고 하엿다. 그는 또 말하기를 조선에 장노교 선교사를 보냄은 장노교를 유력(有力)하게 하려는 것보다 조선을 주의 나라로 인도하려 하노라 하엿다.[45]

에비슨의 이 글을 통해서 보듯이 그는 당시 교회가 하나 되지 못함을 안타깝게 여기면서 선교에 전력하여 국내 의료선교에서

43) 기독신보, 1932. 3. 9.
44) 에비슨은 자신의 사역을 회고하는 글에서, "…… '내가 어느 교파에 속한 것을 짐작하느냐?' 고 하엿드니 그는 즉시 대답하기를 '내 생각에는 당신이 장노교인인 것 같다' 고 하엿다. 그래서 나는 장노교인이 아니라 감리교인이라고 말해주엇다. 또 다른 사람을 보고 뭇기를 '아마 당신도 감리교인지오?' 하니 '아니 나는 감독교인이라' 고 하였다. 이와 같이 그리스도를 믿는 신자들에게는 교파라는 것이 하등의 관계가 업는 것임을 알게 되엿다" 고 말한다. "魚丕信博士 小傳"(八), 기독신보, 1932. 3. 9.
45) 기독신보, 1930. 8. 27.

엄청난 공헌을 남겼으며, 그를 보낸 북장로교회 선교부 총무 엘런우드 역시 연합정신이 투철함을 잘 보여 준다.

이러한 초기 선교사들의 연합정신을 통하여 1905년 장·감은 하나의 교회를 설립하기 위한 특별위원회를 조직하기로 하고, 하나의 토착교회가 생성될 때 이름을 한국그리스도의교회(the Church of Christ in Korea)로 하기로 결의하여,[46] 연합정신의 구현을 구체화하였던 시기라 볼 수 있다.

2. 부흥운동

이 시기에 한국교회의 연합운동을 가능하게 한 또 하나의 원인은 부흥운동에 있다. 1903년 원산부흥운동을 시작하여 1907년 평양부흥운동과 1909년 백만인구령운동은 초교파 부흥운동으로 전개되었는데,[47] 이것을 계기로 1905년 창설된 재한개신교복음주의선교부연합공의회(the General Council of Protestant Evangelical Missions in Korea)는 이 땅에 교파 없는 '하나의 교회'를 세우기 위해 준비위원회를 조직하고,[48] 그 교회의 이름은 "대한예수교회"(the Jesus Church)로 하기로 하였다.[49] 이 일은 끝내 성취되지 못했으나 교파를 초월한 연합운동이 더욱 활발하게 이뤄지는 계기가 되었고, 특히 1905년부터 1910년 사이에 문서선교와 학교사업을 중심으로 연합운동의 횃불을 높이

---

46) "Movement for Church Union in Korea", *The Missionary Review of the World*, vol. 28, no. 10 (1905, 10), p. 796.

47) 이것에 대해서는 본서 'VII. 교단 및 교파 간의 연합운동 D. 부흥운동 및 선교운동 1. 부흥운동'을 참고하라.

48) "Missionary Union in Korea", *The Korea Review*, 1905. 9, pp. 342-343.

49) 이것에 대해서는 본서 'VII. 교단 및 교파 간의 연합운동 B. 교파간 연합운동 1. 재한개신교복음주의선교부연합공의회'를 참고하라.

드는 시기가 되었다.[50]

B. 연합운동의 전성기(1910-1930)

1. 민족운동

1910년 한일병탄에도 불구하고 한국 개신교는 계속 성장하였고, 그 가운데 흩어진 한국교회로 더욱 연합할 수 있게 한 중요한 원인을 제공한 것이 민족운동이다. 한일병탄 이전에도 한국교회는 태극기 게양 및 구국기도회를 실시하며 국채보상운동 등을 통하여 민족운동에 동참하며 연합운동을 전개했었지만,[51] 한일병탄 이후에 교회의 항일운동은 더욱 크게 일어나며 연합운동의 촉진제 역할을 하던 시기로 규정할 수 있다.

1910년 한일병탄 직후에 총독부는 백만인구령운동에 대한 견제로 교회를 핍박하기 위해 105인 사건을 조작하였는데, 여기에 대처하기 위해 한국교회는 물론 선교사들도 혼연일체가 되어 연합운동이 이뤄졌다. 무엇보다 가장 강력하고 광범위하게 일어난 연합운동은 3 · 1운동이었다. 당시 교회의 성도 수가 약 20만 명 정도에 불과하여 교회의 연합이 없었다면 역사적인 거사가 이뤄질 수 없을 정도였는데, 한국교회는 연합정신을 분명하게 보여주며 모든 일을 성공적으로 수행했고, 여섯 개 장 · 감선교부연합공의회도 3 · 1운동 이후 일제의 야만적인 정책에 대항하여 진정

50) 이것에 대해서는 본서 'IV. 교육선교와 V. 문서선교' 를 참고하라.
51) 여기에 대해서는 본서 'VI. 사회참여 D. 항일운동 1. 한일병탄 이전의 항일운동' 을 참고하라.

서를 제출하기도 하였다. 또한 경제적인 항일운동의 하나인 물산장려운동에도 교파를 초월하여 동참하였다.[52)]

이런 민족운동은 3 · 1운동 이후에 여자절제회를 중심으로 일어난 절제운동과 장 · 감은 물론 YMCA, YWCA 등이 연합으로 펼친 농촌운동을 중심으로 한 사회계몽운동을 전개하면서 이어졌다.[53)] 이와 같이 일제에 대항한 민족운동이 한국 개신교로 연합하게 한 중요한 요소가 되어 연합운동의 전성기를 맞는 시기가 되었다.

2. 진흥운동

부흥운동과 더불어 진흥운동도 교회연합에 크게 공헌하였다. 진흥운동은 1920-1930년대에 이어진 부흥운동으로 3 · 1운동 후 무력감에 빠진 민족의 상황 가운데 한국교회는 한편으로는 사회계몽운동에 참여하며 실력을 양성하고, 또 한편으로 진흥운동을 통하여 영적 부흥을 꾀하였는데, 이 진흥운동이 교회의 연합운동을 이어 가게 한 요소가 되어[54)] 연합운동의 전성기를 이어 가게 되었다.

3. 연합기구의 설립

이렇게 연합운동의 기운이 샘솟으며 연합기구가 확장 설립되

52) 이것에 대해서는 본서 'VI. 사회참여, D. 항일운동 2. 한일병탄 이후의 항일운동'을 참고하라.

53) 이것에 대해서는 본서 'VI. 사회참여 E. 사회계몽' 을 참고하라.

54) 이것에 대해서는 본서 'VII. 교단 및 교파 간의 연합운동 D. 부흥운동 및 선교운동 1. 부흥운동 d. 진흥운동' 을 참고하라.

었다. 1905년에 창설된 재한개신교복음주의선교부연합공의회는 한국인들이 참여하지 않는 외국 선교사들만의 모임이었지만, 1918년에 설립된 조선야소교장·감연합협의회부터는 선교사들만이 아니라 한국교회 지도자들도 함께 참여하는 진정한 의미의 한국 최초의 연합기구가 탄생하였다. 평양대부흥운동이 전개된 1907년 독노회를 결성한 장로교는 1912년 총회를 조직하기까지 성장하였고, 1924년 장·감만이 아니라 다양한 교단 및 기독교 단체들이 함께 참여하는 가장 큰 규모의 연합기구인 조선예수교연합공의회가 출범됨으로 연합운동의 전성기를 이룬 시기이다.[55]

C. 연합운동의 쇠퇴기(1930-1945)

1. 신학적 갈등과 이권문제

1930년대 이전까지 성장일로로 이어 오던 연합운동이 1930년을 기점으로 쇠퇴하기 시작했는데, 그 원인 중 하나는 장·감을 비롯한 각 교파들이 이 땅에 뿌리를 내리며 각기 총회를 구성하는 등 안정기를 맞으며 연합운동의 필요를 느끼지 못하고 교파주의로 회귀하였기 때문이다. 1912년에 네 개의 장로교 선교부가 단일 총회를 조직한 이후 감리교의 통합운동도 1920년 중반부터 무르익다가 1930년 드디어 단일 총회를 결성하기에 이르렀다. 이제 장·감이 이 땅에 자리를 잡으며 연합보다는 자기 교파의 색깔을 유지하며 자리매김에 여념이 없게 된 시기이다.

55) 이것에 대해서는 본서 'VII. 교단 및 교파 간의 연합운동 B. 교파간 연합운동'을 참고하라.

여기에다 선교 50주년을 맞은 1934-1935년에 보수 · 진보 간의 신학적 갈등이 크게 일어났는데, 김춘배의 '여권 옹호 필화 사건' (1934)과 김영주의 '창세기 모세 저작 부인 사건' (1934)과 같은 장로교 내의 신학적 갈등에서 출발하여, '아빙돈 단권 성경 주석 사건' (1935)과 같이 감리교와 장로교의 신학적 충돌까지 일어나며[56] 연합운동에 균열이 생기기 시작했다. 이러한 신학적 갈등과 더불어 신사참배에 대한 의견도 장 · 감의 견해가 달랐다. 물론 장로교도 끝내 일제의 총칼 앞에 1938년 신사참배를 결의하고 말았지만, 그 이전까지 감리교가 이에 대해 유연한 자세를 취한 반면 장로교는 결사적이었다.[57]

신학적 갈등과 더불어 장 · 감이 점점 멀어지게 된 것은 교파 간의 이권문제를 빼놓을 수 없다. 1908년 이후 사용하던 연합찬송가인 〈찬숑가〉를 수정 보완하여 1931년 〈신정찬송가〉가 발행되었으나 장로교가 이것의 사용을 거부하고 1935년에 별도로 〈신편찬송가〉를 발간함으로 연합찬송가는 1983년 〈통일찬송가〉가 발간되기까지 중단되었다.[58] 유일한 한글 연합신문으로 발행되던 〈기독신보〉도 전필순의 전횡으로 인해 1933년부터 장 · 감이 각기 〈종교시보〉와 〈감리회보〉를 발행함으로 연합신문의 발행도 중단되었는데, 이것들 모두 교파간의 이권문제로 인한 것이었다.[59] 이러한 갈등이 계속되며 급기야 장로교가 1935년 조선예수교연합공의회를 탈퇴함으로,[60] 연합운동이 이렇게 소멸되어 간

56) 이덕주, "하나되게 하소서-한국 개신교회 일치와 연합운동의 역사적 흐름", p. 37.
57) 이것에 대해서는 본서 'VIII. 연합운동의 위기-교파주의로의 회귀, 신사참배에 대한 장 · 감의 이견' 을 참고하라.
58) 이것에 대해서는 본서 'V. 문서선교 B. 찬송가 출판' 을 참고하라.
59) 이것에 대해서는 본서 'V. 문서선교 C. 기타 문서 보급 2. 신문 및 잡지의 발간' 을 참고하라.

시기이다.

2. 일제의 훼방 및 단일 개신교단의 성립

해방 전 한국교회의 연합운동이 시들게 된 결정적인 원인은 일제가 태평양전쟁을 앞두고 신사참배를 강요하는 등 교회에 간섭하는 일이 많아지더니, 끝내 강제적으로 모든 교파들을 없애 버리고 단일 교단을 형성한 데 있다. 이를 위해 일제는 '친일 어용세력' 을 양성하여 1938년 5월 8일 조선기독교연합회를 조직하였고, 1943년 5월 일본기독교조선장로교단, 같은 해 8월에는 일본기독교조선감리교단을 조직하게 하더니, 1945년 7월 일본기독교조선교단이라는 단일 교단을 출범시켰다. 그동안 한국교회가 그토록 힘써도 이루지 못한 일을 일제가 강압 및 회유에 의해 이뤘으나 이것의 정통성은 인정받지 못하고 있다.[61]

---

60) 이것에 대해서는 본서 'VIII. 연합운동의 위기-교파주의로의 회귀 장로교회의 조선예수교연합공의회 탈퇴' 를 참고하라.

61) 이것에 대해서는 본서 'VIII. 연합운동의 위기-교파주의로의 회귀 일본기독교조선교단' 을 참고하라.

III 의료선교

A. 에큐메니칼 운동의 출발점으로서 의료선교

에큐메니칼 운동사를 전개함에 있어서 의료선교를 처음으로 다루려는 것은 외국인들인 선교사들에게 선교의 길을 열어 주고,[1] 한국 근대화의 시초로 지역 사람들 속에 내재되어 있던 편견을 없애 주었으며, 한국에 복음의 문을 연 것이 바로 의료사역이었고,[2] 한국교회사에서 최초로 이뤄진 에큐메니칼 운동이 바로 의료선교를 통해서 비롯되었기 때문이다.[3]

초기 선교사들이 복음전도를 하기 전 보다 필요한 것이 있었다. 그것은 예수가 지상에 계실 때 하셨던 것처럼 선교 대상자들인 한국인들에게 동정심을 보이는 것이었다. 에비슨(O. R. Avi-

---

1) C. E. Bradt, W. R. King, and H. W. Reherd, *Around the World Studies and Stories of Presbyterian Foreign Mission-By a Carefully Selected Company of Students Who Personally Visited and Critically Investigated Most of the Foreign Mission Stations of the Presbyterian Church, U.S.A.* (Wichita, Ks.: The Missionary Press, Co. Inc., 1912), p. 368.

son) 의사는 그렇다고 의료사역을 복음 선포의 보조역할(accessory)로 보면 곤란하고, 교리적 메시지가 선포되는 것과 동등하거나 더 가치가 있는 것으로 여겨져야 하는데, 한국에서 의료사역은 사람들로 복음 메시지를 듣게 하는 마음을 준비케 하는 것으로서만 기대되었다고 주장했다.[4] 평양연합병원(紀忽病院, Hall Memorial Hospital)의 폴웰 의사도, "한국에서 치료소와 병원은 선한 사마리아인이라고 믿는다"고 말했다.[5]

한국 개신교의 선교가 천주교에 비해서 큰 희생 없이 이뤄져 나간 이유 중 하나가 바로 의료선교의 영향이었다. 의료선교의 출발은 그리 순탄한 것만은 아니었다. 고종은 미국 공사를 불러 알렌이 선교사가 아니냐고 물으며 경계를 하였으며, 다행히 공사가 "그는 공사관 소속의 의사입니다"라고 대답할 때 비로소 안심

---

2) C. A. Clark, *The Nevius Plan for Mission Work-Illustrated in Korea*, p. 210; G. H. Jones, *Christian Medical Work in Korea* (New York: Board of Foreign Missions, Methodist Episcopal Church, Korea Quarter-Centennial Commission, 1910), p. 7. 존스는 한국에서 의료선교의 결과를 여섯 가지로 요약한다. 첫째, 한국에 첫 번째 거주한 선교사는 의사이며, 한국에 입국한 모든 선교부들은 첫 번째 선교사들 가운데 의사들을 파송하였으며, 그들의 의술은 한국인들에게 기독교를 친근하고 호의적으로 수용하게 해주었다. 둘째, 기독교 의사들이 한국에 서구 의학적 지식을 처음으로 전해 주었다. 셋째, 기독교 선교부들은 한국 지역에 알맞은 최초의 병원 및 치료소를 설립하였다. 넷째, 기독교 선교부들은 한국에서 첫 번째 간호훈련학교를 설립하였다. 다섯째, 기독교 의사들의 노력으로 콜레라, 가래톳 흑사병(bubonic plague), 그리고 천연두와 같은 전염병에 대한 검진을 처음으로 성공적으로 시도하여 수많은 인명을 건질 수 있었다. 여섯째, 기독교 의사들은 공중위생을 선도했다. 위의 책, pp. 7-8.

3) 민경배, 알렌의 선교와 근대 한미외교 (서울: 연세대학교 출판부, 1991), p. 217.

4) O. R. Avison, "Contribution of Medical Work to the Christian Government", *The Fifty Anniversary Celebration of the Korea Mission of the Presbyterian Church in the U.S.A.*(1934), p. 169. 에비슨은 선교사역에 전 생애를 헌신하는 의사들은 의료사역을 그리스도의 복음의 한 부분 자체로 여긴다고 진술한다. 즉, 그는 의료사역과 복음전도를 분리하지 않는다. 에비슨은 그 예로 알렌과 언더우드가 의료사역을 하면서 환자들에게 복음을 전한 기회들이 많았음을 지적한다. 위의 책, p. 171.

5) *Annual Report of the Board of Foreign Missions of the Methodist Episcopal Church, Korea Mission 1908*, p. 391.

했다고 한다.[6] 그러다가 의료선교의 새로운 전환점이 왔다. 그것은 한국 최초의 개신교 선교사 알렌(H. N. Allen)이 입국한 1884년 12월 4일 갑신정변이 일어났을 때, 왕비의 사촌이며 영향력 있던 민영익이 크게 다쳤으나 알렌이 극적으로 그를 살려낸 것이다.[7] 이 일로 알렌은 왕실과 세관의 의관으로 임명되었다.[8] 또한 이 사건은 조선 왕실과 선교사들이 가까워지는 결정적인 계기가 되었으며, 개신교의 한국선교를 여는 중요한 역할을 하였던 것이다.

의사였던 언더우드 부인(Lillias H. Underwood)은 1888년 당시 선교부가 정부로부터 높은 호감을 가졌으며 그것은 자신은 물론 알렌, 헤론(John W. Heron), 엘러스(A. J. Ellers) 등의 의료선교로 인한 것임을 진술한다.[9] 고종은 알렌과 헤론에게 훈장을 하사했으며, 그들은 한국에서 고관 예우를 받았다. 엘러스(Ellers)도 1886년 입국하자마자 왕실의 총애를 받으며 여성들을 전담하는 의사가 되었다. 1888년 엘러스의 결혼으로 릴리아스가 그 일을 대신했다. 이후 이 병원은 빈톤(Dr. Vinton)과 캐나다 토론토 출신의 에비슨(O. R. Avison) 의사의 돌봄 아래 성

---

6) Allen's Letter to Ellinwood, 1884. 10. 8, and to Mary Lee, 1903. 2. 18. Fred Harvey Harrington, *God, Mammon, and the Japanese-Dr. Horace N. Allen and Korean-American Relations, 1884-1905* (Madison, WI.: The University of Wisconsin Press, 1944), p. 12에서 재인용.

7) L. H. Underwood, *Fifteen Years Among The Top-Knots or Life In Korea*, pp. 119-120. C. E. Bradt, W. R. King, and H. W. Reherd, *Around the World Studies and Stories of Presbyterian Foreign Mission*, p. 368. 알렌이 한국에 들어온 계기는 한미조약 체결 후 북장로교회 선교부가 중국 남경에서 사역중이던 알렌을 미국 공사관의 의관으로 입국시킴으로 어떤 갈등도 없이 선교사를 파송하게 된 것이다. 위의 책.

8) Horace N. Allen, *Things Korean*, 윤후남 역, 알렌의 조선 체류기 (서울: 예영커뮤니케이션, 1996), p. 82.

9) L. H. Underwood, *Fifteen Years Among The Top-Knots or Life In Korea*, pp. 5-6.

공적으로 운영되었다.[10)]

평범한 서민들이었던 선교사들이 왕궁의 초청을 받으며 왕과 왕비를 쉽게 접견할 수 있었던 것은 바로 의료선교 덕택이었다. 당시 왕실은 모든 외국인들을 선대했는데, 특히 병원이나 의학교와 관련된 자들은 명절이 되면 조선의 고관들과 똑같은 하사품을 받기도 했다.[11)] 왕비는 신혼여행을 다녀온 언더우드 부부에게 각각 결혼선물로 멋진 진주 반지와 독특한 금팔찌 한 쌍을 주기도 했으며,[12)] 고종은 언더우드 부부에게 한강변에 있던 자신의 여름 별장을 빌려 주기도 했다.[13)] 마펫(S. A. Moffett)도 헤론이 왕으로부터 참판의 직위를 받았으며 왕의 의관으로서 그가 원하는 말[馬]을 왕실의 마사(馬舍)에서 사용할 수 있었다고 진술한다.[14)]

이와 같이 의료선교사들이 선교 초기부터 자유롭게 왕궁을 출입하게 됨으로 자연스럽게 전국적으로 영향을 미치고 선교사들이 전국 어디를 가든지 환영받을 수 있었다.[15)] 언더우드 부인은 1895년 선교보고에서 5년 내에 한국에서 큰 열매가 있을 것을 확신했다.[16)] 특별히, 직접적 복음전도가 허용되기까지 선교사들이 한국에 들어와 활동할 수 있는 여건을 제공한 것이 알렌의 병

---

10) H. G. Underwood, "An Outline History of the Korea Mission of the Presbyterian Church in USA", 언더우드 목사의 선교편지, 1899년 선교보고 중, pp. 920-921.
11) L. H. Underwood, *Underwood of Korea*, p. 58.
12) L. H. Underwood, *Fifteen Years Among The Top-Knots or Life In Korea*, p. 89.
13) L. H. Underwood, *Underwood of Korea*, p. 94.
14) S. A. Moffett, "Fifty Years of Missionary Life in Korea", *The Fifty Anniversary Celebration of the Korea Mission of the Presbyterian Church in the U.S.A.*, p. 37.
15) H. G. Underwood, *The Call of Korea, Political-Social-Religious* (New York: Fleming H. Revell Company, 1908), p. 101.
16) L. H. Underwood's Letter to Dr. Ellinwood, 1895. 2. 2, p. 892.

원, 광혜원(廣惠院)이었다. 북감리교회 선교부도 1886년 연례보고를 통하여 자기들이 할 수 있는 사역은 의료사역에 전적으로 한정되었다고 했다.[17] 언더우드는 광혜원에서 물리와 화학을 가르치고 더불어 약제사로서 그의 선교사역을 시작하였다.[18] 알렌의 의료선교를 통한 선구자적 사역에 언더우드가 동참한 것이다. 언더우드는 뉴욕의 북장로교회 선교부 총무 엘린우드에게 알렌의 의료사역을 위한 의약품을 최대한 빨리 보내 주기를 요청했다. 그렇지 않으면 일본에서 터무니없이 비싼 가격으로 구입해야 되었기 때문이다.[19] 알렌은 언더우드에게 선교부의 재정을 맡겼다.[20] 제중원은 초기 선교사들이 의사이든 아니든지 간에 합법적으로 사역할 수 있는 사역지가 되었으며, 1887년 병원을 남대문 안의 구리개로 옮겼고 이때 알렌이 선교사직을 그만두고 공사관 직원으로 옮기고 헤론이 이어서 의료사역을 담당했다.[21]

북감리교회 선교부의 스크랜턴(W. B. Scranton)도 1885년 5월 22일부터 6월 24일, 헤론(J. W. Heron)이 오기 전까지 이곳 제중원에서 장로교의 알렌과 함께 환자들을 돌봤는데 매일 40-70명을 치료하였다.[22] 스크랜턴은 북장로교회 선교부의 헤론 의사의 친절함을 칭찬하며 그가 자주 자기 병원에 와서 도왔다고 한다.[23] 스크랜턴은 1885년 9월 10일부터 정동에서 진료활동을 시작하였으며, 1886년 6월 15일 정식으로 병원을 설립하였다.[24]

---

17) *Annual Report of the Board of Foreign Missions of the Methodist Episcopal Church, Korea Mission 1886*, p. 269.
18) L. H. Underwood, *Underwood of Korea*, p. 44. 언더우드는 선교사가 되어 인도에 가기로 결심하고, 이를 준비하며 1년간 의학을 공부한 적이 있어 약제사로 일할 수 있었던 것이다. 이광린, 초대 언더우드 선교사의 생애, pp. 12, 22.
19) H. G. Underwood' s Letter to Dr. Ellinwood, 1885. 4. 19, p. 609.
20) 위의 책, 1885. 7. 6, p. 614.
21) *Annual Report of the Board of Foreign Missions of the Presbyterian Church in the USA 1891*, p. 135.

고종은 이 병원 이름을 시병원(施病院, Universal Relief Hospital)이라고 지어 주었는데, 이것이 정동제일병원(the First Methodist Hospital)이다.[25] 스크랜턴은 상류층 사람들과 외국인들이 밀집되어 있던 정동을 떠나 1894년 남대문 인근의 빈민지역 상동으로 병원을 옮겼다.[26] 스크랜턴이 미국에 가 있는 동안 영국군의 군의관 출신이며 영국 성공회의 복음전도회 소속인 와일즈(I. Wiles) 소령이 정동제일병원에서 무보수로 자원하여 자리를 지켜 주기도 하였다. 이렇게 진행된 의료선교를 통하여 선교사들은 왕으로부터 가난한 서민, 천민에 이르기까지 치료는 물론 말씀을 전할 수 있었다.[27]

초기 대부분의 선교 병원들은 한 명의 의료선교사가 사역을 하였으며, 이후 서양 의술을 배운 한두 명의 한국인 조수들이 참여했다.[28] 한국인들은 외국 의사들을 크게 신뢰하고, 모든 질병을 치료할 수 있다고 믿었다. 홀(W. J. Hall) 의사는 이 땅에서 의

22) *Annual Report of the Board of Foreign Missions of the Methodist Episcopal Church, Korea Mission 1886*, p. 268; H. G. Appenzeller, "의료 연례보고서", 1886, 이만열 편, 아펜젤러, p. 292; 한국감리교회사 I, p. 167. 스크랜턴은 제중원 사역 외에도 그의 집에서 임시 치료소(dispensary)를 마련하고, 1년간 842명의 환자들을 돌보았다. 위 감리교 보고서, p. 268. 스크랜턴은 의사였지만, 1884년 12월 4일 폴러 감독에게 목사안수를 받았으며, 그는 어머니와 부인을 일본에 두고 1885년 5월 3일 아펜젤러보다 먼저 서울에 들어왔고, 어머니와 아내는 그 해 6월 20일 입국했다. 한국감리교회사 I, pp. 165-166.

23) *Annual Report of the Board of Foreign Missions of the Methodist Episcopal Church, Korea Mission 1887*, p. 315.

24) 위의 책, 1886, p. 268.

25) 한국감리교회사 I, p. 168-169.

26) *Annual Report of the Board of Foreign Missions of the Methodist Episcopal Church, Korea Mission 1893*, p. 255.

27) W. B. Scranton,, "연례보고서", 1891. 이만열 편, 아펜젤러, p. 348.

28) A. Garfield Anderson, "Medical Mission-Some General Aspects", *The Korea Missions Year Book 1932-issued under the direction of the Federal Council of Missions in Korea* (Seoul: The Christian Literature Society of Korea, 1932), p. 44.

료선교에 대한 문은 활짝 열렸고, 특별히 평양을 중심한 북부 도시들에서 그랬다고 한다.[29] 의료사역은 무료로 실시하지 않았다. 북장로교회 선교부는 의사들의 무료진료에 만장일치로 반대하는 정책을 결의하여, 평양에서는 입원환자들이 자기의 침구를 가져오게 하고 식비를 일일 60전 받았으며, 외래환자들은 5전씩 지불하게 했고, 서울에서의 일일 치료비는 식비와 연료비를 포함하여 12전을 받았으며, 형편이 되지 않는 태반의 사람들은 무료로 혜택을 받았다.[30] 두 사람의 전도자와 의사 한 명을 한 지역에 보내 새 지부를 세우는 것이 장로교 선교부들의 정착된 정책이 되어 장로교 선교부는 상당한 실효를 보았다.[31]

의료선교라 해서 치료와 대화만 한 것이 아니었다. 수많은 환자들을 돌보는 것 외에도 의료선교의 현장은 그리스도의 사랑, 정신을 전하는 처소가 되었고, 많은 사람들이 이 기회를 통하여 주님께 나왔다.[32] 의사들이 환자와 구주에 대해서 이야기하고 복음서를 자주 팔았으며, 주일에는 특별 모임을 열어 열 명에서 30명이 참여하였고, 매주일 성경공부에 참여하는 이들도 있었다.[33] 1898년 원산에서 병원전도에 참여했던 김기범은 다음과 같이 증언한다.

> 나는 병원에서 유하며 오는 병인에게 예수씨 말씀을 전할새 매일 오는 병인이 수십여 인이오 그중에 안즌방이와 저는 자와 창병 잇는

29) *Annual Report of the Board of Foreign Missions of the Methodist Episcopal Church, Korea Mission 1892*, p. 292.
30) C. A. Clark, *The Nevius Plan for Mission Work-Illustrated in Korea*, p. 97.
31) 위의 책, p. 211.
32) *Annual Report of the Board of Foreign Missions of the Methodist Episcopal Church, Korea Mission 1918*, p. 304.
33) 위의 책, 1891, p. 276. 위의 책, 1892, p. 292.

자와 치질 허청이 제병자가 모혀 드는데 병만 곳칠 뿐 아니라 영혼구원하는 성경책을 주니 이 책 전파하는 일노 여러 곳에 밋는 사람이 니러낫나니 참 감사한 일이오.[34)]

시병원에서는 오전 8시에 환자들과 조수들(assistants)이 모여 성경의 한 부분을 읽고 기도하며 십계명과 사도신경을 함께 낭독했고, 오전 9시에는 선교사가 인도하는 예배를 수술실에서 드렸다. 오후 3시에는 환자들을 모아놓고 교리문답을 가르쳤다. 낮 12시에는 외래환자들을 위해 짧은 설교를 하기도 했다.[35)]

1907년 9월에 '한국의료선교사협회'(the Korea Medical Missionary Society)가 조직되어 개신교 의료선교사들 사이에 긴밀한 연락망을 가지고 협력을 강화하였고, 세브란스 병원의 연합 운영에 대해서도 논의하였다.[36)] 이처럼 초기 선교사들은 서로 간의 협력을 통하여 효과적으로 사역을 감당할 수 있었다. 이런 에큐메니칼적 협력하에 사역이 이루어지지 않았다면 그만큼 놀라운 선교의 열매를 맺지 못했을 것은 명약관화(明若觀火)한 일이다.

B. 치료소 및 병원의 설립

1. 치료소 및 보호소

34) 김기범, "시골 다녀온 일", 대한크리스도인회보, 1898. 11. 2.

35) *Annual Report of the Board of Foreign Missions of the Methodist Episcopal Church, Korea Mission 1894*, p. 248.

36) E. W. Anderson, "Early Days of Korean Medical Missionary Association", *KMF*, vol. 35, no. 5 (1939. 5), pp. 95-96.

정식 병원이 설립되기 전에 치료소 및 보호소가 건립되었고, 이것이 확장되며 병원으로 성장하였다. 스크랜턴은 아현동과 상동에 치료소를 설치하여 가난한 사람들을 무료로 치료해 줌으로 호평을 받았지만 예산의 부족으로 아현동 치료소 사역은 1890년에 중단되고 말았다.[37] 1892년 보구여관(保救女館, Caring for and Saving Woman Hospital)은 동대문에 분원을 설립하고 볼드윈 치료소(Boldwin Dispensary)라 하여 커틀러(Mary M. Cutler) 의사가 의료사역에 임했고, 1897년 10월에는 해리스(Lillian Harris) 의사가, 1899년 9월에는 에른스버거(Emma Ernsberger) 의사가 입국하여 섬기다가 이 분원이 이화학당에 세워진 최초의 여성병원인 보구여관과 합하여 동대문병원이 되었다.[38]

언더우드는 1893년 말 서울 근교의 언덕에 훌륭한 한국식 집을 짓고, 그곳을 어떤 교파의 의사나 간호사든지 버려진 환자들을 치료하는[39] 처소로 삼도록 했다. 이것은 성교서회와 성서공회 외에 한국에서의 첫 번째 초교파적 기관(non-denominational institution)이었다. 언더우드는 미국에서 조금씩 지원받는 재원으로 이것을 마련하고 죽은 형을 기념하여, 프레데릭 언더우드

37) 한국감리교회사 I, p. 169.

38) 위의 책, p. 170.

39) 당시 이 병원에 대한 언더우드의 증언을 보면 다음과 같다. "지난 해(1893)의 한 가지 특징은 수많은 버려진 한국인 병자들을 위한 피난처 병원의 개원이었다. 한국에서 남자, 여자, 어린이가 중병에 걸리면 바깥에 내다버리는 것이 일반 풍속이다. 특히, 그들이 너무나 두려워하는 일종의 장티푸스 열병인 '염병' 에 걸리면 대개 죽기 때문에 그렇게 한다. 이 불쌍한 피조물들은 집과 가정을 떠나 막대기 몇 개로 세운 허름한 헛간에 들어가 짚으로 만든 멍석이나 자루 속에 몸을 보호하고 먹는 것은 오로지 지나가는 행인의 자선이나 친구들의 구걸에 의존한다. 병원 치료는 전혀 받지 못하므로 그들은 인간적으로 말하자면 체질의 강도와 질병의 심각성에 따라 살든지 죽든지 하라고 버려진 상태이다." H. G. Underwood, "Korea Today", *The Missionary Review of the World, 1894. 9*, 이만열, 옥성득 편역, 언더우드 자료집 II, pp. 274-275.

보호소(the Frederick Underwood Shelter)라 명명하였다.[40] 이 사역을 통해 외국인들이 버려진 병자들을 돌본다는 것을 조정이 알고 외국인들을 문전박대하던 자세가 사라졌다고 언더우드 부인은 진술한다.[41] 이와 같이 병원이 설립되기 전에 치료소 및 보호소가 연합으로 설립되었고, 이것이 성장하여 병원 설립으로 이어지며 의료선교의 에큐메니칼 시대를 열었다.

2. 세브란스 병원

알렌(H. N. Allen)은 민영익의 치료에 성공한 것을 계기로 고종과 민황후의 시의(侍醫)로 임명된 후 사람들이 자신들을 치료해 달라고 밀려오자 자신감을 갖고 1885년 1월 22일 미국 공사 푸크(G. C. Foulk)를 통해 서양식 병원설립을 조선 조정에 제안했다.[42] 고종은 이 병원의 설립에 국고를 지원케 하였고,[43] 1885년 4월 12일 광혜원(廣惠院, House of Extended Grace)이라는 이름을 하사하였는데,[44] 이것이 한국 최초의 근대식 병원으로 세브란스 병원의 기원이 된다.

고종은 광혜원의 공헌이 커지자 개원 후 얼마 안 된 4월 23일

---

40) L. H. Underwood, *Underwood of Korea*, pp. 130-131.

41) 위의 책, p. 131.

42) Allen's Diary, 1885. 1. 22. 연세의료원 120년사 편찬위원회, 인술, 봉사 그리고 개척과 도전의 120년-1. 한국의 현대의학 도입과 세브란스(1885-1945) (서울: 연세의료원, 2005), pp. 23-24에서 재인용.

43) 위의 책, p. 30. 당시 조선 조정이 제공한 예산은 3,485,000푼(2,171.87달러)과 백미 200가마였고, 재동(齋洞)에 위치한 제중원은 갑신정변의 주모자로 살해당한 홍영식의 집이었다. 그러나 이곳은 밀려드는 환자를 수용하는 데 한계가 있어 구리개로 이전을 하였다. 위의 책, pp. 30-32, 35. 이때 알렌은 장로교 선교부로터 자신의 생활비를 받으며, 동시에 고종의 지원으로 병원의 설비를 갖추고 사역을 감당할 수 있었다. C. E. Bradt, W. R. King, and H. W. Reherd, *Around the World Studies and Stories of Presbyterian Foreign Mission*, p. 369.

제중원(濟衆院, House of Universal Helpfulness)이라 고치고,[45] 알렌에게 당상관의 벼슬까지 내렸다. 알렌이 이 사역을 그만둔 후,[46] 1893년 에비슨(O. R. Avison)의 입국과 더불어 제중원은 조정과의 관계를 중단하였다. 그 이유는 관리들이 병원의 예산을 유용하고 의료사업을 전횡함으로 의료실적이 매우 부진했기 때문이다.[47] 에비슨은 제중원을 맡으며, 그가 전권을 갖고 운영권을 이관하도록 조정에 요청하였고, 조정이 재정난 등을 이유로 에비슨의 요구를 들어주어 제중원을 북장로교회 선교부로 넘기는 데 동의한 것이다.[48] 이렇게 해서 제중원이 북장로교회 선교부의 부속이 되었다.

에비슨이 1889-1900년 안식년차 미국을 방문하는 동안, 1900년 4월 21일부터 5월 1일까지 뉴욕에서 열린 에큐메니칼 선교대회에 참석하여 카네기 홀에서 "의료선교 연합의 장점"(Comity in Medical Missions)을 주제로 강연할 때 사업가인 세브란스(L. H. Severance)가 감동을 받고, 엘린우드 북장로교회 세계선교부 총무의 안내로 에비슨을 만나 병원 설립에 지원할 것을 약속했다.[49] 세브란스가 일차 10,000불을 희사하였고 선교부의 지원을 받아 1902년 현 서울역 인근에 병원 공사를 착공하

---

44) 연세의료원 120년사 편찬위원회, 인술, 봉사 그리고 개척과 도전의 120년-1. 한국의 현대의학 도입과 세브란스(1885-1945), p. 26. 북장로교회의 아시아 선교지들을 방문하고 1912년에 출간한 자료에 의하면, 광혜원의 설립일을 1885년 2월 25일이라고 한다. C. E. Bradt, W. R. King, and H. W. Reherd, *Around the World Studies and Stories of Presbyterian Foreign Mission*, p. 369.

45) H. N. Allen, *Things Korean*, p. 204. 이광린, 올리버 알 에비슨의 생애 (서울: 연세대학교 출판부, 1992), p. 63. 제중원의 위치는 오늘의 을지로 입구 외환은행 본점 옆이다. 위의 책, p. 64.

46) H. N. Allen, *Things Korean*, p. 204.

47) *Annual Report of the Board of Foreign Missions of the Presbyterian Church in the United States of America 1893*, p. 145.

48) 인술, 봉사 그리고 개척과 도전의 120년, pp. 66-68.

여 1904년 9월 23일에 완공하고 기증자의 이름을 따서 병원 이름을 세브란스 병원(The Severance Memorial Hospital)이라고 함으로,[50] 40병상을 갖춘 한국 최초의 현대식 병원이 개원되었다.[51] 알렌과 헤론에 의해 시작된 세브란스 병원은 이후 이들의 후계자로 에비슨과 허스트(J. W. Hirst)가 운영하였다.[52] 세브란스 병원 및 의과대학 사역에 연합공의회의 여섯 개 선교부들인, 북장로교회와 남장로교회, 북감리교회와 남감리교회, 호주 장로교회 및 캐나다 장로교회 모두 재정 지원에 참여하였고, 이 협력의 결과와 에비슨의 장기간에 걸친 지도력으로 인해 세브란스 병원은 한국에서 "초교파적 연합사역"(union work)의 최고의 본보기 중의 하나가 되었다.[53]

1913년 세브란스가 별세하자, 서울의 선교사들은 연합 모임으

49) "에비슨 박사 소전"(28-34), 기독신보, 1932. 8. 17, 8. 24, 8. 30, 9. 7, 9. 14, 9. 21. J. S. Gale's Letter to S. A. Moffett, 1901. 4. 29, S. A. Moffett's Missionary Letters, 김인수 역, 마포삼열 목사의 선교편지: 1890-1904 (서울: 장로회신학대학교 출판부, 2000), p. 636. 김인수 교수가 모은 영문판 참고.

50) Federal Council of Missions in Korea, *The Korea Missions Year Book 1928-issued under the direction of the Federal Council of Missions in Korea* (Seoul: The Christian Literature Society of Korea, 1928), p. 212. O. R. Avison, "Contribution of Medical Work to the Christian Movement", p. 176. 세브란스가 처음에 10,000불을 전해 줄 때 에비슨은 그것이 자신에게는 백만불과도 같이 보였다고 진술한다. O. R. Avison, *Dr. Avison's Memoirs in Korea 1893-1935*, Moffett Collection, the Library of Princeton Theological Seminary, p. 427. 세브란스는 1907년 세브란스 병원 신축현장을 돌아본 후 귀국하여 30,000달러의 거금을 다시 기부하여 외래진찰소와 의학교 교사로 사용하였다. O. R. Avison, 에비슨 기념사학회 역, 舊韓末秘錄(下卷) (대구: 대구대학교 출판부, 1986), p. 127.

51) 인술, 봉사 그리고 개척과 도전의 120년, p. 79.

52) James S. Gale, *Korea in Transition* (New York: Young People's Missionary Movement of the United States and Canada, 1909), p. 180.

53) N. C. Whittemore, "Fifty Years of Comity and Co-operation in Korea", *The Fifty Anniversary Celebration of the Korea Mission of the Presbyterian Church in the U.S.A.* June 30-July 3, 1934 (Seoul: YMCA Press, 1934), 100-101.

로 만나서 만장일치로 네 가지 결의문을 결의했다. 첫째, 우리는 미국에 있는 세브란스 가족과 친구들에게 조의를 표한다. 둘째, 우리는 그가 우리에게 보여 준 우정에 깊은 감사와 애정을 표현하고자 한다. 셋째, 우리는 그리스도인으로서 그의 높은 성품에 경의를 표한다. 넷째, 이러한 결의문들을 〈코리아미션필드〉(*The Korea Mission Field*)와 미국의 몇몇 신문에 게재할 것이며 그의 가족들에게도 전할 것이다."[54] 세브란스의 의료사역에 대한 공헌이 컸기에 초기 선교사들은 그에 대한 감사를 연합으로 표시하였다.

1925년 세브란스 병원은 한 명의 설교자와 두 명의 전도부인이 환자들의 집을 심방하고 지역 교회에 그들을 안내했는데, 그 해에 320명의 남녀들이 이 방법으로 분명하게 교회에 등록을 하였다.[55] 의료사역은 점점 자립하였지만, 구제(charity)의 비율도 만만치 않아 1929년 세브란스 병원의 경우 46%가 구제사역이었다.[56] 1937년 세브란스 병원은 250병상을 갖춘 대형 병원으로 미국의 대도시에서도 자랑할 만하게 성장하였고, 25명의 미국인, 영국인, 한국인, 일본인 의사들이 의료진을 이루어 진정한 에큐메니칼 병원이 되었고, 이제 바야흐로 다수의 한국인들이 전문직에서 유능한 전문의 활동을 하게 되었다.[57]

---

54) H. G. Underwood, O. R. Avison, "Resolutions Passed by Seoul Station on the Death of Mr. Severance", *KMF*, vol. 9, no. 8 (1913. 8), p. 234.

55) *Annual Report of the Board of Foreign Missions of the Methodist Episcopal Church, Korea Mission 1925*, p. 130.

56) 위의 책, 1929, p. 143.

57) C. A. Clark, *The Nevius Plan for Mission Work-Illustrated in Korea*, p. 211.

3. 평양연합기독병원(Union Christian Hospital, 平壤紀忽病院)

평양에서 의료선교의 시작은 장 · 감 두 개의 교파 병원에 의해 시작되었다. 북감리교회의 의료사역은 1894년 홀(W. J. Hall)에 의해 시작되었는데,[58] 그는 미국과 캐나다에서 교사로서 사범교육, 전도자로서 신학교육, 그리고 의사로서 의학공부 등을 하여 3대 사역을 모두 겸할 수 있는 인재였다.[59] 홀은 1891년 12월 입국하자마자 북부 지역을 여러 차례 여행하며 평양에 선교지를 정하고 먼저 입국한 셔우드(Rosetta Sherwood)와 1892년 6월 결혼하고, 1893년 4월 1일 평양 서문통에 땅과 건물을 마련하여 부인 및 6개월 된 아들과 함께 이주하였다.[60]

홀은 광성학교와 병원사역을 동시에 시작하고 왕성하게 활동하였는데, 청일전쟁 중 몸을 아끼지 않고 환자들을 돌보다 1894년 11월 순직하고 말았다. 그의 아내 로제타는 남편이 남긴 선교기금과 부의금 등을 모아 홀기념병원(the Hall Memorial Hospital, 紀忽病院)을 건립하도록 선교부에 요청하였고, 1895년 1월 선교부는 이것을 받아들여 결의하였다.[61] 이렇게 설립된 기홀

58) "Medical Work in Pyeng Yang", Missionaries of the Woman's Foreign Missionary Society of the Methodist Episcopal Church in commemoration of the completion of fifty years of work in Korea, *Fifty Years of Light* (Seoul: YMCA Press, 1938), p. 45. N. C. Whittemore, "Fifty Years of Comity and Co-operation in Korea", 101.

59) R. S. Hall, *The Life of Rev. W. J. Hall* (New York: Press of Eaton & Mains, 1897), p. 124. 홀은 1891년 12월 13일 입국한 안수받은 목사요, 사범교육을 받은 교사며, 의과대학(New York Bellevue Medical College)을 졸업한 의사로서 교육, 전도, 그리고 의료사역에 모두 헌신했던 인물이다. 한국감리교회사 I, p. 81.

60) "Medical Work in Pyeng Yang", p. 45. *The Korea Missions Year Book 1928*, pp. 122-124.

병원에 1896년 폴웰(E. D. Follwell)이 부임하여 첫 해에 3,000명을 치료함으로[62] 의료사역이 재개되었다.

평양에서 북장로교회의 의료사역은 1895년 웰즈(J. H. Wells) 의사에 의해 시작되었고, 1906년 오리건 주 포틀랜드의 라드 여사(Mrs. C. A. Ladd) 여사가 기금을 보내 주어 캐롤라인 라드 병원(Caroline A. Ladd Hospital)이라 명(名)하고 보다 크고 성공적인 의료사역을 전개할 수 있었다. 웰즈는 해마다 15,000명 정도의 환자들을 돌보며 1912년까지 약 200,000명을 치료하였다.[63]

폴웰과 웰즈의 평양에서 의료사역의 협력은 1903년 웰즈가 잠시 떠나고 휘팅(Whitting)이 도착하기까지 폴웰이 그 자리를 지켜 주었는데, 이때 장로교 선교사들이 그의 협력에 매우 감사를 표하였다.[64] 폴웰은 웰즈와 함께 주 2회 의학생들을 위한 반을 운영하여 이들이 4-5년 후에는 개업의가 될 수 있기를 기대했다.[65] 1906년 북감리교 보고서는 평양에서 폴웰과 웰즈의 협력 사역이 보다 긴밀하게 이뤄지고 있고, 새해에도 계속될 것이라고 하였다.[66] 이로써 평양의 의료사역에서 장 · 감의 연합사역이 처음으

61) Sherwood Hall, *With Stethoscope in Asia: Korea*, 김동열 역, 닥터 홀의 조선회상 (서울: 동아일보사, 1984), pp. 128-129. 한국감리교회사 I, p. 172.

62) G. H. Jones, *Christian Medical Work in Korea*, p. 12. 폴웰은 1909년 3월 1일에서 1910년 2월 28일까지만 해도 13,223명을 치료하였고, 기홀병원에서 그가 치료한 환자는 98,000명에 이른다. 위의 책, pp. 12-13.

63) C. E. Bradt, W. R. King, and H. W. Reherd, *Around the World Studies and Stories of Presbyterian Foreign Mission*, p. 375. N. C. Whittemore, "Fifty Years of Comity and Co-operation in Korea", 101.

64) Report of Pyeng Yang Station 1903, *Korea Mission of the Presbyterian Church in U.S.A.*, p. 47.

65) *Annual Report of the Board of Foreign Missions of the Methodist Episcopal Church, Korea Mission 1905*, p. 313.

66) *Official Minutes of the Second Annual Session Korea Mission Conference, Methodist Episcopal Church 1906*, p. 74.

로 시작되었다. 리드비터(S. E. Leadbeater) 의사가 한 명의 한국인 여자 조수와 함께 산과와 부인과 사역과 사회봉사를 담당하였다. 그들의 환자는 704명, 산과 20명, 초진 1,169명, 재진 3,765명이었다.[67] 1918년 총 환자 14,886명이 치료를 받았는데 그 중에 6,162명이 장로교인들이었고, 4,852명이 감리교인들이었으며, 나머지 3,872명이 비그리스도인들이었다.[68]

1920년 평양 장로교병원과 기홀병원이 합하기로 결의하고, 1923년부터 평양연합기독병원(The Pyengyang Union Christian Hospital)이라 하였다.[69] 이렇게 해서 연합기독병원이 되어 북부 지역 사람들을 위한 광범위한 사역이 가능하였다. 이것은 서울의 세브란스 병원과 더불어 연합기구적 사역의 다른 좋은 예가 되었다.[70] 각 선교부는 재산권을 가지고, 정책과 개발은 관리부에서 지도하며, 사무와 행정을 목적으로 하는 하나의 경영진이 있었다. 광범위한 연합의 이점은 여러 가지가 있었다. 건물, 장비, 기금의 절약은 상당한 것이고 약제실과 원무과의 직원들, 기타 인부들과 간호사들의 중복을 피할 수 있게 되고, 가장 큰 강점은 모든 부서에서 효율성이 극대화되는 것이었다.[71]

연합의 노력은 통계를 통해서 연합의 가치를 증명해 주었을 뿐만 아니라 관계된 모두가 연합의 이점을 확신하고 있었다는 것이

---

67) Elizabeth Roberts, "Medical Work for Women", *The Korea Missions Year Book 1932*, p. 59.
68) *Annual Report of the Board of Foreign Missions of the Methodist Episcopal Church, Korea Mission 1918*, p. 314.
69) *The Korea Missions Year Book 1928*, p. 127. *Annual Report of the Board of Foreign Missions of the Methodist Episcopal Church, Korea Mission 1921*, p. 121.
70) N. C. Whittemore, "Fifty Years of Comity and Co-operation in Korea", p. 101.
71) *Annual Report of the Board of Foreign Missions of the Methodist Episcopal Church, Korea Mission 1921*, p. 270.

다. 인력과 재정의 엄청난 절약을 통하여 더 나은 사역을 수행하였으며, 북감리교회는 여자해외선교회(WFMS)가 이 연합에 참여하였다. 평양연합병원의 연합사역은 병원사업만이 아니라 여성 병원의 간호사 훈련에서도 이뤄져, 1922년 열 명의 한국인, 한 명의 일본인과 세 명의 외국인들을 양성하여 같은 해 봄에 두 명의 졸업생을 배출하였다. 평양연합병원에서도 의료시술만이 아니라 매일 직원들을 위한 예배가 행해졌고, 입원환자들과 외래환자 모두에게 설교와 복음전도를 통하여 1922년의 경우 56명이 분명히 거듭나고 그리스도인이 되는 열매를 맺었다.[72] 1925년에 시카고의 스웨덴 감리교회 교우들의 헌금 10,000불로 1등급 X-ray 장비를 구입하여 진찰에 있어서 많은 도움이 되었다.[73]

평양연합병원은 이와 같이 북장로교회 선교부와 북감리교회 선교부의 연합에 의해 운영되었고, 의사들은 의사협의회를 만들고 과학적 토의를 위해 1년에 두 차례 모였으며 간호사들도 간호사 연합회를 구성함으로,[74] 서울의 세브란스 병원에 이어 평양에서도 의료사역의 에큐메니칼 운동의 진수를 보여 주었다.

4. 원산구세병원(救世病院, Union Hospital in Wonsan)

원산에서 남감리교회의 사역은 1898년 하디(R. A. Hardie)의 의료사역으로 시작되었다. 그는 의사이며 목사로서 1890년 캐나다 대학생선교회(the Canadian College Mission)의 파송을 받아 부산에서 게일을 도와 한국에서의 선교사역을 시작하였

72) 위의 책, 1922, p. 230.
73) 위의 책, 1925, p. 131.
74) C. A. Clark, *The Nevius Plan for Mission Work-Illustrated in Korea*, p. 220.

고 1892년 11월부터 원산에서 진료소를 운영하였다.[75] 6년 후 1898년 5월 15일 하디는 남감리교회로 이명하여 일시적으로 송도(개성)에서 의료사역을 하다가 다시 1900년 12월 원산으로 돌아와 의료사역과 순회전도를 병행하며,[76] 북감리교회의 맥길(W. B. McGill) 의사와 원산구세병원을 설립했다. 1901년 로스(J. B. Ross) 의사가 원산에 도착하자 하디는 전도사역에 힘쓰고, 병원 사역은 맥길과 로스가 담당하였다.[77] 1902년 북감리교회가 원산지역을 남감리교회로 이양함으로 북감리교회의 맥길 의사가 평양으로 떠나고 1903년부터는 로스 혼자 담당하였다.[78]

캐나다 장로회 선교사 그리어슨(R. G. Grierson) 의사와 맥밀런(K. McMillan) 의사가 원산에 도착한 것은 각각 1899년 2월과 1901년 10월이었으나 한국어를 익히는 데 전념하며 의료활동은 소규모로 했을 뿐이다.[79] 그나마 1908년 예양협정에 따라 원산지역을 남감리교회가 독점함으로 이곳에서 캐나다 선교부의 의료활동은 중단되고 말았다.[80] 이후 1915년 남감리교회와 캐나다 장로교회가 원산에서 연합 의료사업을 결의하고, 1916년 전

---

75) J. S. Ryang, *Southern Methodism in Korea-Thirtieth Anniversary* (Seoul: Board of Missions, Korea Annual Conference, Methodist Episcopal Church, South, 1929), p. 19. 이만열, 한국 기독교 의료사 (서울: 아카넷, 2003), p. 127.

76) J. S. Ryang, *Southern Methodism in Korea-Thirtieth Anniversary*, pp. 20, 92. 한국감리교회사 I, p. 176.

77) *Minutes of the Annual Meeting of the Korea Mission of the Methodist Episcopal Church, South 1902*, p. 45.

78) W. T. Reid, "History of Our Medical Work", J. S. Ryang, *Southern Methodism in Korea-Thirtieth Anniversary*, p. 92. 이만열, 한국 기독교 의료사, pp. 18-29.

79) 위의 책, pp. 131-132.

80) 위의 책, p. 224. 남북 감리교회 사이에서의 예양협정은 이미 1901년 체결되어 남감리교회가 원산을 독점하여 왔었다. H. G. Appenzeller, *The Korea Mission of the Methodist Episcopal Church* (New York: Open Door Emergency Commission, 1902), pp. 26-27.

자는 맨스필드(T. D. Mansfield)가, 후자는 로스가 함께 활동하여 원산연합병원(Union Christian Hospital)을 설립하여 1914년 7,624명을 치료했는데, 연합병원이 된 후 1915년에는 12,000명을 치료하였다.[81] 1916년에는 외래환자 및 입원환자가 17,000명과 2,657명, 1917년에는 16,037명과 513명이었고, 의료진은 두 명의 선교사와 한국인 의사 두 명, 세 명의 간호사, 약제사 두 명, 병리학자 한 명, 서기 두 명, 기타 고용인이 열 명이었고, 캐나다 장로교회 간호사도 참여하였으며, 연합 운영 초기에는 다섯 개 지역에 매주 한 번씩 지방 진료소를 열기도 했다.[82] 원산연합병원은 해마다 20,000명을 치료하였다.[83]

그러나 맨스필드 의사가 1920년 세브란스 병원으로 전임되어 다시 남감리교회 단독으로 운영하였다.[84] 원산구세병원은 이와 같이 일시적이나마 캐나다 장로교회와 남감리교회 사이의 에큐메니칼 사역이 이뤄졌다.

C. 특별사역

1. 콜레라에 대한 대응

1886년 한국에 맹렬한 콜레라가 발생하여 서울에서만 처음에

81) W. T. Reid, "History of Our Medical Work", p. 95.
82) 이만열, 한국 기독교 의료사, p. 446.
83) The Federal Council of Korea and the Interchurch World Movement of North America, *Korea Hand Book of Missions 1920* (Yokohama, The Fukuin Printing Co., Ltd., 1920), p. 41.
84) W. T. Reid, "History of Our Medical Work", p. 95.

는 100명이 죽고, 2-3일 후에는 350명이 죽더니, 매일 1,000명이 죽었다.[85)] 이때 한국인들은 이 재앙이 끝나도록 하늘에 제사를 지내겠다고 돼지, 쌀, 그리고 다른 음식을 살 돈을 달라고 선교사들에게 요청하였고, 의료선교사들은 자신들도 이 문제로 매일 기도하고 있고 한국인들이 집과 하수구와 거리를 보다 깨끗이 하면 기쁨으로 희사금을 내놓겠다고 했다.[86)]

선교사들은 자기 목숨을 돌보지 아니하고 헌신적으로 환자들을 돌보았다. 콜레라 환자들을 기독교 병원으로 데려가면 살 것이라는 포고문이 붙여졌고, 그들을 따뜻하게 진료하는 선교사들을 향하여 한국인들은 이렇게 말하였다. "이 외국인들이 우리를 얼마나 사랑하는가? 우리는 이들이 우리와 같은 이방인들을 위해 하는 것만큼 우리 친족 중 한 사람을 위해 헌신할 수 있는가?…… 저기 예수의 사람(the Jesus man)이 지나간다. 그는 밤낮 쉬지 않고 병자들을 위해서 일한다!"[87)] 이와 같이 선교사들이 사력을 다하는 온전한 헌신에 한국인들이 감동을 받았던 것이다. 1895년 7-8월에 또다시 콜레라가 전국을 휩쓸었을 때 에비슨 의사의 지도와 선교사들의 단합으로 이 재앙이 번지는 것을 막는 데 큰 공헌을 하였고, 한국인들에게 긍정적 이미지를 제공하였다.[88)] 이때 콜레라 퇴치를 위해 방역국(防疫局, Sanitary Board)을 조직하고 위원장에 북장로교회의 에비슨, 서기에 북감리교회의 커틀

85) H. G. Underwood, "Address", *Report of the Twelfth Annual Convention of the American Inter-Seminary Missionary Alliance* (Pittsburgh: Murdoc, Kerr and Co., 1892), 이만열, 옥성득 편역, 언더우드 자료집 I, p. 323.

86) *Annual Report of the Board of Foreign Missions of the Methodist Episcopal Church, Korea Mission 1894*, p. 244.

87) L. H. Underwood, *Fifteen Years Among the Top-Knots or Life in Korea*, pp. 144-145.

88) 이광린, 초대 언더우드 선교사의 생애, p. 152.

러(M. M. Cutler) 양,[89] 이 병원의 감독자로 웰즈, 언더우드와 언더우드 부인이 임명되었다.[90] 방역국에서는 다음과 같은 공고를 붙였다.

> 콜레라는 악귀에 의해서 발생되지 않습니다. 그것은 세균이라 불려지는 아주 작은 생물에 의해서 발병됩니다. 이 살아 있는 균이 우리 몸에 들어오면 그 수가 급격히 증가하면서 병을 일으킵니다. 만약 당신이 콜레라를 원치 않는다면 균을 받아들이지 않아야 합니다.
>
> 지켜야 할 것은 음식을 반드시 끓이고 그 끓은 음식을 다시 감염되기 전에 먹기만 하면 됩니다.
>
> 갓 끓인 숭늉을 마셔야 합니다.
>
> 찬물을 마실 때도 끓여서 깨끗한 병에 두어야 합니다.
>
> 언제 감염될지 모르니 식사 전에 반드시 손과 입안을 깨끗이 씻으십시오.
>
> 이상의 사항을 준수하면 콜레라에 걸리지 않습니다.[91]

조정에서는 이 일에 선교사들을 신뢰하고 2,000만 원의 예산을 쓰도록 하였고, 경찰력을 동원하는 권한까지 부여하였다.[92] 전염병이 끝나고 외부대신 김윤식은 미국공사 실(J. M. B. Sill)을 통해 헌신한 선교사들에게 감사의 뜻을 전해 달라는 서신을 보냈다.[93] 의료인들의 이렇게 놀라운 분투 속에서 그들 역시 "전쟁터

---

89) 이광린, 올리버 알 에비슨의 생애, p. 77.
90) 연세의료원 120년사 편찬위원회, 인술, 봉사 그리고 개척과 도전의 120년, p. 113.
91) O. R. Avison, *Dr. Avison's Memoirs in Korea 1893-1935*, Moffett Collection, the Library of Princeton Theological Seminary, p. 405. O. R. Avison, 舊韓末秘錄, pp. 34-35.
92) O. R. Avison, "Cholera in Seoul", *The Korean Repository*, 1895. 9, pp. 339-340.

에서 병사들처럼 쓰러졌다."[94] 이 일로 인해 한국인들 가운데 기독교를 연구해 보려는 사람들이 많이 발생했고, 선교사들의 병원 병실에서 환자를 간호하는 데 자원하겠다는 이들도 있었다.[95] 특히, 적대감을 가지고 있었던 천주교 신부들도 이때만큼은 난국타개를 위해 협력하였는데, 알렌이 협력을 요청하였고 천주교 신부들이 그에게 많은 양의 예방약을 가져다주었다.[96] 이러한 천주교와 개신교의 협력은 그야말로 1970년대 이전에는 찾아볼 수 없는 에큐메니칼적 협력이었다.[97]

2. 치과사역

치과사역도 처음부터 연합으로 이뤄졌는데, 이것은 1909년 북감리교회의 치과의사 한대위(D. E. Hahn)가 치의학교를 설립하고 제중원과 연합사업으로 이뤄진 것이다. 이에 대한 〈대한미일신보〉의 기사를 보면 다음과 같다.

---

93) L. H. Underwood, *Fifteen Years Among the Top-Knots or Life in Korea*, p. 145. 그 편지는 다음과 같다.
외부
504년(음력) 7월 3일
1895년 8월 22일
외부대신 김
미국공사 씰에게
본인은 콜레라 치료를 위해 많은 돈을 쓰고 수고를 많이 한 언더우드 박사와 그의 친구들에게 우리의 정부의 깊은 감사의 뜻을 전하고자 합니다. 본인은 각하께서 우리 정부를 대신하여 그들에게 감사의 인사를 전해주리라 믿습니다. 삼가 김윤식(서명). 구한국외교문서: 미안 2, 문서번호 1400. 이광린, 올리버 알 에비슨의 생애, p. 84에서 재인용. 에비슨의 이름이 빠지고 언더우드의 이름이 적힌 것은 그가 에비슨보다 선임자이기 때문이다. 위의 책.

94) J. S. Gale, *Korea in Transition*, p. 179.

95) "魚丕信博士 小傳"(十六), 기독신보, 1932. 5. 4.

96) Horace N. Allen, *Things Korean*, p. 221.

97) 민경배, 알렌의 선교와 근대 한미외교, p. 217.

미국 치의사 한대위 씨가 경성 남대문 내 자기 사저(私邸)의 치의학교를 창설ᄒᆞ고 한국 학생을 교육ᄒᆞᄂᆞᆫᄃᆡ 차(此) 학교의셔ᄂᆞᆫ 장차 남문의 제중원과 연합 주업(做業)할터이오 히(該)원의 신건축이 충비(充備)되면 차 학교ᄂᆞᆫ 해 원ᄂᆡ의 이부(移付)ᄒᆞ고 우(又)히 원의ᄂᆞᆫ 치과부(齒科部)를 증설ᄒᆞᆫ다더라.[98]

세브란스 병원에 치과부가 설립된 것은 1915년 세브란스 의학교가 전문학교로 승격되며 북장로교회 의료선교사 쉬플리(W. J. Schiefley)가 입국한 후였다.[99] 세브란스 병원 본관 옆에 1930년 9월 기공하여 1931년 10월 3층 규모로 치과병원을 준공하였는데, 북장로교회 치과 의료선교사 부츠(J. L. Boots)가 이 일을 위해 1925년 12월부터 1927년까지 안식년차 미국에 귀국하여 모금운동을 전개하여 일반인들로부터 10,000불을 그리고 미국 치과의학회 회원들로부터 2만 원을 받아 귀국했는데, 이 기간 동안 맥언리스(J. A. McAnlis)가 안 의사(Dr. Ahn)와 치과진료를 담당했다.[100]

치과병동은 열 개의 별개 방으로 모든 계층의 사람들을 치료할 수 있게 하였다. 임상 강의 방도 42명의 학생들이 앉을 수 있도록 하였다. 1932년 1,324명의 환자들을 치료하였는데, 북장로교회 선교부의 두 명의 미국 치과의사 부츠와 맥언리스와 19명의 한국

98) 대한미일신보, 1909. 10. 30.

99) W. J. Schiefley, "Severance College Dental Department", *KMF*, vol.12 no.2 (1916. 2), p. 44.

100) Severance Union Medical College, *Annual Report for Fiscal Year 1923-1924*, pp. 4-8. 의료, 봉사 그리고 개척과 도전의 120년, pp. 264-265에서 재인용. 치과병동의 설계도 부츠가 담당하였는데, 이 신식 건물은 동양에서 하나밖에 없는 완벽한 것이었다고 〈동아일보〉는 보도한다. "東洋無比를 자랑할 齒科診療所 落成", 동아일보, 1931. 10. 29.

인 보조인들이 사역하였다. 모든 직원이 기독교인들이었으며, 매년 운산에 있는 미국인 광산, 평양의 선교부, 두 곳의 여름 휴양지에 순회하기도 하였다. 남장로교회 선교부는 별도로 광주에서 레비(J. K. Levie)가 몇 년간 사역했는데,[101] 레비는 처음에는 선교사들의 치아를 돌보는 것이 일차사역이었으나 일반인들에게까지 제한을 두지 않고 순천에 치과병원(Dr. Roger's Hospital)을 개설하였다.[102] 치과사역은 이와 같이 출발부터 연합으로 시작되었고, 연합병원인 세브란스병원을 중심으로 이뤄졌다.

3. 결핵과 나병 퇴치

초기 사역자들은 복음전도만이 아니라 사회 복음(Social Gospel)에도 관심을 가졌다. 초기부터 고아원과 병원을 운영하며, 나아가 쉽게 접근할 수 없었던 결핵과 나병환자들에게까지 손을 내밀어 이것들의 퇴치를 위해 특별 치료소를 설치하기도 했다.[103] 이 일에도 교회의 연합사역은 이어졌다.

a. 결핵 퇴치

의료시설 및 예방의 부족으로 결핵과 나병에 대한 대처가 전무하였다. 특히, 결핵의 문제가 보다 시급했다. 15-25세의 연령에 있는 젊은이들의 치사율은 과장 없이 절망적이었다. 나병이 상처

---

101) J. L. Boots, "Dental Work", *The Korea Missions Year Book 1932*, p. 49.
102) S. M. Crane, *A Legacy Remembered-A Century of Medical Missions* (Franklin, TN.: Providence House Publishers, 1998), pp. 118-119.
103) C. A. Clark, *The Nevius Plan for Mission Work-Illustrated in Korea*, p. 122.

를 통한 접촉 외에는 감염률이 떨어진 반면, 폐결핵(Pulmonary Tuberculosis)의 감염률은 매우 높았다.[104] 평양연합병원에서 사역한 폴웰은 당시 한국이 "결핵의 온상"이라고 지적했으며,[105] 1932년 〈기독신보〉 기사는 전체 인구 2,300만 명 중 결핵 감염자가 50%나 되고 결핵으로 고생하는 이들이 100만 명에 이르렀다고 한다.[106] 세브란스 병원의 마틴(S. H. Martin) 의사에 의하면, 세계적으로 결핵은 20명 중에 한 명이 희생되지만, 한국에서는 다섯 명 가운데 한 명이 희생당하여[107] 세계 평균의 네 배에 달하였다.[108]

이렇게 결핵에 취약했던 한국에도 항결핵회 및 결핵병사(結核病舍)가 설립되었다. 1928년 10월 26일 세브란스 의학전문학교를 중심으로 한국의 최초의 항결핵회인 세브란스 항결핵회(抗結核會, the Severance Anti-Tubercular Association)가 결성된 것이다.[109] 이후 결핵 치료를 위한 첫 번째 거대한 규모의 독립 건물들이 바다가 보이는 해주의 남산과 서울 세브란스 의과대학 내에 결핵병동이 개원되었다. 검진과 치료를 모두 할 수 있는 설비가 준비되었다.[110] 연합병원인 세브란스의 결핵병사는 1920년

---

104) S. H. Martin, "The Tubercular Problem in Korea", *The Korea Missions Year Book 1932*, pp. 50-51.
105) E. D. Follwell, "Hall Memorial Hospital and Dispensary", *KMF*, vol. 2, no. 1 (1905. 11), p. 6.
106) "크리스마스 씰을 기회로 結核病撲滅運動에 協力하라", 기독신보, 1932. 12. 14.
107) *Annual Report of the Board of Foreign Missions of the Methodist Episcopal Church, Korea Mission 1929*, p. 143.
108) 위의 책, 1931, p. 72.
109) "세브란스 항결핵회의 창립", 교우회보, 제11호 (1929), pp. 61-62. 연세의료원 120년사 편찬위원회, 인술, 봉사 그리고 개척과 도전의 120년-1. 한국의 현대의학 도입과 세브란스(1885-1945) (서울: 연세의료원), p. 233에서 재인용.
110) S. H. Martin, "The Tubercular Problem in Korea", *The Korea Missions Year Book 1932*, pp. 50-51.

3월 내과 교수 스타이츠(F. M. Stites)의 주선으로 600원을 들여 한국 최고의 결핵병사를 건축하였다.[111] 해주에서는 홀(Sherwood Hall)과 그의 부인 마리안(M. B. Hall)이 부모의 사역을 계승하기 위해 캐나다에 가서 의과대학을 졸업하고 1925년 입국하였고,[112] 1928년 3,600달러 규모의 새 의료시설을 건립했는데, 이것이 한국 최초의 결핵요양소(Haiju Tuberculosis Sanitarium)인 해주 구세요양원(Norton Memorial Hospital)이다.[113] 이곳에서 농작물 재배와 가축을 키우며 40병상으로 시작했는데 기금이 추가되면서 점차 늘려갔다.[114] 해주요양소가 개원되기 전까지 한국에서는 결핵에 대처할 수 있는 방법이 거의 없었다.[115]

홀 의사는 안식년으로 귀국하여 1907년 크리스마스 실(Christmas Seal)을 만든 비셀(E. P. Bissel)을 알아 그곳 결핵협회(the National Tuberculosis Association)를 방문한 후 한국에 돌아와 1932년 12월 3일 그가 직접 고안하여 만든 크리스마스 실을 발행하였다.[116] 서울에서는 피터스 결핵병동(Elizabeth Campbell Pieters Tuberculosis Ward)에서 20명의 환

---

111) 세브란스교우회보, 제12호 (1929), pp. 71. 연세의료원 120년사 편찬위원회, 인술, 봉사 그리고 개척과 도전의 120년, pp. 232-233에서 재인용.

112) 한국감리교회사 I, p. 174. 홀(S. Hall)은 어린 시절 결핵으로 죽은 한국 최초의 여의사인 박에스더의 죽음에 충격을 받고, 그때 결핵을 퇴치하는 데 앞장서겠다고 결단하고 반드시 폐결핵 전문의사가 되어 한국에 돌아와 결핵요양원을 설립할 것을 맹세하였다. Shewood Hall, *With Stethoscope in Asia: Korea*, p. 158.

113) 위의 책, p. 282. *Annual Report of the Board of Foreign Missions of the Methodist Episcopal Church, Korea Mission 1929*, p. 45. 셔우드는 해주요양소를 지음으로 그의 소년 시절의 꿈을 성취하였다. 요양소는 한국의 온돌식 건물로, 각 방마다 개별 주방을 갖추었다. 위의 책, 1931, p. 73.

114) S. H. Martin, "The Tubercular Problem in Korea", *The Korea Missions Year Book 1932*, p. 50.

115) *Annual Report of the Board of Foreign Missions of the Methodist Episcopal Church, Korea Mission 1931*, p. 73.

자들을 수용하여 그 병과 어떻게 싸워야 하는지 가르쳤다.[117] 선교부에서는 총독부가 나서서 곧 수만의 한국인과 일본인들이 질병으로부터 보호받을 수 있는 공중위생을 분명하게 설치할 수 있기를 촉구하였다.[118] 결핵 퇴치는 개별적 사역을 통해서 이루기 어려운 일로 '항결핵회' 나 '결핵협회' 등을 통해 연합활동으로 전개되었던 것이다.

b. 나병 퇴치

한국에서 나병환자에 대한 최초의 대책회의가 열린 것은 1897년으로 당시 2만 명의 나병환자들에 대한 관심으로 시작되었다.[119] 이후 1904년 북장로교회 선교부는 어빈(C. H. Irvin), 빈톤(C. C. Vinton), 그리고 스미스(W. E. Smith) 등으로 나병퇴치를 위한 위원회를 조직하기로 결의하였고, 1907년 '인도 나병퇴치선교회' (the Mission to Lepers to India)에서 400파운드를 보내 주어 1909년 부산에서 최초의 나병요양소가 설립되었

---

116) Shewood Hall, *With Stethoscope in Asia: Korea*, pp. 302, 323. 홀은 비셀을 만나 결핵협회의 주 수입원이 크리마스 실로 연 5백만 달러에 이르며, 1907-1930년까지 6,100만 달러를 모금한 사실을 들어 크리스마스 실에 대한 큰 동기부여를 받게 되었다. 위의 책, p. 302. 홀은 1941년 일제로 인해 선교사들이 철수할 때 본국으로 돌아가지 않고 인도에 가서 1963년 은퇴할 때까지 의료사역을 하였고, 거기에서도 크리스마스실을 발행함으로 그는 평생 결핵환자들을 위해 봉사하였는데, 1963년 은퇴하고 귀국길에 대한민국에 들렀다가 대한결핵협회로부터 금메달을 받고 캐나다로 귀국했다. 한국감리교회사 I, pp. 174-175.

117) *Annual Report of the Board of Foreign Missions of the Methodist Episcopal Church, Korea Mission 1929*, p. 143.

118) S. H. Martin, "The Tubercular Problem in Korea", *The Korea Missions Year Book 1932*, p. 51.

119) C. A. Clark, *The Nevius Plan for Mission Work-Illustrated in Korea*, p. 104. A. M. Nisbet, *Day In and Day Out in Korea* (Richmond, VA.: Whittet & Shepperson, 1919), p. 126.

으며, 1916년 호주 장로교회와의 예양협정에 따라 북장로교회가 부산을 내어줌으로 대구 결핵요양소의 관리를 맡았다.[120] 한국에서 나환자에 대한 사역에 있어서 중대한 발전은 나환자 선교 아시아 담당 서기인 파울러(Henry Fowler) 의사가 1921년 한국을 방문하고 '조선나환자선교위원회' (The Leper Committee of Chosen)가 조직되었을 때이다.[121]

이런 과정을 거쳐 나병환자를 돌보는 세 개의 선교시설이 광주, 대구, 그리고 부산에 세워졌다.[122] 첫째는 남장로교회의 후원하에 있는 것으로 가장 오래되고 가장 큰 시설인 광주 나병원으로,[123] 1909년 포사이드(W. H. Forsythe)가 시작하였고, 1912년 스코틀랜드에 본부를 둔 구라회(the Society for Lepers)가 광주 교외에 나환자들을 위한 요양시설을 짓는 데 협력하여 약 800명까지 수용하였다.[124] 이 요양원은 1926년 순천으로 이사를 하였는데, 이유는 총독부가 도청 소재지로부터 요양시설을 옮기라고 광주시에 압력을 행사했기 때문이며, 이때 윌슨(R. M. Wilson) 의사가 총독부와 협상하여 순천 남쪽에 좋은 땅을 얻어 애양원(愛養院, Home of Love)이라 불렀으며, 수용인원이 1,200명까지 늘어나 세계적인 명성을 얻게 되었다.[125]

역사와 크기에 있어서 두 번째 가는 것이 호주 장로교회에서 운영하는 부산 요양소 상애원(相愛園)이다.[126] 이것은 1909년 어

---

120) H. A. Rhodes, *History of the Korea Mission Presbyterian Church U.S.A. 1884-1934*, p. 514.

121) *Annual Report of the Board of Foreign Missions of the Methodist Episcopal Church, Korea Mission 1921*, p. 274.

122) The Federal Council of Korea and the Interchurch World Movement of North America, *Korea Hand Book of Missions 1920*, p. 28.

123) A. G. Fletcher, "The Treatment of Leprosy," *The Korea Missions Year Book 1932*, p. 56.

124) S. M. Crane, *A Legacy Remembered-A Century of Medical Missions*, p. 117.

빈(C. H. Irvin)에 의해 부산진 감만동에 12명의 나병환자를 입원시킴으로 시작되었으며, 처음에는 인도 및 동아시아 나병선교회(Mission to Lepers in India and the East)로부터 건물 및 유지비를 지원받았다.[127] 1910년에는 영국구라회(British Leprosy Mission)의 지원으로 개원하였는데, 1909년 예양협정에 따라 부산이 호주 장로교회의 선교지역이 됨으로 1911년부터 호주 장로교회와 북장로교회가 '나환자위원회'를 조직하고 연합으로 운영하다가 1916년부터 호주 장로교회 단독으로 운영하였다.[128] 셋째는 북장로교회의 관할하에 있는 대구 나병원으로 1913년 플레처 의사에 여섯 명의 나환자를 수용하며 시작되었고,[129] 1914년 영국구라회로부터 5,000달러를 지원받아 1917년 2층 벽돌 건물로 병원을 완공하고 50명을 수용하였다.[130]

이 세 시설의 재산권은 모두 영국 런던에 있는 나병선교회(the

---

125) 위의 책, p. 118. Government General of Tyosen, *Annual Report on Administration of Tyosen* (Tokyo: Toppan Printing Co., Ltd., 1938), p. 113. 애양원의 영어 이름은 처음에는 이곳을 방문하고 후에 기금을 전해 준 사람의 이름을 따서 Biederwolf Leper Colony라고 했다가, 윌슨 의사를 기념하여 R. M. Wilson Leprosy Colony에서 다시 Wilson Leprosy Center and Rehabilitation Hospital이라고 바꿨으나, 한국인들은 예나 지금이나 애양원으로 부른다. S. M. Crane, *A Legacy Remembered-A Century of Medical Missions*, p. 118.

126) A. G. Fletcher, "The Treatment of Leprosy", 56.

127) O. R. Avison, "History of Medical Work", *Quarto Centennial Papers Read Before the Korea Mission of the Presbyterian Church in the U.S.A. at the Annual Meeting in Pyeng Yang, August 27, 1909*, p. 34. 이만열, 한국 기독교 의료사, p. 481.

128) 위의 책, pp. 481-482. Government General of Tyosen, *Annual Report on Administration of Tyosen*, p. 113. 부산 요양소는 1940년 일제의 군사적 목적으로 인한 명령 조치로 폐쇄되었고, 이때 호주 장로교회 선교사 트루딩어(M. Trudinger)도 호주로 떠나고 말았다. E. A. Kerr and G. Anderson, *The Australian Presbyterian Mission in Korea 1889-1941* (Sydney: Australian Presbyterian Board of Missions, 1970), p. 100.

129) 위의 책. A. G. Fletcher, "A Celebration at Taiku Leper Hospital", *KMF*, 1925. 2, p. 39.

130) 이만열, 한국 기독교 의료사, p. 489.

Juridical Person of the Mission to Lepers)에 의해 행사되었다.[131] 세 요양원은 1917년 490명(부산 153명, 대구 100명, 광주 237명)을 수용하였고, 여기에 총독부가 소록도에서 운영하던 요양소에 100여 명 등에 불과하여 전체 나병환자의 3%만이 의사의 처방을 통하여 치료를 받을 수 있었고,[132] 나병환자들은 자립에 보태기 위해 농업에 종사했다.[133] 광주와 대구의 사역은 미국 위원회에서 재정보조가 되었고, 부산과 대구의 경우는 영국 구라회에서 지원되었으며, 광주의 경우 인도 · 동양구라협회(Mission to Lepers in India and the East)의 지원도 받았으며,[134] 총독부로부터도 상당한 지원을 매년 받았는데, 이와 같이 한국에서 나병의 문제는 너무나 방대하여 국민들과 선교부와 총독부 모두의 협력이 있어야 빠른 효과를 얻을 수 있었다.[135]

'조선장로교 총회'는 1920년 총회 차원에서 나병 퇴치를 위한 특별 헌금을 하기로 결의하였고,[136] 1923년 총회에서는 "십이월 첫 쥬일을 라병원 연보 쥬일노 정ᄒᆞ야 연보케 홀일"을 가결시켰고,[137] 1925년 총회에서는 "문둥병은 졈차 만연될 것은 실로 위험함으로 우리는 문둥병 근멸회를 조직하여 자금으로 삼십년 후에는 이 병이 업도록 할 경영으로 문둥병 근멸회를 발긔하는 즁이옵니다"라고 보고하였다.[138] 총독부 시설을 포함하여 한국의

131) A. G. Fletcher, "The Treatment of Leprosy", p. 56.
132) R. M. Wilson, "Hygiene and Sanitation in Chosen", *KMF*, 1918. 4, p. 86.
133) C. A. Clark, *The Nevius Plan for Mission Work-Illustrated in Korea*, pp. 211-212.
134) R. M. Wilson, "My Life Among the Lepers", Presbyterian Survey, 1943. 7, p. 304. 이만열, 한국기독교 의료사, p. 486에서 재인용. 광주 나병원은 인도 · 동양구라협회로부터 2,000달러의 지원을 받았다.
135) A. G. Fletcher, "The Treatment of Leprosy", p. 56.
136) 조션예수교쟝로회 총회 뎨九회 회록 (1920), p. 19.
137) 조션예수교쟝로회 총회 뎨十二회 회록 (1923), p. 54.

나병환자 시설에 있던 수는 1932년 모두 2,500명이었으며,[139] 전국적으로 있던 나환자의 총수는 알 수 없었으며 20,000명 정도로 추산되었다. 이중에 국가 시설을 통하여 치료받을 수 있는 사람은 수백 명에 불과했다. 거의 대부분이 도움과 희망도 없이 방치되었다. 선교사들은, "세상에 이렇게 비참한 나환자들이 어디에 있겠는가?"라고 탄식했다.[140] 나병 치료에 대풍자유(大楓子油, Chaulmoogra Oil) 처방법이 성공적이었다.[141] 선교부 시설에 있던 환자들의 사망률이 15-20%에서 1-2%로 줄었다. 나병환자들로 정원을 가꾸고, 가축을 기르며, 목공예 등을 함으로 소일하게 함으로 건강증진에도 유용했다. 체육, 음악, 오락 등도 실시했다. 불신자들이 기독교 시설에 들어와 매우 빠르게 복음을 수용했다. 절반이 세례를 받았고, 4분의 1이 학습자들이었으며, 나머지 4분의 1은 점차 기독교적 삶으로 변화되어 갔다.[142]

결핵 퇴치와 더불어 나병 퇴치도 방대한 사역으로 이와 같이 연합사업으로 추진되었다. 상애원의 경우 북장로교회가 시작하여 영국구라회에서 후원하고 북장로교회와 호주 장로교회가 연합 운영하다가 호주 장로교회가 단독 운영하게 된 과정을 통해서 교단 및 교파를 초월한 연합사업이 잘 나타났고, 애양원도 남감리교회가 운영하면서 인도 · 동양구라협회로부터 재정 지원을 받았으며, 대구나병원도 북장로교회가 운영하였지만 영국구라회의 재정 지원을 받음으로 연합사업이 진행되었다.

---

138) 조선예수교장로회 총회 뎨十四회 회록 (1925), p. 25.
139) A. G. Fletcher, "The Treatment of Leprosy", p. 56.
140) 위의 책.
141) The Federal Council of Korea and the Interchurch World Movement of North America, *Korea Hand Book of Missions 1920*, p. 29.
142) A. G. Fletcher, "The Treatment of Leprosy", pp. 56-57.

4. 조선간호사협회(The Nurses' Association of Korea)

한국 간호사의 역사는 서울에 있던 북감리교회 선교부의 에드먼드(Miss M. J. Edmunds, 후에 W. B. Harrison과 결혼)가 1903년 간호사 양성을 위한 훈련학교를 보구여관에서 근무하면서 시작한 것에서 유래된다. 1906년에는 세브란스 간호학교(the Severance Nurses' Training School)가 장로교 선교부의 쉴즈(Miss E. L. Shields)에 의해 시작되어,[143] 같은 해 장 · 감의 선교부들이 연합하여 감리교회 병원과 세브란스 병원에서 간호학을 가르쳤고 간호사의 제복과 제모를 착용하게 했으며, 1910년에 정식으로 1회 졸업생 한 명을 배출하였다.[144] 1908년 간호학교 졸업생들을 배출하면서 선교사들에 의해 간호사협회(Occidental Nurses' Association)가 구성되어, 한국에서 전문적인 간호사역을 추구하며 상호 돕고 연합하기를 시작하였다.[145]

1914년경 총독부에 간호사의 등록이 요구되었고, 이때부터 총독부의 요구에 응하기 위해 간호사 훈련을 준비하였다. 1923년에는 약 50명의 회원으로 '조선간호사협회' (the Korean Nurses Association)가 결성되었다. '서양간호사협회' 와 '조선간호사협회' 가 1926년 4월 21일까지 연례모임을 가졌다가 한국 간호사들의 최선의 유익을 위해 '서양간호사협회' 를 해산하고 '조선간호사협회' 로 통합하였다. 1925년 이래로 한국의 간호사들은 '국제간호사협의회' (International Council of Nurses)에 가입하기를 희망하였다. 협회에서는 계간으로 영어와 한글로 회보

143) Elizabeth J. Shepping, "The Nurses' Association of Korea", *The Korea Missions Year Book 1932*, p. 52.
144) 한국감리교회사 I, p. 179. 그 졸업생은 김배세이다.
145) 위의 책. Elizabeth J. Shepping, "The Nurses' Association of Korea", p. 52.

를 발행했다. 1925년에는 '국제간호사협의회' 에서 한국 간호사 양성의 증진에 대한 노력으로 시상을 받기도 했다.[146)]

이때부터 '조선간호사협회' 가 진보하여 1929년에 '국제간호사협의회' 에 입단하기 위해 공식 신청을 했다. 대표로 쉐핑(Mrs. E. J. Shepping)이 한국인 간호사 이효경과 이 프란시스와 함께 캐나다 몬트리올에 파견되었다. 일본의 식민지 통치 관계로 한 나라에서 한 협회만이 가입할 수 있다는 '국제협의회' 의 규정으로 인해 미뤄지다가 1933년 브뤼셀에서 열린 모임에서 두 나라가 각기 가입하도록 권고했다.

간호사 양성을 세브란스에서만이 아니라 평양에서도 시작하였다. 1932년 '조선간호사협회' 는 9개의 간호사 훈련학교와 11개의 공중건강 센터와 아동 복지사역 등을 담당했다. 협회는 동대문병원과 세브란스 병원의 연합에 상당한 관심이 있었다. 왜냐하면 이 연합으로 한국에서 매우 필요한 산과와 조산 센터에 간호 전문성에 대한 신뢰를 얻을 수 있기 때문이었다. 이 연합이 이뤄지면 자연스럽게 간호사들을 위한 2년 과정의 대학설립을 기대할 수 있으며, 미래의 한국 간호사들을 간호세계에 부합하게 양성할 수 있게 될 것[147)]이라고 예견했다.

이처럼 간호사들의 연합체인 간호사협회가 서양간호사협회로 출발하여 조선간호사협회와 통합하여 조선간호사협회로 일원화되고, 국제간호사협의회까지 가입하는 쾌거를 이루었다.

---

146) 위의 책.
147) 위의 책, pp. 53-54.

D. 소결론

언더우드는 이러한 의료선교 사역으로 인해 미국 선교사들과 미국인들은 그들이 가는 곳마다 한국인들이 자기들의 말에 귀를 기울였고, 선교사들은 한국인들의 마음속에 파고들어갈 수 있었다고 증언한다. 초기 선교활동에서 다른 방식으로 선교의 접촉점을 만들기 힘든 상황에서 선교사들은 의사와 간호사들의 성실하고 시의적절한 도움을 통해서 선교의 열매를 맺어갈 수 있었다.[148] 이러한 초기 의료선교사들의 헌신으로 인해 1887년의 전염병으로 서울에서 매일 수천 명이 죽어갔지만,[149] 1909년에는 전염병이 유행한 전 기간을 통하여 수백 명이 희생되었을 뿐이다.[150] 게일(G. S. Gale)은 구한말 여러 가지로 희망이 없었던 때에 예수를 믿지 않던 불신자들도 희망은 오직 예수로부터 온다는 데 동의하였다고 증언한다.[151]

선교부들이 연합하여 세운 세브란스 연합의과대학 외에 서울에 일반 의과대학이 설립되었는데, 1911년에 경성대학교(서울대학교 전신)에 의예과가 설립됨으로,[152] "정부가 의료를 제공하는데 선교부가 병원을 유지해야 하는가?"라는 질문이 있었다. 의료

148) H. G. Underwood, *The Call of Korea*, p. 101. 미국 장로교회가 한국선교 50주년을 통해 발표한 "한국선교에 있어서 여섯 가지 중요한 원칙들"에서도 의료선교를 '전도의 매개자'(evangelizing agency)로 여겼다. "The Six Cardinal Principles of the Chosen Mission", *The 50th Anniversary of the Chosen Mission of the Presbyterian Church in the U.S.A. 1884-1934* (Seoul: June 30-July 3, 1934).

149) William Elliot Griffis, *A Modern Pioneer in Korea-The Life Story of Henry G. Appenzeller*, p. 198.

150) 위의 책.

151) James S. Gale, *Korea in Transition*, p. 50.

152) O. R. Avison, "Medical Education.", p. 46. 서울의대에서 1932년까지 415명의 졸업생 가운데 한국인이 122명, 일본인이 293명이었다.

선교사 앤더슨(A. Garfield Anderson)은 이 질문에 솔직하게 대답하여야 한다고 하며, "한국에는 아직 의사들과 병상의 수가 터무니없이 부족하고 점차 양의(Western medicine)의 사용이 급증하고 있다"고 한다. 그러나 의료사역은 다른 사역보다 뛰어나지 않은 복음전도의 매개체로서 기독교의 정신에 대한 실천적 표현이다. 초기 선교사들은 이 사역을 장차 한국교회가 전적으로 감당할 것을 희망하였다.[153] 그들의 기대는 짧은 기간 안에 이뤄지지 않았지만 의료사역은 20세기 후반에 이르러서야 한국교회가 전적으로 감당하게 되었다.

이렇게 한국의 선교는 의사에 의해서 시작되었고, 의사들의 죽음을 무릅쓴 희생적 헌신으로 인해 그들은 비기독교 국가의 무지와 불합리성을 깨뜨렸으며, 동양 세계가 이제까지 경험하지 못한 인과(因果)의 법을 전하는 대사가 되었다.[154] 이 땅에 복음을 위해 수고하다 목숨을 잃은 남녀노소 의사들이 많았지만, 특히 홀과 헤론의 순교는 그들의 희생이 당시 한국인들을 감동시키고 변화시키는 계기가 된 것이 분명하다.

홀은 발진티푸스로 1894년 11월 24일 서울에서 별세했는데, 이 병은 평양에서 청일전쟁 가운데 부상한 자들을 돌보다 치명적인 결과를 입은 것이었고, 감리교 선교부는 그를 일컬어 "진지하고 성실한 사역자, 참되고 헌신된 그리스도인"이라고 평하였다.[155] 헤론은 테네시(Tennessee) 의과대학 설립 이래로 가장 우수한 성적으로 졸업한 인재로, 수련을 마친 후 대학교수로 남아달라는 대학교수회의 요청을 뿌리치고 한국에 북장로교회 선

153) A. Garfield Anderson, "Medical Mission-Some General Aspects", p. 45.
154) James S. Gale, *Korea in Transition*, pp. 177-178.

교사로 첫 임명을 받은 헤론은,[156] 1885년 6월 입국하여 알렌의 제중원 사역을 이어받아 밤낮을 쉬지 않고 사역을 하다가 5년 후 1890년 전염병이 극성을 부릴 때 혹서기의 더위를 아랑곳하지 않고 환자들을 돌보다 이질에 걸려 7월 16일 아내와 두 딸을 남기고 순직하고 말았다.[157]

이들과 같이 자기 목숨을 아끼지 않고, 게다가 교파를 초월한 에큐메니칼적 협력사업을 초기 의료선교사들이 감행함으로 보다 효과적인 선교의 열매를 맺게 된 것이다. 의료선교에서 연합은 알렌의 병원에서의 장·감 선교사들 개인간의 협력으로부터 시작하여 치료소 및 보호소, 그리고 세브란스 및 평양연합기독병원, 원산구세병원 등의 설립 및 운영, 나아가 특별사역으로 콜레라 같은 전염병에 대한 대처와 더불어 결핵 및 나병의 퇴치에 이르기까지 이어졌으며, 간호사협회의 탄생도 일찍이 있었다. 따라서 의료선교야말로 한국교회 에큐메니칼 정신의 산 표본이라 말할 수 있다.

---

155) Sherwood Hall, *With Stethoscope in Asia: Korea*, p. 125. *Annual Report of the Board of Foreign Missions of the Methodist Episcopal Church, Korea Mission 1894*, p. 250. 북감리교회 선교부는 1897년 2월 1일 홀 의사의 희생을 기념하여 홀기념병원(기홀병원, the Hall Memorial Hospital) 건립을 하고 개원하여 폴웰(Douglas Follwell)이 맡아 운영했는데, 실제 이 병원의 건립은 선교부의 어떤 도움도 없이, 고 홀 의사의 자기 희생, 그의 부인(Rosetta Hall)과 그들의 절친한 한국과 본국의 친구들의 힘으로 이뤄진 것이다. 당시 평양을 방문했던 Mrs. Isavella Bird Bishop은, "평양의 영적 상태는 자신이 방문했던 어떤 것보다도 괄목할 만하다"라고 진술했다. 위의 책, 1897, pp. 239, 243. Shewood Hall, 위의 책, pp. 128-129.

156) J. E. Adams, "Roll of the Mission's Dead", *Quarto Centennial Papers Read Before the Korea Mission of the Presbyterian Church in the U.S.A. at the Annual Meeting in Pyeng Yang, August 27, 1909*, p. 112.

157) L. H. Underwood, *Fifteen Years Among the Top-Knots or Life in Korea*, p. 99.

IV

교육선교(학교교육)

한국선교 초기 연합사업으로 병원의 설립과 더불어 빼놓을 수 없는 것이 학교의 설립이었다. 선교사들이 의료선교와 더불어 집중적으로 투자한 것이 교육선교였다. 초기 선교의 문을 열어 주는 산파 역할을 한 것이 의료선교였지만, 장·감의 목사들로 최초로 입국한 언더우드와 아펜젤러 모두 그들의 공식적인 직업은 목사가 아니라 교사로, 제중원과 정동병원(시병원)에서 1885년 말 두세 명의 학생들을 가르치기 시작했다.[1] 언더우드 부인(L. H. Underwood)은 선교부의 상당한 시간 및 에너지를 의료사역과 더불어 학교교육에 전력했음을 증언한다.[2] 교파간의 연합에

1) H. G. Underwood' s Letter to Dr. Ellinwood (1885, 7. 6) p. 614.

2) L. H. Underwood, *Fifteen Years Among The Top-Knots or Life In Korea*, p. 7. 장로교선교부는 한국선교 50주년을 기념하여 발표한 "조선선교에서 여섯 가지 중요한 원칙들" 가운데, 교육선교의 주목적은 기독교 지도자들을 양성하여 기독교적인 삶과 봉사를 준비하게 하기 위한 것이라고 한다. "The Six Cardinal Principles of the Chosen Mission", *The 50th Anniversary of the Chosen Mission of the Presbyterian Church in the U.S.A. 1884-1934* (Seoul: June 30-July 3, 1934), p. 9.

서 다른 어떤 분야보다도 교육사업에서 월등하게 높은 수준을 나타냈다.[3] 본장에서는 초 · 중 · 고등학교의 연합학교 설립으로 시작하여 성경학교 및 신학교의 설립, 일반대학 설립 및 주일학교 운동까지 다룬다.

A. 연합학교의 설립

각 교단 및 교파에서 초등과정을 시작으로 학교 설립이 병원 설립과 더불어 이뤄지기 시작했는데, 여기에서는 연합학교의 설립과 평양 선교사자녀학교 및 서울 외국인학교, 그리고 조선기독교교육연합(기독교교육연맹) 등에 대해서 살펴보도록 한다.

a. 연합학교 사역

최초의 연합학교는 협성학교로, 1895년 정동교회(새문안교회)가 영신학당을 설립한 후 감리교와 연합하여 수창동에 교사를 건축하고 협성학교라 한 것이다.[4] 이후 1905년 6월 24일 제일감리교회에서 장 · 감의 연합학교 사업의 가능성에 대한 논의가 시작되어,[5] 10월 4일 장 · 감연합공의회는 평양과 서울의 두 선교

---

3) H. G. Underwood, *The Call of Korea*, p. 160.

4) 김인수, "호러스 그랜트 언더우드-선교사 활동과 인간적 측면을 중심으로", 장신논단, 제19집 (2003), p. 140.

5) *Official Minutes of the First Annual Session Korea Mission Conference Korea Mission Conference Methodist Episcopal Church 1905*, p. 20. 6월 26일 모임에서 연합학교 사업을 위해 조직을 하며 해리스 감독을 의장으로 위촉하고, 서기에 밀러(Hugh Miller)가 선출되었다. 게일(J. S. Gale)이 기도를 하였고, 강사로 북감리교회의 스크랜턴, 남장로교회의 레이널즈, 북장로교회의 게일 등이 맡았다. 위의 책.

부가 운영하던 모든 중고등학교들(academies)을 '연합학교'로 통합하도록 결의하였다.[6] 10월 6일 경신학교와 배재학교를 통합하여 서울 배재학교 건물에서 연합고등학교(the Union High School, Seoul)가 개설되었는데, 이 일은 북장로교회의 밀러(E. H. Miller)와 피터스(A. A. Pieters), 북감리교회의 번커 그리고 남감리교회가 임명한 하운셀(J. Hounsell) 등이 담당하였고, 73명이 등록을 하였지만 한 명의 교사가 이 사역을 감당하는 것이 현명하지 않은 것으로 보인다고 번커는 북감리교회 연회에 보고하였다.[7] 스크랜턴(W. B. Scranton)은 1년간 이 사역을 지켜본 결과 훌륭하고 추천할 만하다고 연례회에 보고했고,[8] 학생수는 1906년 60명으로 서울에 있는 장로교와 감리교 출신의 학생들이었다.[9] 1907년 무어(S. F. Moore)가 순직하였고, 무어의 별세 후 세 명의 외국인 교사들이 재직하였으며, 각 교사는 일반적으로 주당 18-20시간의 수업을 담당했다.[10]

평양에서도 1907년 남녀 중고등학교가 통합 운영되었는데, 감

---

6) C. A. Clark, *The Nevius Plan for Mission Work-Illustrated in Korea*, p. 149. *Annual Report of the Board of Foreign Missions of the Methodist Episcopal Church, Korea Mission 1906*, p. 322. 서울과 평양은 모두 자신들의 중고등학교들, 즉 평양에 있는 두 개의 중고등학교(academies, 북감리교회와 북장로교회)와 서울에 있는 세 개의 중고등학교(북감리교회, 남감리교회, 북장로교회 아카데미)를 통합하였다. Clark, 위의 책, pp. 149-150.

7) D. A. Bunker, "Report of the Union High School", *Official Minutes of the Second Annual Session Korea Mission Conference, Methodist Episcopal Church 1906*, pp. 41, 74. *Official Minutes of the Third Annual Session Korea Mission Conference, Methodist Episcopal Church 1907*, pp. 68-69.

8) *Annual Report of the Board of Foreign Missions of the Methodist Episcopal Church, Korea Mission, 1906*, p. 322.

9) H. D. Appenzeller, *Fifty Years of Educational Work-Korea Methodist News Service Jubilee Address Reprints* (Seoul: Fiftieth Anniversary Address Delivered at First Church, June 19-20, 1934), p. 9.

10) *Official Minutes of the Third Annual Session Korea Mission Conference, Methodist Episcopal Church 1907*, pp. 69-70.

리교가 이미 개교한 장로교의 평양아카데미(남학교, 숭실)와 여학교(숭의)의 운영에 참여한 것이다.[11] 1906년 연합학교 사역은 장로교 아카데미라 불리는 장로교 건물에서 실행되었고, 감리교 입장에서 몇 가지 문제가 발생되었는데, 그 중의 하나는 연합이라 하지만 대부분의 학생들이 장로교인 학교에 다녀야 하는 어려움이었다.[12] 1906년 평양고등학교 사역에서 장로교와 감리교의 연합사역이 전개되었다. 북감리교회 선교부의 벡커(A. L. Becker)의 보고에 의하면, 평양고등학교 사역을 한국인 교사 한 명과 자신이 맡았고, 자기의 아내가 일주일에 두 차례 음악수업을 담당했으며, 장로교 베어드(W. M. Baird)와 다른 외국인이 전임 사역을 하고, 베어드 부인, 블레어(W. N. Blair) 부인, 맥쿤(G. S. McCune), 그리고 컥우드(H. Kirkwood) 부인 등이 파트타임으로 일했다.[13]

그러나 아쉽게도 서울에서의 연합학교 사역은 오래가지 못하고 1907년 막을 내렸다.[14] 평양고등학교는 1908년에도 벡커와 베어드가 상임교사로 장로교 교사들이 62시간, 감리교 교사들이 36시간, 그리고 일본인 교사 무라타가 12시간을 가르쳤다.[15]

---

11) H. A. Rhodes, *History of the Korea Mission Presbyterian Church U.S.A. 1884-1934*, p. 419. R. H. *Baird, William M. Baird of Korea*, 김인수 역, 배위량 박사의 한국선교 (서울: 쿰란출판사, 2004), p. 242. *Official Minutes of the Second Annual Session Korea Mission Conference, Methodist Episcopal Church 1906,* p. 74.

12) 벡커(A. L. Becker)에 의하면, 평양연합학교는 1906년 전체 5학년 가운데 감리교 학생은 22명이었고, 1910년에는 전체 324명 가운데 감리교인이 108명, 장로교인이 216명이었다고 한다. H. D. Appenzeller, *Fifty Years of Educational Work,* pp. 9, 11.

13) *Annual Report of the Board of Foreign Missions of the Methodist Episcopal Church, Korea Mission 1906,* p. 333.

14) 위의 책, 1907, p. 411.

15) 위의 책, 1908, p. 390.

1912년에 25개 중학교에 1,778명의 학생들이, 639개 초등학교에 12,943명이 등록하였고, 초등학교는 전적으로 자립하게 되어 네비어스의 원리대로 짧은 시간 내에 자립하게 되었다.[16] 이와 같이 학교사역에 있어서 연합을 위한 노력이 있었고, 훗날 연합대학의 탄생까지 이뤄지게 되었다.

b. 평양 선교사자녀학교 및 서울 외국인학교

평양 선교사자녀학교의 유래는 베어드(W. M. Baird)가 평양 지역의 장·감 모든 선교사들을 자기 집으로 초청하여 자녀들을 위한 학교가 필요하다는 공감 속에 시작되었다.[17] 홀 부인과 스웰른 부인이 추진하였고, 베어드 가족은 안식년 휴가를 앞두고 교사를 데려오는 일을 맡았다.[18] 베어드가 마침 미국을 방문하고 돌아오는 길에 캔자스(Kansas) 주의 토페카(Topeka) 공립학교 선생 오길비(L. Ogilvy) 양을 만나 선교사자녀학교 사역을 부탁하였는데, 오길비가 그의 제안을 듣고 공립학교를 사임하고 베어드 부부와 함께 3년 계약으로 평양에 도착함으로 평양 선교사자녀학교가 시작된 것으로, 한국 전역은 물론 중국과 일본, 다른 아시아 지역의 선교사 자녀들이 유학을 와 20-30명의 학생들이 모였다.[19] 첫 교사(校舍)는 장로교 평양선교부 사랑방(또는 광)에

16) C. A. Clark, *The Nevius Plan for Mission Work-Illustrated in Korea*, p. 149. 1912년 북장로교회 선교부가 교육비로 지출한 것은 22,500달러였다.
17) H. A. Rhodes, *History of the Korea Mission Presbyterian Church U.S.A. 1884-1934*, p. 458.
18) L. F. Moffett, "The Pyeng Yang Foreign School", *KMF*, vol. 22, no. 2 (1926. 2), p. 33. Sherwood Hall, *With Stethoscope in Asia: Korea*, 김동열 역, 닥터 홀의 조선회상 (서울: 동아일보사, 1984), 143.

서 시작하였다.[20]

평양 선교사자녀학교는 연합학교로 1900년에 설립되었으며 북장로교회, 북감리교회, 남감리교회, 남장로교회, 호주 장로교회와 캐나다 연합교회 선교부 이사들에 의해서 운영되었다. 처음에는 여섯 명으로 시작하여 건물, 도서관, 기타 설비 없이 지내다 클리블랜드의 리빙스턴 테일러(J. L. Taylor) 여사의 기부로 인해 1926년 현대식 벽돌 건물로 지었으며 학생 수는 43명에 이르렀다.[21] 연합공의회(the General Council of Missions)는 평양에 있는 선교사자녀학교가 모든 한국 개신교 선교사 가정의 자녀들 학교로 발전하도록 하기 위해, 각 선교부들이 학교 건축과 시설 구비를 위한 자금 협조, 선교사들이 자녀들을 미국이나 다른 나라에 있는 학교로 보내지 말 것, 그리고 아시아에서 제일가는 학교가 되도록 협조 요청을 하였다.[22] 이 학교는 선교사 자녀들이 장차 미국으로 진학할 것을 예상하고 뉴욕교육심의회 규정을 따라 교과과정을 적용시켜 상급학교 진학에 별 어려움을 겪지 않았다.[23] 1931년에는 학생들이 102명에 이르렀는데 고등학생 56명, 초중학생이 46명으로, 이 가운데 16명이 산동에서, 일곱 명이 만주에서 왔다. 이들은 졸업 후 미국이나 호주로의 대학진

19) 위의 책. R. H. Baird, *William M. Baird of Korea*, pp. 119-120. 1900년 평양 선교사자녀학교가 출발할 때에는 충분한 교육시설이 부족하여 어린 자녀들이 있었던 장로교의 스월른(O. R. Swallen) 부부, 리(G. Lee) 부부, 웰즈(J. H. Wells) 부부, 베어드 부부, 그리고 감리교의 노블(W. A. Noble) 부부와 폴웰(E. D. Folwell) 부부 등의 개인적인 협력 및 노력이 동반되었다. 베어드의 아들(R. H. Baird)은 당시 선교사 한 가정의 연봉이 1,500불에 불과했는데 그들의 힘으로 학교를 운영한 것과 오길비 같은 유능한 교사가 공립학교를 포기하고 3년간 한국에 와서 일하도록 설득한 것이 놀라운 일이었다고 회상한다.

20) 위의 책, p. 221. L. F. Moffett, "The Pyeng Yang Foreign School", p. 33.

21) *The Korea Missions Year Book 1928*, pp. 169-170.

22) *Sixth Annual Meeting of the General Council of Protestant Evangelical Missions in Korea*, p. 31.

23) Sherwood Hall, *With Stethoscope in Asia: Korea*, p. 143.

학을 계획하였다.[24)]

서울 외국인학교(Seoul Foreign School)는 서울의 외국인 공동체의 자녀들을 위한 학교로서, 1912년 가을 와그너(Van Wagner) 여사가 5년 기간의 교사 임기로 시작하여, 첫 번째 건물은 북감리교회의 것을 사용하였다.[25)] 1921년 53명이 등록하였고, 대부분 선교사의 자녀들이었고, 초등학교, 중학교, 그리고 4년의 고등학교 과정이 있었으며, 모든 과정이 가능한 뉴욕 주의 교육과정을 따랐고, 1920년에 처음으로 통신시험(the corre-sponding examination)을 치렀다.[26)] 1928년에는 언더우드 부인(Mrs. H. H. Underwood)이 학교 일을 맡았다.[27)] 한국 학교와 더불어 선교사자녀학교와 외국인학교 사역도 연합사업의 열매로 맺어졌다.

c. 조선기독교교육연합(기독교교육연맹)

선교사들이 교회에서 설립한 기관들을 관리하고 서로 유기적인 연결망을 가져야 보다 효과적인 성과를 거둘 수 있다는 취지에서 1904년 '조선교육협회'(朝鮮敎育協會)를 조직하고 언더우드가 회장에 추대되었다.[28)] 〈한국평론〉(The Korea Review)은 이것에 대해 다음과 같이 전한다.

---

24) *Report of Pyeng Yang Station 1930-1931*, Korea Mission of the Presbyterian Church in U.S.A. pp. 9-10.
25) *The Korea Missions Year Book 1928*, p. 172.
26) *Annual Report of the Board of Foreign Missions of the Methodist Episcopal Church, Korea Mission 1921*, p. 273.
27) *The Korea Missions Year Book 1928*, p. 172.
28) 이광린, 초대 언더우드 선교사의 생애, p. 221.

> 서울의 외국인들이 신학박사 언더우드 목사를 회장으로 교육협회를 창설하였다. 이 협회는 한국교육의 발전을 위한 교과서를 편찬하고자 하였다. 각각의 분야에서 사용되는 술어를 조사하기 위해 위원회들이 조직되었다. 이 일이 성사되면 표준 교과서 편찬이 순탄하게 될 것이다.[29]

그후에 마퀴스(Marquis) 박사가 교육에 있어서 연합의 이점이 있음을 제안하자 배재학당의 번커와 경신학교의 언더우드가 1911년 3월 21일 교육에 관계된 사람들을 소집했는데, 70명의 선교사들이 모였다. 이 모임을 통해서 마펫이 의장으로, 빌링스가 총무로 선출되며 '조선기독교교육연합회' (a Federation of Christian Educational Work in Korea)가 발족되었다. 마퀴스가 제안한 이점(利點)은 효율성이 크고, 낭비와 중복을 막고, 연합기구가 무엇이며 어떤 일을 해야 하는가에 대해 세상에 표본을 제시하며, 정부 교육기관과 커리큘럼이나 교육사업에 대해 화합을 이룰 수 있고, 이와 같은 화합은 필요한 재정을 보장한다는 것이었다.[30] 1932년 12월 27일에는 주일학교 연합회와 더불어 조선기독교교육연맹이 창설되었다.

B. 성경학교와 신학교의 설립

위와 같은 초 · 중 · 고등학교 수준의 연합학교에 이어 성경학

29) *The Korea Review*, vol. 4, no. 9 (1904. 9), p. 410.
30) H. G. Underwood, "A Significant Meeting", *KMF*, 1911. 5(vol.7, no.5), p. 135.

교(Bible Institute)와 신학교(Theological School)의 설립에 있어서도 연합사역이 전개되었다. 한국에서 성경학교와 신학교의 전신은 사경회(Bible Class)이다.[31] 사경회의 출발은 성경학습 제도로 네비어스 정책에서 유급 사역자들과 지교회 지도자들을 교육시키기 위해 고안된 것으로, 네비어스는 결신자들과 교인들에 대한 가르침을 주로 영수들로 감당케 하고, 사경회를 열어 영수들을 교육시키되 선교사가 체류할 수 있을 때, 즉 여름 및 겨울에 6주나 혹은 두 달에 걸쳐 실시하고, 학습자들의 여행경비 및 식비는 자비로 하도록 하며 부족하면 일부를 지원토록 하고, 주 교재는 성경으로 하며, 이 사경회는 궁극적으로 목회자들을 훈련시키는 신학교가 되기를 기대하라고 하였다.[32] 북장로교회 선교부 총무를 지낸 스피어(R. E. Speer)는 이러한 사경회를 통하여 교회성장은 물론 권서인, 전도인, 조사, 전도부인, 그리고 목회자까지 양성하여 한국교회 성장의 바탕이 여기에 있었다고 말한다.[33]

---

31) 1916년에 발간된 〈평양장로회신학교 요람〉에도, "조선장로회신학교는 원래 성경을 전문으로 교수ᄒᆞ던 사경회 중에서 자연ᄒᆞᆫ 결과로 산출ᄒᆞ야 점차 조직된 거시라" 한다. 〈조선야소교장로회신학교 요람〉 (평양: 조선야소교장로회 신학교, 1916), p. 6. 1909년 사경회에 참여한 수는 남자반의 경우 대구 800명, 동래 350명, 서울 500명, 평양 1,000명, 재령 1,000명, 선천 1,300명, 여자반의 경우 대구 500명, 김해 150명, 서울 300명, 재령 500명, 평양 600명, 선천 651명 등이었다. S. A. Moffett, "Evangelistic Work", *Quarto Centennial Papers Read Before the Korea Mission of the Presbyterian Church in the U.S.A. at the Annual Meeting in Pyeng Yang, August 27, 1909*, p. 19.

32) C. A. Clark, *The Nevius Plan for Mission Work-Illustrated in Korea*, pp. 33-34. 성경학교는 4일간의 지방교회 성경학교, 열흘간의 선교부 성경학교, 한 달간의 성경학교 및 두 달간의 성경학교 등이 있었다. A. M. Nisbet, *Day In and Day Out in Korea*, p. 98.

33) R. E. Speer, *Christianity and the Nation* (New York: Fleming H. Revell Company, 1910), p. 134.

1. 피어슨기념연합성경학교(the Pierson Memorial Union Bible Institute)

사경회보다 철저한 훈련이 필요하다는 인식 속에서 전국 어디서나 선교사의 거주지가 있는 곳에서는 남녀성경학교가 설립되었다. 사경회 및 성경학교에 대하여 1917년 5월 〈신학세계〉는 다음과 같이 말한다.

> 죠션그리스도교는 하ᄂᆞ님의 말솜을 쒸어나게 ᄉᆞ랑ᄒᆞᄂᆞᆫ지라 ᄆᆡ년 五만명 교우가 ᄉᆞ경회와 셩경학교에 모히ᄂᆞᆫᄃᆡ 남녀로인과 즁년의 쟝뎡과 쇼년들이 농촌에셔 오니 그즁에는 二十리 이샹 百五十리를 거러셔 오며 일쥬간이나 그 이샹을 류ᄒᆞ야 셩경공부ᄒᆞᆯ 목뎍으로 량식을 가지고 오ᄂᆞᆫ이도 만코 이즁에 다수는 공부를 필ᄒᆞ고 몃칠을 더 류ᄒᆞ야 밋지안ᄂᆞᆫ 동포의게 젼도ᄒᆞ기도 ᄒᆞ며 혹 본교회로 도라가 형뎨들의게 그 ᄇᆡ혼거슬 ᄀᆞᄅᆞ치기도 ᄒᆞᄂᆞᆫ지라 죠션그리스도교도의 긔도ᄒᆞ고 연보ᄒᆞ고 신령뎍 ᄉᆞ샹을 품ᄂᆞᆫ 교회들 일운다 ᄒᆞᄂᆞᆫ거슨 실노 괴이ᄒᆞᆯ바 아니로다.[34]

성경학교는 순수하게 평신도들을 훈련시키기 위한 것이며, 신학교에 가려는 사람들의 선수과정으로 여겼고 또 그렇게 하도록 권유하였다. 남자성경학교는 연 5-6주에 걸쳐 졸업 때까지 6년이 걸렸고, 여자성경학교는 연 10주 교육에 5년이 걸렸으며, 남녀성경학교 모두 졸업 후에도 매년 1개월 과정의 연속교육을 실시했다.[35]

---

34) "경성피어션긔렴성경학원개원", 신학세계, 제2권 2호 (1917. 5), p. 172.

신학교육과 의료사역과 같은 특수사업은 연합을 기반으로 수행되었다. 그중에 피어슨기념연합성경학교는 장로교와 감리교의 여섯 개 선교부가 함께 정규 목회를 하지 않는 자들을 위한 실제적 훈련 과정으로 설립되었다.[36] 1910년 연합공의회는 성경학교 설립에 대해 논의하였는데, 그것은 뉴욕의 화이트 박사학교(Dr. White's School) 계열의 한 성경학교에서 한국에 성경학교를 창설하겠다는 제안이 있었기 때문이었다. 연합공의회는 성경학교는 목사, 전도사, 평신도 설교자, 교사 후보생은 물론 성경을 배우고자 하는 이들을 포함하는 종합적인 것이어야 하며, 성경교사 훈련학교 위원회는 화이트 박사에게 어떤 도움이 필요한지 질문하기로 했다.[37]

마침 1910년 12월 〈세계선교평론지〉(The Missionary Review of the World)의 편집인이었던 피어슨(A. T. Pierson) 박사가 74세 고령에도 불구하고 그의 일생 처음이자 마지막으로 한국을 방문하여 한국교회가 하나님의 말씀을 사랑하며 기독교회가 신기하게 자라는 것을 친히 보았고, 6주간 체류하며 성경강해를 하였다.[38] 그는 본국에 돌아가 그리스도인들에게 "됴션에 성경련구ᄒᆞᄂᆞᆫ 학교를 셜립ᄒᆞᄂᆞᆫ 거슬 도와주기 ᄇᆞ라는 뜻으로 ᄌᆞ긔힘 자라는 ᄃᆡ ᄶᅡ지는 이 큰 긔회를 ᄀᆞᄅᆞ쳐주기로 결심"하였다.[39] 피어슨 박사는 본국에 귀국한 지 2개월 후인 1911년 6월

35) C. A. Clark, *The Nevius Plan for Mission Work-Illustrated in Korea*, p. 186.

36) *Annual Report of the Board of Foreign Missions of the Methodist Episcopal Church, Korea Mission 1918*, p. 298.

37) *Sixth Annual Meeting of the General Council of Protestant Evangelical Missions in Korea*, pp. 30-31.

38) "경성피어션긔렴성경학원개원", p. 172. "보라 내가 새 일을 행하리라-역사 속의 오늘", 주간 기독교, 제1569호 (2004. 10. 10), p. 16.

39) "경성피어션긔렴성경학원개원", p. 173.

3일에 그의 마지막 소망이 이뤄지는 것을 보지 못하고 별세하였으나 그의 친구들이 그의 뜻을 받들어 피어슨기념성경학원을 설립하기로 작정하였다.[40)]

1911년 연합공의회는 한국교회의 급속한 발전 속에서 보다 완전하고 조직적인 성경교육을 위해 성경학교를 각 선교지부에 하나씩 설립하도록 결의하였다.[41)] 이렇게 해서 성경학교들이 세워졌으나 필요한 비품(備品)이 없던 차에 그 해 9월 28일 뉴욕에서 화이트 박사(W. W. White)가 서울을 방문했을 때 한국의 모든 선교사들이 원하는 바가 무엇인지를 말하고 '죠션예수교련합총회'는 다음과 같은 것을 결의하였다.

> 一. 죠션교회의 신속히 자라남과
>
> 二. 완젼ᄒᆞᆫ 방침으로 셩경을 교수ᄒᆞᆷ의 필요ᄒᆞᆷ과
>
> 三. 죠션인의 하ᄂᆞ님의 말ᄉᆞᆷ 더 공부ᄒᆞ기를 ᄉᆞ모ᄒᆞᄂᆞᆫ 거시 ᄀᆞ쟝 시급ᄒᆞᆫ 요구라 인뎡 ᄒᆞ노라 이에 위원을 션뎡ᄒᆞ야 죠션에 이런 학교 셜립ᄒᆞᄂᆞᆫ 일을 찬조ᄒᆞ게 하노라.[42)]

이런 경과를 거쳐 피어슨 박사를 기념하는 뜻으로 한국의 여러 교파가 공동으로 '연합성경학교'를 설립하고자 하였다.[43)] 이것을 목적으로 미국 여러 교파의 공동위원이 조직되고 영국에도 조직되었다.[44)] 이 사업은 감리교 선교부가 장로교 선교부와 연합으로

---

40) 위의 책, p. 173. 피어슨 박사의 전도사업의 두 가지 큰 특점(特點)은 성경공부와 세계적 교화(教化)에 있었기에 피어슨을 기념하는 것으로 가장 적합한 것이 바로 성경학교의 설립에 있었던 것이다.

41) *Seventh Annual Meeting of the General Council of Protestant Evangelical Missions in Korea*, pp. 18-19.

42) "경성피어선긔렴성경학원 개원", pp. 173-174.

43) L. H. Underwood, *Underwood of Korea*, pp. 294-295.

연합대학을 목적으로 한 것으로 선교부나 본국의 담당자들 모두 깊고도 적극적인 관심을 가진 것이었다.[45] 1912년 가을 드디어 피어슨기념연합성경학교가 90명의 등록을 받고 감리교연합신학교인 협성신학교를 임차하여서 개교하였다.[46] 연합성경학교의 명칭과 목적은 다음과 같다.

명칭과 목적

一됴. 본셩경학원은 련합된 모든 교파의 공동뎍 학교가 될지오 명칭은 피어션긔념셩 경학원이라ᄒᆞᆷ.

二됴. 본학원의 목뎍은 一. 죠션그리스도 교도의게 셩경을 ᄀᆞᄅᆞ치고 셩경교ᄉᆞ와 그리스도교 ᄉᆞ역쟈를 양셩ᄒᆞᆷ 二. 셩경교훈의 과학을 증진(增進)ᄒᆞ고 셩경뎍 셔젹을 발뎐ᄒᆞᆷ.[47]

연합성경학교는 피어슨 박사의 친구들로부터 모금된 25,000달러의 기금을 기초로 설립되었으며, 이 초교파적 학교는 전체 한국교회와 관련되었고 모든 교파들이 경영에 참여토록 초청되었다.[48] 연합성경학교는 당시의 규정대로 법인을 조직하고 창립회원으로 참가한 각 교파, 북감리교회, 남감리교회, 북장로교회, 남장로교회는 회원 두 명씩, 캐나다 장로교회와 호주 장로교회는 회원 한 명씩이 대표로 참가하여 학원을 운영하였다.[49]

---

44) "경성피어션긔렴성경학원 개원", p. 174.

45) *Annual Report of the Board of Foreign Missions of the Methodist Episcopal Church, Korea Mission 1912*, p. 53.

46) L. H. Underwood, *Underwood of Korea*, p. 308.

47) "경성피어션긔렴성경학원 개원", p. 175.

48) *Annual Report of the Board of Foreign Missions of the Methodist Episcopal Church, Korea Mission 1912*, p. 176.

49) "경성피어션긔렴성경학원 개원", pp. 175-176.

이 학교는 협성신학교와 밀접한 관계를 맺었고, 1914년부터 두 학교에 모두 등록하는 것은 불가능하였으며, 새 과정이 각 학교별로 별도로 시작되었다. 신학교에 입학하려는 자들은 2년 과정의 피어슨기념성경학교를 18개월의 성경공부 과정과 함께 졸업증명서를 제출해야만 했다.[50] 이 학교 학생들은 감리교연합신학교로 진학하는 시험을 볼 수도 있었다. 1922년 봄학기 이수자 73명은 13개 지방 가운데 10개 지역 출신들로 평양이 25명, 23명이 경기도 출신이었고, 31명이 북감리교회, 25명이 남감리교회, 그리고 아홉 명이 장로교회 출신이었고, 2학년 22명 가운데 17명이 신학교에 입학할 것으로 기대되었다.[51] 1924년 개교 12주년이 되던 해에 피어슨기념연합성경학교는 2년 과정으로 78명의 졸업자들을 배출하고, 그 중에 48명이 감리교회와 장로교회에서 목회를 하거나 훈련을 받고 있고, 단기 과정을 이수한 200명의 학생들이 개 교회에서 평신도 사역자로 섬겼다.[52]

2. 신학교(Theological School)

신학교가 설립되기 이전의 초창기의 신학교육은 전도자를 양성하는 정도에 불과했다. 신학교육을 시작할 여건이 조성되지 않았기 때문에 초기 선교사들이 할 수 있는 것은 단지 성경과 기본적인 교리교육을 통하여 전도자들을 훈련시키는 일이었다.[53] 즉,

---

50) *Annual Report of the Board of Foreign Missions of the Methodist Episcopal Church, Korea Mission 1914*, p. 169.

51) 위의 책, 1922, p. 234.

52) *Journal of the Korea Annual Conference Methodist Episcopal Church, South 1924*, p. 94.

53) 장로회신학대학교 100년사 편찬위원회, 장로회신학대학교 100년사 (서울: 장로회신학대학교, 2002), p. 74.

1900년이 되기까지 한국교회는 신학교육을 받을 상황도, 자격을 갖춘 인물도 없었으며 신학교육이라고 해봤자 선교사 개인 주도의 성경학교에 불과했고, 새 세기가 시작되면서 제대로 된 신학교육을 시작되었다.[54] 레이널즈(W. D. Reynolds)는 1896년 한국인 목회자 양성에서 유의할 사항을 다음과 같이 제시하였다.

소극적인 면

1. 어떤 사람을 목회자로 양성할 의지가 있더라도 본인에게는 일정 기간까지 이 사실을 알리지 말라.
2. 외국의 후원금으로 그 사람을 전도사로 청빙하지 않도록 최선을 다하라.
3. 선교사역의 초기에는 그 사람에게 미국유학의 기회를 주지 말라.

적극적인 면

1. 그 사람으로 심오한 영적 체험을 하게 하고, 더욱이 성령의 사람이 되도록 하라.
2. 그 사람으로 하나님의 말씀 및 기독교의 기본 진리를 분명히 터득하게 하라.
3. 젊은 목회자 후보생을 예수 그리스도의 정병으로 극난을 인내하도록 훈련시키라.
4. 한국 기독교의 교양 및 현대 문명이 향상되면서 한국인 목회자의 교육정도도 높이라. 그 사람의 교육은 다른 사람들에게 존경을 받으며 권위를 잃지 않도록 한국인의 보통 교육 수준보다 약간 높게 하고 너무 높아 다른 이들이 시기심과 박탈감을 갖지 않

54) 위의 책, p. 75.

게 하라.[55)]

당시 조사로 섬기던 사람들은 5년 과정의 교육을 받았지만, 신학수업을 위해서는 대학과정을 마친 이들에게 3년간의 수업을 계획했으며,[56)] 평양에 장로회신학교와 서울에 감리교의 협성신학교가 건립되었고, 장 · 감이 연합하여 설립한 여자신학교도 있었다.

a. 장로회신학교(Presbyterian Theological Seminary)

한국에서 처음으로 설립된 신학교는 평양의 장로회신학교이다. 이 학교의 기원도 성경을 가르치던 사경회에서 발전한 것으로, 사경회 가운데 목사 지원자를 교육하면서 점차 신학교로 자연스럽게 발전한 것이다.[57)] 조선장로교가 노회를 설립하기 전에는 한국교회가 선교사공의회의 관리하에 있었는데, 장로교선교사공의회에 참여한 선교사들은 미국 남북장로교회, 캐나다와 호주장로교회 등 네 교단 출신이었다.[58)] 장로교선교사공의회는 전국을 다섯 개 지역으로 나누어 관리하던 차에 1900년 평양공의회가 한국인 사역자 중에 택하여 신학과 교육을 하도록 선교사공의회에 헌의한 것이 채택되었다.[59)] 같은 해 평양중앙교회(장대현교회)의 장로 김종섭과 방기창을 목회자 후보생으로 받아들이고

55) W. D. Reynolds, "The Native Ministry", *The Korean Repository*, 1896.5, p. 199.
56) H. G. Underwood, *The Call of Korea*, p. 114.
57) 조선야소교장로회신학교 요람 (1916), pp. 6-7. 처음에는 사경회 성경반에서 목사후보생을 선출하여 신학교육을 했으나, 점차 중학교와 대학을 졸업한 자들에게만 입학 자격을 부여했다. 위의 책, p. 7.
58) 위의 책.
59) 위의 책.

1901년 1월 마펫의 사랑방에서 리(G. Lee)와 마펫을 교수로 신학수업을 시작하였으며, 1년간 연구한 후 1902년 매년 3개월씩 5년 과정으로 신학교육을 하도록 했다.[60)]

1901년 장로교공의회는 신학교육 위원회를 구성하고, 마펫(북장로교회), 전킨(W. M. Junkin, 남장로교회), 그리고 푸트(W. R. Foote, 캐나다 장로교회)를 임명했고, 다음 해인 1902년 베어드, 엥겔(G. O. Engel, 호주 장로교회)과 아담스(J. E. Adams)를 추가로 임명하고,[61)] 1903년 교과과정위원들이 신학교를 5학년 과정으로 설립할 것을 공회에 제출하였으며 이것이 가결된 것이다.[62)] 이렇게 해서 네 개의 장로교 선교부가 연합하여 1903년 평양장로회신학교가 설립되었다.[63)] 3개월은 학교 수업을, 9개월은 교회에서 실제 사역을 하는 5년 과정의 학제였다. 9

---

60) 위의 책. S. A. Moffett, "Fifty Years of Missionary Life in Korea", p. 48. "사무엘 오스틴 마펫 연대기", 마포삼열 목사의 선교편지, p. 1016. C. E. Bradt, W. R. King, and H. W. Reherd, *Around the World Studies and Stories of Presbyterian Foreign Mission-By a Carefully Selected Company of Students Who Personally Visited and Critically Investigated Most of the Foreign Mission Stations of the Presbyterian Church, U.S.A.* (Wichita, KS.: The Missionary Press, Co. Inc., 1912), p. 358.

61) S. A. Moffett, "Fifty Years of Missionary Life in Korea", *The Fifty Anniversary Celebration of the Korea Mission of the Presbyterian Church in the U.S.A. June 30-July 3, 1934* (Seoul: YMCA Press, 1934), p. 48. E. A. Kerr and G. Anderson, *The Australian Presbyterian Mission in Korea 1889-1941* (Sydney: Australian Presbyterian Board for Missions, 1970), p. 119. S. L. Roberts, "Fifty Years of Christian Training in Korea", 위의 책, p. 110. 1902년에 4명이 입학, 1904년에는 19명, 1907년에는 학생수가 172명이 되었다. 1914년에는 최고인 229명이 등록하였다. C. A. Clark, *The Nevius Plan for Mission Work-Illustrated in Korea*, p. 140.

62) 조선야소교장로회신학교 요람 (1916), p. 8. S. A. Moffett, "Theological Class, From General Report of Pyeng Yang Station, 1903", *The Korea Field*, 1903. 11, p. 140. S. L. Roberts, "Fifty Years of Christian Training in Korea", p. 110.

63) C. E. Bradt, W. R. King, and H. W. Reherd, *Around the World Studies and Stories of Presbyterian Foreign Mission*, pp. 358-359.

개월간 교회 실습을 하면서 독서 과제물과 더불어 시험이 주어졌다. 이것은 교회와 학생 모두에게 좋았다. 교회는 1년 사례비를 9개월의 설교와 3개월의 학습비용으로 지출했다. 이렇게 함으로 지속적으로 교회 지도자들을 향상시켰으며, 학생이 공부하는 동안에도 자신과 가족 모두를 돌볼 수 있었고,[64] 대신에 그들이 안수를 받은 후 교회가 제공하는 사례비를 받으며 섬기겠다는 계약을 교회와 맺어 교회는 강한 지도자를 확보할 수 있었고, 학생은 신학을 공부하는 동안 학비와 생활비를 해결할 수 있었다.[65]

최초의 장로교신학교가 서울이 아닌 평양에 세워진 것이 특이할 만하다. 그것은 당시 서울보다 평양을 중심으로 하는 서북지방의 교세와 영향력이 압도한 것으로, 서울에서는 아직 신학교 설립을 논하지 못하고 있었기 때문이었을 것이다.

1903년 봄 목사후보생이 여섯 명이 되었는데 그들은 김종섭, 방기창, 양전백, 길선주, 이기풍, 송린서 등으로 1학년을 3개월간 공부했다. 이렇게 신학교육은 1903년에 본격적으로 시작되었고, 교수로는 배위량(W. M. Baird), 소안론(W. L. Swallen), 이길함(G. Lee), 편하설(C. F. Bernheisel) 등이었다.[66] 1904년 평양공의회가 마펫을 신학교 교장으로 추천하여 2년 임기의 첫 직무를 시작하여 1925년까지 시무하였다.[67] 장로교공의회는

64) A. F. Robb, "The Presbyterian Theological Seminary", *The Korea Missions Year Book 1932*, p. 38.
65) C. A. Clark, *The Nevius Plan for Mission Work-Illustrated in Korea*, pp. 140-141.
66) 조선야소교장로회신학교 요람 (1916), p. 9. 장로회신학대학교 100년사, pp. 80-81. 한석진과 서경조는 조사 예비과정을 마쳤을 뿐만 아니라 교회 경력을 인정받아 3학년 편입 허락을 받았다. 위의 책, pp. 81.
67) 조선야소교장로회신학교 요람 (1916), p. 9. 장로회신학대학교 100년사, p. 81-82.

서울에 있는 북장로교회 선교부의 언더우드와 캐나다 선교부의 부두일(Foote), 남장로교회 선교부의 전킨 및 레이널즈에게 봄부터 평양에 가서 가르치도록 함으로[68] 장로교 연합신학교의 모습을 띠었다.

1907년 6월 20일 평양 장대현교회에서 감격스러운 1회 졸업식이 거행되었는데, 첫 졸업생은 평양 출신의 길선주(40세), 방기창(58세), 이기풍(40세), 송인서(40세), 의주 출신의 한석진(41세), 서경조(58세), 구성 출신의 양전백(39세) 등 일곱 명으로,[69] 이들은 독노회의 목사고시와 시취를 통하여 목사안수를 받음으로 한국 장로교 최초의 목사들이 되었다. 같은 해 9월 17일 장로교공의회는 신학교 이름을 '조선장로회신학교'(The Presbyterian Theological Seminary of Korea)라고 하였으며,[70] 이후 이 학교를 더 이상 평양공의회의 관리 아래 두지 않고 장로교공의회가 직접 주관하도록 하였다.[71] 1907년에 50명의 등록 학생이 있었고 일곱 명이 졸업하였으며, 같은 해 '조선장로회 독노회'가 결성되어 그들 모두 목사안수를 받았다.[72]

1908년 첫 번째 건물을 지을 때 헌금해 주었던 시카고의 맥코믹(Nettie F. McCormick) 여사가 1922년에도 잘 준비된 교사를 짓도록 지원해 주었다.[73] 첫 번째 교사를 건축한 후 1913년에 기숙사도 지었는데 전국 교회와 네 개의 장로교 선교부가 연합으

68) A. M. Nisbet, *Day In and Day Out in Korea*, pp. 81-82. C. A. Clark, *The Nevius Plan for Mission Work-Illustrated in Korea*, p. 141.

69) 조선야소교장로회신학교 요람 (1916), p. 24. 장로회신학대학교 100년사, p. 88. 서경조와 한석진은 3학년에 편입이 허락되어 이때 함께 졸업하였고, 김종섭은 가정사정으로 휴학하여 졸업하지 못하였다.

70) 장로회신학교 100년사, p. 88. S. L. Roberts, "Fifty Years of Christian Training in Korea", p. 110.

71) 장로회신학교 요람 (1916), p. 10.

72) A. F. Robb, "The Presbyterian Theological Seminary", pp. 38-39.

로 여섯 개 동을 완공하여 기증자의 이름을 따서 맥코믹 기념관이 두 동, 알렉산더 기념관(남장로교회), 마르다 기념관 두 동(북장로교회), 그리고 빅토리아 기념관(호주 장로교회) 등으로 이름을 불렀다.[74] 이렇게 교사 건축에 있어서 네 개의 장로교선교부가 연합하였다.

1925년 2대 교장으로 나부열(S. L. Roberts)이 승계하였고, 이 해에 등록 학생수가 250명이 되어 세계에서 가장 큰 신학교가 되고 등록생 1,000명이 넘는 오늘까지 이어지고 있다.[75] 한국인 교수로는 1925년 가을 남궁혁(신약학)을 시작으로 1926년 봄에는 이성휘(구약학)와 김선두를 임시교수로, 1929년 봄에는 박형룡(조직신학)이 교수로 활동하였다.[76] 50주년이 되던 1934년에는 120명의 재학생에 그동안 609명의 졸업생을 배출하였으며, 네 개 장로교 선교부의 교수들로 구성되었고, 외국에서 공부한 세 명의 한국 교수도 있었다.[77]

이와 같이 장로회신학교는 네 개의 장로교 선교부들의 모임인 장로교공의회와 그들이 탄생시킨 '조선장로교회'가 연합하여 설립하고 운영해 온 '장로교 에큐메니칼 운동의 결정체'이고, 장로

---

73) 위의 책, p. 40. 평양신학교는 평양 하수구리 100번지 언덕의 5,000평의 대지에서 건축을 시작하였는데, 맥코믹 여사의 남편(Cyrus H. McCormick, 1809-1884)은 버지니아 주 태생으로 추수기계를 발명하여 시카고에 큰 공장을 세워 돈을 벌어 여러 교육사업에 봉사하였는데 한국에까지 미치게 되었다. 1차 지원은 11,000원을, 2차 지원은 7만여 원(35,000달러)이라는 거금을 희사하였다. 장로회신학대학교 100년사, pp. 93-94, 96.

74) *Catalogue of the Presbyterian Theological Seminary at Pyeng Yang, Chosen* (Yokohama: Fukuin Printing Co., LTD., 1916), pp. 17, 23. 장로회신학대학교 100년사, pp. 96-97.

75) 위의 책, pp. 84-85.

76) 위의 책, pp. 157-158.

77) S. L. Roberts, "Fifty Years of Christian Training in Korea", pp. 110-111. S. A. Moffett, "Fifty Years of Missionary Life in Korea", p. 48. 마펫은 선교 50주년 당시 졸업생 수가 509명이었다고 한다.

교회에 '하나의 신학교'를 설립하여 초기 장로교회가 네 개의 장로교회가 아니라 '하나의 장로교 총회'를 발족시키는 결정적인 공헌을 하였다. 그러나 장로회신학교는 이런 공헌에도 불구하고 단지 장로교 교단 내에서의 연합사역으로 끝났다는 아쉬움을 남긴다. 장 · 감이 합하여 하나의 교단을 이루지 못하였듯이 장로회신학교가 협성신학교와 합하는 것까지는 진일보하지 못한 것이다.

b. 여자신학교

교회에서의 여성 사역자들을 양성하기 위한 여자성경반은 스크랜턴 부인에 의해 시작되었는데, 이 일이 전도부인들을 훈련하는 초석이 되었다. 얼마 후에는 로드와일러(Miss L. C. Rothweiler)가 이 사역을 계속하며 1900년에 여성들을 위한 성경학교 개설을 제안하였다. 이 사역이 발전하면서 피어스(Miss N. P. Pierce, 훗날 Mrs. Hugh Miller)는 1902-1903년 27명의 학생들이 출석하고 있다고 보고하며, 졸업 후에 일부는 교사들로, 나머지는 전도부인 사역을 담당했다.[78] 1905년에 전도부인 양성반을 '감리회여학당'으로 확장하였다.[79] 1908년 이 학당을 담당하기 위해 깊은 영성과 예리한 지식을 가진 앨버트슨(Miss M. M. Albertson)이 내한했고,[80] 첫 졸업생 네 명을 같은 해 6월에 배출했다.[81] 장로교 선교부도 1900-1910년에 크로웰 부인(Mrs.

---

78) "Union Methodist Woman's Bible Training School", *Fifty Years of Light-Missionaries of the Woman's Foreign Missionary Society of the Methodist Episcopal Church in commemoration of the completion of fifty years of work in Korea* (Seoul: YMCA Press, 1938), p. 17.

79) *Annual Report of the Board of Foreign Missions of the Methodist Episcopal Church, Korea Mission 1905*, p. 34.

80) "Union Methodist Woman's Bible Training School," p. 18.

H. P. Crowell)과 보덴 부인(Mrs. W. Borden)이 평양선교부에 여자성경학교를 세웠다. 첫 세 반이 서울, 대구, 그리고 평양에서 시작되었고 1912년에 첫 졸업생들을 배출하였다.[82]

이와 같이 장 · 감이 각기 여자성경학교를 운영하다가, 1908년 평양여자신학원(Pyeng Yang Seminary for Women)이 장 · 감의 연합으로 설립되었다. 그 해에 등록 학생이 150명이었는데, 감리교 학생들이 33명, 장로교 학생들이 117명이었다. 이 중에 38명의 장로교 학생들이 리(G. Lee) 부인의 지도 아래 기숙사 생활을 하였다. '여자신학원' 이란 이름을 지은 것은 목회자를 양성하는 신학교와 구분하기 위한 것이며, 후에 '여자연합학교' (Union Academy for Women)로 바뀌었다.[83] 1917년에도 이 학교는 여선교사 딜링햄(G. L. Dillingham)의 효과적인 지도 아래 성공적인 사역을 수행하였고, 174명의 학생들 가운데 3분의 1이 감리교 여성들이었다.[84]

1905년 북감리교회 선교부에 의해 설립된 '감리교여학당' 이 1920년 남감리교회 선교부와 연합하여 '협성여자신학교' (The Union Methodist Woman' s Bible Training School)를 설립하여 여성 지도자들을 양성하였다.[85] 감리교여학당 책임자였던 앨버트슨이 1918년 지병으로 별세한 후 채핀 부인(Mrs. A. B.

81) 이성삼, 감리교와 신학대학사-감신대 70주년 기념 1975 (서울: 한국교육도서출판사, 1977), pp. 136-138.

82) Margaret Best, "Fifty Years of Women' s Work", *The Fiftieth Anniversary Celebration of the Korea Mission of the Presbyterian Church in the U.S.A.*, p. 88.

83) B. I. Stevens, "Contribution to the Christian Movement of Educational Work for Young Women", 위의 책, p. 149.

84) *Annual Report of the Board of Foreign Missions of the Methodist Episcopal Church, Korea Mission 1917*, p. 274.

85) 이성삼, 감리교와 신학대학사, pp. 153-154.

Chaffin)이 1916년부터 20년간 여자신학교 사역을 위해 헌신하였다.[86] 1920년 남감리교회 여자공의회에서 틴슬리(Miss H. Tinsley)를 임명하여 이 사역에 참여하기 시작하며, 1923년에 남북 감리교회가 각기 건축의 절반을, 인력과 재정의 절반씩을 부담하기로 하며 감리교여자연합신학원(협성여자신학원, The Union Methodist Woman's Bible Training School)을 설립하기에 이르렀다.[87] 채핀 부인이 교장을, 틴슬리, 김용익, 전영택, 조민형, 김종만, 고봉경, 홍에스더 등이 가르치며 1924년 3월 1회 졸업생으로 리효덕, 유신덕, 김현심, 김고라 등 네 명을 배출하였다.[88] 이 학교는 1929년 4월부터 남녀공학으로 협성신학교와 통합함으로, 협성여자신학교는 1931년 3월 7회 졸업식을 끝으로 자연 폐교되었다.[89] 이와 같이 여자신학교 사업도 한동안 연합으로 이뤄졌다.

c. **협성신학교**(the Union Methodist Theological Seminary; **감리교신학교**)

감리교회도 신학교가 설립되기 전 여러 성경반을 운영하였다. 하나는 평신도 지도자들을 위해, 또 하나는 교역자 양성을 준비하였다. 그러다 한국에 신학교를 설립할 때가 이르렀는데, 1년에 두 주간의 신학교육을 받았던 남자들이 성장하여 자립적 차원에

---

86) "Union Methodist Woman's Bible Training School", pp. 18-19.
87) 위의 책, p. 19.
88) 이성삼, 감리교와 신학대학사, p. 155. 틴슬리는 1934년 병으로 물러나기까지 16년간 여자신학교 사역을 하였다. "Union Methodist Woman's Bible Training School", p. 19.
89) 위의 책. 한국감리교회사 II, pp. 46-47.

서 자신들의 목사들을 요청할 준비가 되었다.[90] 처음에 신학반 교육이 평양과 서울에서 이뤄졌다.[91]

조선감리교회의 목양을 위해 하나의 훈련기관을 두었다. 1896년 감리교 목회자로 양성할 사람들을 모았는데, 그들은 서울에 있는 형제들 외에 평양의 김창식, 강화의 이명숙, 제물포의 김기범 등이었다. 이들의 교육을 위해 두 가지가 필요했다. 첫째는 권사(exhorters)와 조사를 위한 반으로, 이들은 1년에 한두 번 모이되, 한 번 모일 때마다 한 달이나 두 달씩 교육하는 것이고, 둘째는 오직 지역 설교자들과 안수받을 수 있는 남자들로만 구성되는 반이나 학교였다. 이들은 1년에 6-8개월씩 3-4년 동안 계속 공부할 것이고, 이 기간 동안 선교부로부터 지원을 받아야 했다.[92] 신학반이 개강될 때마다 학생들이 큰 관심을 가지고 모든 과목을 성황리에 수강하였는데, 1899년 12월 인천내리교회에서 신학반을, 1900년에는 평양에서 개강하여 98명이 등록하였으나 이들 가운데 29명만이 해당 학년을 수료하였고, 김창식(평양구역회), 김기범(연안구역회), 최병헌(정동구역회), 이승은(상동구역회) 등 네 명이 4년 과정을 졸업하였다.[93]

한국에서 교역자 양성의 필요성을 느끼면서도 한국어로 된 신학교재가 없어서 초기 선교사들이 직접 신학교재를 한국어로 번

---

90) *Annual Report of the Board of Foreign Missions of the Methodist Episcopal Church, Korea Mission 1902*, pp. 314-315.
91) 위의 책, 1902, p. 315.
92) 위의 책, 1896, p. 242.
93) 이성삼, 감리교와 신학대학사, pp. 98-99. 이밖에 전도사 과정으로 3학년 과정을 수료한 자는 오형석(평양구역회), 노병선(정동구역회), 송기용(정동구역회) 등이고, 2학년 과정을 수료한 자는 김상림(강화구역회), 문경호(정동구역회), 1학년 과정을 수료한 자는 장경화, 복정채(제물포구역회), 박능일(강화구역회) 등이었다. 그리고 견습과정으로 2학년을 수료한 자는 6명, 1학년을 수료한 자는 15명이었다. 위의 책, p. 99.

역하여 발간하는 데 많은 시간과 에너지를 필요로 했고, 이로 인해서 다소 늦어졌으며 신학사상의 표현이나 커리큘럼, 학제 기간, 교재의 결핍 등의 난제를 극복하고 신학교를 세운 것은 선교사들과 한국인들의 깊은 이해와 협력 가운데 이뤄진 것이다.[94] 1903년 최초의 한국인 강사로 김창식, 이은승이 복음서를 가르쳤고, 당시 개설 과목은 신학개론, 조직신학, 설교학, 석의학, 윤리학, 심리학, 교회사, 목회학, 그리고 감리교 교리와 장정 등이었다.[95] 신학교가 한 곳에 정착하기 전까지(신학반, theological class) 입학시험 과목은 성서한문, 성서 및 일반 지리, 수학, 성경, 교리장정, 감리교회사 등이었고, 신학반의 시험과목은 신학개론, 조직신학, 설교학, 석의학, 윤리학, 교회사, 변증론, 목회학 등이었다.[96] 1905년 6월 스크랜턴(W. B. Scranton)의 발의로 신학교 건립이 제기되어 신학교(신학당)의 설립위원으로 위원장에 스크랜턴, 위원에 무리스(C. D. Mooris), 노블(W. A. Noble)과 케이블(E. A. Cable) 등이 임명되었고, 초대 교장(당장)에 노블이 추대되어 1905년 6월부터 1909년까지 시무하였다.[97] 1907년 남감리교회 선교부 연례회에서 북감리교회와 연합하여 연합성경학교(Union Biblical Institute)를 조직하기로 결의하였고,[98] 이렇게 해서 남북 감리교회가 합동으로 성경학교를 설립하기에 이르렀는데, 이것이 바로 협성신학교(協成神學校, Union Theological School)이다.[99]

94) 한국감리교회사 I, p. 286.
95) 위의 책, p. 287.
96) 위의 책, pp. 287-288.
97) 이성삼, 감리교와 신학대학사, pp. 111-112.
98) J. S. Ryang, *Southern Methodism in Korea-Thirtieth Anniversary* (Seoul: Board of Missions, Korea Annual Conference, Methodist Episcopal Church, South, 1929), p. 25.

1906년 11월부터 남북 감리교회는 연합으로 신학반을 신학부(theological department)로 승격시키고 수강과목과 강사진을 대폭 강화시켰으며, 연중 두 차례 개강할 때 한 번은 서울에서, 또 한 번은 평양에서 개강하였는데 수강생이 신학부에 120명, 평신도 지도자 양성반에 320명이 등록하였다.[100] 남북 감리교회 선교부는 감리교신학교의 위치 문제로 수도 서울을 주장하는 북감리교회와 송도를 주장하는 남감리교회 사이에 오랫동안 토의를 거쳐 1912년 서울로 결정하였고,[101] 이때 마침 신시내티의 갬블(W. A. Gamble) 여사의 호의로 서대문 밖에 좋은 땅을 매입하고 잘 갖춰진 건물을 건축하였다.[102]

이렇게 남북 감리교회가 교역자 양성을 위해 한 곳에 설립한 신학교가 협성신학교이며, 1907년 존스(G. H. Jones)가 교장으로 1911년까지 시무하였고, 학생들의 연령은 20-50세 정도였다.[103] 첫 졸업생은 1911년 12월 20일 39명을 배출하였는데 그 중에 33명이 북감리교회 선교부 출신이었다.[104] 학제는 3개월씩 두 학기제로 봄, 가을로 수업을 하게 되었는데, 이것은 과거보다 두 배의 학습기간을 갖게 된 것이었다.[105]

---

99) 양주삼, 조선남감리교회 30년 기념보 (서울: 조선남감리교회 전도국, 1930), p. 26. *Annual Report of the Board of Foreign Missions of the Methodist Episcopal Church, Korea Mission 1907*, p. 21.

100) 한국감리교회사 I, p. 288. 신학반 학생들은 22명이 서울에서, 평양에서는 98명이 등록하였고, 평신도지도자반은 서울에서 122명, 평양에서 198명이 등록하였다.

101) *Annual Report of the Board of Foreign Missions of the Methodist Episcopal Church, Korea Mission 1912*, p. 53. 당시 북감리교회 선교부는 송도에 아무 기반이 없었고, 서울에는 양 감리교 선교부 모두가 뿌리를 내렸다. 위의 책, 1910, p. 34.

102) 위의 책, 1912, p. 174.

103) 한국감리교회사 I, p. 293.

104) *KMF*, vol. 8, no. 3, 1912. 3, p. 82. *Annual Report of the Board of Foreign Missions of the Methodist Episcopal Church, Korea Mission 1912*, p. 176.

105) 위의 책, 1912, p. 176.

1908년 남북 감리교회 선교부가 연합하여 세워진 감리교연합 신학교는 기독교 목회를 감당할 적합한 한국인 지도자 훈련에 그 목적이 있었다.[106] 이처럼 교회 지도자들을 훈련하는 사역은 선교사들에게는 가장 중요하고 긴급한 문제였던 것이다.[107] 1924년에는 입학조건을 강화하여 고등보통학교 졸업자들이 4월에 영어시험에 응시하여 14명 가운데 7명만이 통과되고 입학허가를 받았다.[108] 감리교연합신학교는 1927년에 3년제 과정을 4년제로 바꾸었다.[109]

남자를 위한 연합신학교와 여자를 위한 연합성경학교(a Union Bible School)가 별도로 운영되다가,[110] 1929년 25년 만에 남북 감리교회가 하나로 합동될 즈음에 두 학교가 통합되어 감리교신학교가 탄생되었다.[111] 1932년 감리교신학교 졸업생은 238명이었으며, 그중에 180명은 새로 조직된 '조선감리회'(Korea Methodist Church)에서 목회하였다. 여자신학교 졸업생은 130명이며 그 중에 80명이 한국교회에서 사역하였다. 신학교 입학 자격도 향상되어 고등보통학교를 졸업하지 않은 자들은 지원할 수 없게 되었다. 이렇게 하여 남녀 합반 수업을 가능하게 했다. 남녀 신학교가 각기 교직원과 예산을 관리하고 수업은 함께 하여 학교 경영에서는 물론, 교직원을 강화하고 다른 직접적인 유익을 얻게 되었다. '조선감리회'의 출범은 두 신학교의 유

106) 위의 책, 1915, p. 44. 위의 책, 1916, p. 292.
107) 위의 책, 1918, p. 304.
108) *Journal of the Korea Annual Conference Methodist Episcopal Church, South 1924*, p. 91.
109) *Annual Report of the Board of Foreign Missions of the Methodist Episcopal Church, Korea Mission 1927*, p. 157.
110) J. L. Gerdine, "Methodist Theological Education", *The Korea Missions Year Book 1932*, p. 41.
111) 한국감리교회사 I, p. 295.

기적 연합을 촉구했다.[112)]

1932년 4월 새로 구성된 감리회는 '감리교신학교' (the Methodist Seminary)라 불렀다. 초대 학장으로 '조선기독교대학' (연희전문)에서 근무하던 빌링스(B. W. Billings)가, 부학장으로 여자신학교 학장으로 여러 해 동안 일해 온 채핀(A. B. Chaffin) 부인이 선출되었다. 교수들은 선교사와 한국인들이 반반으로 한국인 교수들은 예일(Yale), 콜럼비아(Columbia), 노스웨스턴(North Western) 대학과 스카릿(Scarritt) 대학 출신이었다. 총학생수는 68명이었는데, 남녀가 동수였다. 학생들은 한국 전체는 물론 만주에서도 왔다. 학생 모두 고등보통학교 출신들이었으며, 교회의 추천을 받아 필기 및 면접시험을 거쳐 입학했다.[113)] 남녀 신학교의 합병은 항구적인 위치를 결정하는 문제를 낳았고, 결정하지 못하였다가 조선기독교대학과 이화대학에 인접한 곳으로 이전할 것을 제의하였다.[114)] 선교사들이 학교장을 독점해 오다가 1939년 변홍규 박사가 첫 한국인 교장으로 취임하였다.[115)]

이상과 같이 감리교신학교도 장로회신학교와 마찬가지로 두 개의 감리교 선교부가 연합하여 하나의 신학교를 설립하고 1930년 하나의 조선감리교회를 탄생시키는 산파 역할을 한 감리교 에큐메니칼 운동의 결정체가 되었다. 그러나 감리교신학교는 장로회신학교와 마찬가지로 감리교 내의 연합사역은 이뤘지만 장로회신학교와 합하는 등으로 진일보하지는 못한 아쉬움이 있다.

---

112) J. L. Gerdine, "Methodist Theological Education", p. 41.
113) 위의 책, pp. 41-42.
114) 위의 책, p. 43.
115) 한국감리교회사 II, p. 157.

C. 대학의 설립

신학교와 더불어 일반대학의 설립도 잇따랐다. 평양연합대학, 세브란스 연합의학전문학교, 이화여자전문학교, 조선기독교연합대학(연희전문학교) 등이다. 선교사들은 본래 대학을 목표로 설립하였으나 총독부의 방해공작으로 뜻을 이루지 못했다. 그것은 조선총독부가 1911년 '조선교육령'과 1915년 '전문학교 규칙' 및 '개정사립학교 규칙'을 공포하며 대학 대신에 전문학교만을 허락한 것이다.[116] 이는 유일한 관립대학인 경성제국대학(서울대학교)만을 4년제 대학으로 인가해 주고, 나머지 사립대학들은 모두 전문학교 수준으로 묶어 놓음으로 한국인들에게 고등교육의 기회를 차단시키려는 의도였던 것이다.

그동안 대학 설립을 앞두고 선교부에서 몇 가지 논의가 있었다. 첫째는 하나의 대학을 세울 것인가? 혹은 두 개의 대학을 세울 것인가? 둘째, 하나의 대학을 세운다면 그것은 서울에 있을 것인가? 혹은 평양에 있을 것인가? 셋째, 그 대학은 교파 대학일 것인가? 아니면 연합대학 내지는 종합대학교인가? 북장로교회 선교부 총무인 브라운은 이 대학이 연합대학이어야 한다고 주장했다. 그러나 미국 장로교선교부에서는 장소를 평양으로 결의했고, 단과대학을 설립했다.[117] 전체 위원회의 투표 결과는 일곱 명이 하나의 대학만 있어야 한다고 했고, 세 명만이 대학이 두 곳에 있어야 한다고 투표했다. 이 세 사람은 평양연합대학의 벡커, 남감리교회 선교부의 저다인(Jerdine)과 크램(Cram)이다.[118] 1932년 기준으로 네 개의 기독교 대학은 세브란스 의과대학(Severance

116) 이광린, 올리버 알 에비슨의 생애, pp. 209-210.

Union Medical College), 평양기독교연합대학(Union Christian College, 숭실전문학교), 이화여자전문학교, 그리고 연희전문학교(the Chosen Christian College) 등이었는데, 629명의 등록학생 중 628명이 한국인이었으며, 당시 한국 전체 고등교육기관의 모든 학생들 가운데 35% 이상을 차지했다. 이 중에 숭실전문학교만 평양에 있었고, 나머지 세 학교는 수도인 서울에 있었다.[119)]

1. 평양연합대학(Pyengyang Union Academy and College; 숭실전문학교)

평양연합대학은 베어드(W. M. Baird) 박사가 1897년 10월, 평양으로 이주하여 자기 집 사랑방을 개방하여 학교사역을 시작하면서부터 그 기원을 찾을 수 있다.[120)] 1893년 13명의 학생들로 수업을 시작하였고, 1905년 감리교회와 연합학교를 이루기까지

---

117) Dr. Brown's Letter to H. G. Underwood, 1911. 8. 7, pp. 1105-1106. 베어드(W. M. Baird)는 1909년 여섯 개의 장 · 감 선교부를 대표하는 교육연합회(Educational Association)을 조직하는 데 견인차 역할을 했는데, 1912년 3월 감리교대회는 한국을 대표하는 연합대학이 서울에 위치해야 한다는 안을 교육연합회에 제출했고, 남장로교회와 호주 장로교회는 그들의 선교지가 남부지역에 멀리 떨어져 있음에도 이미 평양에 있는 연합대학을 지지하였으며, 북장로교회도 학교의 위치가 평양에 계속 있어야 한다고 결의했다. R. H. Baird, *William M. Baird of Korea*, pp. 248-250. 당시 표결은 121명 가운데 평양 63명, 새로운 위치로 서울이 37명, 기권이 21명이었다. S. A. Moffett and J. E. Adams, *Presentation of Difficulties which have arisen in the Chosen(Korea) Mission of the Presbyterian Church in U.S.A. Because of a Lack of Definition between the Foreign Board and itself concerning their mutual responsibilities in the administration of Field Work* (unpublished material, Moffett Collection, the Library of Princeton Theological Seminary, 1918), p. 4.

118) H. G. Underwood's Letter to Dr. Brown, 1912. 12. 23, p. 1125.

119) H. H. Underwood, "College Education in Korea", *The Korea Missions Year Book 1932*, pp. 31-32.

북장로교회 학교로 성장했다.[121] 1901년 베어드가 한국인 친구들에게 학교 이름을 의뢰하였던 차에 그가 가장 신뢰하던 학생 중 하나인 최광옥이 숭실(崇實)이라고 적힌 글을 가지고 왔는데, 이렇게 해서 숭실학당이 시작된 것이다.[122] 처음에는 베어드와 스월른(W. L. Swallen)이 담당하였고, 학생수가 30명에 이르자 평양선교부의 사랑방을 교사로 사용하였다. 스월른이 학당 사역에 참여할 즈음 마침 1,800엔의 유산을 상속받음으로 학교 건축헌금으로 선교부에 내놓았고, 1901년 4월 '노련한 건축가' 이기도 했던 리(G. Lee)의 수고로 완공되었다.[123]

이 학교는 당시 한국에서 가장 크고도 최고의 시설을 구비한 고등교육기관이 되었고, 1904년 세 명이 5년 과정을 마치고 첫 졸업을 하였다.[124] 이때 대학과정의 학급이 이미 시작되었던 차에[125] 베어드가 1905년 봄 서울에서 열린 북감리교회 선교부 연례회의에 참여하여 이 사역에 동참할 것을 제안하였고, 감리교회가 여

120) 숭실대학교 90년사편찬위원회, 숭실대학교 90년사 (서울: 숭실대학교 출판부, 1987), pp. 75-76. 휘트모어(N. C. Whittemore)는 평양연합대학의 기원을 1898년으로 기술한다. N. C. Whittemore, "Fifty Years of Comity and Co-operation in Korea", p. 101.

121) C. E. Bradt, W. R. King, and H. W. Reherd, *Around the World Studies and Stories of Presbyterian Foreign Mission*, p. 355. 1908년에는 학생수가 441명에 이르렀다. W. M. Baird, "History of the Educational Work", *Quarto Centennial Papers Read Before the Korea Mission of the Presbyterian Church in the U.S.A. at the Annual Meeting in Pyeng Yang, August 27, 1909*, p. 65.

122) R. H. Baird, *William M. Baird of Korea*, p. 220. 숭실학당은 '진리를 숭상하는 학교' 로 영어로는 'the venerate truth school' 이라고 번역했다. 숭실대학교 90년사, p. 72.

123) 위의 책, pp. 221-222. 1903년 3월 5일 주일을 숭실학당을 위한 특별 기도의 날로 모였는데, 그때 75개의 한국교회가 88엔을 헌금하였다. 위의 책, p. 223.

124) W. M. Baird, "History of the Educational Work", p. 67. 1905년에는 네 명이 졸업을 했다.

125) 위의 책. 대학 과정은 처음에 3년 과정으로 시작했다가, 1909년에 4년 과정으로 바꾸었다.

기에 동참함으로 1906년부터 연합기독대학(Union Christian College and Academy)이 되었다.[126] 마펫도 남장로교회 선교부를 방문하여 남장로교회의 대학이 아니라 연합대학을 세우자고 요청하였고, 그의 의견에 그들이 동의하여 평양연합대학에 관심을 쏟았다. 남장로교회 대표는 베너블(V. Venable)과 니스베트(M. A. Nisbet) 등이었고, 감리교회 대표로는 벡커(A. L. Becker)와 빌링스(B. W. Billings), 그리고 루푸스(W. C. Rufus) 등이 참여했다.[127] 1912년부터 호주장로교회 대표로 라이올(D. M. Lyall)이 참여했다.[128]

이렇게 해서 평양연합대학은 1911년에는 북장로교회, 북감리교회, 남장로교회, 호주장로교회 등이 협력하며 참여하는 연합대

---

126) R. H. Baird, *William M. Baird of Korea*, pp. 221-222. N. C. Whittemore, "Fifty Years of Comity and Co-operation in Korea", p. 101. C. E. Bradt, W. R. King, and H. W. Reherd, *Around the World Studies and Stories of Presbyterian Foreign Mission*, p. 355. 당시 감리교는 자본금 및 운영비의 3분의 1만 책임을 담당하고, 운영 및 관리에서는 장로교와 동등한 권리를 보장받으며 평양연합대학 사업에 참여하였다. R. H. Baird, *William M. Baird of Korea*, p. 223. 베어드에 의하면 1905년 10월, 장로교 선교부는 건물 하나와 얼마 안 되는 예산과 학교 하나를 운영하고 있었고, 감리교는 건물, 예산, 학교 아무것도 없었고 단지 베커 선교사와 한국인 한 명과 유망한 학생들이 있었을 뿐이다. W. M. Baird, "Pyeng Yang Academy", *KMF*, vol. 2 no. 12 (1906. 10), p. 221.

127) H. G. Underwood's Letter to Dr. Brown, 1912. 12. 23, pp. 1124-1125. 평양연합기독대학에 캐나다 장로교회도 참여하였다. N. C. Whittemore, "Fifty Years of Comity and Co-operation in Korea", p. 101. 벡커는 학당 및 대학을 포함한 기관의 서기 및 회계와 더불어 물리학과 화학과 학과장을, 북감리교회의 빌링스는 역사학과 학과장을, 루푸스는 수학과 학과장을 맡았고, 베어드가 연합학교 교장으로, 베어드 부인이 전임교사로, 북장로교회의 맥큔(G. S. McCune)과 마우리(E. M. Mowry, 생물학)도 교수로 임명되었다. R. H. Baird, *William M. Baird of Korea*, p. 224. 감리교에서는 이밖에도 테일러(H. C. Taylor)와 로톤(B. R. Lawton) 등이 교수로 참여했다. C. E. Bradt, W. R. King, and H. W. Reherd, *Around the World Studies and Stories of Presbyterian Foreign Mission*, p. 355.

128) E. A. Kerr and G. Anderson, *The Australian Presbyterian Mission in Korea 1889-1941* (Sydney: Australian Presbyterian Board of Missions), p. 119. H. G. Underwood's Letter to Dr. Brown, 1912. 12. 23, p. 1125.

학이 되어 한동안 한국에서 유일한 미션대학이 되었다.[129] 장 · 감 연합사업으로 대학부가 운영되자 중학생도 증가하여 1905년 160명에서 1906년에는 225명으로 늘어나 교사의 증축이 필요하자 평양의 교회들이 헌금에 동참하여 과학, 산업교육관의 신축을 위해 6,000원을 모금했고, 불신자들에게도 모금운동을 전개했으며, 미국의 캔자스(Kansas) 주 위치타(Wichita) 제일감리교회에서 2,500달러를 기부하여 감리교회에서 세운 첫 번째 건물이 봉헌되어 과학관, 즉 격물학당(格物學堂, 후에 光成學校가 사용)이라 명명하였다.[130]

평양연합대학의 설립자이자 교장인 베어드의 지도 아래 1905년 대학과정의 첫 수업이 시작되어 1908년 두 학생이 첫 졸업하였다.[131] 1910년 이 대학에 자연과학과(교수: E. M. Moury, Mrs. W. M. Baird), 수학과(교수: W. C. Rufus, P. N. Sio), 성경 및 도덕 과학과(교수: W. M. Baird, 김선두), 역사과(교수: B. W. Billings, 조시올), 그리고 물리 및 화학과(교수: A. L. Becker, 박성두) 등 다섯 개의 학과가 개설되었다.[132] 1925년 평양연합대학은 일제에 의해 전문학교로 개편되었는데, 이것은 일제가 1911년 조선교육령 16조와 1915년 사립학교 규칙 제

---

129) C. E. Bradt, W. R. King, and H. W. Reherd, *Around the World Studies and Stories of Presbyterian Foreign Mission*, p. 355. The Board of Foreign Missions of the Presbyterian Church, *Historical Sketch of the Missions in Korea, Sixth Edition* (Philadelphia: The Woman' s Foreign Missionary Society of the Presbyterian church, 1909), p. 26. Nisbet, A. M. *Day In and Day Out in Korea* (Richmond, VA.: Whittet & Shepperson, 1919), p. 129.

130) 숭실대학교 90년사. pp. 105-106.

131) The Board of Foreign Missions of the Presbyterian Church, *Historical Sketch of the Missions in Korea, Sixth Edition*, p. 26. 베어드는 평양연합아카데미에서 1907년 27명이 졸업하였고, 1908년 21명, 1909년에는 33명이 졸업했다고 한다. W. M. Baird, "History of the Educational Work", p. 67.

132) *Catalogue of Pyeng Yang Union Christian College (1910)*, pp. 18-24.

3조 2항에 의해 1925년 3월 31일까지 전문학교로 개편하도록 강요하였기 때문이다.[133] 1931년에는 농학과의 인준을 받고 30명의 신입생을 모집함으로 당시 한국에서 농학부의 최고 고등교육기관이 되었다.[134] 이 대학은 YMCA와 협력하여 한국의 아홉 개 지방에 많은 농업학교를 지도하기도 했다.[135] 평양연합기독대학은 당시 한국에서 기독교인들이 가장 많은 지역의 중앙에 위치했다.[136] 1909년 봄학기 평양연합대학생들은 총 315명 가운데 212명이 장로교인이었고, 103명이 감리교인이었으며, 14명이 대학생들이었고 301명은 중학교 학생들이었다.[137]

1910년 평양연합대학은 한국에서 가장 강하고 성공적인 기독교학교로 장 · 감 연합사업의 대표적인 것으로 자리를 잡아 523명의 중고등학생들과 54명의 대학생들이 등록하였다.[138] 네 명의 외국인 교수들과 16명의 한국인 교수들이 가르쳤으며, 학생들의

133) 숭실대학교 90년사, p. 128. 조선교육령 16조는, "본령의 규정된 이외의 사립학교, 특수한 교육을 하는 학교, 기타 교육시설에 관하여는 조선 총독의 정하는 바에 의한다." 사립학교 규칙 제3조 2항은 전문학교 설치 규정 가운데, "1915년 4월 1일 현재 이미 인가를 받아 있는 전문교육을 하는 사립학교는 1925년 3월 31일까지 즉 10년간 이 규정의 적용을 유예한다"는 것이다.

134) H. H. Underwood, "College Education in Korea", p. 32. 조선일보, 1931. 2. 28. 숭실대학교 90년사, p. 135. 숭실전문학교 교장 맥쿤은 본교의 농학과는 수원의 고등농림학교(서울대학교 농대의 전신)와 뒤떨어지지 않는다고 말했다. 조선일보, 1931. 3. 7.

135) George S. McCune, "Union-Organizations-The Korean National Christian Council", *The Korea Missions Year Book 1932*, p. 94.

136) H. H. Underwood, "College Education in Korea", p. 35.

137) *Annual Report of the Board of Foreign Missions of the Methodist Episcopal Church, Korea Mission 1909*, p. 190. 1912년에는 중학생이 365명, 대학생이 49명 등 414명에 이르렀다. C. E. Bradt, W. R. King, and H. W. Reherd, *Around the World Studies and Stories of Presbyterian Foreign Mission*, p. 355.

138) G. H. Jones, *Education in Korea-A Supreme Opportunity for the Christian Church* (New York: Korea Quarter-Centennial Commission, Board of Foreign Missions of the Methodist Episcopal Church, 1910), p. 12.

평균연령은 20세로 16세 이하가 7명, 30세 이상이 13명이었고, 233명이 기혼자요, 6명이 과부, 76명이 미혼으로, 이들은 모두 주일학교 아침 공부반에 성실하게 참여하였다.[139] 1910년 대학부 5명이 졸업을 하였고, 1911년에는 6명이 졸업하였다.[140] 학교 운영은 모든 학생들에게 동일한 등록금을 부과하면 절반의 학생은 등록금을 내었고, 나머지 등록금을 내지 못하는 학생들은 자립부(self-help department)에 등록하게 하여 일정한 노동을 통하여 등록금 및 기숙사비 전체를 지불하게 함으로 학교는 항상 혹자운영이 가능하였다.[141] 이렇게 하여 장 · 감의 연합대학으로서 서로 의존하고 지지해 주고 강화시켜 주는 완전한 협력관계가 이루어진 근대선교 역사에서 찾아보기 힘든 일을 이루었다.[142]

그러나 연합대학이었던 숭실전문학교는 1915년 감리교 선교부의 이탈로,[143] 장로교 선교부들(북장로교회, 남장로교회, 호주장로교회)만 남아 85% 학생들이 장로교인들로 연합대학의 성격

---

139) G. H. Jones, *Korea Mission-Methodist Episcopal Church* (New York: The Board of Foreign Mission of the Methodist Episcopal Church, 1910), p. 38.

140) *Annual Report of the Board of Foreign Missions of the Methodist Episcopal Church, Korea Mission 1911*, p. 199.

141) R. H. Baird, *William M. Baird of Korea*, pp. 230-231. 기숙사비에 있어서 선교부는 학생들을 돕는 일에 전혀 지출을 하지 않았고, 학생들이 지불한 것과 노동비 외에 한국교회의 헌금과 미국 후원자들의 기부금으로 충당하였는데, 한국인들이 낸 비용이 기숙 학생 예산의 3분의 2에 달했다. 위의 책, pp. 231-232. 평양연합대학의 초기 자립책은 미국에서 인쇄기를 들여와 인쇄 작업을 한 것이다. 숭실대학교 90년사, pp. 91-94.

142) 위의 책, p. 237.

143) E. A. Kerr and G. Anderson, *The Australian Presbyterian Mission in Korea 1889-1941*, p. 119. *The Korea Missions Year Book 1928*, p. 208. 북감리교회 연례보고서에 의하면 1908년 6월, 가장 적절한 때에 평양연합대학에서 이탈했다고(closed its best year last June) 한다. *Annual Report of the Board of Foreign Missions of the Methodist Episcopal Church, Korea Mission 1909*, p. 25. 그러나 1910년 연례보고서는 평양연합대학 및 아카데미가 장로교 선교부와 조화롭고 성공적으로 운영되고 있다고 한다. 위의 책, 1910, p. 34.

을 상실해갔다.[144] 감리교회가 이 사업에서 이탈하게 된 것은 3년간이나 대학의 위치와 성격에 대한 논쟁이 가열되었고, 또한 각 선교부의 기본적인 철학 및 방법론의 차이, 관할권의 문제 등으로 인한 것이었다.[145] 장로교회는 당시 최고 교육기관이었던 평양 연합대학에 온갖 집중을 하였지만, 감리교회는 남북 감리교회 선교부가 통합되지 못한 가운데, 특히 남감리교회는 송도(개성)와 서울에만 집중하고 있어 평양에까지 관심을 보일 여유가 없었고, 북감리교회만이 3분의 1의 예산만 부담한 채 연합대학에 참여했지만 대학문제에 관한 논의에 있어서는 남북 감리교회가 한목소리를 내었고, 감리교회 측은 1912년부터 평양보다 서울에 자신들이 운영하는 대학을 설립하고자 했던 것이다.[146] 이에 대한 감리교회 측의 입장이 1906년 배재와 경신학교의 연합이 감리교회의 일방적인 통보로 연합한 지 1년 만에 깨질 때 발표된 성명서 가운데 잘 나타나 있다.

> 여러 선교부들이 연합으로 학교 사업을 하는 것이 개별적으로 본국의 도움을 받는 것보다 더 좋은 학교를 이루는 것임은 분명한 사실이다. 그러나 그것은 우리가 목표로 하는 학원 사역에서의 장점일 뿐 아니라, 학교의 도움으로 개별 선교부를 강화시키는 것이다. 이런 점에서 우리는 연합으로 인해 상처를 입은 것이다. 이런 학교 간의 연합은 두 교회 간의 유기적 연합으로 가는 한 단계인데, 그 교회들의 상이한 전통과 서로 상충하는 견해들, 그리고 조화되지 않는 사업정책은 감정

---

144) H. H. Underwood, "College Education in Korea", p. 32.

145) R. H. Baird, *William M. Baird of Korea*, pp. 237-238.

146) 위의 책, pp. 240-242. 언더우드는 평양과 서울에 두 개의 대학-연합이든 교파별이든-이 설립될 수 있을 것이라고 예견했지만, 감리교회는 서울에만 대학을 설립하기로 결의하고 말았다. 위의 책, p. 250.

적인 양해가 없이는 우리들에게 갈등과 심각한 손실을 남길 것이다.[147]

농촌경제가 어려울 때 평양연합대학은 농업지도자들을 양성하다가 1931년 총독부의 인가를 받아 농과를 신설하였다.[148] 1932년까지 이 대학에서 251명이 졸업을 했으며, 그 중에 32명이 목회와 교회 사역에, 67명이 교육계에, 42명이 사업계에, 62명이 대학원에 진학하여 공부하였고, 20명이 죽었으며, 나머지는 기타 여러 방면으로 흩어졌다.[149] 1938년 평양연합대학은 신사참배를 하느니 차라리 학교를 폐교하기로 하였다. 맥쿤은 신사참배를 반대하다가 학교장직을 사임하고 추방되고 말았고, 당시 재학생은 160명에 이르렀다.[150] 연합대학에 대한 열망이 성취된 평양연합대학이 본래의 취지를 살리지 못함으로 에큐메니칼적 노력이 끝내 실패하고 장로교회만의 대학으로 남은 것이 매우 아쉽다. 학교사업을 통한 연합은 곧 장·감의 유기적인 연합으로 이어질 수 있는 기회였는데, 이 기회를 놓치고 말았기 때문이다. 당시 장로교회는 평양연합대학 사업에 감리교회보다 세 배의 재정을 부담하였고, 연합사업을 지속하기 위해 백배 양보를 불사하였지만 감리교회가 이탈한 것은 연합정신을 끝내 버린 처사라 아니할 수 없는 것이다.

147) 위의 책, p. 243.
148) *Report of Pyeng Yang Station 1930-1931*, Korea Mission of the Presbyterian Church in U.S.A. pp. 10-11.
149) H. H. Underwood, "College Education in Korea", pp. 32-33.
150) R. H. Baird, *William M. Baird of Korea*, pp. 226, 294.

2. 세브란스연합의학전문학교(the Severance Union Medical College)

알렌은 병원을 설립할 때부터 의학교육을 계획하였는데, 헤론이 자기 사역에 합류하고 한국인들로부터 좋은 반응을 얻자 의학교육을 위해 1885년 12월 1일 미국 공사 푸크(G. C. Foulk)에게 의학교 설립안을 제안하였다. 이 소식을 들은 고종 황제가 적극적인 관심을 보였고, 조정이 재정 및 행정 지원을 아끼지 않음으로 한국 최초의 의학교인 제중원의학교(濟衆院醫學校)가 탄생하였다.[151] 이 학교는 1886년 3월 29일 알렌이 헤론과 언더우드의 협력을 통하여 선발한 16명으로 시작하여,[152] 알렌과 헤론이 의학을 가르쳤고 언더우드는 물리와 화학을 가르쳤다.[153] 그러나 에비슨의 기록에 의하면, 1889년 의학교육을 시작했으나 그때는 학생들을 '학생조수'라 불렀으며 1902년에서야 의학생이란 명칭을 사용하였다.[154]

본격적인 의학교육은 신학교육과 같이 연합으로 수행되었는데, 장로교회와 감리교회 여섯 개의 선교부는 서울에서 의과대학

---

151) 연세의료원 120년사 편찬위원회, 인술, 봉사 그리고 개척과 도전의 120년, pp. 36-37. 〈황성신문〉은 의학교의 창설에 대하여 다음과 같이 보도한다. "의학교 설시(設始)홀 사건으로 전 감리 지석영씨가 학부에 청원하였더니 본부 학무국장 김각현씨가 찬성하여 해교(該校)의 소입(所入)ᄒᆞᆫ 예산 금액을 탁지부(度支部)로 청구하야 금년도에 지출ᄒᆞ다니 가위 제세지재(濟世之才)라 홀만하더라." 당시 조정은 이처럼 의학교 설립의 허가와 더불어 재정지원도 해주었다. 황성신문, 1899. 1. 7.

152) 연세창립 80주년기념사업연구회 편, 연세대학교사: 1885-1965 (서울: 연세대학교 출판부, 1969), pp. 48. 16명이 입학에 응시했으나 실제 1886년 7월 말 입학에 합격한 자는 12명으로, 그들은 이의식, 김진성, 우제익, 이겸래, 김진성, 최규성, 최종악, 윤호, 이진호, 진학순, 상소, 고제자였다. 그러나 이들 가운데 실제 의업에 종사한 자는 아무도 없는 것으로 보이는데 그것은 영어 강의에 대한 이해 부족과 당시 조혼풍속으로 인해 장기간 의학공부에 전념할 수 있는 여유가 없었기 때문인 것으로 보인다. 인술, 봉사 그리고 개척과 도전의 120년, pp. 37-38.

153) 백낙준, 한국 개신교사, p. 132.

을 설립하는 데 동참했다.[155] 1899년 병원의 개업과 더불어 조정의 허락을 받아 의과대학을 준비하는 예과가 세워졌다. 이곳 출신들이 당시 한국에서 가장 영향력 있는 그리스도인들이 되었다.[156] 이 의과대학은 연합대학이지만, 시작은 북장로교회 선교부가 세브란스(L. H. Severance)의 헌금으로 이뤄졌다. 병원은 1904년에, 의과대학 건물은 1912년 가을에 완공되었고, 실제적인 연합사역은 1913년 북감리교회, 남장로교회, 남감리교회, 그리고 호주 장로교회 선교부가 사람들을 임명할 때까지 이뤄지지 않았다. 캐나다 장로교회는 1916년에야 연합사역에 참여했고,[157] 후에 안식일교회와 영국성공회가 참여하였다.[158] 1900년 9월 처음으로 의과대학생들이 등록을 하였고, 에비슨에 이어 허스트(J. W. Hirst)가 1904년에 교수로 임용되었고, 1908년 6월에 첫 졸업생 일곱 명을 배출하여 모두 한국에서 의사 자격증을 부여받았고, 그 중에 네 명이 교수요원으로 학교에 남았고, 나머지 세 명은 개업의로 나갔다.[159] 세브란스(L. H. Severance)는 1907년과 1909년에 한국을 방문하고 의과대 새 건물과 외래병동을 짓

---

154) "에비슨 박사 소전" (33), 기독신보, 1932. 9. 28. 스피어(R. E. Speer)는 1897년 한국을 방문한 후 출판한 보고서에서, 에비슨이 서울에서 일곱 명의 학생들에게 의학공부를 시켰으며, 그 중에 둘은 자비로, 둘은 음식만 지원받았고, 그들이 하는 모든 일은 치료소와 병실에서 조수 역할을 하는 것이었다고 한다. R. E. Speer, *Report on the Mission in Korea of the Presbyterian Board of Foreign Missions* (New York: The Board of Foreign Missions of the Presbyterian Church in the U.S.A., 1897), p. 28.

155) *Annual Report of the Board of Foreign Missions of the Methodist Episcopal Church, Korea Mission 1918*, p. 298.

156) H. G. Underwood, "An Outline History of the Korea Mission of the Presbyterian Church in USA", 1899. p. 7, 언더우드 목사의 선교편지, p. 922.

157) *Annual Report of the Board of Foreign Missions of the Methodist Episcopal Church, Korea Mission 1918*, p. 315. Nisbet, A. M. *Day In and Day Out in Korea*, p. 129.

158) C. A. Clark, *The Nevius Plan for Mission Work-Illustrated in Korea*, p. 220.

도록 30,500불을 희사했다.[160] 제중원의학교가 세브란스 의학교로 변경된 것이 바로 이때, 1909년이었다.[161]

세브란스 의학교가 연합의학교로 발전하게 된 계기는 1907년 9월 9일 '한국의료선교사협회'(Korea Medical Missionary Association)가 창립되면서부터이며,[162] 1908년 의료선교사협회는 각 교파의 의료선교사들이 각 선교부의 승인하에 매년 일정 기간 동안 세브란스 의학교에서 강의를 하는 것을 조건으로 연합의학교를 설립할 것을 결의하였다.[163] 1911년부터 각 선교부들이

---

159) O. R. Avison, "Contribution of Medical Work to the Christian Government", *The Fifty Anniversary Celebration of the Korea Mission of the Presbyterian Church in the U.S.A. June 30-July 3, 1934* (Seoul: YMCA Press, 1934), p. 169. O. R. Avison, "Medical Education", *The Korea Missions Year Book 1932*, p. 47. 학교에 남아 강의를 한 사람은 홍석후, 홍종은, 박서양, 김필순 등이었으며, 홍종은은 폐결핵으로 별세하여 나머지 세 명만이 실제 학생들을 가르쳤다. J. W. Hirst, "Life Sketch of O. R. Avison", *KMF*, 1934. 3, pp. 49-50.

160) O. R. Avison, "Contribution of Medical Work to the Christian Government", pp. 169, 175. 1918년의 가치로 세브란스 연합의과대학 건물의 가치는 170,000만 불에 이르렀고, 거의 대부분 북장로교회 선교부의 헌금으로 이뤄졌고, 다른 선교부들은 연례보조금(annual grants)만 지출했을 뿐이다. *Annual Report of the Board of Foreign Missions of the Methodist Episcopal Church, Korea Mission 1918*, p. 315. 1924년에 대학 및 의과대학 학장인 에비슨 의사는 본국을 방문하여 세브란스(J. L. Severance)와 프렌티스(F. F. Prentiss) 여사로부터 100,000불의 세브란스 연합의과대학 발전기금을 받아왔다. 위의 책, 1924, p. 95. 1925년에는 160,000불을 모금했다. 위의 책, 1925, pp. 128-129. 1927년에는 175,000불을 모금했다. 위의 책, 1927, p. 157.

161) 연세창립 80주년기념사업연구회 편, 연세대학교사: 1885-1965, p. 59.

162) 연세의료원 120년사 편찬위원회, 인술, 봉사 그리고 개척과 도전의 120년, p. 155. 한국의료선교사협회의 목표는 다음과 같다.

1. 진료를 통하여 한국인들에게 복음을 전파할 것
2. 의학을 연구하고 발전시킬 것
3. 한글로 된 의학책을 준비하고 나아가 교육활동을 통하여 한국인들에게 의학지식을 전해줄 것
4. 한국에서 사역하는 의사들 사이에 상호협력 정신을 증진할 것.

E. W. Anderson, "Early Days of Korea Medical Missionary Association", *KMF*, vol.35 no.5 (1939. 5), pp. 95-96.

163) "A Christian Korean Celebration", *KMF*, vol.5 no.12 (1909. 12), p. 207.

의학생들과 간호학과 학생들의 훈련에 관심을 갖고 그들을 가르치기 시작했는데, 영국성공회의 와이어(W. W. Weir), 북감리교회의 폴웰(E. D. Follwell), 남감리교회의 리드(W. T. Reid) 등이 여기에 참여하였다.[164] 1912년 북감리교 선교부는 세브란스 연합의학전문학교 및 병원과 협력하기로 하였다.[165] 이로 인해 1913년부터 세브란스 연합의과대학(Severance Union Medical College)으로 명명하였으나 총독부가 전문학교로도 승인하지 않다가, 1917년에서야 전문학교로 승인을 해주었다.[166] 1917년 재단법인 정관의 제2조 목적은, "기독교 원칙에 따라서 차 기관의 설립과 유지를 위함에 있고 학교는 조선총독부에 의거하여 의학교육을 수행한다"고 했다.[167] 세브란스 의학전문학교가 연합대학이 된 것은 상술(上述)한 교단 및 교파들이 대학 설립에 참여하였기 때문이다.[168] 이렇게 설립된 세브란스 연합의학전문학교는 한국에서 전문성이 필요한 곳에 '사업'이 아닌 '기독교적 봉사'의 이상(理想)인 의술을 제공하는 시도를 하였다.[169]

1910년 한일병탄 이후 일제는 선교사들이 서양식으로 운영하고 가르치는 것을 싫어함으로 교육연한을 일본과 같이 4년으로 변경하고 졸업과 더불어 의사면허증을 받지 못하게 하고, 1914년부터 1922년까지 별도로 의사 면허시험을 보게 하였고, 1923

---

164) "Severance Hospital Medical College", *KMF*, 1913.6, p. 170.

165) *Annual Report of the Board of Foreign Missions of the Methodist Episcopal Church, Korea Mission 1915*, p. 44.

166) 연세창립 80주년기념사업연구회 편, 연세대학교사: 1885-1965, p. 63. 세브란스 연합의학교는 이처럼 대학을 목표로 설립되었으나 조선총독부가 허가를 내주지 않아 전문학교로 승인을 받게 된 것이다. 이광린, 올리버 알 에비슨의 생애, pp. 209-210.

167) 연세대학교백년사 편찬위원회 편, 연세대학교백년사: 1885-1985 I (서울: 연세대학교 출판부, 1985), p. 73.

168) *The Korea Missions Year Book 1928*, pp. 211-213. O. R. Avison, "Medical Education", pp. 46-47.

169) H. H. Underwood, "College Education in Korea", p. 35.

년에 가서야 이 제도를 폐지했다.[170] 1915년부터 입학규정을 높여 오직 고등보통학교 졸업생들 중에서 물리, 화학, 생물, 영어와 일어 등 1년간의 고등과정을 위한 예비반을 이수해야 입학자격이 주어졌다.[171] 이를 위해 연희전문(조선기독교대학)과 협조하여, 1922년부터 일주일에 2-3일씩 물리와 화학을 가르쳤다.[172] 세브란스 연합의과대학은 의과대학은 물론 병원, 간호사훈련학교, 영업과 수많은 외래진료까지 포함하였다.[173] 1920년에 최초로 한국인의 기부금이 들어와 의료사역을 도왔는데, 액수는 적었지만 자국민을 돌보는 쾌적한 환경을 만드는 데 일조하는 새로운 책임감을 보여 주었던 것이다.[174]

1906년에 쉴즈(E. L. Shields) 양에 의해 시작된 간호사 교육은 1910년 한일병탄 후 '세브란스 산파간호부 양성소'로 명명하여, 1911년 10월 27일 다섯 명의 첫 졸업생을 배출하였고, 1912년 6월에는 7명이 졸업하였는데 이들을 양성하는 데 호주 장로교회 선교부의 내피어(G. Napier), 캐나다 장로교회 선교부의 휴즈(E. Hughes), 남장로교회 선교부의 쉐핑(E. J. Shepping), 남감리교회 선교부의 캠벨(J. P. Campbell) 등이 연합으로 참여했다.[175] 1925년부터는 '간호사훈련학교'로 당국으로부터 인준을 받고, 정규 졸업생들은 별도의 시험 없이 간호사 자격을 취득했으며, 과정은 3년으로 졸업생들은 산과학(産科學)을 배우고

170) 연세창립 80주년기념사업연구회 편, 연세대학교사, p. 63.
171) *Annual Report of the Board of Foreign Missions of the Methodist Episcopal Church, Korea Mission 1915*, p. 240.
172) 위의 책, 1922, p. 233.
173) 위의 책, 1920, p. 190.
174) 위의 책, p. 191.
175) 이광린, 올리버 알 에비슨의 생애, pp. 214-216. 일곱 명의 졸업생 중 한 명은 세브란스병원장의 조수로, 한 명은 수술실 담당, 한 명은 새 진료소에, 두 명은 남장로교회 전주와 군산 병원에, 나머지 한 명은 청주의 선교회병원에 배속되었다. 위의 책, p. 215.

조산원의 자격을 취득했고, 등록 인원은 기숙사가 한정되어 29명에 불과했다.[176] 1910년부터 1934년까지 간호학교 졸업생은 150명이 되었다.[177]

학교 내에서 자율성경반이 개설되어 학생들이 잘 출석하였는데, 첫 해에는 그리스도의 생애에 대해서 공부했고, 두 번째 해에는 구약성경공부에 몰두하였고, 세 번째 해에는 두 기간으로 나눠 전반기에는 그리스도인의 믿음과 삶에 대해서 허심탄회한 질문과 의문에 대한 토론으로, 후반기에는 구약으로부터 예배에 대한 공부를 하였고, 네 번째 해에는 곧 의사가 되려는 사람들의 실제적인 영적 삶을 개발하려는 목적으로 요한복음에 대한 새로운 연구가 이뤄졌다. 1924년 연인원 7만 명이 진료를 받았고, 하루 평균 200-300명이 진료를 받았고, 외래환자의 30%와 입원환자의 40%가 구제 대상자였다.[178]

1931년 3월에 39명이나 졸업하여 최고에 이르렀고, 1932년에는 27명, 1933년에는 38명이 졸업하였다. 1932년까지 280명이 졸업하였으며, 매해 신입생을 최대한 40명을 받지만 매년 몇몇 재수강생이 있고, 몇몇은 학교를 떠났다가 다시 공부하는 경우가 있어 학생 수는 해마다 달랐다. 1932년에는 168명이 등록하였고, 모두가 한국인이었다. 신입생 정원은 40명인데, 1931년에 276명이 지원하였고, 1932년에는 214명이 응시하였다.[179]

---

176) *Annual Report of the Board of Foreign Missions of the Methodist Episcopal Church, Korea Mission 1925*, p. 130.

177) 이광린, 올리버 알 에비슨의 생애, p. 217. 해방 후에 간호학교는 '세브란스 고등간호학교'로 바뀌었고, 1953년 고등학교 졸업생에 한하여 입학이 허가되었고 문교부와 보건부에 '세브란스 간호학교'로 등록하였고, 1957년 세브란스 의과대학과 연희대학교가 통합하여 연세대학교로 발전하며 간호학교가 간호대학으로 승격된 것이다. 연세창립 80주년기념사업연구회 편, 연세대학교사, pp. 145-146.

178) *Annual Report of the Board of Foreign Missions of the Methodist Episcopal Church, Korea Mission 1924*, p. 95.

1932년 신입생 40명 중에 30명이 기독교인이었고, 나머지 10명도 경험에 비추어 학교생활을 하는 동안 모두가 기독교인이 될 것으로 보였다.[180]

3. 이화여자전문학교(Ewha College for Women)

한국에 하나의 여자기독교대학을 설립하자는 건에 대해서 전체 교파의 협력은 없었지만, 북감리교회, 남감리교회, 그리고 캐나다 연합교회 등이 후원하여 이화여자전문학교가 설립되었다.[181] 한국의 남녀차별의 생활에서 여성이 벗어나기 시작한 전환점이 바로 1886년 이화학당이 설립되고 여성들이 신교육을 받게 된 데서 유래된다.[182] 스크랜턴 부인(M. F. Scranton)의 1886년 1월 19일 편지는 고종의 여학교 설립에 대한 관심을 잘 보여준다. "황제는 내가 한국에 온 목적이 무엇인지 무엇을 하려고 하는지에 대해 소식을 듣고 계십니다. 황제는 대단히 따뜻한 격려의 말씀을 보내 주셨으며 며칠 전 그는 어떤 모임에서 연설하는 가운데 여자학교에 대해 찬성하시는 말씀을 하셨습니다."[183]

여성들의 교육에 무관심하던 한국에서 1887년 소녀들을 위한 학교가 서울에 설립되었다. 이 학교는 집 없는 소녀들을 위해서

---

179) O. R. Avison, "Medical Education", p. 47.
180) 위의 책, p. 48.
181) N. C. Whittemore, "Fifty Years of Comity and Co-operation in Korea", p. 101. *Annual Report of the Board of Foreign Missions of the Methodist Episcopal Church, Korea Mission 1924*, p. 91. E. A. McCully and E. J. O. Fraser, *Our Share in Korea-Supplementary to The Land of the Dawn by James Dale Van Buskirk* (Toronto: The Board of Foreign Missions of the United Church of Canada, 1931), p. 34.
182) 이화 80년사 편찬위원회, 이화 80년사 (서울: 이대출판부, 1967), p. 29.
183) Heathen Woman's Friend, vol. 27, no. 10 (1886. 4), p. 249. 위의 책, p. 41에서 재인용.

는 집이 되었고, 이들은 기독교적 환경 가운데 여선교사들에 의해 가르침을 받고 자랐다. 이것은 여자들은 배울 수 없다는 유교의 이론에 반하는 것으로,[184] 스크랜턴 여사가 최초의 여학교를 개설했는데 1887년 가을 명성황후가 이화학당(梨花學堂, I Hoa Hak Dang, 배꽃 피는 학교)이라고 이름지어 주었고, 스크랜턴은 이것을 영광으로 여기고 그 이름을 바로 학교 교문에 달았다.[185] 1887년에는 43명의 여학생들이 모여 새 교사(校舍)를 신축하지 않으면 안 되었다. 이렇게 해서 1887년 첫 한옥 교사를 지은 후 13년 만에 프레이(L. E. Frey) 양의 협력으로 이층 벽돌 건물을 1900년에 완공하였다.[186]

이화학당은 초등과 중등과 고등과로 구별하여 가르쳤는데 1908년 초등과는 국문, 한문, 작문, 산술, 도화, 지리, 초보체조, 영어 등을, 중등과는 성경, 한문, 지리, 국사, 산술, 영어, 생리, 위생, 동물학, 식물학, 도화, 이과, 부기, 대수, 초보체조 등이었고, 고등과는 성경, 한문, 대수, 기하, 삼각, 천문학, 지학, 심리학, 교육학, 물리, 화학, 영문학, 만국지리, 고등생물, 경제, 세계사 등이었다.[187] 이화학당은 1904년 중등과 인가를 받았고, 1908년 첫 중등과 졸업생을 배출한 후 1910년에는 4년제의 보통과와 3년제의 고등과와 4년제의 대학과가 설치되어 초등, 중등, 고등 교육의 일체 학제를 갖추게 되었다.[188] 1908년에는 3개 학과에

---

184) Blanche I. Stevens, "Contribution to the Christian Movement of Educational Work for Young Women", *The Fiftieth Anniversary Celebration of the Korea Mission of the Prebyterian Church in the U.S.A.*, p. 145.

185) 이화 80년사, p. 54. *The Korea Missions Year Book 1928*, p. 41. *Annual Report of the Board of Foreign Missions of the Methodist Episcopal Church, Korea Mission 1887*, p. 313. 당시 한국인에게 배꽃은 일본인에게 국화, 랭카스터 가문의 빨간 장미와 같았다.

186) 이화 80년사. p. 58.

187) 황성신문, 1908. 9. p. 17.

266명의 학생으로 정부 인가를 받은 대학이 되었으며, 재정은 4개 선교부의 지원과 더불어 25%는 한국인들로부터 기부를 받았다.[189] 그러나 한일합방 이후 1917년 일제에 의해 중등과는 2년제 대학예과로 변경되고, 1922년에는 보통학교 4년이 6년제로, 고등보통학교 3년이 4년제로 변경되었다.[190]

1910년 대학과의 설치는 여성 지도자 양성을 위한 고등교육을 실시하고자 했던 프레이(L. E. Frey)의 신념으로 시기상조라는 반대와 주위의 모든 악조건을 무릅쓰고 15명으로 시작하였다.[191] 프레이는 1906년 이화학당장으로 시작하여 그의 생애를 통해 이화초등학교, 이화고등학교, 이화대학, 그리고 유치원까지 설립하는 영예를 안았다.[192] 1912년 대학 인가를 받았으며, 1913년 학생은 중등과 45명, 대학과 13명 등 이화학당의 수는 22명에 이르렀고, 1914년 부활절 저녁 7시 정동예배당에서 최초의 여자대학 졸업식이 행해졌다.[193] 이렇게 설립된 이화학당의 대학과는 1923년 이화여자고등보통학교 운동장의 인접한 곳에 대학건물

---

188) E. A. McCully and E. J. O. Fraser, *Our Share in Korea-Supplementary to The Land of the Dawn by James Dale Van Buskirk*, p. 34. 이화 80년사, pp. 71-72, 92.

189) "Ewha College 1910 to 1938", Missionaries of the Woman' s Foreign Missionary Society of the Methodist Episcopal Church, *Fifty Years of Light*, p. 24.

190) 이화 80년사, p. 96.

191) M. L. Conrow, *Our Ewha* (Seoul: Ewha Woman' s University Press, 1956), p. 11. 당시 여자대학의 설립에 대한 반대가 심했는데, 심지어 동역하던 선교사들조차도 프레이를 향한 질타를 서슴지 않았다. "보시오. 한국의 여자대학이란 시기상조가 아니오, 뭣 때문에 그 소수의 학생들을 위해서 학생수보다 더 많은 선생들이 시간을 소비해야 한단 말이오, 그럴 바에야 초등학교도 다니지 못한 수천 명의 소녀들을 가르치는 일이 오히려 보람 있는 일이 아니겠소." 김활란, 그 빛 속의 작은 생명 (서울: 여원사, 1965), pp. 60-62.

192) "Ewha High School", Missionaries of the Woman' s Foreign Missionary Society of the Methodist Episcopal Church, *Fifty Years of Light*, p. 15.

193) 이화 80년사, pp. 102-103. 대학과의 1회 졸업생은 김애리시(金愛理施), 신마실라(申麻實羅), 이화숙(李華淑) 등 세 명이다.

인 프레이 홀을 건축하여 대학을 위한 임시 본관으로 사용하였다. 같은 해 연희전문학교 인근의 50에이커 땅을 매입하였는데,[194] 이것은 이화학당을 방문하고 좋은 사역이 이뤄지는 것을 보고 하나의 여자연합대학을 설립하는 것 이상 좋은 투자가 없다고 생각한 미국인 친구들의 헌금 25,000불로 이뤄졌다.[195]

그러나 이화학당의 대학과는 1925년 11회 졸업식을 끝으로 일제의 교육령에 의해 전문학교로 전환되었다.[196] 1925년 이화여자전문학교는 문학과 음악 두 학과로 총독부로부터 인가를 받았다. 이 대학은 학생들의 수가 증가하며 남감리교회 및 장로교회 학교에서도 많은 학생들이 입학을 하여 연합기독교여자대학으로 발전할 전망이 보인 가운데,[197] 1922년 6월 30일 〈동아일보〉는 이 일을 위한 장 · 감 연합의 모습을 보도하였다.

> 이번 남대문 안 례배당에 열닌 북장로회 미순회(美巡廻)를 긔회로 하야 장로교회와 감리교회에서는 서로 연합하여 가지고 몇 해 전부터 숙제로 두고 연구하든 조선여자대학을 설립코저 한다는데 그 대학으로 말하면 조선고래의 미풍을 토대로 삼고 그 우에 서양문명을 수입하야 시대와 같이 어깨를 겻고 나가랴는 조선여자에게 고등정도의 학문을 배워 주고저 한다 하며 그 대학의 기지는 고양군 연희면 신촌리 연희전문학교 부근으로 임의 정하였다 하며…….

194) H. H. Underwood, "College Education in Korea", p. 33.
195) *Annual Report of the Board of Foreign Missions of the Methodist Episcopal Church, Korea Mission 1924*, p. 94.
196) 이화 80년사, p. 105. 1925년은 일제에 의한 학제의 변경으로 3, 4학년을 동시에 졸업시켰으며, 1, 2학년은 자격을 치러 70점 이상을 취득한 학생들에 한해서 2, 3 학년으로 편입시켰다.
197) 위의 책, p. 144.

1921년 이사회가 조직된 후 다른 교파의 선교부도 경영에 참여시키기 위해 노력하였고, 특히 남감리교회와는 상당한 의견의 일치를 보았고,[198] 1931년에는 캐나다 연합교회의 여성선교회가 참여하였다.[199]

대학 인준을 받은 이화여자전문학교는 공립이나 사립을 막론하고 한국에서 유일한 여성들을 위한 대학으로, 예과 1년 본과 4년의 5년 과정의 문과와 예과 1년 본과 3년의 4년 과정의 음악과 두 과로 시작하여,[200] 음악학과 3년 과정으로 첫 졸업생 27명을 그 해에 배출했고, 문과는 4년 과정으로 새로운 것이 아니었는데 총독부에서 2년 과정만 인준했다.[201] 1929년에는 가정경제학을 추가로 당국으로부터 인가받았다. 1914-1932년에 121명이 졸업을 했으며, 그 중에 60명이 교직과 사무직에, 5명이 교회사역에, 4명이 의료계에, 그리고 11명이 유학하였다.[202]

1932-1933년 등록인원은 3개 학과에 248명이었다. 121명 졸업생 모두 기독교인들이고 재학생들의 87%가 기독교인이었다. 한국에 있는 하나밖에 없는 여자대학으로서 그 기회와 책임감에 있어서 복음전도에 있어서나 교육에 있어서 모두 유일하였다.[203] 1935년 80명의 교수 가운데 미국인이 15명, 한국인이 60명, 일본인이 5명이었으며, 교사를 신촌으로 옮겨 발전을 거듭하다가 1938년 일제의 황국신민화 정책이 극에 달함으로 해방이

---

198) 이화 100년사 편찬위원회, 이화 100년사 (서울: 이화여자대학교출판부, 1994), p. 163.
199) H. H. Underwood, "College Education in Korea", p. 33.
200) 이화 80년사, p. 147.
201) *Annual Report of the Board of Foreign Missions of the Methodist Episcopal Church, Korea Mission 1927*, pp. 155-156.
202) H. H. Underwood, "College Education in Korea", p. 33.
203) 위의 책, p. 34.

될 때까지 퇴보시기를 맞았다.[204] 1939년 4월 4일 첫 한국인 학장으로 김기득(金己得, 김활란의 호적 이름) 박사가 취임하였고,[205] 1945년 4월 교명이 민족적이라고 여긴 일제에 의해 경성여자전문학교로 교명이 바뀌기도 했다.[206] 이화여자전문학교는 세브란스 연합의과전문학교와 같이 연합대학으로 출발하였으나 오늘날에는 그 연합을 지키지 못하고 감리교대학교로 남은 것이 아쉽다.

4. 조선기독교대학(Chosen Christian College; 연희전문학교)

4개의 기독교 대학 가운데 가장 늦게 세워진 것이 1915년에 설립된 '조선기독교대학'(Chosen Christian College, 연희전문학교)이다. 언더우드는 1906년 이후에 서울에 고등교육기관의 설립을 계획하기 시작하여 경신학교 교장에 취임하고, 경신학교를 확장하여 대학을 설립하고자 하여 '한국교육기금'이라는 재단을 구성하였다.[207] 조선기독교대학이 세워진 것은 쉽지 않았는데, 그것은 한국에 하나의 대학만 설립할 것을 고집하던 선교사들이 있었기 때문이다.[208] 특히, 언더우드는 한국에 대학이 하나만 있으면 된다는 생각을 가진 사람들로 인해 놀랐고, 서울에도 대학이 있어야 됨을 강조하며 이를 위해 분투했다.[209] 마펫도 20세기 초에는 서울에 대학을 세울 준비를 해야 한다고 선교부 총무에게

---

204) 이화 80년사, pp. 232, 272.
205) 위의 책, p. 223. E. A. Kerr and G. Anderson, *The Australian Presbyterian Mission in Korea 1889-1941*, p. 120.
206) 이화 80년사, pp. 223-224, 277.
207) 연세대학교 백년사 편찬위원회, 연세대학교백년사 I, p. 58.

보고했다.[210] 그러다 전보다 더 큰 규모의 대학을 추가로 설립하지 않을 수 없는 형편이 되었고, 이 대학이 수도인 서울에 거점을 마련함으로 이 땅에 복음을 더욱 전하게 되는 계기가 되었다.[211]

언더우드는 1912년 미국 방문을 하며 서울에서 대학 설립을 위한 모금을 하여 52,000달러를 가지고 왔지만 1913년 북장로교회 선교사들의 투표에서 다시 평양에 하나만 두는 것으로 지지가 압도적이어서 좌절을 맛보기도 했으나, 한국의 고등교육에 대한 문제로 한국과 미국에 있는 모든 선교 지도자들의 심각한 고려가 있은 후 결국 북장로교회 미국 선교본부와 서울 주재 장로교회 선교사들, 남북 감리교회, 그리고 캐나다 장로교회와 협동으로 서울에 기독교연합대학(Union Christian College)을 설립하는 데 연합하기로 하는 임시 계획에 도달하게 되었다.[212]

1915년 드디어 각 선교부들이 연합하여 조선기독교대학(Chosen Christian College)란 이름으로 서울에 기독교연합대

208) H. G. Underwood' s Letter to Dr. Brown (1912. 12. 23), p. 1128. 대학의 위치에 대해 서울과 다른 지역, 특히 평양 지역의 선교사들 사이의 의견차이가 커서 도무지 타협의 가능성이 희박하였고, 감리교회만이 서울에 대학을 설립할 것을 주장하였고, 남장로교회 및 호주 장로교회도 평양을 지지하였으니, 서울에 대학을 설립하는 문제가 그만큼 많은 시간과 인내가 필요했던 것이다. 연세대학교 백년사 I, p. 58.

209) H. G. Underwood' s Letter to Dr. Brown (1910. 7. 19), p. 1096. "동 목ᄉ(언더우드)가 ᄒ언 ᄒ기를 나의 생젼에 감리, 쟝로라 ᄒ는 교파의 분별을 타파ᄒ고 경셩대학교와 남녀 성경학원을 창설하야……" 기독신보, 1916. 11. 15. 당시 서울에 연합대학을 설립해야 하는 이유는 첫째, 서울이 한국의 수도로 가장 큰 도시이며, 지리적으로나 인구나 교통 등에서도 중심지라는 일반적인 견해, 둘째, 기독교인의 수의 중심이 되고, 셋째, 서울이 유일한 미션 센터가 되고(평양은 단 두 개의 선교부뿐), 넷째, 서울이 기독교교육사역을 이끌 수 있는 유일한 센터가 되고, 다섯째, 서울에서 고등 기독교교육을 제거하는 것은 한국을 강하게 지지하는 것에 대한 공격에 대항하여 포기하는 것과 같고, 여섯째, 서울에 있는 대학을 위한 모금이 보다 쉽다는 것 등이었다. S. A. Moffett, *Argument in Favor of Seoul as the Location of the Union College* (Yokohama: Fukuin Printing Co., LTD., 1913), pp. 2-6.

210) S. A. Moffett' s Letter to Dr. Ellinwood (1896. 1. 21), 마포삼열 목사의 선교편지, pp. 364.

211) H. G. Underwood' s Letter to Dr. Brown (1912. 12. 23), pp. 1128-1129.

학을 세우기로 결의하였다.[213] 그 해 3월 5일 YMCA 회관 지하를 임대해서 개교를 하여 4월 8일 신입생을 받아 강의가 시작되었는데, 초대 교장에 언더우드, 부교장에 에비슨이 임명되었고, 전국 5개 교파를 대표하는 75명의 첫 입학 지원자들이 있었다.[214] 1915년에 첫 수업을 시작한 후 1919년 첫 졸업생을 배출하였다.[215] 언더우드는 조선기독교대학을 설립하기 위해 형 존(John T. Underwood)으로부터 50,000달러를 받아 대학 부지를 마련하고 초기 비용을 마련해 주었고, 로스앤젤레스의 스팀슨(C. M. Stimson)으로부터 20,000불을 받아 대학의 첫 본관을 건축하도록 하는 등 모금에도 앞장을 서는 등[216] 힘을 소진하고 1916년 10월 57세의 젊은 나이에 별세하고 말았다.[217] 선교부들은 정규대학을 목표로 하였으나 일제는 한국에 '대학령'이 없다는 이유로 대학 설립을 방해하고 1917년 4월 17일 '연희전문학교'의

212) E. M. Cable and H. H. Underwood, *The Chosen Christian College-Twenty-Fifth Anniversary Booklet, May 17th, 1940* (Seoul: YMCA Press, 1940), p. 5. *Annual Report of the Board of Foreign Missions of the Methodist Episcopal Church, Korea Mission 1912*, p. 174. H. H. Underwood, Modern Education in Korea, p. 134. 연세대학교 백년사 I, pp. 59-60. E. A. McCully and E. J. O. Fraser, *Our Share in Korea-Supplementary to The Land of the Dawn by James Dale Van Buskirk*. p. 33.

213) *Annual Report of the Board of Foreign Missions of the Methodist Episcopal Church, Korea Mission 1915*, p. 44.

214) 위의 책, p. 238. E. M. Cable and H. H. Underwood, *The Chosen Christian College-Twenty-Fifth Anniversary Booklet, May 17th, 1940*, pp. 3-4. 연세대학교 백년사 I, p. 60.

215) H. H. Underwood, "College Education in Korea", pp. 34.

216) E. M. Cable and H. H. Underwood, *The Chosen Christian College-Twenty-Fifth Anniversary Booklet, May 17th, 1940*, p. 4. 이후 연희전문학교를 위한 모금은 존 언더우드가 100,000불을 추가로 보냈으며, C. M. Charles가 250,000불을 기부하여 1929년까지 모금액이 400,000불에 이르렀다. 위의 책, p. 6.

217) H. H. Underwood, *Modern Education in Korea* (New York: International Press, 1926), p.135. 원한경은 아버지 원두우의 연희전문학교 설립을 위한 열정과 그것을 이루기까지 난관을 거듭한 것이 아버지의 건강에 결정적인 영향을 미친 것으로 본다. 서울에 대학을 설립하는 건으로 인해 선교사들간에 거친 감정으로 매사에 충돌하기를 10여 년을 끌어 왔다. 위의 책, p. 133.

설립을 인가하였는데, 이것은 철저히 일제의 식민정책의 결과였다.[218)]

연희전문학교는 1917년 문과, 상과, 농과, 신과, 수학 및 물리학, 응용화학과 등 6개 학과에 학생 89명으로 시작했고,[219)] 같은 해 220에이커의 땅을 매입하였으며, 1919년 첫 번째 영구적인 건물이 세워졌으며 여러 교직원들의 집도 지었다. 당시 교수들은 5명의 외국인, 5명의 한국인과 1명의 일본인이었다.[220)] '조선기독교대학' 은 총독부의 법령으로 많은 어려움을 겪었으나 북장로교회, 북감리교회, 남감리교회, 캐나다 연합교회, 조선장로교회, 조선감리교회, 그리고 동문들로 구성된 집행이사회에 의해 운영되었다.[221)]

이와 같이 조선기독교대학은 여러 선교부와 한국교회들의 연합에 의해 운영된 가운데, 각 교단들이 이 연합에 충실한 노력을

---

218) E. M. Cable and H. H. Underwood, *The Chosen Christian College-Twenty-Fifth Anniversary Booklet, May 17th, 1940*, p. 4. 연세대학교백년사 I, p. 144.

219) 위의 책. 연희전문학교는 일제의 저지로 대학이 아닌 전문학교로 시작했으나 학교의 조직 구성 및 과목은 대학체제로 이뤄져 다른 전문학교와 같이 의과, 농과, 법과, 상과의 전문이 아니고 문과, 신과, 수학 및 물리학과, 상과, 농과, 응용화학과 등으로 하는 종합대학의 형태를 갖췄고, 졸업생에게는 학사칭호를 수여하고 교수도 대학의 교원으로 조직함으로 대학령이 발생할 때 종합대학교로 개편하고자 하였다. 위의 책, p. 145. 케이블과 언더우드는 다섯 개 과정, 즉 문과, 상과, 과학과, 농과, 성경과 등으로 출발했으나, 농과는 후에 단절되었고, 성경과는 공식적으로 수행된 적이 없다고 한다. E. M. Cable and H. H. Underwood, *The Chosen Christian College-Twenty-Fifth Anniversary Booklet, May 17th, 1940*, p. 5.

220) H. H. Underwood, "College Education in Korea", p. 34.

221) H. H. Underwood, "The Chosen College," *KMF*, vol.34 no.8 (1938. 8), p. 157. 설립 당시 이사 명단은 임기 1년에 북장로교회의 블레어(H. E. Blair), 북감리교회의 빌링스(B. W. Billings), 한국인 윤치호, 북장로교회의 로즈(H. A. Rhodes), 임기 2년에 북장로교회의 샤록스(A. M. Sharrocks), 북감리교회의 벡커(A. L. Becker)와 H. 우에루츠스, 한국인 신홍우, 캐나다 장로교회의 영(L. L. Young), 임기 3년에 노블(W. A. Noble), 북장로교회의 게일(J. S. Gale), 한국인 도변창, 일본인 坂出鳴海, 그리고 학교장으로서 이사로 북장로교회의 에비슨(O. R. Avison) 등이다. 연세대학교백년사 I, p. 147.

해야 하며, 당국의 요구에 응하며, 각기 분담된 기금을 모으는 것과 같은 협력하에,[222] 한국 전체에서 가장 영향력 있는 기독교학교가 될 것으로 확신하였다.[223] 1921년 북감리교회 선교부는 매사추세츠 주 피츠필드(Pittsfield) 교회의 지원으로 조선기독교대학의 과학관을 지었는데, 이 건물에도 불구하고 기숙사나 교실의 공간은 여전히 부족하였다.[224] 1924년에 등록학생 193명 중 문과 94명, 상과 56명, 그리고 과학과 43명을 30명의 교수들과 강사들이 가르쳤고, 학기 초인 4월에는 지난해에 완공된 언더우드홀과 아펜젤러홀로 옮겼는데, 북장로교회 학생들이 48명, 남장로교회 13명, 캐나다 장로교회 23명, 호주장로교회 3명, 북감리교회 36명, 남감리교회 23명, 안식일교회 1명, 그리고 비그리스도인이 46명 등으로 연합대학으로서 다양한 교파 출신으로 구성되었다.[225] 1931년 4월에는 대학 내에 장 · 감 연합으로 조직된 '연희연합교회' (The Yunhy Federated Church)가 설립되어, 학생들과 직원들 그리고 인근에 사는 기독교인들의 영적 삶을 깊고도 풍성하게 했으며, 1935년 9월 마지막 주일부터는 이화 채플에서 주일 낮 예배도 드렸다.[226]

1932년 3개의 학과에 298명의 학생들이 등록하였는데 이과 50명, 문과 90명, 상과 153명이었다. 그때까지 342명이 졸업하였으며 그 중에 25%는 기독교 기관에 종사하였고 나머지는 언론

222) *Annual Report of the Board of Foreign Missions of the Methodist Episcopal Church, Korea Mission 1917*, p. 277.
223) 위의 책, 1918, p. 298.
224) 위의 책, 1921, p. 27.
225) *Journal of the Korea Annual Conference Methodist Episcopal Church, South 1924*, pp. 87-88.
226) E. M. Cable and H. H. Underwood, *The Chosen Christian College-Twenty-Fifth Anniversary Booklet, May 17th, 1940*, p. 14.

인, 공무원, 의사, 농부 등에 종사하며, 12%는 일본이나 미국에 유학하였다. 1932년 교수진은 26명이었는데, 8명의 서양인, 4명의 일본인과 14명의 한국인이었다. 이밖에 14명의 강사들과 8명의 조사 및 사무원들이 있었다. 86%의 교직원 및 학생들이 학교의 설립 목적대로 기독교인이었다. 일주일에 두 시간의 성경공부와 매일의 채플에 모든 학생들이 의무적으로 참여해야 했다. 특별 집회가 1년에 일주일씩 열렸으며, 학생들이 40-50개의 교외 교회들을 매 주일 섬겼다.[227)]

이렇게 설립된 연희전문학교는 강한 기독교 정신과 복음적 열정을 가지고 수도에 위치하여 이과, 상과와 문과에 있어서 높은 학문의 본보기가 되었다.[228)] 연희전문학교는 상업, 농업, 산업전선에서의 지도자 양성은 물론, 특히 문과교육을 통해 전도, 신문, 교육사업의 확장을 하는 지도자들을 내다보며 나아가 세계적인 인물들을 양성하고자 했는데, 이것은 당시 그들이 살던 세계의 인생철학을 소개하는 문학과 역사연구를 통해서 하려고 했다.[229)] 이렇게 하여 평양연합대학이 끝내 이어오지 못한 연합대학의 꿈이 연희전문을 통해서 완전하게 이뤄져 오늘까지 이르고 있는 것은 매우 다행한 일이라 하겠다.

D. 주일학교운동

주일학교 운동은 초기의 '주일학교연합회' 를 시작으로 후에

---

227) H. H. Underwood, "College Education in Korea", p. 35.
228) 위의 책, p. 36.
229) *Annual Report of the Board of Foreign Missions of the Methodist Episcopal Church, Korea Mission 1922*, p. 233.

조직된 '종교교육협의회'를 나누어서 살펴보도록 한다.

1. 주일학교연합회

a. 주일학교운동의 시작

초기 한국교회는 모두 주일학교 안에 있었고, 교회 출석은 곧 주일학교 출석이었다. 갓난아기부터 70세가 넘은 노인들에 이르기까지 모두가 주일학교 학생이었다. 주일학교는 단지 성경의 한 부분을 배우는 모임이었고, 거기에다 설교를 듣는 모임으로 이어졌다.[230] 초기 교회에서 가르치는 것은 설교보다 더 강조되었는데, 이것은 네비어스 박사의 원리에 따른 것이었다.[231] 비록 건물은 열악했으나 성경공부를 통하여 주일학교는 성공적으로 운영되었다. 그러므로 각 교회는 주일학교 교사를 양성하는 것이 중요한 사역 중의 하나가 되었다. 교사들은 모여서 다음 주일 공과를 미리 공부하였다.[232] 주일학교는 남자 성인들을 위해서, 여자 성인들을 위해서, 그리고 아이들을 위해서 각기 운영되었다. 집회 시간은 통상적으로 예배실 하나만 가지고 사용하다 보니 공간에 맞추어 사역을 하게 되어 북부지역에서는 오전 9시에는 어린이 주일학교, 10시 30분에는 남자를 위한 주일학교, 정오에는 여성을 위한 주일학교가 있었다.[233]

---

230) World Missionary Conference, 1910, *Report of Commission II: The Church in the Mission Field-with Supplement: Presentation and Discussion of the Report in the Conference on 16th June 1910* (New York: Fleming H. Revell Company, 1910), p. 155. S. L. Roberts, "Fifty Years of Christian Training in Korea", p. 106.

231) C. A. Clark, *The Nevius Plan for Mission Work-Illustrated in Korea*, p. 167.

232) S. L. Roberts, "Fifty Years of Christian Training in Korea", p. 107.

주일학교 가운데 장년주일학교는 교육사역에 있어서 한국 선교부의 강점 중 하나였다. 많은 지역 교회에서 실제로 모든 회중들이 주일에 성경공부를 위해 모였다. 비그리스도인들도 주일학교에 관심을 갖고 등록하는 경우도 있어서 주일학교 등록인원이 보고된 기독교인보다 훨씬 많았다.[234] 어린이 주일학교 사역도 현저했는데, 주일학교는 비그리스도인 어린이들에게 다가갈 수 있는 사역으로, 어린이들을 위한 학교가 없는 곳에서는 더욱 주일학교의 필요와 가치가 컸다.[235]

1888년 이화학당에서 여학생 12명, 부인 3명, 여선교사 4명이 주일학교라는 이름으로 첫 집회가 이뤄졌지만,[236] 장년주일학교를 제외하고 엄밀한 의미에서 최초의 공식적인 주일학교는 1890년 서울 소년학교(the Boy' s School)의 43명에서 조직된 것으로 보인다. 이때부터 교회가 점점 성장하며 주일학교도 급속히 증가하여 1897년 평양에 다섯 개의 주일학교가 있었고, 1898년부터 인쇄된 공과 교재가 배부되었으며, 1905년 연합공의회가 설립되기까지 각 선교부는 자체로 공과를 준비하거나 공과 없이 주일학교를 운영하다가,[237] 1905년 연합공의회의 조직 이후에 장 · 감 연합으로 편집하여 발행하기 시작했다.[238] 감리교회에서는 1900년 노블 부인(Mrs. Noble)이 평양 남산현교회에서 주

233) Herbert E. Blair, "Fifty Years of Development of the Korean Church", *The Fifty Anniversary Celebration of the Korea Mission of the Presbyterian Church in the U.S.A. June 30-July 3, 1934* (Seoul: YMCA Press, 1934), p. 120. C. A. Clark, *The Nevius Plan for Mission Work-Illustrated in Korea*, p. 167.

234) H. H. Underwood, *Modern Education in Korea*, p. 36.

235) *Annual Report of the Board of Foreign Missions of the Methodist Episcopal Church, Korea Mission 1918*, p. 303.

236) 감리회보, 제2권 6호(1934. 6. 10), p. 9.

237) C. A. Clark, *The Nevius Plan for Mission Work-Illustrated in Korea*, p. 180.

일학교 교사 양성을 시작하여 1903년 어린이들만을 모아 유년주일학교를 설립하였는데, 5세부터 15세까지 학생 수가 200여 명, 교사가 20여 명이 되었으며, 이때 교사 중 성장하여 감리교회 목사가 된 이가 변성옥이다. 1911년 4월 노블 부인은 영아부를 신설하여, 그 해 등록된 영아가 115명이나 되었다.[239] 마펫(S. A. Moffett)은 1910년 에딘버러 세계선교대회에 보고하는 자료를 통하여 당시 한국에 2,000개 이상의 주일학교에 100,000만 명 이상이 참여하고 있다고 하였다.[240]

b. 조선주일학교연합회의 결성

노블 부인은 주일학교연합회의 창설에도 크게 공헌하였다. 1915년 '경성 유년주일학교 사무원회'를 창립하여 1927년까지 운영하며 각 교회 주일학교 부장, 서기, 회계 등이 매월 모여 주일학교 문제점을 제의하고 연구 토의하였는데, 이것이 후에 감리교 주일학교연합회의 모체가 되었다.[241] 주일학교연합회가 발족되어 주일학교 사역자들을 양성하고 셩교셔회를 통해 공과(工科)책을 만들어 보급하였다.[242] 1905년 연합공의회는 주일학교위원

238) H. A. Rhodes, *History of the Korea Mission Presbyterian Church U.S.A. 1884-1934*, pp. 444-445.

239) 한국감리교회사 II, p. 59. 감리교회는 1934년 10월 2회 총회에서 주일학교 장정을 공포하여 주일학교 조직을 다음과 같이 발표하였다. 영아부(1세-만 3세), 유치부(만 4세-5세), 유년부(만 6세-11세), 소년부(만 12세-16세), 청년부(만 17세-24세), 장년부(만 25세 이상), 이와 같이 여섯 개 부서로 조직된 것을 1종 주일학교, 3부(유년, 소년, 장년부) 이상은 2종 주일학교, 2부(유년부, 장년부)로 된 것을 3종 주일학교, 한 개로 된 것을 4종 주일학교라고 분류하였다. 기독교조선감리회 제2회 총회 회록 (1934), pp. 40-45.

240) World Missionary Conference, 1910, *Report of Commission II: The Church in the Mission Field*, p. 156.

241) 감리회보, 제2권 6호 (1934. 6. 10), pp. 21-22.

회를 조직하였는데 한국인이 처음 참가한 것은 1911년으로 감리교회에서는 현순, 윤치호, 한석원, 홍병선 등이었고, 장로교회에서는 남궁혁이 유일하였다.[243)]

주일학교 연합사역은 처음부터 잘 이루어졌다. 1900년부터 매해 선교사들 중 한 사람은 주일학교 공과를 준비하도록 하였다. 초기에는 매해 성경의 한 책을 배우도록 하였다가, 나중에 국제주일학교 공과를 배우도록 했다. 1905년부터 1911년까지 주일학교는 매우 빠르게 성장하였고,[244)] 1906년 연합공의회는 전국에 단 하나의 공과책만을 갖는다는 안을 승인하였다.[245)] 연합공회의 첫 사역이 바로 주일학교 공과편찬위원회를 선출하고 1907년 이후에 전국적으로 하나의 공과를 사용하기로 결의한 것이며, 1910년 '만국주일공과'(萬國主日工課, International Uniform Lessons)가 처음 사용되었는데 이것은 번역과정이 필요하여 미국보다 1년이 늦은 것이었고, 아시아에 보다 알맞은 하나의 공과를 만드는 노력에는 실패하고 말았다.[246)]

1907년 전에는 조직적인 주일학교 사업이 거의 없다가, 그 해에 사경회 제도와 협력하여 한국교회를 성경에 근거를 둔 교회로 만들었다.[247)] 1907년 5월 로마에서 열린 제5회 세계주일학교대회에 윤치호가 처음으로 참여하여 강연도 하였으며 실행위원으로 피선되었다.[248)] 1907년 연합공의회는 세계주일학교연맹에 대응하기 위한 위원회를 임명하여 조선주일학교 총무로서 일할 사

---

242) H. H. Underwood, *Modern Education in Korea*, p. 36.
243) 한국감리교회사 II, pp. 61-62.
244) S. L. Roberts, "Fifty Years of Christian Training in Korea", pp. 112-113.
245) C. A. Clark, *The Nevius Plan for Mission Work-Illustrated in Korea*, p. 149.
246) 위의 책, pp. 180-181.
247) 위의 책, p. 168.

람을 찾기 시작했다.[249] 1911년에는 좀 더 집중적이고 철저한 사역을 해야 한다는 인식 속에서 '주일학교연합회 실행위원회'가 구성되었는데, 위원들은 '연합공의회' 산하 6개의 선교부로부터 각각 한 명씩, '장로교총회'에서 네 명, '감리교협의회'로부터 각 한 사람씩, 그리고 출판 관계 때문에 예수교서회로부터 한 명이 추가되었다.[250] 이 위원회는 13명으로 구성되었으나 사업은 항상 연합공의회에 보고하여, 연합공의회가 한국의 실질적인 주일학교연합회 역할을 하며 '세계주일학교연합회'와 유대관계를 맺었다.[251]

1911년 4월 11일 '세계주일학교연합회'의 동양 담당자인 브라운(F. L. Brown)이 내한할 때를 기하여, 모든 선교부 대표들이 회집하여 보다 큰 규모를 가진 '주일학교위원회'를 구성하자고 결의하였으며, 주일학교 사역을 위한 집회를 평양과 송도, 서울 등에서 가졌는데, 이 모임에 선교사들과 한국인들이 함께 참여하여 모두가 매우 유익한 것으로 여겼다.[252] '주일학교위원회'는 '주일학교 전시회'를 갖고자 했는데, 예수교서회 총무 본위크(Gerald Bonwick)의 협조로 서회 건물 안에서 이뤄졌다. 1911년 4월 15일 주일학교위원회는 브라운의 한국 방문에 대해 국제주일학교연맹에 감사를 표하고 새로 구성된 위원회 사역을 위해 지원을 요청하기로 결의했으며, 국제연맹은 사무자재, 위원들의

---

248) 한국감리교회사 II, p. 62. 윤치호는 1910년 5월 워싱턴에서 개최된 세계주일학교대회에도 참가하여 한국주일학교운동을 소개했고, 1913년 7월 취리히 대회에는 신흥우가 참석하여 실행위원이 되었다.
249) S. L. Roberts, "Fifty Years of Christian Training in Korea", p. 112.
250) C. A. Clark, *The Nevius Plan for Mission Work-Illustrated in Korea*, p. 181.
251) 위의 책, p. 203.
252) *Seventh Annual Meeting of the General Council of Protestant Evangelical Missions in Korea*, p. 36.

여행경비, 그리고 위원회를 돕는 한국인의 봉급을 지원하겠다는 응답을 전했다. '주일학교연합회 실행위원회'는 연합공의회 총무가 참여토록 결의했다.[253)]

1922년 11월 1일 종로 성서공회 회의실에서 발족된 '조선주일학교연합회'에,[254)] 장로교총회에서 13명, 북감리교연회에서 5명, 남감리교연회에서 3명, 6개의 연합선교부에서 각각 2명의 선교사들을 회원으로 선출하여 33명의 회원으로 구성하고, 여기에 두 사람의 총무와 여름성경학교 총무 등 총 36명이었고, 1934년부터 장로교회와 감리교회의 회원이 동수가 되었다.[255)] '조선주일학교연합회 실행위원회'는 회장, 부회장, 총무와 회계로 하고, 회장, 부회장과 회계는 연례회 때 실행위원회에서 선출하고, 총무는 그의 후임자가 정해질 때까지 직임을 감당케 하지만 상임총무를 세울 때까지 실행위원 중에서 총무를 선택하도록 연합공의회가 결의했다.[256)] 1909년에 입국한 홀드크로프트(J. G. Holdcroft)는 세계주일학교연맹에서 특별훈련을 받은 바 있고, 한국에서 주일학교 사역을 하라는 요청도 받음으로 이 사업에 적극적으로 참여하였다가, 주일학교 사업이 성장하여 주일학교 총무직을 누군가 맡아야 하던 때인 1920년 총무직을 수락하였다.[257)]

1920-1922년에 종교학교는 감소하였으나 주일학교 학생수는

253) 위의 책, pp. 36-37.
254) 한국감리교회사 II, p. 62.
255) C. A. Clark, *The Nevius Plan for Mission Work-Illustrated in Korea*, pp. 204-205.
256) *Seventh Annual Meeting of the General Council of Protestant Evangelical Missions in Korea*, p. 38.
257) C. A. Clark, *The Nevius Plan for Mission Work-Illustrated in Korea*, p. 203.

30% 이상 증가하였고,[258] '주일학교연합회'는 이러한 주일학교의 부흥을 기초로 다양한 교육사업을 추진할 수 있었으며, 홀드크로프트는 주일학교연합회 총무직만 전념하며, 장 · 감 연합의 다양한 사업이 전개되었다.[259] 대표적인 사역이 4년에 한 번씩 개최한 '조선주일학교대회'였다. 1920년 동경에서 세계주일학교대회가 열려 이 대회를 전후하여 많은 세계 지도자들이 한국을 방문하였고, 1921년 11월 2일부터 9일까지 전국 모든 교파와 지역을 대표하는 897명의 회원들이 참여한 가운데 제1회 전국주일학교대회가 종로 YMCA 회관과 태화여자관에서 열렸는데 대표들과 방청석까지 포함하면 1,300명이 넘는 대성황을 이루었다.[260] 1922년에는 북감리교회 조선연회와 주일학교위원회와 세계주일학교연합회의 후원으로 톰슨(W. T. Thompson)이 6개월간 방문하여 주일학교 지도자들을 훈련하는 집중사역을 실시하며 여러 신학교와 성경학교를 방문하여 주일학교 방법론과 사역에 대한 강의를 하였는데,[261] 이는 한국교회 지도자들이 세계주일학교연합회와 함께한 첫 사역이었다.[262] 또한 교사훈련학교와 훈련과정을 개설하였으며, 양자 모두에 엄청난 노력으로 신앙교육사역의 확장과 증진을 가져왔다. 더불어 주일학교위원회는 절

---

258) H. H. Underwood, *Modern Education in Korea*, p. 37.

259) H. R. Rhodes, *History of the Korea Mission of the Presbyterian Church in the U.S.A., 1884-1934*, pp. 444-446.

260) 기독신보, 1921.11.2, 11.9. 한국감리교회사 II, 62. C. A. Clark, *The Nevius Plan for Mission Work-Illustrated in Korea*, pp. 203-204. 2회는 1925년 서울에서 전국 대표 1,997명, 3회는 1929년 평양에서 2,330명, 4회는 1933년 대구에서 2,713명 등이 참석함으로 주일학교연합회가 계속하여 성장하였다. 송상석 편, 朝鮮예수敎長老會 50週年 歷史畵譜: 禧年 祝賀 紀念, 第1輯 (평양: 조선예수교장로회총회, 1935), pp. 145-147.

261) *Annual Report of the Board of Foreign Missions of the Methodist Episcopal Church, Korea Mission 1922*, p. 190. 위의 책, 1924, p. 88.

262) C. A. Clark, *The Nevius Plan for Mission Work-Illustrated in Korea*, p. 204.

제, 금주 및 공공도덕위원회와 협조하여 한국인 사역자들로 하여금 이 분야에서 사역하도록 하였다.[263)]

c. 조선주일학교연합회의 결성 이후

1922년 출범한 '조선주일학교연합회' 의 사역은 공과 학습물의 준비, 주일학교대회를 유치하고 잡지 등을 발행하는 것 등이었다.[264)] '하계아동성경학교' 가 1922년 정동교회에서 교사 5명, 학생 100명이 참가함으로 시작되었고, 1924년 3월 31일 '주일학교연합회' 는 '하계아동성경학교위원회' 를 두었다. 1924년 하계성경학교가 성공적으로 끝나자 이 사업을 확대하고자 서울, 대구, 광주, 함흥, 평양, 선천 등 전국의 교계 인사 38명의 위원으로 '조선하기성경학교위원회' 를 조직하고 뉴욕의 하계학교본부에 보고하자 세계하기학교협회에서 윤치호를 부회장으로, 장로교회의 원한경(H. H. Underwood)을 명예부회장으로 각각 임명하여 통보했다.[265)]

1928년 하계성경학교에는 34,769명이 등록하고 교사는 2,638명이 무보수로 봉사하였으며, 1933년 전 교단의 총 등록수가 10만 명을 넘었다.[266)] 1925년 10월 2차 '전국주일학교대회' 가 서울에서 열렸는데 2,000명이 참여하였고, 3차 대회는 1929년 평양에서 4,000명이 참여했는데 이것은 한국에서 열린 가장 큰 종교 집회였다. 1925년 주일학교 교사와 학생의 수는 121,000명,

263) *Annual Report of the Board of Foreign Missions of the Methodist Episcopal Church, Korea Mission 1922*, p. 190.
264) S. L. Roberts, "Fifty Years of Christian Training in Korea", pp. 112-113.
265) 한국감리교회사 II, p. 66.
266) C. A. Clark, *The Nevius Plan for Mission Work-Illustrated in Korea*, p. 206.

1929년에는 254,000명, 1933년 대회에서는 369,000명이 되었으며, 1937년에는 50만 명 이상이 등록할 것으로 예상하였다.[267] 이 모든 일에서 장로교회가 3분의 2를 담당해 왔는데, 그것은 장로교회가 한국 개신교의 3분의 2를 구성하고 있었기 때문이다.[268] 1930년 1월에는 주일학교연합회에서 〈종교교육〉을 창간함으로 한국 주일학교운동의 조직화와 발전을 의미하는 문서운동이 활발하게 전개되었으며, 여름철의 하계성경학교는 신앙운동과 더불어 청소년 계몽운동으로 번져갔다.[269]

주일학교연합회는 1922년 조직된 지 13년 만인 1937년 총회를 끝으로 일제의 탄압으로 인해 해방이 되기까지 중단되고 말았지만,[270] 1930년 감리교회는 주일학교연합회가 장로교회 일색으로 나가자 이에 대한 반발로 총리원에 '교육국'을 신설하여 독자적인 체제를 구축함으로 초교파적 기구로서의 기능이 약화되었고,[271] 장로교회도 1932년 21회 총회에서 "죠션쥬일학교련합회의 현샹을 보아셔는 도져히 유지할 가능셩이 없셔 보임으로 본부에서 공과 쥰비하여야겟고 긔타 사업을 확장 아니할 슈 없슴으로 총무 二인과 간사 약간인을 채용코져"[272] 한다고 보고한 것으로 보아 이미 1930년대 초부터 '주일학교연합회'의 기능이 무력화되었음을 엿볼 수 있다.

267) 위의 책, p. 205. 블레어는 1930년 한국에 주일학교 수가 25,000개, 교사들이 25,000명, 그리고 학생수가 250,000명에 이른다며 주일학교가 꾸준하게 성장하였다고 전한다. W. N. Blair, *Gold in Korea* (Topeka, Ks: H. M. Ives & Sons, 1946), p. 78.
268) C. A. Clark, *The Nevius Plan for Mission Work-Illustrated in Korea*, p. 206.
269) 한국감리교회사 II, p. 13.
270) 위의 책, p. 62.
271) 김인수, 한국기독교회의 역사(상), p. 169.
272) 죠션예수교쟝로회총회 뎨이십일회 회록 (1932), p. 21.

'국제주일학교공과' 인 〈월보〉는 계간으로 1911년 실제로 유포된 것이 51,050권이었다.[273] 이 공과는 다시 '새 국제계단주일학교공과' 로 대체되었는데, 연합공의회는 이 공과를 공의회 출판위원회를 통해 사용하도록 허락했다. 이 공과는 4세에서 20세에 이르기까지 완전 과정을 제공했으며, 이것의 번역은 게일(J. S. Gale)이 담당했다.[274] 공과책의 준비는 1911년 '조선주일학교연합회' 의 실행위원회에 넘겨질 때까지 이어졌다.[275]

1915년 최초로 매우 간단한 것이지만 '주일학교 표준' 이 채택되었고, 이것은 주일학교로 더 나은 조직을 만드는 데 큰 영향을 미쳤다. 1915년부터 비기독교 마을에 복음을 전하기 위한 목적으로 '확장주일학교' 가 시작되었는데, 이를 지원하기 위해 이야기와 그림을 엮은 특별공과가 발행되었다. 이 일은 특별히 남서부의 남장로교회 지역에서 큰 성공을 거두었다.[276] 1915년에 교사훈련 교재를 계간으로 발행하여 매번 11,000부를 발행하였다.[277] 1930년 감리교회의 통합 후 종교국의 출범과 1931년 장로교회의 기독교훈련부의 출범까지 연합으로 이뤄졌다.[278] '조선주일학교연합회' 는 모든 교회를 위해 국제공과를 계속 준비하였고, 1936년에는 65,000부가 팔렸고 교단 차원의 공과에 대한 수요도 늘어났는데 이것은 신학적인 차이로 인한 것이었으며 1937

273) *Seventh Annual Meeting of the General Council of Protestant Evangelical Missions in Korea*, p. 29.
274) 위의 책, pp. 36-37.
275) N. C. Whittemore, "Fifty Years of Comity and Co-operation in Korea", p. 101.
276) C. A. Clark, *The Nevius Plan for Mission Work-Illustrated in Korea*, 182.
277) *Fourth Annual Meeting of the Federal Council of Protestant Evangelical Missions in Korea*, 30.
278) N. C. Whittemore, "Fifty Years of Comity and Co-operation in Korea", p. 101.

년 혹은 1938년에 출판이 시작될 것으로 기대했다.[279)]

선교사들로만 구성되었던 '주일학교위원회' 에 한국인들이 참여하기 시작하였다. 한국교회는 젊은이들을 보존하는 사역의 필요성을 깨닫게 되었고, 주일학교사역은 전도와 부흥의 노력보다 뒤지지 않는 것이었다.[280)] 1929년 4년마다 모이는 세 번째 '전국주일학교' 집회가 평양에서 열려 2,000명 이상이 등록하였는데, 세계주일학교연맹의 총무 홉킨스(R. Hopkins)의 참여가 인원동원에 도움이 되었고, 그의 연설과 개인 컨퍼런스가 모두에게 기쁨과 유익을 주었다.[281)] 이렇게 주일학교운동이 1930년대까지 꾸준히 진행됨으로 일제 말 기독교가 일제의 황민화 정책에 저항할 수 있는 정신적 바탕을 제공하였다.[282)] 그러나 1937년 선천에서 10월 6일부터 10일까지 열릴 예정이었던 제5회 전국주일학교대회는 시국관계로 무기 연기되었고,[283)] 1938년 6월 21일 전국주일학교연합회는 임시총회를 열어 시국 정세로 인한 해체를 결의하고 말았다.[284)] 한국의 주일학교 운동은 이와 같이 유년주일학교뿐만 아니라 중고등부, 대학 청년부, 그리고 장년부까지 확산되어 어린이부터 노인에 이르기까지 성경과 교리를 가르침으로 한국교회 성장에 일익을 담당했고 이것은 현재까지도 이어지고 있다.

---

279) C. A. Clark, *The Nevius Plan for Mission Work-Illustrated in Korea*, p. 209.

280) *Annual Report of the Board of Foreign Missions of the Methodist Episcopal Church, Korea Mission 1927*, p. 155.

281) 위의 책, 1929, p. 142.

282) 한국기독교역사연구소, 한국기독교의 역사 II, pp. 88-89.

283) 조선예수교장로회 총회 제二十六회 회록 (1937), p. 20. "제5회 전선주교대회 지방준비회", 基督敎報, 1937. 6. 29.

284) 조선예수교장로회 총회 제二十七회 회록 (1938), p. 29. C. A. Sauer, *Methodist in Korea 1930-1960* (Seoul: The Christian Literature Society, 1973), p. 50.

이와 같이 주일학교연합회를 중심으로 한 주일학교운동을 살펴보았다. 주일학교연합회는 다른 어떤 사역보다 연합사역이 잘 이뤄져 연합공의회 아래 주일학교위원회가 일찍 구성되며 연합회를 조직하고 세계주일학교연합회와도 유대관계를 맺으며 협력하였고, 전임 총무까지 두기도 하며 전문사역을 하는 체제를 구축하였다. 연합회는 전국주일학교대회와 하기성경학교 등을 전국교회를 대상으로 개최하였고, 특히 공과교재의 개발에 있어서 연합사업이 진행되었다. 그러나 아쉬운 것은 1930년대 장·감이 각각 교파주의로 점차 회귀하면서 연합정신이 희미해지고 유명무실하게 된 것이다.

2. 종교교육협의회(Korea Council of Religious Education)

1925년 장로교 총회는 주일학교위원회의 이름을 종교교육위원회로 바꾸고 기독교면려회 및 스카우트(Scout) 사역, 여름성경학교와 주간성경학교 사역, 그리고 사경회를 포함한 교회의 모든 교육사업을 파악하도록 했다.[285] 1926년 '종교교육협의회'가 구성되어 주일학교, 매일방학성경학교, 그리고 청년회 등을 관리토록 하였다. 이 협의회는 종교교육 과정을 수행했고, 대부분의 일은 이 과정을 위한 교재를 준비하는 것이었다. 몇몇 훌륭한 책들은 번역되었다.[286] '조선종교교육협의회'의 목적은 규약에 따라서, "종교교육에 대한 모든 문제에 대하여 교회와 학교를 지도

285) C. A. Clark, *The Nevius Plan for Mission Work-Illustrated in Korea*, p. 207.

286) *Annual Report of the Board of Foreign Missions of the Methodist Episcopal Church, Korea Mission 1927*, p. 155.

하고 타 교파들과 관계하여 일하고자 함"이었다. 이 협의회는 지도자 훈련, 문학, 진흥, 상호관계, 그리고 젊은 사람들 등과 같은 분야를 포괄하였다.[287)]

1929년 종교교육이 한국에서 탄생했다. 이제까지는 주일학교와 성경공부가 행해졌지만, 바클레이(Barclay) 박사가 지적한 것처럼 대부분의 선교사들이 성경공부를 종교교육이라고 해석하였다. 바클레이는 1928년 국제선교협의회(IMC) 예루살렘 대회에서 종교교육연합위원회의 총무로서 여러 지역의 종교교육 현장을 조사 연구하여 발표하였다. 한국에서도 1929년 9월, 선교부연합공의회(the Federal Council of Missions)를 통하여 대부분의 발표자들이 성경공부라 말했지만, 종교교육에 대한 토의가 여러 시간에 걸쳐 이뤄졌다. 중학교에서 종교교육 교과서가 적합하지 않아 위원회로 이 일을 하도록 했는데, 선교부연합공의회와 북감리교연회는 성경교육이 다른 과목과 동등하지 않은 것과 교사들의 자질 문제에 대해 학교 당국에 주의를 요청했다. 아울러 종교교육에 있어서 예배의 중요성이 새롭게 강조되었고 예배교범이 발행되었다.[288)]

레이시(John V. Lacy)의 지도 아래, 종교교육협의회가 사역을 위한 본부 건물을 구입하기 위한 모금운동을 전개하였다. 교사훈련학교를 통하여 현장에서 섬기는 직원이 전년에 비해 배가 되었고, 종교교육협의회에서 실시하는 교사 훈련에 총 795명이 등록하였다. 1928년에 종교교육협의회가 젊은이들을 위해 발간한 종교와 일반 자연에 대한 잡지인 〈새생명〉은 1년 만에 상당

287) *The Korea Missions Year Book 1928*, p. 73.

288) *Annual Report of the Board of Foreign Missions of the Methodist Episcopal Church, Korea Mission 1929*, p. 142.

한 구독자를 확보했다.[289)]

종교교육협의회는 주일학교연합회와 달리 교회만이 아니라 학교까지 지도하는 목적을 가진 연합단체로 교사훈련학교를 개설하며 잡지를 발간하는 등의 사역을 하였다.

E. 소결론

이상과 같이 교육선교에 대하여 살펴보았다. 스크랜턴(W. B. Scranton)은 1893년 의료선교 보고를 통하여, 병원이 쟁기로 갈아 젖히는 것이라면 학교사역은 땅을 부드럽게 하고 다듬는 써레질과 같다고 하였는데,[290)] 그의 말대로 의료선교와 더불어 교육선교가 한국에 복음의 문을 여는 데 혁혁한 공을 세운 것은 아무리 강조해도 지나치지 않는다. 교육선교가 미친 영향은 다양한데, 이러한 결과를 맺기 위해서 한국교회는 교육선교를 위한 연합운동을 진행한 것을 볼 수 있었다. 그것은 중고등학교, 신학교 및 대학, 나아가 주일학교까지 망라한 것이었으니 실로 놀라운 일이었다.

특히 장 · 감이 각기 장로회신학교와 감리교신학교 등 '하나의 신학교'를 설립하며 하나의 장로교회 및 감리교회의 형성에 크게 공헌한 것이다. 물론 이들의 연합사역은 교단 내에서만 이뤄진 한계성이 있지만 말이다. 연합사업이 오래 지속되지 못한 경우도 있었다. 서울의 중고등학교 연합이나 평양연합대학, 그리고 이화여자전문학교가 그런 경우이고, 연희전문학교는 오늘날까지 연

289) 위의 책, p. 142.
290) 위의 책, 1893, p. 255.

합대학의 성격을 유지하고 있다. 이러한 학교교육을 위한 연합사역과 더불어 주일학교연합회와 종교교육협의회와 같이 교회학교 교육을 위한 연합까지 폭넓게 이뤄짐으로 한국교회의 양적 성장은 물론 질적 성장에도 큰 공헌을 하였다.

V 문서선교

의료 및 교육 선교와 더불어 초기 선교에 결정적인 영향을 미친 것이 문서선교이다. 여기에서는 성경 및 찬송가의 번역 및 출판, 그리고 기타 문서선교를 중심으로 한 연합운동에 대해서 살펴본다. 성경 번역과 연합찬송가, 영어 및 한국어 연합 잡지, 그리고 주일학교 보조 자료들은 대부분 초교파적인 후원으로 이뤄졌다.[1] 한국에서 문서선교가 적절하게 이뤄질 수 있는 순조로운 환경이 조성되었다. 그것은 곽안련(C. A. Clark)이 지적하는 대로, 한국은 비교적 짧은 기간의 선교 현장으로서 여러 선교 현장의 경험을 적용할 수 있었고, 당시 한국인의 10%는 한문서적을 쉽게 읽을 수 있어서 중국의 문서를 쉽게 소화할 수 있었다는 점, 게다가 한국은 쉬운 알파벳 문자를 가지고 있어서 한국어를 배우기만 하면 글을 읽고 쓰는 것은 외국인들에게도 매우 쉬웠고, 결국 소수의 할머니들을 제외한 한국의 모든 기독교인들이 성경을

---

1) James S. Gale, *Korea in Transition*, p. 238.

읽고 찬송가를 부를 수 있었으며, 30세 이하는 글을 배울 때까지 세례를 받지 못하였고, 배우자에게 글을 가르칠 때까지 남편이 세례를 받지 못하는 일도 흔하였다.[2] 네비어스는 문서사역을 일컬어 "가장 잘 익은 열매"라 불렀다.[3]

A. 성경 번역 및 출판

한국 개신교 선교에 있어서 특기할 만한 것은 선교사들이 입국하기 전에 만주에서 로스(J. Ross)와 맥킨타이어(J. MacIntyre)와 같은 스코틀랜드와 아일랜드 장로교회 선교사들과 그의 어학 선생들인 한국인들에 의해 성경 번역이 이루어졌고, 또 그 번역된 성경이 국내에 유입된 것이다.[4] 그들은 1881년 중국어 누가복음을 한글로 번역했고, 1886년 신약성경 전체를 번역했으며, 1887년 '영국 및 해외 성서공회'(British and Foreign Bible Society)에 의해 중국 봉천(심양)에서 발행되었다.[5] 일본에서는 이수정이 현토성서(懸吐聖書, Sino-Korean Bible)라는 이름으로 1884년 11월 마가복음을 한글로 번역한 것을 영국 및 해외 성서공회가 요코하마에서 출판하였는데,[6] 그 해 언더우드가 이

---

2) C. A. Clark, *The Nevius Plan for Mission Work-Illustrated in Korea*, p. 75.
3) 위의 책, p. 83.
4) *Annual Report of National Bible Society of Scotland 1880*, p. 33. S. A. Moffett, "Fifty Years of Missionary Life in Korea", p. 39. James Gale, *Korea in Transition*, p. 161. J. C. F. Robertson, *The Bible in Korea* (London: The British and Foreign Bible Society, 1952), p. 17.
5) 위의 책, p. 5. 봉천(Moukden)은 오늘의 심양(선양)이다. C. A. Clark, *The Nevius Plan for Mission Work-Illustrated in Korea*, p. 75.
6) J. C. F. Robertson, *The Bible in Korea*, p. 21. 1885년 선교사들이 일본에서의 번역본을 가져와 미국성서공회가 출판을 하기도 했다. 이수정은 마가복음 외에도 복음서와 사도행전 등을 현토(Sino-Korean)로 번역하였다. 위의 책.

마가복음을 가지고 한국에 입국하였다.[7] 한국에 입국한 선교사들도 한국에 온 지 1년여 만에 첫 성경 번역 작품을 출판하였다.

로스와 맥킨타이어의 노력으로 《예수셩교젼서》가 번역되어 출판되었지만, 초기 선교사들이 성경 번역을 계획하게 된 것은 그 번역판이 한자어와 그 파생어가 너무 많고 철자법까지 엉터리여서 일반인들이 읽기에는 어려웠을 뿐만 아니라 인쇄 상태가 좋지 않고 오역까지 있어 새로운 번역이 필요했기 때문이다.[8] 언더우드가 이수정의 번역본을 다시 번역하고 출판하기 위해 일본에 갔을 때 미국 성서공회의 헵번(J. S. Hepburn)이 한국에서 장기적으로 성경 번역을 하기 위해 성서번역위원회를 조직하는 것이 좋을 것이라는 충고를 해주었다.[9] 언더우드가 감리교회 선교부에 성서번역위원회를 조직할 것을 제안하였는데, 1887년 몇몇 선교부의 회원들로 구성된 '성서번역위원회'(the Committee for Translating the Bible into the Korean Language)를 구성하고, 위원들로 언더우드, 아펜젤러, 스크랜턴이 임명되어 성경 번역을 시작하였다.[10] 그 해 언더우드와 아펜젤러가 함께 마가복음 임시번역판을 내놓았다. 언더우드는 성경의 번역, 출판, 보급

---

7) C. A. Clark, *The Nevius Plan for Mission Work-Illustrated in Korea*, p. 76.

8) H. G. Underwood, *The Call of Korea*, p. 135. H. G. Underwood's Letter to Dr. Brown, 1905.11.15, pp. 1061-1062.

9) L. H. Underwood, *Underwood of Korea*, p. 57.

10) The Federal Council of Korea and the Interchurch World Movement of North America, *Korea Hand Book of Missions 1920* (Yokohama, The Fukuin Printing Co., Ltd., 1920), p. 25. W. C. Reynolds, "Fifty Years of Bible Translation and Revision", *KMF*, 1935. 6, p. 116. H. G. Underwood, "Bible Translating", *KMF*, 1911. 10, p. 296. L. H. Underwood, *Underwood of Korea*, p. 48. C. A. Clark, *The Nevius Plan for Mission Work-Illustrated in Korea*, p. 101. 성서번역위원회는 처음에는 각 선교부마다 두 명의 대표로 구성되었으나, 후에는 각 선교부의 회원수에 따른 비율에 의해 위원수가 결정되었다. 1895년까지 한국에 성서공회가 없었으므로 재중영국성서공회 직원들과 재일미국성서공회 직원들이 수시로 건너와 이 사역을 감독하였다.

에 그의 사역 초기부터 열심을 내었다.[11] 성서번역위원회는 성경의 출판 및 가격의 결정에 대한 권한을 가지고 있었다.[12]

1890년 성서번역위원들로 감리교회 선교부의 스크랜턴(W. B. Scranton)과 장로교회 선교부의 언더우드, 그리고 헤론(J. W. Heron) 등이 임명되었다.[13] 스크랜턴은 의사였지만 신약성경을 번역하는 데 많은 시간을 보냈는데, 이것은 연합회인 '조선성서번역위원회' (the Korean Bible Committee-a union committee)의 결정에 따른 것이었고,[14] 의사인 스크랜턴은 이 사역이 상당 시간을 요구하는 것임을 알고도 아펜젤러와 함께 다섯 명의 상임성서번역위원 중의 한 사람이 된 것을 기쁘게 여겼다. 그것은 한국어로 성경을 번역하는 것이 가장 큰 사역의 하나였기 때문이었다.[15]

1893년 5월 '성서번역위원회' 를 '상임성서실행위원회' (the Permanent Executive Bible Committee)로 명칭을 바꿨고, 이 위원회의 위원장은 언더우드로 그는 1916년 죽기까지 이 직임을 감당하였다.[16] 이 위원회는 '번역위원회' 와 '개정위원회' 를 두었고, 번역의 정확성을 위해 헬라어, 히브리어, 라틴어, 불어, 독일어, 중국어 성경과 영어 개역판을 대조하였다.[17] '상임성서실행위원회' 는 체계적인 성경 번역 원칙으로 번역을 시작했는데,

---

11) H. G. Underwood, *The Call of Korea*, p. 114. L. H. Underwood, *Underwood of Korea*, pp. 46-47.
12) C. A. Clark, *The Nevius Plan for Mission Work-Illustrated in Korea*, p. 102.
13) S. A. Moffett, "Fifty Yerars of Missionary Life in Korea", p. 37. L. H. Underwood, *Fifteen Years Among The Top-Knots or Life In Korea*, p. 101.
14) *Annual Report of the Board of Foreign Missions of the Methodist Episcopal Church, Korea Mission 1891*, p. 274. W. B. Scranton, "연례보고서", 1891. 이만열 편, 아펜젤러, p. 347.
15) *Annual Report of the Board of Foreign Missions of the Methodist Episcopal Church, Korea Mission 1893*, p. 256.

그것은 다음과 같다.

1) 선교사는 한국인 조사와 팀을 이루어 1차 번역을 하고,
2) 1차 번역을 다른 번역자들이 보고 의견 수렴을 통해 수정번역을 하고,
3) 이것을 다른 번역자들이 보게 하여 자기 생각을 정리하게 하고,
4) 번역자 회의를 통하여 한 절씩 읽으며 토론하고 표결형식으로 결정 짓는다.[18]

1890년 헤론의 죽음으로,[19] 1893년 성서번역위원원으로 아펜젤러, 게일(J. S. Gale), 레이널즈(W. D. Reynolds) 등 세 명이 추가로 합류했고, 10년 만인 1900년 드디어 신약성서 한국어판의 번역이 완성되었다.[20] 게일은 성서 번역이, "뉴욕의 60층 빌

---

16) Harry A. Rhodes, "Fifty Years of Christian Literature in the Korea Mission, Presbyterian Church, U.S.A.", p. 70. 스피어(R. E. Speer)는 상임성서실행위원회가 1887년 2월 7일 모여서 규칙을 제정하였으며, 그 규정 가운데 가장 중요한 것으로, 2조. 위원회는 여섯 개 선교부들로부터 각기 두 명씩 선출하되 한 명씩의 대표를 정하는 것과, 7조 1항. 상임성서실행위원회는 성경의 번역, 개정, 출판과 보존 등을 담당하는 것, 2항. 위원회는 다섯 명의 공식 번역자들을 선택할 수 있는 권리를 가지되, 번역자들은 세 명 이상 일곱 명 미만으로 둔다는 것 등이라고 하였다. R. E. Speer, *Report on the Mission in Korea of the Presbyterian Board of Foreign Missions* (New York: The Board of Foreign Missions of the Presbyterian Church in the U.S.A., 1897), p. 37.

17) L. H. Underwood, *Underwood of Korea*, p. 48.

18) W. D. Reynolds, "Translation of the Scripture", *The Korean Repository* vol. 2, 1895, p. 196. "Bible Translation in Korea", *The Korean Repository* vol. 3, 1896, p. 471.

19) Harry A. Rhodes, "Fifty Years of Missionary Life in Korea", p. 70.

20) L. H. Underwood, *Fifteen Years Among The Top-Knots or Life In Korea*, p. 107. H. G. Appenzeller, "한국어판 신약전서", 이만열 편, 아펜젤러, p. 418.(원문은 "The New Testament in Korea", *The Gospel in All Lands*, 1900. 6.) S. A. Moffett, "특별 성서위원회 보고서" 1895. 10, 마포삼열 목사의 편지, p. 314. 트롤로프(Trollope) 신부가 위원이었으나 장기간 자리를 비움으로 레이널즈(Reynolds)를 충원하였다.

딩 이상으로 방대한 것이고, 파나마 운하를 뚫는 작업과 같이 어려운 것이며, 10년은 소요될 일"[21]이라고 내다보았다. 아펜젤러는 마태복음, 마가복음, 고린도전후서의 번역을 맡았다.[22] 1900년 9월 9일 주일에 신약성경의 번역을 기념하여 정동제일교회에서 감사예배를 드렸다. 상임실행위원회 의장 마펫이 사회를 보고, 루미스(Loomis), 언더우드, 알렌과 스크랜턴 등이 순서를 맡았다. 미국 공사가 된 알렌은 성서공회를 대신해 번역자들에게 두 권의 가죽 성경을 선물했다. 조사들은 한 권을 받았다.[23]

언더우드와 아펜젤러 모두 다른 사역보다 우선적으로 성경 번역에 몰두하였고, 이것은 엄청난 시간을 소요하는 일이었다.[24] 이 사역으로 인해 아펜젤러는 생명을 잃기도 하였는데, 1902년 6월 11일 밤 성서번역위원회에 참가하기 위해 목포로 가는 도중 구마가와(Kumagawa) 호가 다른 증기선과 충돌하며 침몰되어 희생되고 말았다.[25] 언더우드는 1915년 가을과 겨울에 다가오는 과중한 업무를 감당하기 위해 충분한 여름휴가를 보내야 했음에도 불구하고 성경 번역에 매진하다가 건강 회복의 기회를 다시는 얻지 못하게 되었다.[26] 언더우드 부인(L. H. Underwood)은 1912년

---

21) James, S. Gale, *Korea in Transition*, p. 175.

22) William Elliot Griffis, *A Modern Pioneer in Korea-The Life Story of Henry G. Appenzeller*, p. 192.

23) H. G. Appenzeller의 일기(1900. 10. 3), pp. 170-71.

24) *Annual Report of the Board of Foreign Missions of the Methodist Episcopal Church, Korea Mission 1900*, pp. 281. 존스(G. H. Jones)는 연례보고를 통하여 성경 번역의 일이 아펜젤러에게 엄청난 시간을 요하는 힘겨운 일이었다고 전한다.

25) 위의 책, 1902, p. 312. J. C. F. Robertson, *The Bible in Korea*, pp. 23-26. 존스(G. H. Jones)는 같은 해에 스크랜턴 부인의 건강 악화로 스크랜턴이 어머니를 모시고 귀국하여 아펜젤러와 더불어 감리교회 선교부의 기초를 굳게 다진 귀중한 사역자 둘을 모두 잃게 되었다고 연례회를 통해 보고한다.(스크랜턴은 1905년 재입국했다, 위의 책, 1905, p. 308.)

26) L. H. Underwood, *Underwood of Korea*, p. 47.

아펜젤러의 죽음을 회상하며, "성교서회(Tract Society)와 성서공회(Bible Society)야말로 아펜젤러 목사에 대한 최고의 전기"라고 평했다.[27] 언더우드는 초기 성경 번역에 참여했던 사람들로 남감리교회의 펜윅(M. C. Fenwick), 북감리교회의 존스(G. H. Jones), 그리고 영국 성공회의 트롤로프(M. N. Trollope)를 들고 있다. 그리고 번역위원회는 게일과 레이널즈(W. B. Reynolds), 피터즈(A. A. Pieters)와 언더우드와 여러 명의 한국인 조사들이 함께 일하였다.[28] 언더우드가 세상을 떠났을 때 정식으로 임명된 번역자들은 북장로교회 선교사 게일과 남장로교회 선교사 레이널즈이다.[29]

1900년에 완성된 신약 번역은 마태복음에서 로마서까지만 번역자회의의 결의과정을 거친 시험역본이었고, 나머지는 이 과정을 거치지 않은 개인역본이었는데, 서둘러 20,000부를 발행한 것은 한국 기독교인들이 성경이 나오기를 애타게 기다렸기 때문이다.[30] 1900년에 완성된 신약성경 번역본에 대한 개정 작업이 바로 시작되어 1904년에 1차 개정본이, 1906년에 드디어 공인역인 《신약전서》가 출판되었다.[31] 구약성경의 번역은 1910년에 마무리되었는데,[32] 구약성경도 다양한 개인역본이 있었고, 위원회의 위원들이 구약의 각 권을 담당하여 연합위원회가 완성하는 방식으로 서둘러 개정판을 완성했다. 레이널즈의 헌신으로 인해 1910

27) L. H. Underwood, "Henry G. Appenzeller-a Book Notice", *KMF*, 1912. 12 (vol.8, no.12), p. 368.
28) H. G. Underwood, *The Call of Korea*, p. 121.
29) L. H. Underwood, *Underwood of Korea*, p. 48.
30) *Annual Report of National Bible Society of Scotland 1900*, p. 51. W. C. Reynolds, "Bible Translation in Korea", pp. 473-474.
31) W. D. Reynolds, "The Board of Bible Translators," *KMF*, 1906.4.6, p. 101.
32) *Annual Report of National Bible Society of Scotland 1910*, p. 69. 출판은 1911년에 이뤄졌다. 위의 책, 1911, p. 57.

년 4월 전체 번역을 마쳤다. 초기 성경 번역에서 가장 큰 애로사항은 선교사들이 본문의 의미에 대해 일치를 본 후 한국인들(조력자들)의 마음에 완전히 전달하는 것이었다. 이를 위해서 복음서의 몇 문장을 번역하는 데 매우 어려운 토론과 논쟁 등으로 하루를 보내기도 했다. 그러나 이런 과정을 겪으며 결국 선교사들이 이 땅에 도착한 지 25년여 만에 성경 번역이 끝나고 한국인들의 손에 들어갔다.[33] 중국의 경우 개신교 선교사가 입국한 후 신약성경이 완전히 번역되기까지 50년이 걸린 데 비해 한국은 15년 만에 이뤄졌고,[34] 일본은 첫 개신교 선교사가 1859년에 도착하여 신약성경의 완역이 21년 후인 1880년에 이뤄졌으니 한국에는 일본보다 인쇄시설이 미비함에도 불구하고 두 나라 사이에는 별 차이 없이 성경 출판이 이뤄졌다는 것은 매우 놀라운 일이다.[35]

구약성경의 번역은 신약성경의 번역이 끝나고 착수되었지만, 구약은 분량이 신약에 비해 훨씬 많고 게다가 번역위원들의 여러 가지 사정으로 인해 그 속도가 매우 느렸다.[36] 첫 시작은 1898년 피터스(A. A. Pieters)가 시편의 절반 정도를 번역하여 《시편촬요》의 이름으로 출판되었으나 이것은 개인역이었다.[37] 선교사들의 사역과 이동 등으로 번역하는 일이 잘 진행되지 않자 1907년 레이널즈, 김정삼, 이승두 등을 번역에만 몸담게 하여 1910년 드

33) H. G. Underwood, "Bible Translating", *KMF*, 1911. 10(Vol.7, No.10), p. 296. 1902년 10월부터 1906년 3월까지 3년 6개월간 언더우드와 게일과 레이널즈는 무려 555회의 회동을 가졌다. Harry A. Rhodes, "Fifty Years of Christian Literature in the Korean Mission, Presbyterian Church, U.S.A", *The Fifty Anniversary Celebration of the Korean Mission of the Presbyterian Church in the U.S.A.* p. 71.

34) Spencer J. Palmer, *Korea and Christianity* (Seoul: Hollym Corp., 1967), p. 69.

35) H. G. Underwood' s Letter to Dr. Brown, 1905. 11. 15, p. 1066.

36) 김인수, 한국 기독교회의 역사(상), p. 166.

37) A. A. Pieters, "First Translation", *KMF*, vol. 34, no. 5 (1938. 5), p. 93.

디어 구약 전체가 번역되었다.[38] 언더우드는 성경 번역에 대하여 다음과 같이 증언한다.

> 번역자는 생활 언어에 익숙하기 위해 그 목적에 합당한 유능한 조사를 구하려고 힘썼고 훌륭한 학자들을 얻게 되었다. 이로 인해서 번역자가 일반인들과 친밀한 관계를 유지하지 못하면 지식인 문체를 배워 번역의 목적인 대부분의 사람들이 이해할 수 없는 말로 번역할 위험에 빠질 수 있었다. 번역위원회는 고급 지식인 문체와 일반인들 문체 사이에서 고심을 거듭하였고 배우지 못한 사람들도 이해할 수 있는 간결한 문체이며 동시에 지식인들도 흡족할 수 있는 단순하고 순수한 번역을 추구하였다.[39]

초기 성경번역자들의 이러한 노력으로 성경 번역이 완성됨으로 한국교회가 말씀 중심으로 성장하는 큰 기초를 제공하였다. 이 성경은 개역작업을 거듭하며 1937년에 완성되었는데, 이것이 바로 개역(改譯)성경이다.

성서위원회는 번역된 복음서를 1전밖에 안 되는 싼 값으로 출판하여 한국인들이 쉽게 성경을 구입할 수 있게 하자고 권유했고 만장일치로 결의안이 채택되었다. 이 성경은 6개월 만에 50만 권이 넘게 반포되었다.[40] 평양과 선천에서는 사경회를 통하여 성경을 배포하였다.[41] '영국 및 해외 성서공회' 로부터 대량으로 인쇄된 마가복음을 싼 가격에 공급해 주었다.[42] 성경이 널리 그리고

38) W. D. Reynolds, "Fifty Years of Bible Translation and Revision", p. 118.
39) H. G. Underwood, "Bible Translating", *KMF*, vo. 7, no. 10 (1911. 10), p. 297.
40) L. H. Underwood, *Underwood of Korea*, p. 280.
41) 위의 책.
42) H. G. Underwood' s Letter to Dr. Brown, 1910. 1. 6, p. 1089.

빨리 보급될 수 있었던 것 중의 하나가 권서인들의 공헌이다. '성서공회'가 105명의 남자 권서인들과 여섯 명의 여자 권서인들을 지원했다. 그들이 판매한 책이 575,975권이나 되었다.[43] 권서인들은 보통 선교사들에게 보조금을 받았으며, 선교사는 자신의 직원과 더불어 최선을 다하여 일할 수 있는 권서인을 선택하였고, 권서인들은 불신자들에게 책을 팔고 교회의 조사, 목사, 영수들과 접촉을 함으로 그들이 발견한 결신자들을 교회로 인도하였다.[44] 초기 권서인들이 주로 판매한 것들은 주로 소책자, 쪽복음, 그리고 신약성경 등이었고, 한 장으로 된 전도지를 제외한 모든 책은 무료로 배부하지 않고 판매하는 자립정책을 시도했다.[45]

성경의 출판에 있어서 영국, 스코틀랜드, 그리고 미국의 성서공회가 함께 수행했으나 1902년 장로교공의회(the Presbyterian Council)에서, "하나의 성서공회면 족하지 않느냐?"는 토의가 있었다. 결국 1903년부터 1907년까지 이 세 개의 성서공회가 연합체로 사역하였지만, 1909년부터 1919년까지 각기 독립적으로 수행하다가 1919년 양자가 예양협정을 맺어, 미국 성서공회가 한국을 떠나고 대신 영국 성서공회는 필리핀 사역을 미국 성서공회에 양도했다.[46] 미국 성서공회는 이 시기에 필리핀과 한국

---

43) Hugh Miller, "The British and Foreign Bible Society", *The Korea Missions Year Book 1932*, p. 69.

44) C. A. Clark, *The Nevius Plan for Mission Work-Illustrated in Korea*, pp. 101-102.

45) 위의 책, p. 116. 당시 권서인들 가운데는 훗날 조사나 목사가 되는 일도 있었는데, 대표적인 경우가 이기풍 목사로, 그는 전문 광대 출신으로 기독교인이 되고 나서 과거를 청산하고 스월른(Swallen)의 잡일꾼으로 있다가 그 열성으로 매서인이 되었고, 다시 조사로, 그리고 목사 안수를 받았다. 곽안련은 그를 바울의 개인 종으로 시작하여 훗날 안수 받고 바울의 가장 훌륭한 참모가 된 디모데와 비교하기도 한다. 위의 책, p. 161.

46) N. C. Whittemore, "Fifty Years of Comity and Co-operation in Korea", p. 99.

에서의 사역을 위한 영국 성서공회와의 협약을 통하여 자신들이 한국에서 완전히 철수하고, 후자로 한국에서의 성서 보급을 단독적으로 수행하도록 하였다.[47] 이 일은 한 지역에서의 과다한 투자를 막고 다른 곳에서 효과적인 투자를 하게 하는 예양협정을 통하여 에큐메니칼 운동의 좋은 선례를 보여 준 것이다. 한국어는 간단한 알파벳으로 구성되어 있어 무식한 자나 노인이라도 읽기를 가르치기 쉬웠고, 이를 위한 교회의 노력들로 인해 좋은 기독교 문서를 준비하고 배부하는 데 문제가 없었다고 북감리교회 선교부는 보고한다.[48]

미국 성서공회가 영국 성서공회와 예약협정을 맺어 필리핀으로 떠난 후 영국 성서공회가 고군분투하여 성경을 인쇄하여 분배했는데, 1925년 한 해 동안 100명의 전임(傳任) 매서인들과 전도부인들과 20명의 파트타임 사역자들이 완역된 성경 2,061권, 신약만 번역된 것 38,671권, 그리고 부분 번역된 쪽복음 546,765권을 전국에 나눠 주었고, 개정작업이 계속되었다.[49] 이렇게 번역된 성경은 한국인의 교회생활의 중심이 된 것은 의문의 여지가 없다. 성경공부가 확대되어 갔고, 이것이 한국교회 성장의 중요한 요인이 되었다.[50]

이렇게 성경이 짧은 시간 내에 우리말로 번역된 것은 당시 교회가 교파를 초월하여 협력하고 참여한 결과로, 의료 및 교육과 더불어 에큐메니칼 운동이 잘 나타난 것이 바로 성경 번역이었

---

47) *Annual Report of the Board of Foreign Missions of the Methodist Episcopal Church, Korea Mission 1918*, p. 299.
48) 위의 책, p. 305.
49) 위의 책, 1925, p. 124.
50) Herbert E. Blair, "Fifty Years of Development of the Korean Church", pp. 117, 119-120.

고, 이 연합사업은 출판과 보급에 이르기까지 이어졌다.

B. 찬송가 출판

a. 《찬송가》의 출판까지

성경의 번역 및 출판과 더불어 초기 문서선교 사역에서 중요한 것이 찬송가의 번역과 출판이었다. 이것은 당시 신생교회의 가장 중요한 필요성 가운데 하나였다.[51] 게일은 초창기 한국에서 많이 부른 찬송가는 "예수 나를 사랑하오"(Jesus loves me), "예수의 피밖에 없네"(Nothing but the blood), "하나님께로 가까이"(Nearer, my God, to Thee), "예루살렘 나의 복된 집"(Jerusalem, my happy home) 등이었다고 한다.[52]

최초로 발행된 찬송가는 1892년 북감리교회 선교사 존스(G. H. Jones)와 로드와일러(L. C. Rothweiler)가 편집 출판한 《찬미가》이다. 장·감 선교부가 공동으로 사용할 연합찬송가를 만들기로 결의하고, 편집위원으로 북감리교회 선교부의 존스와 북장로교회 선교부의 언더우드를 임명하였는데, 존스가 이 일을 시작한 지 얼마 안 되어 안식년으로 귀국하여 언더우드가 대부분 번역하고, 나머지는 다른 선교사들이 준비해 놓았던 것을 편집하여 1893년 《찬양가》를 발행했으며 이것이 사성부(四聲部)의 악보로

51) Harry A. Rhodes, "Fifty Years of Christian Literature in the Korean Mission, Presbyterian Church, U.S.A.", *The Fifty Anniversary Celebration of the Korea Mission of the Presbyterian Church in the U.S.A. June 30-July 3, 1934* (Seoul: YMCA Press, 1934), p. 74.

52) James S. Gale, *Korea in Transition*, p. 176.

된 첫 찬송가였다.[53] 마펫(S. A. Moffett)은 언더우드에게 찬송가를 번역하도록 재촉하며, 찬송가가 지금 바로 필요하기에 언더우드 혼자서라도 작업을 마쳐 달라고 하였다. 언더우드는 음악에 있어서 전문가인 번커의 도움을 받아 106곡을 번역하였다.[54]

언더우드가 작업을 마치고 출판을 하기 전 공개하였다가 신명(神名)으로 혼란이 발생했다. 즉, 언더우드는 하나님(Hananim)과 신(God)이라는 개념을 빼고, 연합찬송가로서 누구나 반대할 수 없는 말이라고 여겼던 '아버지'와 '여호와'만 사용하였기 때문이었다.[55] 이것은 언더우드의 연합정신을 엿볼 수 있는 것이었으나,[56] 각 선교부는 10월 연례회에서 언더우드의 번역판을 거부하였다. 장로교회 선교부는 다른 찬송가위원회를 임명하여 1895년 리(G. Lee) 선교사와 기포드(M. H. Gifford) 부인이 편찬한 《찬셩시》를 만들었다.[57] 1895년 전에는 개인이 편집한 한두 권의 찬송가밖에 없었고, 1901년 장로교공의회는 장로교 사역에서 사용하던 두 권의 찬송가를 하나로 합본시켰다.[58] 언더우드의 《찬양가》는 서울을 비롯한 남부지역에서, 리와 기포드의 《찬셩시》(讚聖詩)는 평양을 비롯한 서북지역에서 주로 사용하다가 1902년 장로교공의회는 《찬셩시》를 장로교의 공인 찬송가로 사용하기

---

53) L. H. Underwood, *Underwood of Korea*, p. 121. 한영제 편, 한국 성서 찬송가 100년 (서울: 기독교문사, 1987), p. 65.
54) H. G. Underwood's Letter to Dr. Ellinwood, 1893. 10. 28, pp. 849-850.
55) L. H. Underwood, *Underwood of Korea*, p. 123. 첫 번째 연합찬송가 작업의 위원으로 장로교회 선교부 대표로 베어드 부인(A. L. Baird)과 밀러(F. S. Miller) 목사가 참여했다. Harry A. Rhodes, "Fifty Years of Christian Literature in the Korean Mission, Presbyterian Church, U.S.A.", p. 75.
56) 김인수, "초기 한국교회 선교사들의 에큐메니칼 정신과 활동에 관한 고찰", 장신논단 제8집(1992), p. 160.
57) L. H. Underwood, *Underwood of Korea*, pp. 123-124.
58) C. A. Clark, *The Nevius Plan for Mission Work-Illustrated in Korea*, p. 148.

로 결의하였다.[59] 장 · 감 이외의 교단들도 각기 만들어 사용했는데, 영국 성공회는 1903년에 《셩회송가》를, 1904년에는 《천도찬사》를 발행하여 사용했고, 구세군은 1908년 《구세군가》를, 성결교회의 전신 동양전도회는 1911년 《복음가》를, 1913년에는 《부흥셩가》를 사용하다가 1930년 《신정복음가》를 증보 및 개편하여 사용했다.[60]

연합찬송가의 출판을 위한 노력이 처음 시작된 것은 1902년 장로교공의회가 타 교파와 연합찬송가를 편찬하기 위해 위원회를 구성하기로 결의하면서부터이다.[61] 1903년 북감리교회 연회는 찬송가위원회를 구성하고 남감리교회 연회에 위원을 파견하여 찬송가 편찬에 협조하도록 요청하였다.[62] 첫 연합찬송가의 출판은 1905년 재한개신교복음주의선교부연합공의회의 출범과 더불어 본격적으로 착수되었다. 이때 선출된 위원은 베어드 부인(Mrs. A. L. Baird)과 밀러(F. S. Miller)와 번커(D. A. Bunker) 등이다.[63] 1905년 9월 14일 장로교공의회 찬송가위원회는 감리교 찬송가위원회와 협의하여 모든 교파들이 사용할 수 있는 연합찬송가를 출판하도록 결의하였고, 1906년 제2차 연합공의회에 연합사업의 경과를 보고하고, 1908년 드디어 첫 번째 연합찬송가인 《찬숑가》가 266곡으로 발행되었다.[64] 《찬숑가》는 발행과 더불

---

59) 郭安連 編, 長老教會史典彙集 (서울: 조선야소교서회, 1918), p. 25. 김인수, 한국 기독교회의 역사(상), p. 171. 서정민은 언더우드의 《찬양가》가 아니라 《찬셩시》를 장로교공의회가 채택한 것은 서북지역 장로교회가 주로 사용하던 것이며, 서북지역 교회의 입김으로 결정된 것이라 주장한다. 서정민, "한국찬송가 개관", 한영제 편, 한국 성서 찬송가 100년, p. 73.

60) 김인수, 한국 기독교회의 역사(상), p. 172.

61) 郭安連 編, 長老教會史典彙集(1918), p. 25.

62) *Annual Report of the Board of Foreign Missions of the Methodist Episcopal Church, Korea Mission 1903*, p. 11.

63) 新訂讚頌歌 (서울: 조선야소교서회, 1931), 서문, p. 1.

어 그 감격을 서문에 다음과 같이 전한다.

> 대뎌 노래라 ᄒᆞᄂᆞᆫ 것슨 고금남녀로쇼가 ᄆᆞᄋᆞᆷ에 깃븜을 이긔지 못ᄒᆞ야 제졀노 소릐에 발ᄒᆞ야 나ᄂᆞᆫ 것이니 녯적에 공ᄌᆞ도 읇허 노래ᄒᆞ고 예루살렘 셩뎐에셔도 노래ᄒᆞ엿스며 쥬ᄭᅴ셔도 시로 노래ᄒᆞ셧스니 이로 보건ᄃᆡ 쥬를 밋ᄂᆞᆫ쟈들은 깃븜을 당홈으로 하ᄂᆞ님을 찬숑홀지로다 례ᄇᆡ홀 ᄯᅢ에 ᄆᆞᄋᆞᆷ을 ᄀᆞᆺ치ᄒᆞ며 긔운을 화평케 ᄒᆞ고 ᄒᆞᆫ 곡됴로 찬숑ᄒᆞᄂᆞᆫ 거시 하ᄂᆞ님을 영화롭게 ᄒᆞᄂᆞᆫ 거시라 쥬의 빗치 죠션에 림ᄒᆞᆫ 후에 감리회와 장로회의 찬미칙이 ᄀᆞᆺ지아니ᄒᆞ야 량교인이 혹 ᄒᆞᆫ곳에셔 례ᄇᆡ볼 ᄯᅢ에 찬미를 피ᄎᆞ에 ᄀᆞ치 부르지 못ᄒᆞ야 서로 즐거움이 온젼치 못ᄒᆞ더니 하ᄂᆞ님ᄭᅴ셔 아름다운 긔회를 주샤 두 회의 노래를 합ᄒᆞ야 ᄒᆞᆫ칙을 ᄆᆞᆫ드럿스니 실노 하ᄂᆞ님을 영화롭게 ᄒᆞ고 우리 ᄆᆞᄋᆞᆷ을 깃브게 ᄒᆞᄂᆞᆫ 아름다온 찬숑이로다.[65]

《찬숑가》는 1931년 장로교회와 감리교회의 연합찬송가인 《신정찬송가》가 발행되기까지 사용되었는데, 22년간 《찬숑가》의 발행은 총 43회에 걸쳐 874,500부에 달했다.[66]

---

64) C. A. Clark, *The Nevius Plan for Mission Work-Illustrated in Korea*, p. 148. *Annual Report of the Board of Foreign Missions of the Methodist Episcopal Church, Korea Mission 1910*, p. 34. 서정민, "한국찬송가 개관", p. 75. S. F. Moore, "Steps Toward Missionary Union in Korea", *The World Missionary Review of the World*, vol. 18, no. 12 (1905, 12), pp. 904-905. 1906년 2차 연합공의회 모임 시 보고된 경과는, "이 새로될 칙은 임의 잇던 찬미를 토ᄃᆡ로 하ᄃᆡ 홀 수 잇ᄂᆞᆫ대로 기경ᄒᆞ기로 ᄒᆞ고 새로 너홀 찬미도 그와 맛찬가지 긔회를 주도록 ᄒᆞ고 아래와 ᄀᆞᆺᄒᆞᆫ 표쥰을 세웟스니 즉 말은 존경어로 구조가 명확ᄒᆞ며 의ᄉᆞ가 정당ᄒᆞ고 교리에 뎍졀ᄒᆞᆫ 것만 쓰기로 ᄒᆞ니라." 新訂讚頌歌 (1931), 서문, p. 1.

65) 찬숑가 (1908), 서문. 이것의 발행은 1908년 3월말에 예정되었으나 예정보다 한 달 정도 늦게 발행되었는데, 그것은 인쇄소가 위치한 푸쿠인(Fukin) 빌딩에 화재가 있었기 때문이다. *Official Minutes of the Fourth Annual Session Korea Mission Conference and the First Session Korea Annual Conference, Methodist Episcopal Church 1908*, p. 72.

b. 《신정찬송가》(新訂讚頌歌)를 둘러싼 문제

1924년 조선예수교연합공의회는 찬송가 개정위원회를 구성하고 새 찬송가를 발간하기로 결의하고, 위원으로 김인식, 변성옥, 아펜젤러(H. D. Appenzeller), 커(W. C. Kerr), 커의 휴가 중에는 앤더슨(W. J. Anderson)이 대리로 참여하였다.[67] 1928년 1월 찬송가위원회는 4년 만에 314장의 찬송 편집을 마쳤는데, 절반 이상은 기존의 《찬숑가》에서, 약 70장은 《청년찬송가》에서, 몇몇은 새롭게 번역한 것, 여섯 곡은 현상모집을 통해 채택된 창작곡 등을 연합공의회 찬송가위원회에 제출하였다.[68] 4년 만인 1931년 6월 《신정찬송가》가 발간되었는데 편찬은 선교부연합공의회가, 발행은 조선예수교서회가 담당했다.[69] 《신정찬송가》는 기존의 《찬숑가》와 《청년찬송가》, 그리고 새로운 찬송가 가운데 선택하여 만들었는데, 그 원칙은 다음과 같다.

(一) 번역이 원문의 뜻과 굿흔지

(二) 번역이 아닌 것은 찬미로 쓸만훈지 아니훈지

(三) 말이 음악의 구절과 억양에 맞는지

(四) 악보가 원악보에셔 곳쳐진 것인지

(五) 긔왕에 쓴 곡됴의 쥬됴음이 뎍합훈지

(六) 절수를 줄여도 무방훈지

(七) 곡됴가 찬미에 맞는지 그러치 안으면 엇던 곡됴가 뎍당할지[70]

---

66) 新訂讚頌歌 (1931), 서문, p. 2.
67) 이만열, 한국기독교문화운동사 (서울: 대한기독교출판사, 1987), p. 354.
68) 新訂讚頌歌 (1931), 서문, pp. 2-3.
69) "신정찬송가를 일제히 씁시다", 기독신보, 1931. 6. 24. 閔庚培, 韓國敎會讚頌歌史 (서울: 연세대학교 출판부, 1997), p. 115.
70) 신정찬송가, 서문, p. 2.

이렇게 해서 1931년 4월 장 · 감의 새 연합찬송가인 《신정찬송가》가 출판되었다.[71] 그러나 《신정찬송가》가 발행된 후 3개월 만인 1931년 9월 30일 《기독신보》에서 《신정찬송가》에 대한 비판을 했는데, 그것은 첫째, 선교부연합공의회가 새 찬송가와 직접 관계가 있는 장로교회와 전혀 타협이 없었던 것, 둘째, 찬송가 편찬위원이 각 교단 및 교파의 대표나 문법학자와 시인들을 배제시키고 음악가들만을 임명한 것, 셋째, 음악가들만이 작업을 함으로 가사에 심각한 결함이 있다는 것이었다.[72]

장로교 총회는 1931년 총회에서 《신정찬송가》의 편찬에 수고한 이들에게 감사를 표하면서도 부록으로 새로 좋은 찬송을 첨부하여 주고, 이것을 실행하기 위해 서회에 교섭위원 세 명을 선택하며, 《신정찬송가》는 어떤 단체나 개인이 자유롭게 쓸 것이라고 하는 불만스러운 결의를 하더니,[73] 급기야 1932년 총회에서는 《신정찬송가》가 자신들과 협의도 없었고 교열(校閱)이 없었음을 유감이라고 하고 찬송가를 다시 편찬하여 출판한다는 결정을 내리고 말았다.[74] 1933년 장로교총회는 새 찬송가를 출판하기까지 《신정찬송가》를 사용하기보다 《신정찬송가》 가운데 48페이지를 《찬숑가》 뒤에 삽입하여 사용하도록 하였고,[75] 1934년 총회에서는 종교교육부가 찬송가를 더욱 잘 편찬하도록 위임한다고 결의함으로[76] 끝내 《신정찬송가》를 기피하고 말았다. 장로교회가 이런 행태로 나갈 때 조선기독교연합회는 장 · 감의 찬송가위원들

---

71) 위의 책, p. 3. 최종 개정위원회의 위원장은 아펜젤러(H. D. Appenzeller), 위원으로는 커(W. C. Kerr), 변성옥, 그리고 김인식 등이다.
72) "신정찬송가에 대하여", 기독신보, 1931. 9. 30.
73) 조선예수교장로회 총회 제二十회 회록 (1931), pp. 40, 48.
74) 조선예수교장로회 총회 제二十一회 회록 (1932), p. 46.
75) 조선예수교장로회 총회 제二十二회 회록 (1933), p. 55.
76) 조선예수교장로회 총회 제二十三회 회록 (1934), p. 49.

과 기독교연합회 찬송가 상비위원들이 협의하여 장 · 감이 함께 쓸 찬송가를 준비하자고 요청하였고,[77] 감리교회도 1935년 《신정찬송가》를 계속 사용하면서, 총리사 양주삼이 한국교회가 함께 쓸 통일찬송가의 편성을 원한다는 성명을 내었지만,[78] 아무 소용 없는 일이었다. 당시 장로교회 종교교육부의 총무인 정인과는 1935년 1월 《신편찬송가》를 장로교 총회의 명령대로 적극적으로 준비하고 있으며, 예수교서회로부터 판권도 이미 허락받았다고 하고 이것을 장 · 감이 공용할 수 있기를 바란다고 했으며,[79] 이인식 총회장도 이 찬송가를 장 · 감이 함께 사용하기를 희망한다는 뜻을 밝히며,[80] 같은 해 11월 400장으로 된 《신편찬송가》를 발행하였다.[81] 이 찬송가가 발행되던 1935년 장로교회는 예수교연합공의회까지 탈퇴하고 말았으니,[82] 장로교회의 찬송가 출판의 연합사업에 대한 의지는 전혀 없었던 것으로 보인다.

그러면 왜 장로교회가 장 · 감 연합의 숙원사업이었던 《신정찬송가》를 끝까지 받아들이지 않고 독자적인 찬송가인 《신편찬송가》를 발행하게 되었는가? 먼저 《신정찬송가》가 발간된 후 이것에 대한 비판이 있었다. 가령, 이화여자전문학교의 음악교수 박경호는 찬송가를 신정(新訂)한다고 하고는 40만 그리스도인들의 입에 익숙한 가사를 지나치게 정정(訂定)하고 장수까지 바꾼 것은 잘못이라고 하였다.[83] 김교신도 《신정찬송가》가 페이지를 늘

77) 죠션긔독교연합회 뎨11회 회록 (1934), p. 40.
78) 양주삼, "찬송가 재개편 문제에 대하여", 기독신보, 1935. 2. 6.
79) "讚頌歌再改編 問題에 對하야(二)-長老敎總會 命令대로 積極的 準備中", 기독신보, 1935. 2. 6.
80) "讚頌歌再改編 問題에 對하야(三)-宗敎敎育部에 一任, 長 · 監 共用으로 되기를 希望", 기독신보, 1935. 2. 13.
81) 조선예수교장로회 총회 제 二十四회 회록 (1935), p. 45.
82) 위의 책, p. 52.

리고 가격만 높였다며 신앙은 보이지 않고 사업에만 기울은 인상을 받는다고 비판했다.[84] 이런 비판이 전개되는 와중에 찬송가의 재발행 문제는 많은 교인수를 가진 장로교회가 찬송가에 대한 권익을 독점한다는 비판이 가해지며,[85] 출판권 쟁탈전의 모습을 보였다.

찬송가 재개편의 논쟁이 진행되는 동안 예수교서회가 구판 《찬숑가》를 계속, 그것도 헐값에 판매함으로 한국 장로교 총회와 선교사들이 주도권을 쥐고 있었던 서회와의 갈등이 빚어졌다.[86] 결국 찬송가의 연합출판사업이 복잡한 양상으로 치닫고 만 것이다. 이때 강병주가 예수교서회 총무 서리 클라크(W. M. Clark)를 노회에 고소하는 일이 벌어졌다.[87] 서회가 《신편찬송가》의 판권을 침해했다는 이유였다. 이 일로 인해 한국교회와 선교사들 사이에 적지 않은 감정의 골이 생기고 말았다. 김현정은 서회의 행위를 맹렬하게 비판하며 이것은 "황송한 말이나 四十五년간 그들의 가졌든 옛 관념 그대로 선교국이라는 우월감으로서 현대에 조선교인을 대하는 태도에 원인이 있다"고 직언을 했다.[88] 서회가 장로교 총회로부터 비난을 받으면서까지 이렇게 행한 이유는

---

83) 박경호, "신구찬송가의 개량할 점", 기독신보, 1935. 2. 20.

84) 김교신, "찬송가의 변혁", 성서조선, 제53호 (1933. 6). "……一은 세속의 것이오 一은 영계의 것이로다. 一은 사업이오 一은 신앙이다. 우리 조상과 선배들은 영의 일과 신앙의 일만 관심하였것만 현대 기독교회를 대표한 찬송가개정위원들은 그 개정된 찬송가 속에서 구 찬송가 七十二章(샘물과 같은 보혈은 임마누엘 피로다) 같은 것은 消除하여 버리고 자기들의 신앙을 表白한 '삼천리 반도 금수강산' 같은 것으로써 백수를 늘이고 정가금을 높였다. 이것이 과연 改正인가 改誤인가. 신앙 없는 음악가의 찬송가 편집과 조선어 모르는 박사의 성서개역과 이런 것이 몰아 조선에서만 볼 수 있는 일이니 반도의 영계(靈界)도 한심하지 안인가."

85) 白炳旻, "讚頌歌再改編 問題에 對하야(完)", 기독신보, 1935. 3. 20.

86) 閔庚培, 鄭仁果와 그 時代 (서울: 한국교회사학연구원, 2002), p. 119.

87) 기독신보, 1936. 7. 22.

88) 김현정, "신편찬송가 출판권 문제에 대하야", 基督教報, 1936. 9. 8.

당시 경제공황으로 인해 선교비가 축소된 데 큰 원인이 있었다.[89)]

이런 갈등 속에서 채필근은 문제의 핵심을 파악하고 장 · 감 공동의 찬송가가 출판되기를 기대하고, "些少한 感情의 關係와 經濟의 問題를 내어버리고 共同戰線에 같이 서서 같은 軍歌와 같은 凱歌를 부르고 싶다"[90)]고 주장했다. 〈신앙생활〉을 발간하며 교회연합운동을 추구했던 김인서는 한국교회를 향해 중병에 들었다고 한탄하였다.[91)] 일부 비판의 소리에도 불구하고 찬송가 출판에 있어서 연합운동은 깨지고 말았고, 그 다음의 연합찬송가는 약 50년이 지난 1983년에서야 《통일찬송가》가 발행되어 한국교회가 하나의 찬송가를 쓰게 되었다. 이렇게 찬송가 출판에 있어서 연합을 끝내 이루지 못한 것은 위에서 언급한 출판권의 문제,[92)] 선교사들과의 관계 문제 등이 있었으나 1930년대 들어서 장 · 감이 한국에서 토착교회로 자리를 잡아 연합의 갈급함을 느끼기보다 자기 교파로의 정착으로 만족하였던 것으로 보이며, 연합운동사에서 아쉬움을 남긴 일이 되고 말았다.

C. 기타 문서 보급

1. 표준성경주석의 편찬

---

89) "宣教費 縮小에 對하야", 기독신보, 1933. 8. 30. 남장로교의 경우 1932년에 선교비를 40%나 삭감하였다. "남장로교파 선교비 40%로 大削減", 조선일보, 1932. 5. 6.

90) 蔡弼近, "朝鮮基督教發達史(十七)-讚頌歌의 變遷", 基督教報, 1938. 12. 8.

91) 신앙생활, 제2권 5호 (1935. 5), pp. 5-6.

92) 연합찬송가인 《신정찬송가》를 거부하고 《신편찬송가》의 제작에 앞장섰던 정인과는 1936년 함북노회가 찬송가 연합 사용안을 건의한 후 1937년 종교교육부 총무직을 사임했으나, 그 판권을 자신의 명의로 하여 해방 이후까지 이권을 취하고 말았다. 서정민, "한국찬송가 개관", p. 82.

성경과 찬송가 외에도 성경주석에 있어서 연합운동이 전개되었다. 1935년 한국교회가 희년을 지나며 한국교회 자립의 결실을 기다릴 때 성경주석이 나오게 되었다.[93] 그것은 한국교회 목회자들을 위한 《표준성경주석》의 편찬을 위해 장·감이 연합한 것이다. 이 일을 위해 집필자 25인을 선정하고 성경주석을 전 10권으로 발행하도록 하며, 이 주석에 필요한 성경 관계의 논문 50여 편을 구미학자들과 교섭하여 대부분 흔쾌히 허락을 받아 번역을 하여 연구토록 하였다.[94] 박형룡은 이 일의 의미에 대하여 다음과 같이 장로교 총회에 보고하였다.

> 이 성경주석 전질을 준비하는 사업은 오직 백년에 一차나 경영할 수 잇는 거대한 사업이라 저희 위원들과 집필자들은 태산 갓치 무거운 짐이 억개를 눌음을 늑기고 고민 중에 로력하오니 총회와 전국 교회가 후하게 동정하여주시지 안사오면 저희만으로는 이 대사업을 감당치 못하겟나이다.[95]

평양의 장로회신학교와 서울의 협성신학교가 연합으로 예수교서회에 모여 '성경주석 편집위원회'를 구성하였고, 위원장에 정인과, 서기에 강운림(W. M. Clark)이 선출되어 사업은 전 교회가 참여하되 연합공의회의 후원을 받았다. 평양신학교에서는 남궁혁(위원장), 이성휘, 이눌서, 라부열, 정인과와 두 명, 서울협성신학교에서는 하리영(위원장), 김영, 변성옥, 양주심, 케이블, 김관식, 클라크[96] 등으로 하여 1938년 제1집이 발행되었다.[97] 이

93) 閔庚培, 鄭仁果와 그 時代, pp. 199-200.
94) 조선예수교장로회 총회 제二十五회 회록 (1936), p. 28.
95) 위의 책, p. 29.
96) 기독신보, 1928. 12. 12.

와 같이 성경 및 찬송가의 번역 및 출판만이 아니라 주석 작업에 이르기까지 연합사업이 이어졌다.

2. 신문 및 잡지의 발간

한국 최초의 근대 신문은 1883년 10월 1일(음력) 법원에 의해 판문각에서 한문으로 발행된 〈한성순보〉이고,[98] 최초의 교계 신문은 1897년 2월에 발행된 감리교 아펜젤러가 발행한 정기간행물인 〈죠션크리스도인회보〉(The Christian Advocate)로, 이것은 감리교회 관련자들의 연합과 유대관계를 위해 한글로 발간한 것이다.[99] 이어서 장로교회의 언더우드가 빈톤(C. C. Vinton)과 더불어 같은 해 4월 1일 언문으로 된 기독교 주간신문 〈그리스도신문〉(The Weekly Christian News)을 개인적으로 발간하였는데, 1901년 전 교단의 신문으로 인정했다.[100] 두 신문은 모두 주간이었으며, 기독교 진리의 보급과 더불어 "혼암한 마음을 광명케 하고 개명에 진보"[101]케 하고, "제 나라이 왕성하여

---

97) 신학지남, (1938), p. 15.

98) B. G. Kim, *History of Korean Journalism vol. I-From the 19th Century to the 1945 Liberation* (Seoul: The Korea Information Service, Inc., 1965), p. 10. 〈한성순보〉는 매 열흘에 한 번, 곧 한 달에 세 번씩 법원에 의해 발행되었으므로, 대부분 정부 뉴스를 보도하며 더불어 국내외 뉴스를 한문으로 실었으며, 중앙 및 지방 할 것 없이 모든 고위관리들은 반드시 구독해야 했고, 판문각의 인건비는 외무부에서 지불하고, 다른 제반 비용은 한성(서울)시에서 담당했다. 위의 책, pp. 10-11.

99) *Annual Report of the Board of Foreign Mission of the Methodist Episcopal Church Korea Mission 1897*, p. 239.

100) R. E. Speer, *Report on the Mission in Korea of the Presbyterian Board of Foreign Missions* (New York: The Board of Foreign Missions of the Presbyterian Church in the U.S.A., 1897), p. 43. C. A. Clark, *The Nevius Plan for Mission Work-Illustrated in Korea*, p. 148. L. H. Underwood, *Underwood of Korea*, p. 168.

101) 죠션크리스도인회보, 1897. 2. 2.

가는 것을 보고 제 자녀에게 제가 받은 학문보다 나은 것을 주려"[102] 하는 데 목적이 있다고 밝힌다. 〈그리스도신문〉은 지방 관리들에게 관보역할까지 했으며, 다양한 소식을 전해주었다. 농업기술과 경작법, 농기구에 대한 정보, 상업에 대한 소식, 주일학교 공과, 뛰어난 저술의 번역, 교회 소식 등이 복합적으로 게재되었다. 이 신문은 복음 전파를 목적으로 하면서도 비기독교적인 많은 것들을 전달했다.[103] 당시 조정은 467부를 구독했는데, 367부는 13도의 감사와 수령들에게 한 부씩 주문했고, 나머지 100부는 중앙정부의 열 개 부서에서 열 부씩 구독했는데,[104] 고종은 이 신문에 대해 찬사를 보내며 칭찬을 아끼지 않았다.[105] 언더우드는 이 신문의 발간 목적에 대하여 다음과 같이 진술한다.

> 〈그리스도신문〉에는 농부들을 위한 농업에 대한 정보, 기술공들을 위한 예술 및 과학에 대한 정보, 상인들을 위한 시장보고서, 그리스도인 가정을 위한 가정에 대한 글들을 실어 폭넓은 기독교 신문이 되고자 하며, 이 모든 것들을 기독교적인 방식으로 보도하여 〈그리스도신문〉을 통해 이 나라 사람들을 그리스도에게로 인도하는 대사명을 목표로 한다.[106]

언더우드의 독자적인 발간과 신문 내용에 대해 불만을 토로한 선교사들도 자연히 있었고, 이 신문은 1897년부터 1901년까지

102) 그리스도신문, 1897. 4. 8.
103) L. H. Underwood, *Underwood of Korea*, pp. 168-169. R. E. Speer, *Report on the Mission in Korea of the Presbyterian Board of Foreign Missions*, p. 43.
104) 위의 책.
105) L. H. Underwood, *Underwood of Korea*, p. 169.
106) H. G. Underwood' s Letter to Dr. Ellinwood (1900. 12. 10), p. 960.

발행되었다.[107]

〈죠션크리스도인회보〉는 1900년까지 발행되다가 아펜젤러의 안식년과 그의 순직으로 인하여 중단되었다가 1905년 1월 남북감리교가 합동으로 〈그리스도인회보〉로 복간하였다.[108] 1905년 개신교선교부연합공의회가 출범하여 교회연합운동이 전개되며 같은 해 7월 1일부터 장 · 감이 각각 발행하던 신문을 합하여 〈그리스도신문〉을 발행하기 시작했고, 1907년 〈예수교신보〉(The Church Herald)로 이름을 바꿔 발행하여 1910년 한일병탄 직전까지 발행되었다.[109]

a. 기독신보(基督申報)

그러나 이후 장 · 감이 다시 각각 〈예수교회보〉와 〈그리스도회보〉를 분리 발행하다가,[110] 1915년에 드디어 실질적인 장 · 감 연합신문의 발행이 결정되었는데, 연합공의회는 이 신문(The Christian Messenger)의 한국어를 〈긔독신보〉(1915-1937)라 함으로[111] 한국어로 발행되는 한국교회 유일의 연합신문이 되었다. 이 신문이 발행된 경위는 감리교회 및 장로교공의회가 그들의 '신문위원회'와 '조선셩교셔회'를 통하여 연합공의회에 주간 연합신문을 한국어로 발행해 줄 것을 청원함으로 이뤄진 것으로,

107) L. H. Underwood, *Underwood of Korea*, pp. 170-171.

108) *Official Minutes of the Second Annual Session Korea Mission Conference, Methodist Episcopal Church 1906*, p. 74. 김광우, 韓國監理敎會百年: 制度變遷記 (서울: 전망사,1990), p. 112.

109) 윤춘병, 한국 기독교 신문 · 잡지 백년사(서울: 대한기독교출판사, 1984), pp. 49-53.

110) 김광우, 韓國監理敎會百年, p. 112.

111) *Fifth Annual Meeting of the Federal Council of Protestant Evangelical Missions in Korea*, p. 22. L. H. Underwood, *Underwood of Korea*, p. 170.

이 신문은 연합공의회와 장로교회와 감리교회의 여섯 개 선교부의 공동소유가 되었다. 이 신문은 초교파적으로 다루되 신학비평(theological reviews)의 경우는 예외적이었으며, 편집 경영은 각 선교부에서 한 명의 대표와 서회에서 두 명으로 각 선교부 대표들이 지명하고, 선출은 연합공의회에서 하였다. 다만 편집장만 편집부 밖에서 선출되었고, 편집부는 광고의 감독을 포함한 이 신문의 모든 정책을 책임진다. 신문은 큰 용지로 여섯 페이지로 되었다.[112)]

〈기독신보〉는 매주 주일학교 사역을 위해 두 개의 칼럼, "개인적 노트"와 "어린이의 출발"을 싣기로 결의하였다. 또 이 신문의 구독수를 최소한 4,000부를 목표로 하였다.[113)] 아래의 〈긔독신보〉 창간호의 기사를 보면 이 신문의 참 정신을 찾아볼 수 있다.

……오늘놀에 니르러셔 감리 쟝로 두 교회에 죠션인 목ᄉᆞ가 수빅명에 달ᄒᆞ고 신도 수십만이 될지라도 아직ᄭᆞ지 교회통신뎍 신문이 안젼치 못ᄒᆞᆫ거시 엇지 심히 긔탄ᄒᆞᆯ바 아니리요 아조 업슨거슨 아이라 잇서기도 ᄒᆞ얏고 잇기도 ᄒᆞ엿스되 ᄉᆞ세의 구ᄋᆡ와 형편의 곤란을 인ᄒᆞ야 발뎐되지 못ᄒᆞᆫ 거신ᄃᆡ 그 리유를 드러셔 말ᄒᆞ면 간략ᄒᆞᆫ 힘과 미괴ᄒᆞᆫ 방침글 각기 ᄌᆞ치제도로만 쓰고 공동 련합ᄒᆞ지 못ᄒᆞᆷ 일너니 아모 일이든지 실패ᄒᆞᆫ 후에 경험이 생기고 진보ᄒᆞᆯᄉᆡ방략이 나ᄂᆞᆫ 거슨 고금에 통샹리치로다. 감리 쟝로 두 교회가 련합ᄒᆞ야 ᄒᆞᆫ 신문을 출판ᄒᆞ기를 협동ᄒᆞ야 신문명칭은 [긔독신보]라 ᄒᆞ고…….[114)]

112) *Fourth Annual Meeting of the Federal Council of Protestant Evangelical Missions in Korea*, pp. 28-29.

113) *Fifth Annual Meeting of the Federal Council of Protestant Evangelical Missions in Korea*, p. 22. L. H. Underwood, *Underwood of Korea*, pp. 170-171.

114) 기독신보, 1915. 12. 8.

〈기독신보〉의 발행과 더불어 독자들의 호응이 높았는데, 1916년 2,000부,[115] 1917년 3,000부, 1918년에는 3,170부를 구독했으나, 한국인 편집인과 선교사들이 힘써서 노력을 기울였으나 결과는 만족스럽지 못하자,[116] 결국 1920년에 장 · 감이 각기 6,000부와 4,000부를 책임지어 1만 부로 늘이는 운동을 전개하자고까지 결의했다.[117]

그러나 연합신문인 〈기독신보〉는 20년을 채우지 못하고 문제가 발생했다. 그것은 1933년 7월 전필순이 〈기독신보〉 사장으로 한국인으로는 처음으로 취임하면서부터 필진이나 글의 내용 등으로 갈등을 빚으며 전필순의 독주가 심해지자, 1935년 9월 조선예수교서회 이사회가 유억겸을 사장으로 임명하고 전필순으로 인계토록 했으나,[118] 전필순이 사무실까지 옮기며 독자적으로 발행을 하며[119] 〈기독신보〉가 전필순의 개인 신문이 되고 말았다. 전필순이 사장에 취임하던 1933년 감리교는 〈감리회보〉를, 장로교는 〈종교시보〉를 창간하여[120] 각기 기관지를 발행하며 장 · 감 연합은 점차 소원해지고 말았다.

그러면 전필순이 〈기독신보〉의 사장이 되며 20년 가까이 발행되어 온 연합신문이 왜 제기능을 잃고 장 · 감이 다시 각각 자기 신문을 발행하게 되었는가? 그것은 전필순이 취임한 후 심명

---

115) 이만열, 한국기독교문화운동사(서울: 대한기독교출판사, 1987), p. 373.
116) *Seventh Annual Meeting of the Federal Council of Protestant Evangelical Missions in Korea*, p. 22.
117) 조선예수교장로회총회 제九회 회록(1920), p. 61. 장로교총회는 12개 노회에 각 부수를 배정했는데, 함북노회 140, 함남 200, 평북 600, 평남 1,400, 의산 800, 남만 140, 황해 800, 경북 560, 경남 340, 전북 200, 전남 400, 그리고 경충노회 280부 등이다.
118) 한국기독교역사연구소, 한국 기독교의 역사 II, pp. 167-168.
119) "완전히 따로 서면서", 기독신보, 1935. 9. 18.
120) 윤춘병, 한국 기독교 신문 · 잡지 백년사, p. 72.

섭과 최석주 등과 같은 필진들을 새로 영입하며[121] 기독신보사 찬조회를 조직하고,[122] 쿠데타적인 글을 피력하게 된 원인을 찾으면 된다. 새로운 필진들과 찬조회의 구성원들은 대체로 비서북계의 장·감 인사들이었는데, 이에 대해 민경배는 전필순이 그동안의 비서북계의 열세를 극복하려는 전략이었지만, 아직 장로교의 교권에 맞서기에는 부족한 형편이었다고 지적한다.[123]

전필순의 이러한 행태로 인해 장로교 총회는 1933년 종교교육부에 이 건을 심사하고 보고하도록 하였고,[124] 종교교육부는 이 건은 '예수교서회 이사회' 의 관할이므로 좀더 관망하되 〈기독신보〉가 장·감 연합신문으로 본 교단과 많은 관계가 있으므로 직접 관여하는 것이 좋을 것이라고 보고하였다.[125] 그러나 1년 후에도 사태는 진정되지 않았고, 장로교 총회는 1934년 〈기독신보〉가 교회에 덕이 되지 않는 기사가 게재되고 있다고 판단하고 인신공격 등에 대해서 주의를 시킨다는 결의를 하였다.[126] 이 문제가 양극단에 이르게 된 것은 전필순이 적극신앙단의 창단 멤버로 적극신앙단에 대한 기사를 중점으로 보도하고, 교회소식 등과 같은 것들을 무시하거나 보도하지 않음으로 많은 불평이 쏟아져 나왔기 때문이다.[127]

전필순의 행태에 대해 비판한 사람들은 전필순 자신에 의하면

121) "심명섭 씨 입사", 기독신보, 1933. 7. 5. "최석주 목사 입사", 기독신보, 1933. 7. 26.
122) "본보 찬조회 조직", 기독신보, 1933. 8. 2. 찬조회 회장은 감리교의 박연서였다.
123) 閔庚培, 鄭仁果와 그 時代, p. 104. 전필순은 비서북계의 모임인 적극신앙단의 핵심 인물 가운데 하나로, 그는 〈기독신보〉를 통해 적극신앙단을 소개하려고 했고, 이런 노력이 다른 세력의 불만을 자극하여 예수교서회와 기독신보 간에 판권 시비까지 일어난 것이다. 이덕주, "한국 기독교 신문·잡지 개관", p. 31.
124) 조선예수교장로회 총회 제二十二회 회록 (1933), p. 34.
125) 위의 책, p. 38.
126) 조선예수교장로회 총회 제二十三회 회록 (1934), pp. 9, 51.
127) 윤춘병, 한국 기독교 신문·잡지 백년사, p. 119.

감리교의 윤치호와 양주삼, 장로교의 유억겸과 백낙준, 그리고 성서공회의 밀러(H. Miller) 등이었고, 전필순은 이들의 부당한 비난으로 인해 기독신보사의 사옥을 부득불 옮길 수밖에 없었다고 했으며, 나아가 이들의 자신에 대한 공격은 자신을 생매장하려는 것이며 그 배경에는 정인과가 있었고 총독부의 정책 가운데 하나인 기독교의 분해 작용 때문이라고 주장했다.[128] 여기서 전필순은 한국교회를 와해시키려 했던 일제와 자신의 언행을 비판한 그리스도인들을 동일시한 어이없는 주장을 하고 말았다.[129] 이후 전필순이 속하였던 경성노회는 〈기독신보〉가 전필순 개인의 소유가 아니고, 〈기독신보〉를 둘러싼 그의 행태는 덕이 되지 않기에 정직(停職)을 결의하고, 전필순에게 〈기독신보〉 발행권 및 기타 일체 권리를 1935년 11월 말일 부로 예수교서회에 환부하라고 명령하며 불응하면 권징조례에 의해 면직함이 가하기로 결정하였다.[130] 이런 경과를 통하여 결국 장로교회는 1936년 제25회 총회에서 〈기독신보〉 대신 〈기독교보〉를 총회 기관지로 창간하기로 결의하고 말았다.[131]

전필순이 이렇게 집요하게 독선적으로 연합신문인 〈기독신보〉를 사유화하며 한국교회의 연합운동을 깨뜨린 이유에 대해 민경배는, "〈기독신보〉를 그의 그룹들과 함께 선교사들의 손에서 떼어 가지고 나간다고 할 때에, 선교사 주도의 조선예수교서회와의

---

128) 전필순, 목회여운 (서울: 대한예수교장로회총회 교육부, 1965), p. 88.
129) 閔庚培, 鄭仁果와 그 時代, p. 106.
130) 조선예수교장로회 경성노회 제7회 정기회 회록 (1935), 8, pp. 128-129.
131) 조선예수교장로회 총회 제二十五회 회록 (1936), pp. 221, 76. 이 모든 결정이 이뤄지기 전에 정인과는 이미 1932년 12월 3일 〈종교시보〉를 창간하였고, 전필순에 대한 총회의 결의 후 1936년 1월 21일 〈종교시보〉, 〈농촌통신〉, 그리고 〈면려회보〉 등을 합하여 〈기독교보〉로 통합하게 된 것이다. "급고, 본보제호 종교시보를 차호부터 기독교보로 변경", 기독교보사, 1936. 1. 21.

단절을 감행하였던 것이다. 그리고 과격한 언어로 선교사들의 소위 치외법권을 〈기독신보〉의 사설에서 대놓고 시비하고 있었다"[132]라고 주장한다. 윤춘병도 이 건을 전필순과 예수교서회와의 판권 문제로 이해하고, 선교사 명의로 발행하던 〈기독신보〉를 한국인의 명의로 발행하는 과정에서 발생한 것으로, 판권 분쟁이 해결되지 못함으로 1937년 8월 경영 부진으로 2개월 휴간을 당국에 요청했다가 속간하지 못하고 그 해 12월 발행 허가의 상실로 폐간되었다고 본다.[133]

이 모든 일은 1930년대 한국교회를 연합하지 못하게 했던 주요 요인 가운데 하나인 반선교사 정서로 20여 년을 변함없이 연합신문의 자리를 지키며 역할을 다했던 기독신보사(基督新報史)에 있어서 큰 오점을 남겼으며, 자신의 주장이 옳더라도 절차를 무시하고 독선적으로 행하며 연합사업을 깨뜨린 전필순의 행위는 결코 정당화될 수 없는 것이라고 하겠다.

b. 코리아미션필드(The Korea Mission Field)

국내에서 발행된 최초의 잡지는 1892년 북감리교회 선교사 올링거(F. Ohlinger)가 출판한 〈한국휘보〉(*The Korean Repository*)로, 이것은 한국의 역사와 지리 등과 같은 한국 관계의 기사를 통하여 한국의 감춰진 보화를 찾아내는 공헌을 하며

132)閔庚培, 鄭仁果와 그 時代, p. 106. 민경배는 전필순의 반선교사 정서의 예로, 찬송가 문제로 정인과계의 강병주(姜炳周)가 예수교서회 클라크(W. M. Clark) 총무를 노회에 고소한 때에 전필순이 그 고소가 마땅하며 이 기회에 선교사들이 치외법권을 포기할 것이라고 논평한 것을 들고 있다. "선교사의 치외교권", 기독신보, 1936. 7. 22.

133) C. A. Sauer, *Methodists in Korea 1930-1960* (Seoul: The Christian Literature of Society, 1973), p. 50. 윤춘병, 한국 기독교 신문 · 잡지 백년사, pp. 119-120.

1898년까지 발행되었다.[134] 〈기독신보〉와 더불어 문서활동을 통한 연합정신이 이뤄진 것이 1905년 11월 창간하여 1941년 11월까지 발간된 〈코리아미션필드〉(*The Korea Mission Field*)이다. 당시까지 장 · 감은 각각 1901년 11월에 빈톤(C. C. Vinton)이 계간으로 발행한 〈코리아필드〉(*The Korea Field*)와 남북감리교회가 연합으로 1904년 11월에 월간으로 〈코리아메쏘디스트〉(*The Korea Methodist*)를 창간하여 발행해 왔는데, 1905년 장 · 감이 각각 발행하던 이 두 개의 잡지를 합하여 〈코리아미션필드〉(*The Korea Mission Field*)가 되었다.[135] 〈코리아미션필드〉 창간호는 이것의 발행으로 "기독교인들과 기독교회의 일치의 새 시대가 열렸다"고 선언하였고, 이것의 발행은 '개신교복음주의선교부연합공의회'가 담당했으며 실제적인 발행 업무는 '조선셩교셔회'가 담당했다.[136]

초기 〈코리아미션필드〉는 웸볼드(Wambold) 양이 임시 편집인으로 수고하여 매 호마다 700에서 800부까지 증가하였다.[137] 이후 편집인으로 언더우드 부인(L. H. Underwood)이 큰 관심을 갖고 다양한 제안과 조언을 하였으며, 그는 전 해 재정의 손실을 막기 위해 100엔의 기부금을 받기도 했다.[138] 1915년

---

134) 김인수, 한국 기독교회의 역사(상), p. 173.

135) *Official Minutes of the Second Annual Session Korea Mission Conference, Methodist Episcopal Church 1906*, p. 74.

136) "Current Notes", *KMF*, 1905. 11(No.1), 11. Mrs. S. S. Moffett's Letter to S. A. Moffett, 1904. 5. 17. 마포삼열 목사의 선교편지, p. 933. "The Korea Mission Field 해제", 한국기독사연구회 편, *The Korea Mission Field*-영인본-(서울: 한국기독교사연구회, 1987).

137) *Fifth Annual Meeting of the General Council of Protestant Evangelical Missions in Korea*, p. 20.

138) *Seventh Annual Meeting of the General Council of Protestant Evangelical Missions in Korea*, p. 29.

엔 943부를 연례 구독하였고, 전체 구독매수는 1914년에 12,555부, 1915년에 12,691부가 되었다.[139] 1920년대에도 이 신문은 최고의 수준을 유지했으며, 어떤 선교지에서 발간되는 신문과도 뒤지지 않는 모양과 내용으로 인정되었고, 매월 1,000부 정도 구독하였다.[140]

c. 기타 잡지

한글로 된 최초의 잡지는 1900년 12월에 발행된 〈신학월보〉(*Theological Review*)로, 북감리교 존스(G. H. Jones)가 교회소식과 더불어 신학적인 글을 포함하여 편집한 것으로 초기 한국교회의 신학 형성에 지대한 공헌을 하였고,[141] 남감리교회가 1903년 〈신학월보〉에 공동으로 참여하였다.[142] 1904년 빈톤이 〈예수교서 회보〉를, 1906년에 정동감리교회가 〈성경강론월보〉를, 1908년 성공회는 〈종교성교회월보〉를 발행했다.[143] 1907년 연합 주간지 〈그리스도 신문〉(*the Christian News*)과 연합월간지 〈주일학교〉(*the Sunday School Lessons*) 등이 〈코리아 미션필드〉(*The Korea Mission Field*)와 더불어 성공적으로, 정기적으로, 제 시간에 그리고 적절하게 발행되었고,[144] 이것들을

---

139) *Fourth Annual Meeting of the Federal Council of Protestant Evangelical Missions in Korea*, 22.

140) *Tenth Annual Meeting of the Federal Council of Protestant Evangelical Missions in Korea*, 33.

141) 윤춘병, "한국교회 초기에 있어서 〈신학월보〉의 사료적 가치", 〈한국기독교사 연구〉 23호 (1988. 12), p. 29.

142) 신학월보, 제3권 제6호 (1903. 6), p. 233.

143) 김인수, 한국 기독교회의 역사(상), p. 174.

144) *Fifth Annual Meeting of the General Council of Protestant Evangelical Missions in Korea*, p. 19.

통하여 모든 교회의 교육자료를 제공하였고, 분기별로 신학문서들을 발간하였다. 이 사역을 위한 재정은 외부의 지원 없이 이뤄졌다.[145] 이와 같이 신문 및 잡지는 영문, 한글 모두 연합사업으로 이뤄지는 쾌거를 이루었다. 다만 찬송가 출판에 있어서 연합운동이 깨지는 아쉬움이 있었던 것과 마찬가지로 〈기독신보〉가 끝내 연합신문의 기능을 하지 못하고 장 · 감이 각각 독자적인 신문을 발간함으로 연합정신이 중단된 아쉬움이 크다고 하겠다.

D. 출판사

초기 개신교 문서선교를 위해 세워진 것이 조선셩교서회, 삼문출판사, 그리고 조선기독교창문사이다. 앞의 두 출판사는 선교사들이 시작한 것이고, 세 번째 것은 한국인들이 독자적으로 운영한 것이다.

1. 조선셩교서회

초기 한국 개신교의 문서선교를 담당하기 위해 처음으로 세워진 기관이 '조선셩교셔회'(朝鮮聖教書會, Korean Religious Tract Society)이다.[146] 서회는 선교부와 연합공의회와 긴밀한 관계 속에서 일하며 동시에 자체의 조직이 있었는데 안식일교 선교사들을 제외하고는 모든 개신교 선교사들이 이 서회의 회원이 되었다.[147] 서회의 조직은 1889년 10월, 정동의 언더우드의 집에

145) H. G. Underwood, *The Call of Korea*, pp. 115-116.
146) 이후로는 조선셩교셔회를 서회라 부른다.

서 헤론(J. W. Heron)에 의해 제안되었다.[148] 언더우드는 토론토 문서선교회, 미국 문서선교회, 그리고 런던 문서선교회에 재정 지원을 요청하였다. 이들의 재정 지원을 받아 1890년 조선셩교서회가 초교파적으로 조직될 수 있었다.[149] 회장에 감리교회 올링거(F. Ohlinger), 부회장에 감리교회 헐버트(H. B. Hulbert), 연락 간사에 장로교회 언더우드, 서기에 감리교회 스크랜턴(W. B. Scranton), 회계에 캐나다 선교부의 펜윅(Malcolm Fenwick)이었다.[150] 이렇게 해서 장로교회와 감리교회의 연합사업으로 복음전도는 물론 문화발전을 위해 서회가 출발하였다. 이 서회의 성장이 한국교회 역사의 산 증거가 된다.[151] 이렇게 태동된 서회의 목적은 "한국어로 기독교 서적과 전도지와 정기간행물의 잡지류를 발행하여 전국에 보급"[152]하는 것이었다. 초기에 출판된 것들은 1890년 "셩교촬리", "텬로지귀", 1891년 "훈ᄋ진언", 1892년 "쟝원량우샹론", 1893년 "구셰진젼", "덕혜입문" 등과 같은 전도교리 문서들이었다.[153] 이와 같이 선교사들의 글이

---

147) C. A. Clark, *The Nevius Plan for Mission Work-Illustrated in Korea*, p. 218.
148) N. C. Whittemore, "Fifty Years of Comity and Co-operaiton in Korea", p. 99.
149) The Federal Council of Korea and the Interchurch World Movement of North America, *Korea Hand Book of Missions 1920*, p. 24. L. H. Underwood, *Underwood of Korea*, p. 46.
150) 위의 책. 언더우드 외에도 초기 서회의 설립에 기여한 주요 인물들은 헤론, 마펫, 기포드(Gifford), 게일, 그리고 빈톤(Vinton) 등이었다. Harry A. Rhodes, "Fifty Years of Christian Literature in the Korean Mission, Presbyterian Church, U.S.A", p. 72. 1대 회장은 올링거(1890-1892), 2대 아펜젤러(1892-1902), 3대 게일(1901-1905), 4대 번커(1905-1908), 5대 언더우드(1908-1915), 6대 저다인(1915-1919), 7대 쿤스(1919-1921), 8대 하디(1921-1927), 9대 힛치(1926-1927), 10대 하디(1927-1928), 11대 밀러(1928-1930), 12대 로즈(1930-1932), 13대 스와인하트(1932-1933), 14대 유억겸(1938-1939), 15대 아펜젤러(1939-1940) 등이었다. 한국감리교회사 I, pp. 280, 282.
151) 이장식, 대한기독교서회 백년사(서울: 대한기독교서회, 1984), pp. 9, 16.
152) 위의 책, p. 18.
153) 이만열, 한국기독교문화운동사, p. 308.

나 번역물이 주류를 이루었고, 이어서 한국인들의 작품들로 1895년 홍정후의 "칠득"(七得), 1897년 노병선의 "파혹진선론"(破惑進善論), 1904년 길선주의 "해타론"(懈惰論), 1909년 최병헌의 "예수텬쥬량교변론"(耶蘇天主兩教辯論) 등과 같은 소수의 것들이 발행되었다.[154)]

초기 출판에 관한 선교부의 모든 것들이 1890년에 선교사들에 의해서 설립된 이 서회에서 1924년 한국인들이 점차 관여하기 전까지 단독으로 이뤄졌다.[155)] 점차 선교사들이 서회 경영진의 절반으로 줄고, 여섯 개의 선교부가 협력하여 직원들 사례비를 지불하였으며 세 개 선교부에서는 한 명씩 편집부에서 전임으로 일하게 하였고, 연합공의회와 교회에서 사용되는 모든 문헌을 초기에는 서회에서 독점하였다.[156)] 이 서회를 통해서 출판된 것들은 200-300명의 권서인들과 서점들을 통하여 전국적으로 배포되었다. 이런 체제는 서회의 출판이 교회에 전달되는 데 조금의 낭비와 중복이 없이 이뤄질 수 있었다.[157)] "책은 거저 주지 않고 판매한다"는 네비어스의 원리에 기초한 북장로교회 선교부의 규정이 서회의 규칙이었는데, 이것이 자립의 원리를 지키는 데 큰 도움이 되었으며, 초기 선교사들에 의해 행해진 가장 중요한 기독교 운동 중 하나였다.[158)] 1915년부터 1919년까지는 조선야소교서회

---

154) 위의 책, pp. 336-338. 이덕주,"한국 기독교 문서운동 개관", 한영제 편, 한국 기독교 문서운동 100년 (서울: 기독교문사, 1987), p. 22.

155) C. A. Clark, "Fifty Years of Mission Organization Principles and Practice", *The Fiftieth Anniversary Celebration of the Korea Mission of the Prebyterian Church in the U.S.A.*, p. 64. 한국인들이 서회의 회원으로 상당수가 참여하게 된 것은 1930년 연례모임 때부터였다. N. C. Whittemore, "Fifty Years of Comity and Co-operation in Korea", p. 99.

156) C. A. Clark, *The Nevius Plan for Mission Work-Illustrated in Korea*, pp. 218-219.

157) C. A. Clark, "Fifty Years of Mission Organization Principles and Practice", p. 64.

(Korean Religious Book and Tract Society)라 불렀다.[159]

문서선교가 가속화되며 서회는 가장 큰 근대적 출판사로 성장했다. 1911년 새 건물이 건축되었다. 언더우드는 당시 회장직에 있으면서, 이 일이 서회의 세 번째 단계에 이른 것이라고 하였다. 첫째 단계는 기금을 모아 몇몇 책들과 소책자를 발행한 것이며, 둘째 단계는 영국과 미국의 전도문서 선교회가 운영자를 지원한 것이다. 이제 셋째 단계로 작지만 자기 건물을 갖고 일을 할 수 있게 된 것이었다.[160] 이 건물과 더불어 전임(傳任) 총무로 구세군 사관으로 한국에서 2년간 선교사로 활동한 본위크(Gerald Bonwick)를 임명하였다. 그의 보수는 미국전도문서협회와 영국문서전도협회 그리고 서회에 협력한 여섯 개 선교부에서 공동으로 부담하였으며, 그는 이후 27년간 총무로 일하며 탁월한 사업가적 기질을 발휘하며 서회를 든든하게 세워갔다.[161]

서회의 주목적은 전도사업을 위한 문서 발행에 있었고, 이를 위해서 전국의 교회 및 기관들의 관심과 협력이 요구되었다. 이것이 외국 선교사들의 선교사업의 한 방편만이 아니었기에, 1912년 1월 셋째 주일부터 서회 주일로 정하여 기도와 헌금을 하도록 총회가 결정하였다. 이 결정은 곧 연합사업을 위해 주일을 공동으로 지키게 된 최초의 사례가 되었다. 이어 교역자 문고를 100개 만들어 서회에 가입한 선교부별로 분배하였다. 그것은 영국 성공회 선교부 5개, 북장로교회 선교부 33개, 남장로교회

---

158) C. A. Clark, *The Nevius Plan for Mission Work-Illustrated in Korea*, p. 103.
159) 한국감리교회사 I, p. 280.
160) L. H. Underwood, *Underwood of Korea*, p. 295.
161) The Federal Council of Korea and the Interchurch World Movement of North America, *Korea Hand Book of Missions 1920*, p. 24. 이장식, 대한기독교서회 백년사, pp. 28-29.

선교부 10개, 북감리교회 선교부 25개, 남감리교회 선교부 13개, 호주 선교부 6개, 그리고 캐나다 선교부 8개 등이다.

서회는 1913년부터 연합공의회(the Federal Council of Korean Missions)의 위탁을 받아 주일학교 공과를 발행하여 이후 오랜 기간 장로교회와 감리교회의 주일학교 교재로 사용했다. 같은 해 연합공회의 요청으로 선교사들을 위한 기도월력과 선교수첩(*Prayer Calendar and Missionary Directory*)을 발행하였는데, 여기에 선교사들의 인적 사항이 기입되었다. 1915년부터는 교회연합신문인 〈기독신보〉(*The Christian Messenger*)를 발행 및 보급하였다.[162] 1918년 3월 20일에 장로회신학교 신학지인 〈신학지남〉(神學指南)을 발간하여 첫 구독자가 2,500명에 이르렀다.[163] 1919년에 연합공의회의 재원으로 합동찬송가를 발행하였고, 같은 해 9월 27일 연례 총회에서 서회의 영어 명칭을 'The Christian Literature Society of Korea'로 고쳤다. 이것이 현재까지 사용되고 있다.[164]

1920년대 말엽에 일본 제국주의는 만주 침략을 준비하며, 유화정책을 종결하고 교회와 기독교 학교 및 기관에 대한 감시와 압력을 가중시켰다. 특히 성경, 한국어, 그리고 한국역사 등의 교육을 금지하였다.[165] 여기에다 전체 경제의 어려움도 가중되어 서회의 준비와 반포를 위한 연합운동이 쉽지 않았다.[166] 이런 가운데도 서회는 1928년 서적 매출이 전년도 대비 10%가 성장하였

---

162) 위의 책, pp. 32-34.
163) 장로회신학대학교 100년사, p. 107.
164) The Federal Council of Korea and the Interchurch World Movement of North America, *Korea Hand Book of Missions 1920*, 24. 이장식, 대한기독교서회 백년사, p. 37.
165) 위의 책, p. 45.
166) E. H. Miller, "General Survey of the Christian Movement", p. 5,

다.[167] 1925년 서회의 일은 기독교서회 기금을 통해 사례를 받는 본위크 총무와 북감리교회 선교사인 번커(D. A. Bunker)가 전임 사역자들로 분담하였다.[168] 평양 장로회신학교 교수들이 번역하여 간행한 〈성경사전〉(*The Universal Bible Dictionary*)은[169] 가장 크고 매력적이며 중요한 기독교 서적이 되었는데,[170] 이것은 〈데이비스 사전〉(*Davis Dictionary*)과 런던 서회(Tract Society of London)의 사전을 기초로 한 방대한 사전이었다.[171] 같은 해에 북감리교회 선교부 윌리엄스(F. E. C. Williams)의 편집으로 첫 번째 《한국선교부연감》(*Korea Missions Year Book*)이 발행되었는데, 이 책은 한국에 있는 모든 선교부들의 선교지부(station)마다의 사역을 기술해 준다.[172] 서회 건축 공사로 인해 1930년에는 피어선 성경학교 내에 임시 사무실을 마련하였다. 같은 해 주일학교 연합회의 위탁으로 월간지 〈종교교육〉(*The Children's Magazine*)을, 이어서 〈기독교 종교교육〉, 〈아이생활〉 등을 발행했다. 이것의 발행을 위해 캐나다 연합교회 여선교회가 400불을, 미국 여전도회가 350불을 지원했다.[173]

연합공의회는 서회의 사역이 곧 기독교회의 발전의 기초라 여겼고, 한국의 모든 개신교회를 대표하는 이사들이 내놓은 서회 사역을 위한 단독 건물을 짓기 위한 7만 불 모금 계획을 열의를

167) 이장식, 대한기독교서회 백년사, 45.
168) *Annual Report of the Board of Foreign Missions of the Methodist Episcopal Church, Korea Mission 1925*, p. 124.
169) 이장식, 대한기독교서회 백년사, p. 45.
170) *Annual Report of the Board of Foreign Missions of the Methodist Episcopal Church, Korea Mission 1928*, p. 105.
171) C. A. Clark, *The Nevius Plan for Mission Work-Illustrated in Korea*, p. 187.
172) *Annual Report of the Board of Foreign Missions of the Methodist Episcopal Church, Korea Mission 1928*, p. 105.
173) 이장식, 대한기독교서회 백년사, p. 47.

가지고 승인하고, 이 기금을 마련하기 위해 각 선교부가 분담하기로 하였다.[174] 서회 건축은 1929년 봄 남장로교회의 스와인하트(M. L. Swineheart)의 노력을 통하여 폭넓은 모금이 시작되었다.[175] 스와인하트의 감독 하에 1925년 상해에서 온 북장로교회 선교사 건(C. A. Gun)의 설계로 5층 현대식 건물로 1931년 6월에 완공하였다.[176] 9월 21일 헌당예배를 서회 옥상에서 '선교부연합공의회' (Federal Council of Missions)와 '조선예수교연합공의회' (the National Christian Council) 모임을 겸하여 드렸다.

서회 건물은 이후 서울은 물론 전국의 기독교 단체들,[177] 서회와 감리교회 총리원, 조선예수교연합공의회, 조선주일학교연합회, 아이생활사, 기독신보사, 신생활사 등이 사용함으로 "조선기독교 운동의 총본영"[178]이 될 만하였다. 여러 모임들이 이곳에서 개최되었고, 서울연합교회(the Seoul Union Church)의 주간 기도모임도 여기서 열렸다. 서회는 지난 21년간 런던 문서선교회(the Religious Tract Society of London)로부터 34,000엔에 이르는 연례 기부금을 받았으며, 로스앤젤레스의 밀튼 스튜어트 기금(the Milton Stewart Fund)에서 1913년에서 1928년까지 32,000엔을 지원받았다.[179] 신흥우는 서회 건물 완공을

---

174) *Sixteenth Annual Meeting of the Federal Council of Protestant Evangelical Missions in Korea*, p. 28.

175) *Annual Report of the Board of Foreign Missions of the Methodist Episcopal Church, Korea Mission 1929*, p. 146.

176) 기독신보, 1931. 10. 7.

177) Harry A. Rhodes, "The Christian Literature Society", *The Korea Missions Year Book 1932*, p. 72.

178) "祝朝鮮耶蘇教書會落成", 기독신보, 1931. 6. 10.

179) Harry A. Rhodes, "The Christian Literature Society", *The Korea Missions Year Book 1932*, pp. 72-73.

축하하며 선교사들과 한국인들 간에 진정한 에큐메니칼 운동이 이뤄지기를 다음과 같이 말했다.

> 특히 빌고 바라는 것은 이 집을 볼 때 그 속에는 인종의 차별이 없이 국제적 친선을 가지고 운행하여 나갓스면 하는 것입니다. 다시 말하면 조선 사람은 서양 사람을 간격잇게 생각지 말고 서양 사람은 또 조선 사람을 차별잇게 생각지 말고 한 마음 한 뜻으로 그리스도의 사랑 안에서 한 뭉치가 되여 나간다면 과연 하나님의 경륜하시는 사업이 완전히 이루어지리라고 밋으며 그러할 줄 알고 더욱 깃버하며 축하하기를 마지안습니다.[180]

교회 연합신문인 〈기독신보〉는 주간으로 발행되어 폭넓은 지역에 공급할 뿐만 아니라 구독자를 개발하는 가장 효과적인 매체로서 서회의 가장 중요한 출판물이었다.[181] 연합공의회는 1927년 서회 실행위원회로 기독교 일간신문을 창간하는 문제를 조사 보고하도록 권했다. 이 신문은 한국에서 가장 많이 읽는 형태의 글로, 교회가 일간 신문의 매체로 일반적인 글들과 더불어 기독교적 관점의 신문으로 더 많은 사람들에게 접촉하기를 기대했다.[182] 〈기독신보〉는 서회의 소유였지만, 선교 50주년이었던 1934년 15명의 이사에 의해 운영되었다. 그 중에 여섯 명은 장로교회로부터, 여섯 명은 감리교회로부터, 그리고 세 명은 서회의 대표들로 구성되었다.[183] 1935년에는 맹인용 점자 찬송가를 발행하였

180) 신흥우, "축 조선야소교회서회 낙성", 기독신보, 1931. 6. 10.
181) *Sixteenth Annual Meeting of the Federal Council of Protestant Evangelical Missions in Korea*, p. 28.
182) 위의 책, p. 30.
183) N. C. Whittemore, "Fifty Years of Comity and Co-operation in Korea", p. 100.

다.[184] 1937년에 주일학교연합회와 공동 편집 및 발행하던 〈기독교 종교교육〉을 주일학교연합회로 이관하였으며, 1910년 9월부터 상임총무로 일해 온 본위크가 1937년 3월에 은퇴하여 영국으로 돌아갔다.[185] 그동안 서회가 위탁 출판해 오던 〈기독신보〉도 떨어져 나갔으며 1905년에 창간한 〈코리아미션필드〉(The Korea Mission Field)만 유일하게 성업을 이루어 13,315부를 발행했다. 일제의 탄압으로 〈주일학교 소식〉이 서회로 이관되어 계속 발행하였다. 1940년 6월 24일 YMCA 대강당에서 서회 창립 50주년 기념식을 가졌다.[186] 이 시기까지 서회는 주로 '외국기관'이었으며, 연합공의회는 한국인 직원들을 확보하고, 한국인 이사들이 선출되어 한국교회가 서회사역에 더 많은 분담을 하도록 노력하였다.[187]

2. 삼문출판사(三文出版社, the Tri-lingual Press)

초기 한국교회의 문서 발행은 처음에는 중국이나 일본에서 했으나, 운송비를 포함하여 매우 비쌌기 때문에 한국에 출판사를 만들게 되었는데, 국내 최초의 인쇄소가 1889년 9월에 설립된 삼문출판사(三文出版社, the Tri-lingual Press)이며, 매니저는 북감리교회의 올링거(F. Ohlinger)였다.[188] 이것은 배재학당 안에 설립된 인쇄소로 영문, 한문, 한글 세 문자 모두를 인쇄할 수 있는 설비를 갖춰 삼문출판사라 하였고, 운영은 감리교회에서 했

184) 이장식, 대한기독교서회 백년사, p. 55.
185) 위의 책, p. 59.
186) 위의 책, p. 61.
187) *Sixteenth Annual Meeting of the Federal Council of Protestant Evangelical Missions in Korea*, p. 30.

지만 인쇄는 초교파적으로 사용하였는데, 이 인쇄소의 출현으로 1889년부터 단행본이 활발하게 출판되기 시작한 것이다.[189] 이로써 삼문출판사는 당시 정부가 운영하던 박문국을 제외하고 한국에서 유일한 인쇄소가 되었고, 같은 해 10월 언더우드가 장·감 선교사들을 자기 집으로 초청하여 문서사업을 논의하고 조선셩교셔회는 다음 해 6월에야 조직되었다.[190] 후에 헐버트(H. B. Hulbert)가 매니저가 되었는데, 그는 이 사역은 성공이 보장된 것이며, 삼문출판사의 목적은 "기독교 문서를 한국에 있는 내국인들과 외국인들에게 보급하기 위함"이라고 보고하였다.[191]

초창기의 출판은 대부분 소책자들이었다. 이후 복음서들과 서신들, 《천로역정》(*The Pilgrim's Progress*) 등을 출판하였다.[192] 1900년에 북감리교회는 10,000엔을 들여 한국에서 제일 좋은 인쇄기를 도입하였고,[193] 이때 장로교회 선교부로부터 2,000엔을 대출받아 새 장비를 급히 구하는 데 큰 도움이 되었으며, 이 비용은 상호 협약에 의해 인쇄비를 선지불한 것으로 장·감의 또 다른 예양(comity arrangement)을 보여 준 좋은 선례

---

188) H. G. Appenzeller, *The Korea Mission of the Methodist Episcopal Church*(New York: Open Door Emergency Commission, 1902), p. 28. *Annual Report of the Board of Foreign Missions of the Methodist Episcopal Church, Korea Mission 1891*, p. 272-273. 〈감리회보〉 제2권 6호 (1934, 6. 10). 삼문(三文)은 한글, 한문, 그리고 영어를 의미하고 세 가지 언어로 모두 출판하였다. 존스는 올링거가 한국에서 인쇄를 처음 시작하였는데, 극복하기 어려운 여러 가지 여건에도 불구하고 기술과 불굴의 의지로 초기 한국교회의 인쇄 부분을 어렵지 않게 수행하였다고 진술한다. G. H. Jones, *Korea-The Land, People, and Customs* (New York: Eaton and Mains, 1907), p. 75.

189) 한국기독교역사연구소, 한국 기독교의 역사 I, p. 205.

190) 윤춘병, 한국 기독교 신문·잡지 백년사, pp. 33-34.

191) Annual Report of the Board of Foreign Missions of the Methodist Episcopal Church, Korea Mission 1894, p. 248.

192) 위의 책, p. 249. 1894년에는 삼문출판사에서 인쇄한 것이 1,801,440페이지에 이르렀다. 1899년 5월 1일부터 1900년 5월 1일까지는 1,100만 페이지의 신앙에 대한 글을 프린트했다.

193) 위의 책, 1900, p. 281.

이며, 이후 삼문출판사는 더 많은 투자와 출판의 확장으로 북감리교연회는 '조선감리교출판사'(또는 미이미교회출판소, Korea Methodist Publishing House)로 이름을 변경했다.[194] '조선성서위원회'와 '조선셩교셔회'도 '조선감리교출판사'를 통해 인쇄를 하였다.[195] 1906년부터 장로교회와 통합하여 연합출판사로 개편하고자 했으나 북장로교회의 불참으로 이뤄지지 못했고, 1909년 이 출판사는 문을 닫았다.[196] 이 출판사에서 출간된 책들은 1890년 이후 번역된 단편 성경들을 비롯하여, 〈죠션크리스도인회보〉, 〈그리스도신문〉, 〈*The Korean Repository*〉, 〈*The Kore Field*〉, 〈*The Korea Methodist*〉, 〈*The Korea Mission Field*〉, 〈신학월보〉, 〈엡윗청년회보〉, 〈성경강론월보〉 등과 〈독립신문〉, 〈협성회보〉, 〈경성신문〉, 〈미일신문〉 등 일반신문도 인쇄를 하였다.[197] 삼문출판사는 짧은 역사를 지닌 채 문을 닫았지만 초기 교회의 문서 출판에서 중요한 역할을 담당하였으며, 감리교회의 노력으로 연합사업으로 이어졌지만 끝내 장·감이 연합출판사를 만들지 못한 아쉬움이 있다.

3. 조선기독교창문사

초기 문서출판이 '조선셩교셔회' 및 '삼문출판사'를 포함하여 선교사들을 통하여 들어온 외국자본과 그들의 주관하에 이뤄진

194) 위의 책, p. 291.
195) 위의 책, 1906, p. 323. 1906년 조선감리교출판사가 인쇄한 양은 2,200만 페이지에 이른다.
196) 한국기독교역사연구소, 한국 기독교의 역사 I, p. 206.
197) 윤춘병, 한국 감리교 도서출판 백년사 (서울: 기독교대한감리회본부 교육국, 1986), pp. 101-02.

데 반해, 한국인들이 주체가 되어 기독교 문화를 창조하려는 노력으로 탄생된 것이 바로 '조선기독교창문사'(朝鮮基督敎彰文社)이다.[198] 이것은 당시 한국 기독교 지성인들이 모여 창립한 문서기관으로 1921년 8월 YMCA 인사들이었던 이상재(장로교), 윤치호(감리교), 유성준(장로교), 박승봉(장로교), 최병헌(감리교) 등과 더불어 3 · 1운동으로 출옥한 이승훈(장로교), 정노식, 김세환, 김창준(감리교), 김백원(장로교)이 "기독교적 문화운동으로 제반 기독교의 서적을 간행 판매하고……그 외에 잡지 및 기타 도서 간행 및 판매, 일반 인쇄업, 교육용품 판매 또는 이상 업무의 부대사업 등을 경영"하고자 전문 출판사 발기인대회를 가졌다.[199]

첫 발기인들은 대부분 평신도들로 초교파 단체인 YMCA 지도자들과 서울안동장로교회의 교인들이었다.[200] 이들은 전국을 순회하며 순전히 민족자본으로 출판사를 설립할 것을 촉구하였으며, 처음에 이름을 '조선기독교광문사'(朝鮮基督敎廣文社)라고 하였고, 당시 민족 언론사인 동아일보에서 이 건을 적극적으로 보도해 주었다.[201] 이런 준비 과정을 거쳐 1923년 1월 31일 종로 명월관에서 창립총회를 개최했고, 광문사로 추진하다가 기존에 일반 출판사가 있었으므로 출판사 이름을 '조선기독교창문사'로 변경하였다.[202] 초기 임원진은 사장에 이상재, 전무 박봉서, 취체역(取締役)에 김정기, 김창준, 김석태, 박용희, 이관순, 김의균,

198) 金良善, 韓國基督敎史硏究 (서울: 기독교문사, 1971), p. 146.
199) "광문사 발기", 동아일보, 1921. 8. 13. 한국기독교역사연구소, 한국 기독교의 역사 II, p. 79.
200) 이만열, 한국기독교문화운동사, p. 328.
201) 동아일보, 1921. 8. 23.
202) 기독신보, 1923. 2. 7.

신상휴, 한일현, 정찬유, 박승봉, 유성준, 윤치호, 최돈제, 감사역(監査役)에 최병헌, 정노식, 김양수, 박종명, 정달하 등이었다.[203] 1924년 이상재가 사장이 되어 인쇄 및 판매 사업을 확장하였고, YMCA 회관 지하에 종교서점인 창문당 서점을 개설하였고, 1925년에 윤치호가 사장이 되어 거금을 제공함으로 사업이 활발하게 되자 기독교창문사는 예수교서회와 비교할 만한 출판, 인쇄, 그리고 판매를 담당하는 기관으로 성장하였다.[204]

'조선기독교창문사' 의 첫 출판물은 1923년 7월에 창간된 정기간행물 〈신생명〉이며, 이 잡지는 일제의 간섭을 피하고자 쿤스(E. W. Koons)와 겐소(J. F. Genso) 등을 발행인으로 등록하였고, 실제적인 편집과 발행은 한국인들이 담당하였다. 첫 주필이 전영택이었으며, 이어 홍병선, 채필근, 방인근 등이 편집을, 필진으로는 채필근, 송창근, 김지한, 이관용, 박동완, 최태용, 조민형, 김창제, 최상현, 채상석, 김인서, 강매, 고려위, 박승봉, 방인근, 강명석 등으로 민족의식이 강한 사람들이었다. 이로 인해서 〈신생명〉은 총독부의 감시 및 간섭을 피할 수 없었고, 제5호인 1923년 11월호는 기사 내용이 압수되어 임시호로 늦게 발행되었다.[205] 이런 진통으로 이 잡지는 1925년 4월 21호로 폐간되었다.[206]

'조선기독교창문사' 가 처음으로 발행한 단행본은 1923년에 한국인의 힘으로 제작된 강해서인 《창세기 강해》이다.[207] 연이어 길필레의 《어린 동무》, 엄필진의 《조선동요집》과 같은 아동도서

203) 위의 책.
204) 이만열, 한국기독교문화운동사, pp. 328-329.
205) 신생명, 제5호 (1923.11), p. 50. 한국기독교역사연구소, 한국 기독교의 역사 II, pp. 80-81.
206) 윤춘병, 한국 기독교 신문 · 잡지 백년사, p. 148.

와 박승봉의 《바울과 그의 신앙》, 《예수교장로회 예식서》, 유형기의 《기독교 실제문제》 등의 목회 및 신학 도서, 나아가 이능화의 《조선기독교급외교사》(1928), 게일(J. S. Gale)과 이원모의 《신역성경전서》(1925) 등이었다.[208] 하지만, 독자적인 성경번역 출판을 시도한 《신역성경전서》에 엄청난 자금을 출자하다가 경영에 어려움을 겪고, 1930년대 출판사 기능을 하지 못하였고 1939년까지 인쇄소 기능을 하다가 없어진 것으로 보인다.[209] 기독교창문사는 비록 10여 년밖에 존속하지 못한 아쉬움이 있지만, 당시 열악한 상황에서도 한국 기독교인들이 독자적인 출판업을 장·감이 연합하여 창설했다는 점에서 역사적 의의가 있다고 하겠다.

E. 소결론

문서사업에 있어서 연합운동도 의료 및 교육과 더불어 괄목할 만한 것이었다. 성경 번역 및 출판으로 시작하여 찬송가 출판, 성경주석, 그리고 신문 및 잡지에 이르기까지, 영문만이 아니라 한글 모두 연합사업이 성취되었다. 선교사들의 수가 많지 않은 가운데 시작된 첫 '성서번역위원회'의 조직부터 연합으로 이뤄졌고, 중국이나 일본과 비교해서 짧은 시간 내에 성경 번역을 완성하는 쾌거를 이룬 것은 연합정신의 진수를 보여준 것이다. 찬송가의 출판도 각 교단이 편집 출판하다가 연합을 위한 노력 끝에

---

207) 신생명, 제4호 (1923. 10). 이 잡지 광고 면에 실린 것으로, 광고문에 "주의 복음이 우리 반도강산에 드러온지 四十餘年이나 되는 오늘날에 純全히 우리 朝鮮信徒의 힘과 誠力으로 基督教彰文事業의 第一步로 創世記講解가 나왓슴이다"라고 전한다.
208) 이만열, 한국기독교 문화운동사, pp. 329-330.
209) 김봉희, 한국기독교 문서간행사 연구 (서울: 이화여대 출판부, 1987), pp. 145-146.

성취하였으며, 〈그리스도 신문〉으로 시작하여 〈기독신보〉에 이르는 연합신문의 성취, 그리고 영문 잡지 〈코리안미션필드〉(The Korean Mission Field)도 연합정신의 참모습을 보여 주며 다른 출판물에 비해서 장기간 동안 출판이 계속되었다. 이런 것을 출판하기 위해 '조선셩교셔회'가 초교파적으로 설립되었고, 더불어 '삼문출판사'와 '조선기독교창문사' 등이 연합사업으로 이뤄짐으로 문서사역을 완만하게 담당하게 했다.

그러나 교육사업에 있어서 연합을 이루었다가 파기된 것과 같이 문서사업에도 이런 일이 일어난 것이 아쉽다. 그 중에 대표적인 일은 각 교파의 찬송가 출판이다. 1908년에 이룩한 연합찬송가《찬숑가》발행 이후, 20여 년 간 잘 사용하다가 새 연합찬송가인《신정찬송가》를 정인과를 중심으로 장로교가 사용을 거부하고《신편찬송가》를 별도로 발행함으로 연합운동이 중단되고, 이것이 50여 년이 지난 1983년에야 다시 연합찬송가인《통일찬송가》가 나오기까지 긴 세월 연합정신을 이루지 못했다.

성경과 달리 찬송가는 오늘날까지도 연합사업에 물의를 빚고 있는데, 이것은 일부 교권자들의 이권 문제로 인한 것으로 연합정신의 큰 저해요소로 이어지고 있다. 이런 일은 연합신문인 〈기독신보〉도 마찬가지였다. 전필순과 서회의 갈등 관계로 시작한 것이 그만 연합신문의 발간이 중단되는 사태로 이어진 것이다. 여기서 보는 것과 같이 교권 및 이권 분쟁이 에큐메니칼 운동을 가로막는 근원적인 요소이다.

VI 사회 참여

개신교는 처음부터 민족과 함께하는 교회로서 출발했다. 앞서 보았던 의료선교와 교육선교 등의 형태로부터 여성운동, 항일운동, 특별히 사회계몽에 적극적으로 참여하였다. 1919년 출판된 《남감리교회도리급장정》(南監理敎會道理及章程)에 미국 남감리교회에서 채택한 것을 한글로 번역한 "16개조 사회적 신경"을 넣음으로[1] 교회의 대사회적 관심을 표명하였고, 1930년 남북 감리교회가 통합하여 기독교조선감리회가 탄생할 때 채택한 "감리교 교리적 선언" 가운데, "우리는 하나님의 뜻이 실현된 인류사회가 천국임을 믿으며 하나님 아버지 앞에 모든 사람이 형제 됨을 믿으며"[2]라고 선포하며 교회의 사회 참여에 대한 인식을 분명하게 보여 주었다. 또한 1931년에 출판된 《기독교조선감리회 교리와

---

1) E. M. Cable 편, 基督教朝鮮監理會 教理와 章程 (서울: 基督教朝鮮監理會 總理院 教育局, 1931). 이 신경은 남감리교회의 것이 아니고, 1921년 미국 기독교연합회(Federal Council of the Churches of Christ in America)에서 채택된 것을 수용한 것이다. 한국기독교역사연구소, 한국 기독교의 역사 II, p. 220.

2) 基督教朝鮮監理會 教理와 章程, p. 39. 이것은 일곱 번째 선언이다.

장정》에는 규칙을 기록하며 부록으로 “사회신경”을 넣었는데,[3] 이것은 남감리교회의 16개조 사회신경과 달리 13개조로 되었으며 이것 역시 번역된 것이라는 한계는 있다. 조선예수교연합공의회는 1932년 “12개 사회신조”를 채택하였다.[4] 여기에는 남녀평등, 여성교육, 노동시간, 협동조합, 노동조합, 최저 임금법, 소작법 등의 사회문제에 대해 기독교의 입장을 분명하게 표명하며 조선예수교연합공의회가 여성문제, 절제운동, 농촌문제, 사회구제 등의 사업에 참여하는 신학적 근거를 마련해 주었다.[5] 그러므로 본장에서는 이런 사역들을 중심으로 교회의 사회 참여를 통한 연합운동을 정리하도록 하겠다.

A. 여성사역

초기 교회 사회 참여의 첫째로 여성사역을 들 수 있다. 한국의 여성들은 직계 가족 외의 남자들과는 접촉되지 않는 등 폐쇄적 구조 속에서 지낸 것은 사실이나 인도의 여성들과 같은 은둔상태에 있었던 것은 아니다. 한국에는 부녀자를 남의 눈에 띄지 않게 하는 인도의 퍼다(the purdah-부녀자를 남의 눈에 띄지 않게 하는 제도) 같은 것은 없었고, 선교사의 아내들과 독신 여성 사역자들이 초기부터 한국 여성들 사이에서 매우 부지런하게 가르쳤다.[6]

---

3) 위의 책, pp. 128-130. 1931년에 발표된 사회신경은 모두 13개이다.
4) *Proceedings of the Ninth Annual Meeting of the Korean National Christian Council*, p. 32.
5) 閔庚培, 韓國 基督教 社會運動史: 1885-1945 (서울: 대한기독교출판사, 1987), pp. 230-231.
6) C. A. Clark, *The Nevius Plan for Mission Work-Illustrated in Korea*, p. 135.

서재필은 19세기 말의 여성교육에 대한 무관심을 다음과 같이 진술한다.

> 정부에서 학교 몃츨 지금 시작하야 ᄋᆞ희들을 ᄀᆞᄅᆞ치나 계집 아희 ᄀᆞᄅᆞ치ᄂᆞᆫ 학교ᄂᆞᆫ 업스니 정부에셔 빅성의 ᄌᆞ식들을 교육ᄒᆞᆯᄯᅢ 엇지 남녀가 층등이 잇게 ᄒᆞ리오. 계집 ᄋᆞ희들은 죠션 아희가 아니며 죠션 인민의 ᄌᆞ식되기ᄂᆞᆫ 일반이어ᄂᆞᆯ 오라비ᄂᆞᆫ 정부 학교에 가셔 공부하ᄂᆞᆫ 권이 잇스되 불샹ᄒᆞᆫ 계집 ᄋᆞ희는 집에 가두워 노코 ᄀᆞᄅᆞ치ᄂᆞᆫ 거슨 다만 사나희의게 죵 노릇 ᄒᆞᆯ 직무만 ᄀᆞᄅᆞ치니 우리ᄂᆞᆫ 그 계집 ᄋᆞ희들을 위ᄒᆞ야 분히 녁이노라. 정부에셔 사나히 ᄋᆞ희들을 위ᄒᆞ야 학교 ᄒᆞ나를 짓기드면, 계집 아희들을 위히셔 또 ᄒᆞ나를 짓ᄂᆞᆫ 거시 맛당ᄒᆞᆫ 일이니…….[7)]

서재필은 이와 같이 여성교육이 무시되던 때에 선교사들이 고향과 부모 친척을 떠나 낯선 타국에서 자비로 생활하며 학교를 설립하여 한국의 남녀를 성심껏 가르치는 것이 옳고, 참되고, 정직하고, 옳은 행실이라고 말하였다.[8)]

장로교회의 여성사역은 알렌 부인이 시작하였고, 곧 헤론 부인이 관리하였다.[9)] 초기에는 남자들 중심으로 선교가 이뤄졌지만,

---

7) 서재필, "사설", 독립신문, 1896. 5. 12.

8) 위의 책.

9) M. Best, " Development of Work Among Women" , *Quarto Centennial Papers Read Before the Korea Mission of the Presbyterian Church in the U.S.A. at the Annual Meeting in Pyeng Yang, August 27, 1909*, p. 44. 헤론 부인은 매주일 저녁 자기 집에서 여성들을 위한 반을 개설했는데, 20-30명이 모였으며, 그녀는 마법과도 같은 랜턴을 가지고 복음서 이야기를 들려주었다. S. A. Moffett's Letter to Dr. Ellinwood, 1890. 3. 18., *S. A. Moffett First Letters From Korea 1890-1891* (Seoul: Presbyterian Theological Seminary Institute of Missions, 1975), p. 10.

점차 여성의 비율이 높아져 점점 남자보다 여자의 수가 많아지게 되었다. 알렌 부인이 처음에 도착했을 때에는 여성사역의 기회가 없었다가 헤론 부인이 정기적인 성경공부를 개설하며 여성을 위한 학습반을 운영하였다. 1888년 이들 가운데 다섯 명이 세례를 받았고, 신실한 사역자들이 되었다.[10] 오래 지나지 않아 한국 여성들 가운데 가르칠 수 있고 또 가르치고자 하는 이들이 나타났다. 여성들이 자신들만을 대상으로 하는 사경회에 참여하기도 하고, 남녀 모두를 위한 지역 교회의 사경회에도 두루 참여하였고, 1897년 평양의 여성들이 최초로 '국내선교회'를 설립하고 순안 지역에 한 회원을 전도자로 파송하였다.[11] 여성사역이 확대되면서 어렵게 번 돈으로 다른 사람들에게 소책자를 나눠 주었다. 평양과 서울에서는 남자들과 같이 여성 조사(助事) 훈련 과정을 열 것을 검토하고 1898년 봄, 평양에서 시행하여 크게 성공했다. 부산과 원산에서도 여성 성경학습반이 개설되고 심방도 하였다.[12] 평양지역 여전도회연합회가 1908년 조직되어 1년에 네 차례 모여 전도사업을 확장해 나갔고,[13] 1928년에 11개 지역 연합회의 대표들이 대구 신정교회에 모여 전국여전도회연합회 창립총회를 가졌다.[14]

감리교회의 여성사역은 여자해외선교회(Woman's Foreign Missionary Society)가 파송한 스크랜턴 부인(M. F. Scran-

10) H. G. Underwood, "An Outline History of the Korea Mission of the Presbyterian Church in USA", 1899. 7, 언더우드 목사의 선교편지. pp. 930-933.
11) C. A. Clark, *The Nevius Plan for Mission Work-Illustrated in Korea*, p. 135.
12) H. G. Underwood, "An Outline History of the Korea Mission of the Presbyterian Church in USA", 1899. 7, pp. 930-933.
13) 주선애, 장로교여성사 (서울: 대한예수교장로회 여전도회전국연합회, 1978), p. 133.
14) 이효재, "한국교회여성 100년사: 개관과 전망", 한국기독교백주년기념사업협의회 여성분과위원회 편, 여성! 깰지어다 일어날지어다 노래할지어다 (서울: 대한기독교출판사, 1985), p. 35.

ton)에 의해 시작되었는데,[15] 그녀는 1888년 3월 여성들을 위해 이화학당에서 저녁예배를 시작하여 첫날 21명이 참여하였다.[16] 회집 장소는 스크랜턴이 그동안 치료소로 사용하다가 그만둔 애오개의 건물로 올링거와 함께 여기에서 여성들을 위한 복음사역을 하였다.[17] 얼마 후 노블(W. A. Noble)이 애오개 사역을 맡으면서, 노블 부인이 여성들을 위한 사역을 담당했다.[18] 남감리교회 여전도회의 시작은 1897년 중국에서 들어온 강부인과 중국인 여소저(餘小姐)의 입국과 더불어 리드 목사 부인 그리고 윤치호의 부인 등에 의해서 시작되었다.[19] 1898년 평양에서는 웰즈 부인(Mrs. J. H. Wells)이 미혼 여자 청년과 기혼 젊은 여성들을 위해 '주간학교'(a weekly school)를 시작했다. 첫 해 26명이 등록하였고, 평균 출석 인원이 11명이었다. 이것이 1901년 '여자청년학교'가 되었다.[20] 1898년 홀 부인(Sherwood Hall)은 여성들을 위한 의료사역을 위해 여자해외선교회(WFMS)의 후원 아래 평양에서 사역을 시작했다.[21] 부산과 대구에서도 어빈(B. K. Irvin) 양과 누스(S. Nourse) 양에 의해 야학교가 시작되었다. 1889-1900년에 부산에서 여학생들은 찬송가, 성경, 그리고 소책자인 《하늘로 인도함》(Guide to Heaven) 등을 읽었다.

---

15) H. G. Appenzeller, *The Korea Mission of the Methodist Episcopal Church* (New York: Open Door Emergency Commission, 1902), p. 22.
16) H. G. Appenzeller의 일기, 1888. 3. 12, p. 87.
17) *Annual Report of the Board of Foreign Missions of the Methodist Episcopal Church, Korea Mission 1891*, p. 273.
18) 위의 책, 1894, p. 245.
19) 기독신보, 1934. 9. 5
20) Blanche I. Stevens, "Contribution to the Christian Movement of Educational Work for Young Women", *The Fifty Anniversary Celebration of the Korea Mission of the Presbyterian Church in the U.S.A. June 30-July 3, 1934*, p. 147.
21) *Annual Report of the Board of Foreign Missions of the Methodist Episcopal Church, Korea Mission 1898*, p. 268.

1900년에 누스 양은 대구에서 월요일 오후 학교를 시작했다. 여기에는 비그리스도인 어머니들도 그들의 어린 딸들을 보다 자유롭게 보냈다.[22] 캠벨 부인(Mrs. J. P. Campbell)은 28세에 남편과 자녀를 사별하고, 시카고에서 간호학원을 졸업한 후 1886년에 남감리교회 선교사로 중국의 상해 등에서 10년간 선교활동을 하다가, 1897년 10월에 입국하여 남감리교회 여선교 사업을 창설하고 이어서 여성들을 위해 배화학당을 설립하였다.[23]

1902년 〈그리스도신문〉은 여성교육의 성과를 다음과 같이 전한다.

> 셔울 연동 녀학당에 학도가 지금 이십 명인데 그 학교 규칙인즉 비단 학문만 가라쳐셔 발신하게 하는 거시 아니라 마음으로 하는 공부와 힘으로 하는 공부를 다 하는데 음식 만드는 일과, 바느질하는 일과, 국문과, 국문습자와, 셩경을 날마다 외오는 공부와 풍유하는 공부와, 산슐과, 디리와, 력사와, 한문과, 한문습자와, 화학과, 간혹 체죠운동하는 공부인대……디리와 력사도 잘 알거니와 산슐에 통분까지 알고 한문은 거의 이쳔 자 가량이나 아는 거슬 보니 우리 예수교 회즁뿐만 아니라 유익한 거시 아니라 유리나라에 크게 유익한 긔초가 될 터히나 이거시 쥬 하나님 압헤 감샤한 거시라. 만일 엇더한 교우던지 딸을 학교에 너호랴 하면 일 년에 당 오백 샹식 드려노흘것 갓흐면 학교에서 먹이고 입혀 잘 교육식혀 주나니 원하시는 이가 잇거든 셔울 련동 또틔(Susan A. Doty) 부인 앞으로 편지 하시압.[24]

---

22) Blanche I. Stevens, "Contribution to the Christian Movement of Educational Work for Young Women", p. 146.
23) 한국감리교회사 I, pp. 105-106.
24) 그리스도신문, 1902. 4. 10. 이 연지동여학교가 확장되어 1909년 사립정신여중학교로 바꾸고 인허를 받았다. 朝鮮예수教長老會史記 (上), pp. 196-197.

여성들에게 교육혜택이 주어지면서 여성들의 문맹률이 급격히 줄었고,[25] 교육받은 여성들이 사회에 진출하기 시작하였다. 그들은 교회와 지역 공동체의 지도자들로, 교사, 간호사, 의사, 전도부인, YMCA나 여자절제회(Women' s Temperance Union of Korea)의 간사, 신문기자, 유치원이나 야간학교의 설립자 등이 되었다.[26] 여성들의 활동 가운데 전도부인들의 활약이 돋보였는데, 북감리교회의 경우 1917년 19명의 전도부인들이 무려 51,300리를 다니며 27,597 기독교 가정을 방문했고, 23,724 불신자 가정에 복음을 전파했다.[27] 남감리교회 여전도회는 1924년에 225개의 조직에 2,177명의 회원, 세 개의 청년회 조직과 414명의 회원, 31개의 소녀회에 1,000여 명의 회원으로 성장하였다.[28] 남감리교회 여선교회는 1920년 '조선남감리회 여선교대회' 의 명칭으로 연합회를 창설하였고, 북감리교회에서는 1924년 '조선여자 내외국선교회 총회' 라는 명칭으로 창립되어 각각 활동을 전개하다가 1930년 남북감리교회가 합동되면서, 1931년 여전도회 조직도 하나로 통합하여 정동교회에서 조선감리회 여선교회 제1회 창립총회를 열고 홍에스더를 초대 회장으로 선출함으로 감리교 여선교회의 단일화를 이뤘다.[29]

장 · 감의 여전도회연합회 외에 초기 교회에 있었던 초기 기독

---

25) E. W. Koons, "Present Day Social Problems", *The Fifty Anniversary Celebration of the Korea Mission of the Presbyterian Church in the U.S.A.*, p. 182.

26) Blanche I. Stevens, "Contribution to the Christian Movement of Educational Work for Young Women", p. 153.

27) *Annual Report of the Board of Foreign Missions of the Methodist Episcopal Church, Korea Mission 1917*, p. 275.

28) 기독신보, 1924. 10, p. 29.

29) 장병욱, 감리교여성사 (서울: 성광문화사, 1979), pp. 429-436. 이효재, "한국교회 여성 100년사: 개관과 전망", p. 36.

교여성운동 단체로는 송죽결사대와 대한민국애국부인회가 있다. 송죽결사대는 비밀 결사대이기에, 중년여성들을 송형제, 젊은 여성들을 죽형제로 불러, 송형제나 죽형제로 불렀으며, 그들이 서로 모르게 점조직화한 비밀단체였지만 전국적인 조직망을 가지고 철저하게 회원관리를 했다.[30] 초대 회장에 김경희, 2대에 황애덕, 3대에 박현숙 등이 선출되었고, 행동강령으로 남을 험담하거나 비평하지 말고, 일제 물건을 쓰지 않으며,[31] 국산물을 애용하는 물산장려에 참여하고, 옷고름보다 단추를 달자고 하였다.[32] 그들은 나아가 주 1회 생일축하를 명목으로 구국기도회를 개최하고, 독립사상과 민족정신을 고취하며 독립 쟁취 방법까지 토론하였다.[33]

대한민국애국부인회의 기원은 1919년 3월 오현주, 오현관, 이정숙 등의 정신여학교 중심으로 조직한 혈성단 애국부인회와 같은 해 4월 최숙자, 백성현, 김원경, 경하순, 김의열, 김의옥 등이 상해 임시정부의 필요로 인해 조직한 대조선애국부인회가 3 · 1운동으로 감옥에서 고생하던 인사들에게 의복과 음식을 넣어주며 가족들을 돌보는 사역으로 시작하여, 동지들을 규합하고 모금운동을 하며 각 지방에 지부를 설치하며 독립운동을 계획하였는데, 목적이 같은 두 회가 같은 해 6월 통합을 이루어 대한민국애국부인회라고 불렀다. 초대회장에 오현주가 선출되어 취임했으나 남편의 반대로 활동이 저하되었다가, 김마리아, 황에스더가 3 · 1운동 이후 출감한 후 전국적인 규모로 발돋움하게 되었다.[34]

---

30) 박용옥, 한국근대여성운동사 연구 (고려대학교 미간행 박사학위 논문, 1982), p. 162.
31) 주선애, 장로교여성사, pp. 116-117.
32) 박용옥, 한국근대여성운동사 연구, p. 162.
33) 주선애, 장로교여성사, p. 115.

김마리아가 회장이 되어 새롭게 출발한 애국부인회는 결사부와 적십자부를 설치하여 임시정부가 추진하고 있던 독립전쟁을 위한 조직체가 되었다.[35] 이들의 주된 목적은 상해 임시정부에 독립운동 자금을 보내는 일이었는데, 회원도 2,000명에 이르고 1919년 11월까지 상해 임시정부에 6,000원의 자금을 보냈다.[36]

a. 여성의 인권신장

한국의 여성들은 이슬람교의 여성들과 비슷한 그들만의 공간이 구별되었고, 여성은 직계가족 외의 남자에게 몸을 보여서도 안 되었는데, 복음은 이러한 여성들에게 새로운 자유를 주어 여성들의 사회적 접촉 범위가 넓어졌고, 여성들에 대해 자신들이 알고 있던 것보다 훨씬 높은 위상을 가르쳐 주었다.[37] 또한 기독교 선교가 확장되면서 한국사회의 병폐 중 하나가 여성에 대한 차별이었는데 선교부에 의해 여학교들이 세워지면서 여성에 대한 교육이 놀랍게 발전하였다.[38] 곧 교육은 오직 남성들의 전유물로 여성교육에 대한 개념이 없던 한국에 기독교 선교사들이 한국인들에게 여성교육에 대한 의식을 가르친 것이다.[39]

〈대한크리스도인회보〉는 태초에 일남일녀를 창조하신 것은

34) 박용옥, 한국근대여성운동사 연구, p. 167. 대한민국애국부인회의 초대 총재 겸 재무부장에 오현관, 부총재 김희열, 회장 겸 재무 주임 오현주, 부회장 최숙자, 평의장 이정숙, 외교원 장선희, 서기 김희옥, 고문 이병철 등이다. 박용옥, 한국근대여성사 (서울: 정음사, 1975), 147.

35) 박용옥, 한국근대여성운동사 연구, p. 169.

36) 박용옥, 한국근대여성사, p. 149.

37) C. A. Clark, *The Nevius Plan for Mission Work-Illustrated in Korea*, pp. 261-262.

38) Lillian Nichols, "Secondary Education for Girls", The Korea Missions Year Book 1932, p. 29.

곧 남녀가 평등한 것을 의미하며 남녀가 동일하게 교육을 받아야 한다는 "녀학교론"을 게재하였고,[40] 교회 청년회에서도 남녀평등 문제로 토의를 했다고 보도했으며,[41] "집안이 ᄒᆞᆼᄒᆞᆷ과 나라이 부ᄒᆞᆷ과 ᄇᆡᆨ셩이 강ᄒᆞᆷ이 전국 녀인을 교육시키는 데" 달렸고,[42] 황해도 평산의 감바위교회에서는 부부(남녀)가 서로 존대말을 쓰고 한 자리에서 식사할 것을 경청했다고 보도함[43]으로 여권신장을 옹호했다. 1887년부터 1922년까지 여자 중등학교를 졸업한 학생들이 대략 4,000명이 되었다. 그들은 초등학교 교사로, 주일학교 교사로, 재계에서, 또는 예수 그리스도가 주인이 되시는 아름답고 행복한 가정을 세우는 삶의 현장으로 나아갔다.[44]

1901년 장로교공의회는 여성의 인권에 대하여 다섯 가지를 결의하기도 했는데, 그것은 남녀가 장성하기 전에 혼인하는 것, 과부가 두 번 결혼하는 것을 금하는 것, 교회 신도가 불신자와 결혼하는 것, 혼인을 할 때 먼저 돈을 받는 것, 부녀자를 압제하는 일 등을 없애자고 한 것이다.[45] 언더우드는 초기 교회의 여권신장을 위한 노력으로 인해 한국에서 변화가 일어났고, 남자들은 여자들이 집에서 힘겨운 일만 하지 않고 삶의 즐거움도 누릴 수 있어야 됨을 깨닫기 시작했다고 전한다.[46]

1927년 5월 27일 YMCA 회관에서 여성운동 단체인 '근우회'

---

39) G. H. Jones, *Education in Korea-A Supreme Opportunity for the Christian Church* (New York: Korea Quarter-Centennial Commission, Board of Foreign Missions of the Methodist Episcopal Church, 1910), p. 9.
40) "녀학교론", 대한크리스도인회보, 1898. 8. 3.
41) "남녀를 ᄀᆞᆺ흔 학문으로 ᄀᆞᄅᆞ치고 동등으로 ᄃᆡ졉홈이 가ᄒᆞ다는 문제를 내어 토론ᄒᆞᆯ새……." 대한크리스도인회보, 1898.12.19.
42) "부인의 교육이 제일 급무", 대한크리스도인회보, 1899. 2. 15.
43) "교회통신", 대한크리스도인회보, 1901. 6. 20.
44) Lillian Nichols, "Secondary Education for Girls", p. 29.
45) 그리스도신문, 1901. 10. 3.
46) H. G. Underwood, *The Call of Korea*, pp. 52-53.

가 창설되었는데, 이것은 신간회의 '자매기구'로 기독교 여성 민족주의 계열과 사회주의 계열인 '조선여성동우회'가 합하여 된 것이다.[47] 여기에 참가한 기독교 여성들은 유각경, 김활란, 김선, 김미리사, 양매륜, 방신영, 손정규, 차사백, 최활란, 홍에스더, 이효덕, 김영순, 신알벳트 등이고, 여성동우회 출신으로는 정종명, 허정숙, 정칠성, 박원희, 이현경, 황신덕 등이다.[48] '근우회'의 초대 회장은 고베 여자신학교 출신의 김선, 중앙위원으로는 차사백, 방신영, 유각경, 황신덕, 김영순, 김활란, 이현경, 홍에스더 등이 선출되었다.[49] 그들은 여자는 약자가 아니고 여성이 스스로 해방하는 날 세계가 해방될 것이라고 선언하였으며,[50] 1928년 이후에 적극적으로 사회운동을 전개하였고,[51] 1929년 7월에 개최된 3차 전국대회에서 다음과 같은 행동강령을 채택하였다.

1) 여성에 대한 사회적 법률적 일체 차별 철폐할 것.

2) 일체의 봉건적 인습과 미신을 타파할 것.

---

47) 최은희 편, 조국을 찾기까지(하권) (서울: 탐구당, 1973), pp. 115-118.

48) 위의 책, pp. 118-119. 동아일보, 1927. 4. 27.

49) 이태영, "3 · 1운동 이후의 여성운동", 3 · 1운동 50주년 기념논집 (서울: 동아일보사, 1969), p. 804. 1927년 5월 11일 〈동아일보〉에 발표된 근우회의 취지서는 다음과 같다. "인류사회는 만흔 불합리를 산출한 동시에 그 해결을 우리에게 요구하야 마지아니한다. 여성문제는 그중의 하나이다. 세계인은 이 요구에 응하야 장렬하게 활동하고 잇다. 세계 자매는 數千年來의 악몽으로부터 ᄭᅢ어서 우리의 생활에 橫在하여 잇는 모든 질고(桎梏)를 분쇄(粉碎)하기 위하야 분투하여온지 이미 오래이다. 조선자매만이 엇지 홀로 이 역사적 세계적 성전에서 낙오될 리가 잇스랴! 우리사회에서도 여성운동이 개시된 것은 ᄯᅩ한 오래이다. 그러나 회고하여 보면 과거의 조선여성운동은 거의 분산되어 잇섯다. 그것에는 통일된 조직이 업섯고 통일된 항쟁이 업섯다. 고로 그 운동은 충분히 효과를 내지 못하엿다. 우리는 운동상 실적(實蹟)으로부터 배혼 것이 잇스니 우리가 진실로 우리 자체를 위하야 우리 사회를 위하야 분투하려면 위선(爲先) 조선자매 전체의 역량을 견고히 단결하야 운동을 전반적으로 전개하지 아니하면 아니된다. 이러나라 오느라 단결하자 분투하자 조선자매들아! 미래는 우리의 것이다."

50) 최은희 편, 조국을 찾기까지, pp. 129-133.

51) 정요섭, 한국여성운동사 (서울: 일조각, 1971), p. 150.

3) 조혼 금지와 결혼의 자유를 보장할 것.
4) 인신매매 및 공창을 폐지할 것.
5) 농촌부인의 경제적 이익을 옹호할 것.
6) 부인 노동의 임금차별 철폐 및 야업(夜業)을 폐지할 것.
7) 부인 및 소년공의 위험노동 및 산전산후(産前産後) 임금지불을 할 것.[52]

그러나 근우회는 신간회와 같이 광주학생사건을 전후하여 지도자들이 구속되며 민족주의 계열과의 갈등으로 인해 1930년 해체되었다.[53]

과거에 딸들이 여학교에 입학하는 것이 허락되지 않았으나, 이제는 여성들에게도 교육의 기회가 개방되었다. 1931년 지난날 학교교육제도를 통하여 훈련받은 젊은 여성인 김활란(Helen Kim)이 미국에서 돌아와 이화대학의 학장이 되었고, 새로 조직된 조선감리교회는 교회직제에서 성차별을 없애고, 연례회를 통하여 8년 이상 연회에서 일해 온 14명의 여성사역자들이 목사안수를 받았다. 이렇게 해서 '여성사역의 날'(the day of Woman's Work)이 한국에 분명히 도래하였다.[54] 이 일은 미국의 남북 감리회교회에도 없었던 것으로 남감리교회의 전권위원으로 입국했던 하웰(Mabal K. Hawell)은 다음과 같이 증언하였다.

52) 황신덕, "조선부인운동의 사적(史的) 고찰", 학해(學海) (1937), pp. 666-671. YWCA 반백년, p. 51에서 재인용.
53) 이태영, "3·1운동 이후의 여성운동", p. 807. 최은희 편, 조국을 찾기까지, pp. 133-134.
54) E. H. Miller, "General Survey of the Christian Movement", *The Korea Missions Year Book 1932*, pp. 3-4.

우리는 여자들에게 남자와 동등으로 교역의 특권만 더할 것이 아니라 평신도로서도 남녀의 차별이 없게 하기를 원하였다. 실로 여러분으로 말하면 우리 본국 여자들도 아직까지 받지 못한 특권을 이제 받게 된 것이다. 미국 감리교회에서 여자에게……평신도로서 총회에 참석하는 총대가 되는 특권은 아직까지 얻지 못하였다. 얼마 전 미국 남감리회에서 여자들이 간신히 평신도 총대권을 얻기는 하였으나 목사들의 반대로 실패에 돌아갔다. 그런고로 조선감리교회의 부녀들은 세계 감리교회 부녀 중에서 가장 먼저 이 두 가지의 특권을 얻게 되었다고 할 것이다.[55]

조선예수교연합공의회(KNCC)는 사회신조(social creed) 속에 여성의 지위와 교육의 증진 항을 넣어 이에 대한 관심을 나타냈다.[56] 보수적인 장로교회에서 여성의 안수문제가 부결된 것에 대해 이견을 낸 일이 있었다. 이 일은 함북 성진중앙교회 김춘배 목사가 1934년 8월 15일 〈기독신보〉에 "長老總會에 올리는 말슴"이라는 공개서한을 발표한 것으로,[57] 1933년 총회에서 함남노회가 여자에게 장로의 자격을 주자는 건이 부결된 것에 대해 불만을 표시하고, "사도 바울이 '녀자는 조용하여라 녀자는 가라치지 말라' 고 한 것은 '二千년 전의 한 지방 교회의 교훈과 풍습' 이오 '만고불변의 진리' 가 아니라"고 제기한 것이다.[58] 이 일로 인해서 김춘배 목사가 총회에서 권징을 받을 위기에 처해지자 한발 뒤로 물러났지만[59] 이런 여권신장의 노력으로 인해 훗날 장로

55) 신학세계, 제16권 제1호 (1931), pp. 66-70.
56) *Proceedings of the Ninth Annual Meeting of the Korean National Christian Council*, p. 32.
57) 기독신보, 1934. 8. 15.
58) 조선예수교장로회 총회 제二十四회 회록, p. 85.
59) 위의 책, p. 89.

교회(통합)에서도 여성안수가 이뤄지게 되었다.

이와 같이 여성사역을 통한 여성의 인권신장이 크게 진작된 것은 한국역사에서 기독교의 공헌임은 자타가 공인할 만한 일이다. 이 사역은 장 · 감 각 교회는 물론 장로교공의회로 시작하여 조선예수교연합공의회에 이르기까지 일관되게 이뤄졌고, 여러 가지 다양한 접근법을 통하여 도전하였다. 이렇게 해서 한국에서도 고급 여성인력 및 여성 지도자들을 배출하여 한국사회를 발전시키는 역할을 교회가 당당하게 주도적으로 감당하였다.

B. 청년운동

한국에 도입된 최초의 청년운동은 엡윗청년회(Epward League)이며, 이어서 기독청년회(YMCA)가 들어와 청년운동을 주도하는 가운데, 기독여자청년회(YWCA)와 면려청년회가 소개되었고, 연합청년회인 예수교청년회연합회가 결성되기도 했다. 본장에서는 연합활동을 찾을 수 없는 면려청년회를 제외한 나머지 청년운동에 대해서 살펴보도록 한다.

1. 엡윗청년회(Epward League)

'엡윗' (Epward)이란 존 웨슬리의 출생지이며,[60] 엡윗청년회는 감리교 청년운동체로서 1889년 미국 클리블랜드 감리교회에서 처음 조직되었고 1890년에 전(全) 미국 감리교회 청년들의

60) 한국감리교회사 I, p. 256.

신앙운동 및 봉사기관이 되었고, 국내에는 1897년 5월 5일 정동감리교회에 도입되어 점차 전국으로 퍼졌다.[61] 한국 엡웟청년회의 창립은 1897년 5월 5-10일 서울에서 열린 제13회 북감리교 선교부 모임에서 결의되었고, 이에 대해 〈The Korean Repository〉는 다음과 같이 보도한다.

> 지금이 결실의 때라 본 선교부는 여러 형태의 청년 모임을 엡웟청년회로 조직하기로 결정하였다. 이 일로 오늘날 놀라운 일 가운데 하나인 청년운동이란 교회생활의 한 형태가 한국에 소개된 것이다. 위원회가 조직되었으며 총무도 선출되었다. 다섯 지회의 설립을 위해 시카고의 엡웟청년회 본부에 신청서도 보냈다. 청년회를 조직하는 것이 한국에서는 혁신적인 일이지만 이 운동이 특별한 역할을 하게 될 가능성이 많다. 엡웟청년회의 목적은 청년에게 활기를 주고 한국을 구원하기 위한 희망과 큰 비전을 가진 열정으로 참여케 하는 것이다.[62]

YMCA가 국내에 들어오기 전에 벌써 '청년회'란 용어가 처음 사용되었으며, 엡웟청년회는 한국에서 조직된 최초의 청년단체가 되었다.[63] 한국 엡웟청년회는 개교회로부터 조직 후 중앙조직을 구성한 것이 아니고, 1897년 5월 선교부가 중앙위원부터 구성하였는데, 선교사로는 존스(G. H. Jones), 노블(W. A. Noble), 페인(J. O. Paine) 그리고 한국인으로는 제물포교회

---

61) 金良善, 韓國基督教史硏究, p. 133. 정동교회에서 엡윗청년회가 조직되었을 때 회원은 36명(남 25, 여 11)에 전도국, 인제국, 학문국, 다정국, 통신국 및 회계국 등의 부서가 있었다. 이환신 외, 엡윗회 조직과 사업 (서울: 감리교 총리원, 1936), p. 14.

62) The Korean Repository, 1897. 5, pp. 191-192.

63) 조이제, 한국감리교청년회 100년사 (서울: 감리교청년회 100주년 기념사업위원회, 1997), pp. 3-4.

전도인 김기범, 배재학당 교사 노병선, 상동교회 전도인 이은승이 임명되었다.[64] 평양에서는 1897년 노블 선교사가 서문안 아영골 예배당에서 엡윗청년회를 조직하고 매 금요일에 모였는데 회원은 15-40세로 42명이 모였다.[65] 엡윗청년회의 초기 목적은, "복음전도 사업과 성경연구의 권장, 그리스도인의 절제와 사회개혁, 그리스도의 박애사상 실현, 문학과 사회활동 등 젊은이들에게 신앙심을 배양하고, 그리스도의 사상을 이 사회에 실현함으로써 하나님의 뜻을 이 땅에 실천"[66]하는 데 있었다. 엡윗청년회는 YMCA, YWCA와 같이 청소년들에게 이상을 심어 준 신앙단체로, 청년면려회(the Christian Endeavor)와 더불어 기독교 젊은이들의 열정에 훌륭한 색인(index)이 되었다.[67]

1897년 10월 28일 목요일 한국 엡윗청년회의 존스(George Heber Jones)가 남자들은 워렌 분회(The Waren Chapter)로, 여자들은 조이스 분회(Joyce Chapter)로 구성했다.[68] 1898년 북감리교회 연례보고회를 통하여 엡윗청년회는 40명의 회원을 가짐으로 좋은 출발을 보이고 있으며, 젊은이들이 보다 현저하게 교회사역에 도움을 주고 있다고 하였다.[69] 초대 임원들은 워렌 분회는 회장에 노병선, 부회장에 양홍묵, 윤양철, 문경호, 서기에 유병석, 회계에 조민수로, 조이스 분회는 회장에 프레이(Frey)가 선출되었고, 다른 직위는 한국인 부인과 소녀들로 구성

64) 조선크리스도인회보, 1897. 9. 15.
65) 한국감리교회사 II, p. 119.
66) 한국감리교회사 I, p. 256.
67) J. Gordon Holdcroft, "The Young People' s Work", *The Korea Missions Year Book 1932*, p. 111.
68) H. G. Appenzeller의 일기, 1897. 10. 30, pp. 138-139.
69) *Annual Report of the Board of Foreign Missions of the Methodist Episcopal Church, Korea Mission 1898*, p. 269.

되었다.[70] 남감리교회의 엡윗청년회는 1902년 개성 남부교회에서 처음으로 창립되었다.[71]

엡윗청년회는 1905년 11월 17일 을사조약이 체결된 후 총궐기하여 일본의 침략에 항거하다가 1906년 6월 13일 해산되는 어려움을 겪었다.[72] 엡윗청년회가 해리스(M. C. Harris) 감독에 의해 해산되었는데, 이유는 엡윗청년회가 교회 목적의 여러 면에서 변했고, 정치조직이 되었다는 것이었다. 청년회 회원들 가운데도 교회의 목적들로부터 세상의 목적들이 행해졌다고 인정하기도 했다.[73] 1908년 3월 16일 선교부 모임 때 존스(G. H. Jones)가 재조직을 건의하였으나 '친일하던' 해리스 감독의 반대로 거부되었다가,[74] 1920년 북감리교회 엡윗청년회가 결성되었다.[75] 1906년 엡윗청년회가 비록 공식적으로는 해체되었으나 개교회의 청년활동은 정치문제에 개입하지 않는 한 유지되고 보장되었고 그만큼 활동이 위축되었다.[76]

남감리교회도 1925년 엡윗청년회를 조직하여 감리교회 내 청년사업이 크게 성장하였다.[77] 먼저 1916년 3월 엡윗청년회 재건을 위해 이익모, 이하영, 손정도, 김유순 등이 정동제일교회에서 열린 '북감리교 조선연회' 에서 엡윗청년회 재조직 청원서를 접수시켰고, 이 청원을 연회에서 허락하기로 결의하였다.[78] 1917년

---

70) H. G. Appenzeller의 일기, 1897. 10. 30, pp. 138-139.
71) *Minutes of the Seventh Annual Meeting of the Korea Mission of the Methodist Episcopal Church, South Korea 1903*, p. 48.
72) 한국감리교회사 I, p. 257.
73) *Annual Report of the Board of Foreign Missions of the Methodist Episcopal Church, Korea Mission 1906*, p. 322.
74) 한국감리교회사 I, p. 257.
75) 동아일보, 1920. 7. 3.
76) 조이제, 한국감리교청년회 100년사, p. 63.
77) 동아일보, 1920. 7. 3.

채택된 엡윗청년회 규칙 일부를 보면 다음과 같다.

1. 명칭: 본회 명칭은 모처 모회당 엡윗청년회라 칭홈(계삭회에 속함)
2. 목적: 본회 목적은 교회 내외를 막론ᄒᆞ고 청년의 영성을 배양ᄒᆞ며 신앙을 증진케 ᄒᆞ야 성결ᄒᆞᆫ 생활을 득케 ᄒᆞ며 구휼적 사업을 면려케 홈
3. 회원: 본회에 입회 지원자는 기 명단을 이사회에 경유ᄒᆞᆫ 후에 회장이 통상회에 제출ᄒᆞ야 회중에 입회ᄒᆞ는 허가를 득ᄒᆞᆫ 후에에 됨(본회 목사가 부인ᄒᆞ는 청년은 이사회나 통상회에 부득제출홈)
4. 회원종류
   1) 정회원: 수세ᄒᆞᆫ 15세 이상 청년으로 한ᄒᆞ고 임원 선거권과 피선거권이 유홈
   2) 준회원: 수세치 못ᄒᆞᆫ 15세 이상 청년 품행이 방정한 자로 한ᄒᆞ고 임원 피선걱 권은 무홈
   3)정회원은 좌기서약서를 제정(提呈)

서약서

본인이 전심전력ᄒᆞ야 타인을 구휼ᄒᆞ며 성경에 오묘ᄒᆞᆫ 이치를 연구ᄒᆞ야 자아의 심덕을 연마ᄒᆞ며 본 교회에서 경계ᄒᆞ야 금하는 세상 허영오락을 엄숙히 거절ᄒᆞ깃스며 예배회나 기타 기도회에 각근 출석ᄒᆞ깃ᄉᆞ오며 전심전력ᄒᆞ야 보조ᄒᆞ기로 서약홈.[79]

1920년에 평양 연합 엡윗청년회 전도부는 7월 1일부터 10일

78) 미감리회 제9회 조선연회록 (1916), 10. *Annual Report of the Board of Foreign Missions of the Methodist Episcopal Church, Korea Mission 1916*, p. 18.
79) 미감리회 제10회 조선연회록 (1917), pp. 47-52.

까지 전도대회를 열고 평양 시내 감리교회, 즉 채관리, 이향리, 박구리, 유정, 그리고 남산현교회를 차례로 순회전도를 실시하였고,[80] 3 · 1운동으로 인해 교회와 사회가 큰 고난을 겪은 뒤 불안과 공포에 싸여 있을 때 엡윗청년회는 평양 시내 각 감리교회를 순회하며 식어가던 믿음을 뜨겁게 해주었다.[81]

이 운동은 여기서 그치지 않고 남한 방면으로 교파를 초월하여 엡윗청년회가 연합전선으로 강연회, 음악회 등을 열어 사상을 깨우치고 연이어 말씀을 전함으로 방랑하는 청년들에게 새 희망과 믿음으로 살아가는 대전도운동을 전개하였는데,[82] 1920년 4월의 경우 6일 구세군 제1영, 7일 구세군 제2영, 8일 석교감리교회, 9일 아현감리교회, 10일 정동감리교회, 12일 동양복음전도회관, 13일 남대문밖장로교회, 14일 상동감리교회, 15일 수표교감리교회, 16일 하교장로교회, 17일 창녕교감리교회, 19일 동막장로교회, 20일 왕십리감리교회, 21일 한강감리교회 순으로 이어졌다.[83] 이와 같은 청년운동의 열매로 이제 한국교회는 노인들과 어린이들로 구성되었던 구조에서 벗어나 청년들로 교회가 가득 차게 되었다는 선교보고가 있었다.[84]

엡윗청년회는 한국에서는 많이 발전하지 못했는데, 그것은 훈련받은 지도자가 부족하였고 주일학교가 이 부분을 선점했기 때문이라고 북감리교회 선교부는 진단하였다. 1927년 엡윗청년회는 52개 분회에 1,616명의 회원들과 주니어 엡윗청년회 31개 분

80) 동아일보, 1920. 7. 3.
81) 한국감리교회사 I, p. 258.
82) 위의 책, pp. 261-262.
83) 全澤鳧, 人間 申興雨 (서울: 대한기독교서회, 1971), p. 156.
84) *Annual Report of the Board of Foreign Missions of the Methodist Episcopal Church 1920*, pp. 186-187.

회에 1,019명의 회원이 있었다.[85)]

남감리교회는 1914년 서울 종교교회에서 홍종숙 목사와 남궁억(배화학당 교사) 등이 주관하여 출발하였고,[86)] 1918년《南監理敎會及章程》에 엡윗청년회의 목적을 다음과 같이 전해준다.

> 우리의 모든 교회 닉에 엡윗회를 죠직ᄒᆞ야 청년들이 긔도와 간증과 권면과 기인 젼도홈으로써 신령상 경험을 발표ᄒᆞ야 그리스도인의 교통홈을 비양케 ᄒᆞ며 교회의 싱활과 교훈에셔 양성되게 ᄒᆞ며 사회뎍 자선ᄉᆞ업에 봉사케 ᄒᆞ며 사회뎍 관념과 지식에 훈도를 밧게ᄒᆞ며 신ᄌᆞ는 위임밧은 직분이 잇는 원리에셔 비양되게 ᄒᆞ며 국닉국외에셔 사역ᄌᆞ 됨을 사역자 됨을 지도ᄒᆞ고 종교 보호하에셔 젹당한 사교와 오락의 필요ᄒᆞᆫ 바를 공급ᄒᆞ게 ᄒᆞ되 넓고 공부ᄒᆞ는 과졍으로 찬조홈.[87)]

이러한 과정을 거쳐 1925년에 남감리교 엡윗청년회가 조직되어 그 해 9월 남감리교회 조선연회에서 승인 허락을 받았고,[88)] 전국연합회 조직은 연회에 앞서 그 해 7월에 열린 여름수련회 기간에 결성되었다.[89)] 북감리교 엡윗청년회의 전국연합회 조직은 남감리교회보다 3년 뒤진 1928년 10월 연회에서 결정되었다.[90)]

1929년에는 기관지 〈종교교육회보〉를 발간하고, 유형기 주간의 〈신생〉을 연합회에서 계속 발행하였다.[91)] 1930년 남북 감리

---

85) 위의 책, 1927, p. 155.
86) 한국감리교회사 II, p. 119.
87) 梁株三, 南監理敎會道理 及 章程 (서울: 만감리교회 죠션매년회, 1923), pp. 130-131.
88) 남감리교 조선매연회 제8회 회록 (1925), p. 43. 동아일보, 1920. 7. 3.
89) 기독신보, 1925. 7. 1
90) 미감리회 제21회 조선연회록 (1928), p. 52.
91) 기독신보, 1929. 7. 17.

교회가 통합하여 조선감리회가 창립됨으로 남북 감리교회 양 연합회가 하나가 되어 1931년 7월 외금강에서 총회를 개최하여 하나의 조선엡윗청년연합회로 통합되었다.[92] 엡윗회가 하나로 통합되자 남북 감리교회에서 각각 번역하여 사용했던 엡윗청년회 헌장도 새로 제정되었고, 엡윗청년회의 목적은 "남녀 청년의 신앙심을 돈독케 하며 성결한 생활을 체험케 하고 은혜 중에서 덕, 지, 체육을 장려하며 상호의 친선을 돈독케 함"[93]이라고 하였다.

1930년 12월 '조선감리회'가 출범하며 총리원이라는 중앙행정체제 속에 교육국을 두어 청년사업을 지도 관리하는 청년부회를 설립하였다가, 엡윗청년회 활동이 활기를 띠자 1934년 10월 2회 총회에서 청년회부를 엡윗회부로 바꿔서 그 아래에 소년 척후대(보이스카웃), 엡윗청년회로 분리하여 지도하였다.[94] 엡윗청년회는 1932년 175지회에 4,829명의 회원들과 1,860명의 소년소녀들이 회원으로 있었다. 영적인 개발을 하는 것 외에도 그들은 운동경기, 야학, 절제회 사역과 농업교육 등도 수행했다.[95] 1938년 엡윗청년회가 해산되기 전에 청년회가 180개 지회에 4,421명의 회원, 소년회는 81개 지회에 1,838명의 회원을 두어 총 261개 지회에 6,259명의 회원이 있었다.[96] 그러나 불행하게도 1930년대 일제의 탄압이 극심해지고 감리교회가 일본 감리교의 영향 아래 있게 되며 1938년 10월 교단 총회 후 엡윗청년회는 해산되고 주일학교의 한 부서로 전락하고 말았다.[97]

---

92) 조이제, 한국감리교청년회 100년사, pp. 119-120.
93) 기독교조선감리회 동부, 중부, 서부 제1회 연합회의록(1931), p. 101.
94) 한국감리교회사 II, p. 120.
95) J. Gordon Holdcroft, "The Young People's Work", p. 111.
96) 조이제, 한국감리교청년회 100년사, p. 154.
97) 조선감리회보, 1938. 11. 1, 11. 11.

엡윗청년회는 남북 감리교회 선교부에 의해 각기 추진되었던 청년운동으로 시작했다가 남북 감리교회의 통합과 더불어 양 청년회로 하나의 연합회를 이루는 쾌거를 맞이했고, 더불어 엡윗청년회는 장로교회의 청년면려회와 위대한 조화를 이루며 함께 일하며 연합활동을 전개하고 연합자문 조직을 가지고 있었다.[98)]

2. 기독청년회(YMCA)

초기 선교를 주도했던 언더우드와 아펜젤러 등의 노력으로 한국에 YMCA가 창설되었다. 초기 선교에서 양반들의 전도는 쉽지 않았다. 당시 복음을 수용한 이들은 백정, 광주리 만드는 사람, 샘 파는 사람, 상인, 하급 노무자들이었다.[99)] 이런 가운데 언더우드는 상류층의 젊은 세대를 공략하기 위한 계획을 수립하던 가운데 국제 YMCA에 요청을 하였고, 국제 YMCA가 지체하지 않고 응답을 주었으며, 그들의 노력에 의해 짧은 기간 내에 엄청난 성과를 나타냈다.[100)] 이것은 1900년 영국에서 귀국한 여병현이 YMCA 운동의 필요성을 역설하였고, 이것을 들은 언더우드가 국제 YMCA 연맹 총무 모트(J. R. Mott)에게 전하였던 것이다.[101)] 한국 기독교 청년 150명도 1899년 서울에 YMCA 간사를 보내줄 것을 요청하는 편지를 국제 YMCA 본부에 보냈다.[102)] 이렇듯 한국 YMCA의 설립은 선교사들과 한국 기독교 지도자들의 연합

---

98) C. A. Clark, *The Nevius Plan for Mission Work-Illustrated in Korea*, p. 218.
99) James S. Gale, *Korea in Transition*, p. 164.
100) H. G. Underwood, *The Call of Korea*, p. 119.
101) 金良善, 韓國 基督教史 研究, p. 131.
102) P. L. Gillet, A Report, Colorado, Springs, 1900-1901, 타이프에 친 것, 민경배, 서울 YMCA 운동 100년사, 1903-2003 (서울: YMCA, 2004), p. 65에서 재인용.

으로 이뤄졌다.

초기 YMCA 설립에 참여한 이들은 이상재와 초대 총무 질레트(P. L. Gillet), 언더우드, 에비슨, 윤치호, 저다인(J. L. Gerdine)과 밀러(H. Miller) 등이었다.[103] 한국 YMCA의 탄생은 1899년 언더우드와 아펜젤러에 의해 이뤄졌으나, 실질적인 작업은 1900년 라이언(D. W. Lyon)이 방한하여 4개월을 머물면서 시행되었다. 이때 그가 만난 미국 선교사가 헐버트(H. B. Hulbert, 1863-1949)였다.[104] 1901년 9월 질레트가 미국 YMCA 한국 간사로 서울에 도착하여 언더우드와 아펜젤러의 환영을 받았다.[105] 질레트와 자문위원회는 오랜 준비 기간을 거쳐 1903년 10월 28일, 서울 유니온 회관에서 창립총회를 열었다.[106] 초대 YMCA 이사 13명 가운데 한국인이 두 명, 미국인 다섯 명, 영국인 세 명, 캐나다인 두 명, 일본인 한 명이었고, 이들의 직업은 교사가 두 명, 선교사 여섯 명, 은행가 한 명, 정부고문 한 명, 성서공회 총무 한 명 그리고 간사였고, 이들의 교단 배경은 장로교 다섯 명, 감리교 세 명, 성공회 한 명, 불명이 네 명으로 에큐메니칼 정신이 잘 나타나 있다고 할 수 있다.[107] 초대 회장에는 게일이,

---

103) H. A. Wilbur, "The Y.M.C.A. and the Y.W.C.A.", *The Korea Missions Year Book 1932*, p. 103. 질레트의 YMCA 총무 임명은 1900년의 일이다. H. G. Appenzeller, *The Korea Mission of the Methodist Episcopal Church* (New York: Open Door Emergency Commission, 1902), p. 33.

104) 전택부, 한국기독교청년회 운동사 (서울: 정음사, 1978), pp. 21-22.

105) *The Korea Review*, 1901. 11, p. 509.

106) *The Korea Review*, 1903. 10, p. 461.

107) 민경배, 서울 YMCA운동 100년사, p. 79. YMCA 초대 이사 13명은 여병현(배재학당 교사), 김필수(장로교 목사), H. G. Underwood(미국 장로교 선교사), H. G. Hulbert(미국 감리교 선교사), C. G. Hounshell(미국 감리교 선교사), R. A. Sharp(미국 감리교 선교사), J. McLeavy Brown(영국 세무사, 度支部 고문), A. B. Turner(영국성공회 신부), A. Kenmure(영국 대영성서공회 대표), O. R. Avision(캐나다 선교사), J. S. Gale(캐나다 선교사), 古木正義(일본 제일은행 서울지점), 그리고 P. L. Gillet(미국 YMCA 한국 파견 간사) 등이다.

총무에는 질레트가 선출되어 '황성기독교청년회'가 태동되었고, YMCA는 처음부터 서울에 주재하고 있던 개신교 초기 선교사들은 물론 각국 외교사절, 종교가 및 교육가 등 다수가 참여하였으며 구한말 정계의 고관들도 참여하였다.[108] 1903년 YMCA는 게일 목사를 회장으로 시작하여 몇 개월 만에 263명의 회원을 확보했다. 당시 YMCA는 단일 기구로 한국에서 가장 큰 단체가 되었으며, 종교를 떠나 전국 대다수의 학교에 큰 영향력을 미쳤다.[109]

YMCA는 1907년 11월 첫 건물의 공사를 시작했는데 고종의 하사금 만 원과 900여 평의 부지는 현흥양이 기증하였고, 미국의 워너메이커(J. Wanamaker)의 지원 등으로 연건평 1,000여 평의 3층 양옥으로 1908년 완공하였다.[110] 이어서 신앙 프로그램과 더불어 교육활동, 산업활동, 신체활동, 사회활동 등이 시작되었다. 점차 대학과 고등 보통학교에서 학생연합회가 조직되었고, 그 수가 19개가 되었다. 시연합회는 대도시 가운데 열 곳이 조직되었다.[111] 1910년 6월 20-27일 진관사에서 YMCA 특유의 수련회인 하령회가 개최되었는데 전국에서 열 개 학교의 대표자 46명이 참석하였다. 16인의 강사는 4개국 출신이었고, 교단 배경은 여섯 개였다.[112] 그러므로 이때의 하령회가 한국 기독교 최초의 에큐메니칼 집회라 할 수 있다. 이렇게 하여 한국 YMCA는 국내에 근대문화를 소개하는 매개체요 민족운동의 본거지로서 교파와 국경을 초월한 세계적인 청년연합회가 되었다.[113]

---

108) 한국감리교회사 I, p. 251.
109) L. H. Underwood, *Underwood of Korea*, p. 207.
110) 金良善, 韓國 基督教史 研究, p. 131. 한국감리교회사 I, p. 251.
111) H. A. Wilbur, "The Y.M.C.A. and the Y.W.C.A.", p. 104.
112) H. G. Underwood, *The Christian Movement in Japan, Korea, and Formosa* (New York: Young Men's Christian Association, 1914), p. 509.
113) 金良善, 韓國 基督教史 研究, p. 130.

청년운동은 여러 가지 사업을 전개하며 발전을 거듭하였다. YMCA가 처음 조직되었을 때는 상해에 있는 위원회 감독이 중국, 홍콩, 한국의 YMCA의 관할권을 가졌다. 그러나 한일병탄 후 서울 YMCA를 일본에 종속시키려는 시도가 있었으나, 상해에서 중국위원회 회의가 열린 가운데 한국 대표 두 명과 미국 대표 한 명이 참석하여 중국위원회의 손에서 한국의 YMCA를 독립시키도록 하였다.[114] YMCA의 모든 활동의 기초는 성경이라는 것이 처음부터의 정신이었다.[115] 1911년에 윤치호가 총무가 되고 그의 활동으로 전국연합회를 조직할 수 있었고, 이상재 선생의 강의를 통하여 청년들에게 새로운 삶의 의욕을 믿음에 근거하여 심어 주었다.[116] 같은 해 복음전도를 위한 계획으로 위원회를 조직하여 언더우드를 회장으로 추대하여 서울 시내 13개 교회에서 집회를 갖고 434명이 결신하였고, 1912년에는 브레이스(A. J. Brace) 목사를 강사로 5일 동안 전도 집회를 열고 141명이 결신하였다.[117]

YMCA는 학교에도 진출하여 학교로부터 좋은 정신을 갖고 미래가 유망한 것으로 인정받았다.[118] 1920년 회장에 윤치호, 총무에 신흥우가 취임하여 국제기구인 YMCA의 주도권을 한국인이 차지하였고, 전국 주요 도시마다 YMCA가 창설되었다.[119] 1921년 3월 〈청년〉이 YMCA에 의해 창간되었다. 편집인에 홍병선,

114) L. H. Underwood, *Underwood of Korea*, pp. 302-303
115) H. G. Underwood, *The Christian Movement in Japan, Korea, and Formosa*, p. 508.
116) 한국감리교회사 I, p. 251.
117) P. L. Gillett, *Annual Report*, 1912. 9. 30.
118) *Annual Report of the Board of Foreign Missions of the Methodist Episcopal Church, Korea Mission 1912*, p. 177.
119) 金良善, 韓國 基督教史 硏究, p. 131. 한국감리교회사 I, p. 252.

발행인에 브로크만, 발행은 중앙기독교청년 청년잡지사였다.[120] 1921년에는 YMCA가 주관하여 면려(勉勵)회, 엡윗회, 공려(共勵)회, 기독회 등과 같은 전국의 청년 단체를 '예수교청년연합회' 라는 일대 연합기구로 조직하고 강력한 청년운동을 전개했다.[121] 1922년 5월 16일 일본 요코하마에서 열린 한일 기독교청년회 대표자 회의에서 '조선기독청년회' 를 '일본기독교청년회' 로 흡수하려는 것을 우리 측의 강력한 반발로 무의에 그쳤는데, 이때 참여한 대표가 윤치호 회장, 신흥우 총무, 이상재 간사 및 브로크만(F. M. Brockman) 전 총무 등 네 사람이며, 이때를 계기로 1923년 기독교청년연합회와 1924년 제네바에서 열린 세계대회에 우리 대표를 보낼 수 있었다.[122] 이렇게 해서 YMCA는 한국인이 세계 무대에 나갈 수 있는 유일한 국제기구가 되었다.[123]

〈청년〉은 1923년 2월호부터 '조선기독교청년회연합회' 기관지가 되었고, 편집인에 김필수, 발행인 브로크만(Brokeman)이었다.[124] 이 잡지와 더불어 단행본으로 신흥우의《양심의 해방》, 김영제의《20세기의 대발견》, 홍병선의《혼돈에서 서광》, 이건춘의《애와 사회》, 이기태의《정말의 농촌》 등이 발행되어 청년들이 애독하였다.[125] 1924년 YMCA는 독립된 민족적 조직으로 인정되었고, 그 해에 새로운 열정으로 학생들 속에서 활동하여 많은 회원들을 확보하였다. YMCA에 가입한 학교 수가 13개였는데, 대학이 5개, 고등보통학교가 8개로 이틀간 이 팀들이 축구시

120) 민경배, 서울 YMCA 운동 100년사, p. 298.
121) 기독신보, 1921. 1. 26.
122) 한국감리교회사 I, pp. 252-253.
123) 위의 책, p. 253.
124) 민경배, 서울 YMCA 운동 100년사, p. 298.
125) 金良善, 韓國 基督敎史 硏究, p. 131.

합을 통하여 서로 스포츠 정신과 우정을 나누었으며 거기에 많은 관중들이 참여하였고, 이렇게 YMCA는 운동을 통하여 한국의 청년들에게 그리스도의 정신을 함양하였다.[126)]

1920년대 청년들은 여러 가지 신사상(新思想)의 유래와 경제공황 등으로 심리 상태가 극도로 불안하여 이에 대응하여 교회지도자들이 1925년 12월 27-29일 세계선교협의회 회장 모트(J. R. Mott) 박사의 방문을 계기로 한국교회 대표 29명과 선교사 대표 29명으로 '연구위원회'를 구성하였고,[127)] 그 연구 결과의 일부를 보면 다음과 같다.

> 現今 조선 청년남녀가 불안ᄒᆞᆫ 상태에 在ᄒᆞᆷ은 명백ᄒᆞᆫ 사실인ᄃᆡ 基督과 그의 경륜에 대ᄒᆞ야는 중대ᄒᆞᆫ 반대의 증거는 無ᄒᆞ되 교회에 대ᄒᆞ야는 반대ᄒᆞ는 意가 有ᄒᆞ니 그 원인은 勞農露國(공산주의)선전의 영향과 종교及(와)교회를 비평ᄒᆞᆫ 서적에 在ᄒᆞ며 교회를 이해ᄒᆞ는 자 중에도 교회개선의 필요를 感ᄒᆞ는 점은 敎會程度를 놉히고 겸ᄒᆞ야 조선인의게 적당ᄒᆞ도록 改良施設ᄒᆞ며 後來 청년을 위ᄒᆞ야 지적及영적으로 교역자를 양성ᄒᆞᆷ에 在ᄒᆞᆷ. 현재 남녀 청년의 불평불만의 사상을 抱ᄒᆞᆷ은 교회ᄲᅮᆫ 아니라 위정자와 집권자와 사회제도에 기인ᄒᆞᆷ이니 즉 경제파멸에 因ᄒᆞᆷ. 여차한 형편에 우리는 청년을 同情하고 助與ᄒᆞ되 교회 청년ᄲᅮᆫ 아니라 비교인 청년에게 ᄭᆞ지 보급되어야 ᄒᆞᆷ. 근세 문명의 복잡ᄒᆞᆫ 생활과 유물주의 교육으로 因ᄒᆞᆫ 복잡한 사상을 가진 청년을 위ᄒᆞ야 지적及영적으로 완전한 인도자를 양성ᄒᆞᆯ 것.[128)]

126) *Annual Report of the Board of Foreign Missions of the Methodist Episcopal Church, Korea Mission 1924*, p. 88.
127) 金良善, 韓國 基督教史 研究, p. 129.
128) "國際宣教聯盟 參加 準備會", 기독신보, 1926. 1. 6.

이런 청년들에게 한국교회는 청년연합운동을 통하여 교육, 여러 모양의 활동, 교회와 사회에서 가치 있는 삶의 한 부분을 위해 열정으로 불타오르게 했다. 특별히 젊은이들의 교육에 대한 열기가 뜨거웠는데, 성경반, 성경학교, 야학교, 영어반, 농업반 등에 몰려들었다. 이런 교육에 대한 열망은 남녀 모두 동일하였다.[129]

1925년 9월 YMCA는 국제 YMCA 연맹에 가입하여 한국 청년들이 세계에 진출할 수 있는 길을 열어 주었는데, 이때부터 국내외 명사들을 때때로 초청하여 종교, 문화, 학술, 시국강연 등을 행함으로 청년들의 지식을 넓혀 주고 정신수양에 힘쓰게 하였다.[130] YMCA는 청년들에게 신앙은 물론 사회적 책임감을 심어 주었다. YMCA는 서울에 대규모 시설을 구비하고 방학 기간을 통하여 여러 종류의 교육 프로그램과 더불어 야간학교를 개설하였으며, 또한 소년들을 위한 스카우트 사업도 행하였고, 나아가 전국에 7-8개의 건물을 가지고 활동하였다.[131] 종교부에서는 정기적인 프로그램으로 전도 강연, 일요강좌, 기독교 강좌, 금요 강좌, 성경연구, 찬송가 연습 등을 행하였다.[132]

이 시기의 민족적 정책은 농업, 경제, 교육, 건강과 기독교인의 품성 함양에 대한 상담과 협력을 통한 농촌에 대한 강한 강조였다.[133] 이 시기 농촌운동과 더불어 YMCA에서 강조한 것이 체육활동이었다. 그것은 신체가 약하며 활동력이 없고, 수동적이고 소극적인 정신, 단결심의 부족, 건전한 오락의 부재로 인해 이것

---

129) J. Gordon Holdcroft, "The Young People' s Work", p. 110.
130) 金良善, 韓國 基督教史 硏究, p. 132.
131) C. A. Clark, *The Nevius Plan for Mission Work-Illustrated in Korea*, p. 219.
132) 민경배, 서울 YMCA 운동 100년사, p. 287.
133) H. A. Wilbur, "The Y.M.C.A, and the Y.W.C.A.", p. 104.

을 극복하는 첩경이 체육이라고 판단했기 때문이다.[134] 그리하여 YMCA 주관으로 농구대회를 1927년부터 연례로, 1929년 10월 전국 단체유도대회를, 1928년부터 탁구대회, 1928년부터 씨름대회 등을 개최하였다.[135]

1925년 YMCA는 세브란스 연합의학전문학교에서도 활동을 하였고, 교회와 주일학교 사역을 돕는 등 세 곳 사역을 감당하였다.[136] 〈청년〉이 1926년 3월부터 YMCA 전국연합회와 YWCA 전국연합회 기관지로 바뀌고 편집인 이건춘, 발행인 브로크만이었고, 1929년 1월에는 〈농촌청년〉을 따로 발행하였다.[137] 1927년부터 신흥우, 홍병선, 이대위 등을 주축으로 농촌운동과 소년운동에 크게 일으켜, YMCA는 3 · 1운동 이후 종교는 물론이거니와 정치, 경제, 사회, 문화, 교육, 사상 등 각 분야에서 한국 청년의 길잡이가 되기에 충분했다.[138] 사회부에서는 1930년 '조선어 연구회' 와 공동으로 '하기 조선어강습회' 를 열어 84명의 남녀들이 참석하였으며,[139] 1932년에는 인사 상담을 통하여 정신, 직업, 의료 등의 봉사를 하였다.[140] 그 해 YMCA는 전국의 29개의 연맹에 5,538명의 회원이 있었으며, 256개 지역에서 농사 실험을 시도하였으며, 165개 협력업체에 4,000엔의 투자를 하였고, 12,298명이 한글 성경을 읽을 수 있게 배웠다.[141] 일제의 황국신민화 정책 속에서 1938년 6월 7일 한국 YMCA 연합회는 일

134) 신기준, "체육에 대하여", 청년, 1928. 12, pp. 23-24.
135) 민경배, 서울 YMCA 운동 100년사, pp. 293-294.
136) *Annual Report of the Board of Foreign Missions of the Methodist Episcopal Church, Korea Mission 1925*, p. 130.
137) 민경배, 서울 YMCA 운동 100년사, p. 298.
138) 金良善, 韓國 基督教史 研究, p. 132.
139) 중앙기독교청년회, 사회부, 청년, 1930. 9, p. 33.
140) 중앙기독교청년회, 사회부, 청년, 1932. 6, p. 16.
141) J. Gordon Holdcroft, "The Young People' s Work", pp. 110-111.

본 YMCA에 병합되었다.[142] 일제 초기에 일본 YMCA에 병합되는 위기를 넘겼으나 이제는 더 이상 어쩔 수 없게 되었다. 이와 같이 YMCA는 한국에서 가장 큰 기독청년 단체로 성장 발전하였는데, 첫 조직부터 성장과정 및 사역에 이르기까지 철저하게 교파를 초월한 협력과 연합을 잘 보여 준 대표적인 기관이었다.

3. 기독여자청년회(YWCA)

YMCA가 선교사들의 요청에 의해서 창설되었지만, YWCA는 한국 여성들에 의해 시작되었고 주도되었다는 특징이 있다. 1920년대 아시아 교회에서 여성의 참여가 현저하게 증가하였다. 한국의 경우도 예외가 아니었으며, 특히 젊은 여성들이 그들 자신의 교육협회(Educational Association)인,[143] 1920년에 설립한 '조선여자교육협회'는 전국 순회강연을 가지며 지방마다 여러 청년회를 조직하였다.[144] 초기 여성단체들이 58개에 이르렀고, 이들 단체들은 대부분 YWCA와 연결되었다.[145]

한국 YWCA가 조직되기 전, 1920년 12월 한국 YWCA의 설립을 권하기 위해 미국 YWCA 위원단이 방문하여, 당시 정신여학교 교사로 있던 겐소(J. F. Genso) 부인 집에 체류하며 서울의 여성 지도자들을 초청하여 YWCA에 대하여 소개하였고, 단 조건으로 한국이 일제의 통치 아래 있기에 일본 YWCA의 지회로 조

142) "기청의 일체화", 청년, 1938. 10, p. 2.
143) *Annual Report of the Board of Foreign Missions of the Methodist Episcopal Church, Korea Mission 1922*, p. 189.
144) 한국 YWCA 50년사 편찬위원회, 한국 YWCA 반백년-YWCA 희망의 상징 (서울: 대한YWCA연합회, 1976), p. 1.
145) Mrs. Choi Pil Ley, "The Development of Korean Women during the Past Ten Years", *KMF* vol. 29, no. 4 (1923. 11), pp. 222-223.

직되어야 한다고 주장하였다가 이것으로 인해 한국 여성 지도자들이 거부하고 말았다.[146] 이후 1920년에서 1922년 한국 YWCA가 출범하기 전에 대구, 진주, 평양, 신의주, 선천, 함흥, 성진, 철산, 안악 등지에 여자 기독청년회가 구성되어 국제적인 유대관계를 가지며 YWCA의 태동을 가능케 하는 기반을 다졌다.[147]

1921년 김필례는 서울의 선교사들과 여성 지도자들을 만나 YWCA 창설을 위해 의논하며 이화학당장이었던 아펜젤러(A. Appenzeller)를 만나 뜻을 같이하였고, 1922년 3월에는 신의경, 유각경 등도 신식교육을 받은 여성들과 함께 YWCA의 조직을 구상하는 모임을 가졌다. 1922년 3월 27일 '경성여자교육협회' 에서 30여 명이 1차 발기대회를 열고 조선여자기독교청년회를 조직하기로 하며 회장에 유각경, 위원으로는 김미리사, 김필례, 방신영, 김살로메, 김경숙 등이 선출되었다.[148] 같은 해 4월 20일 이화학당에서 2차 발기대회를 열고 YWCA 창설을 위한 여자청년회 하령회를 개최하기로 결의하였으며, 5월 4일에는 3차 발기대회를 YMCA 회관에서 개최하여 YWCA 조직이 한층 가깝게 되었다.[149]

이런 과정을 거쳐 YWCA의 구성을 바라는 성공적인 컨퍼런스를 가졌는데,[150] 그것이 1922년 6월 13일부터 12일간 서울의 협

146) 한국 YWCA 반백년, p. 11.
147) 위의 책, p. 12.
148) 위의 책, p. 13. 신흥우는 당시 YMCA 총무로서 YWCA 조직에 산파역할을 해주었는데, 발기회 때 세계 YWCA 조직의 유래와 사업을 전해 주었고, YWCA 고문 및 찬성 회원으로 있으며 물질적 지원도 아끼지 않았다. 대한 YWCA 역사편찬위원회, YWCA 40년사(서울: YWCA연합회 출판부, 1962), p. 31.
149) 위의 책, p. 14. 여자하령회 개최를 위한 임원은 회장에 김활란, 부회장에 방신영, 총무에 김필례가 선출되었다.
150) *Annual Report of the Board of Foreign Missions of the Methodist Episcopal Church, Korea Mission 1922*, p. 189.

성여자성경학원에서 열린 여학생들의 여름수련회이다.[151] 아펜젤러(A. Appenzeller)가 이화여자전문학교의 학생 기독교 사역을 매우 적극적으로 지원하는 중에 1922년 여름 컨퍼런스를 도왔고, 바로 여기에서 YWCA가 출발된 것이다. 한국 YWCA의 출발은 오직 한국인들에 의해 이끈 운동으로, 아펜젤러와 겐소 부인 등과 같이 수준 높은 협력이 있었지만, 경영과 프로그램은 항상 한국 여성들에 의해 이뤄졌다.[152]

1922년 6월 제1회 전국여자 하령회에는 전국의 여학교 대표와 각종 여성단체 대표 등 약 70명이 초청되어 이들 가운데 65명이 참여하였고,[153] 이때 여자기독교청년연합회 기성회를 조직하고 회장에 유각경, 부회장에 홍에스더, 서기 신의경, 부서기 김합라, 총무에 김필례가 선출되었다.[154] 이어 1923년 8월 18일부터 서울 협성여자성경학원에서 제2회 하령회 및 총회를 열고 '연합회 기성회' 명칭을 '조선여자기독교청년회연합회'로 바꾸기로 결의하고 조선여자기독교청년연합회 헌장 및 세칙을 통과시킴으로 연합회의 조직과 기구를 모두 구비하였다.[155] 이때 선출된 임

---

151) H. A. Wilbur, "The Y.M.C.A. and the Y.W.C.A.", p. 103. 한국 YWCA 반백년, p. 15. YWCA는 이와 같은 하계대회를 몇 차례 성공적으로 치르며 교육받은 여성들이 20년 전과는 다른 새로운 환경에 적응하는데 많은 도움을 주었다. C. A. Clark, *The Nevius Plan for Mission Work-Illustrated in Korea*, 219.

152) H. A. Wilbur, "The Y.M.C.A. and the Y.W.C.A.," 103.

153) 한국 YWCA 반백년, 17.

154) 기독신보, 1923. 1. 10. 여자기독교청년회 연합회 회록(1922-1950)에는 회장이 유각경이 아니고 방신영으로(유각경은 재정위원) 되어 있는데, 방신영이 같은 해 7월 사임하고 회장이 공석중이다가 12월 후임으로 유각경이 선출된 기록이 회록에 남아 있다. 곧 방신영이 회장이 된 후 바로 사표를 내고 유각경이 회장 대행을 하다가 계승한 것으로 보인다. 한국 YWCA 반백년, p. 18.

155) 한국 YWCA 반백년, pp. 20-21. 2회 하령회 때 보고된 가입단체는 서울 YWCA와 청주, 대구, 선천, 원산, 평양, 안주 여자기독교청년회와 개성 호수돈, 원산 신정, 대구 신명, 부산 일신, 서울 이화, 정신, 배화, 협성여자성경학원 및 원산 성경학원, 광주 수피아, 개성 미리암, 공주 영명학교, 평양 정의학교 등 13개 학교이다. 위의 책, p. 19.

원은 회장에 유각경, 부회장 김합라, 서기 신의경, 부서기 김성실, 회계 김순영, 부회계 한복순, 명예총무 마리시 등이었다.[156] 이렇게 해서 출범한 '조선여자기독교청년회연합회'는 세 가지 주요 과제를 중심으로 활동하였다. 그것은 다음과 같다.

> 첫째, 기도 및 성경공부, 교양강좌, 사업보고와 영적 계시를 포함하는 연합회를 발족하는 것.
> 둘째, 각 지방의 지회마다 금주회를 조직하여 강연을 함으로 금주계몽을 하는 것.
> 셋째, 공창제도를 폐지시키는 운동.[157]

미국 YWCA가 유학생을 선발했는데 1924년 김성실이 뽑혀 공부하고 돌아와 1929년 귀국하여 한국YWCA 총무가 되었다.[158] 1924년 감리교회의 태화여자관을 얻어 전국연합회와 서울시 청년회가 있게 되었고, 다시 회관을 옮겨 다니다가 번커 부인, 언더우드 부인 등의 협조로 서대문에 작은 회관을 마련하였는데,[159] 이 일을 위해 YWCA는 각 지회의 다음 해 예산의 10분의 1을 갹출하기로 하였다.[160]

YWCA는 YMCA와 학생 프로그램에서 협력하였다. 양자가 완전히 독립적인 조직을 갖고 남녀 학생들을 위한 지역 단위로

---

156) 기독신보, 1923. 9. 10.
157) Mrs. Kak Kyung Lee, "A Brief History of the Korean YWCA", *KMF*, vol. 19, no. 11 (1923. 11), p. 231.
158) H. A. Wilbur, "The Y.M.C.A. and the Y.W.C.A.", p. 103.
159) 한국감리교회사 I, pp. 254-255. 번커 부인은 남편과 사별 후에 자기 집을 팔아 500원을 YWCA에 기부하였다. YWCA 40년사, p. 31.
160) E. M. Hartness, "Bright Days of the National Young Women's Association of Korea", *KMF*, 1924. 12, p. 251.

별도로 행하되, 여름 컨퍼런스와 학생 리더들의 다양한 훈련 컨퍼런스에는 전적으로 협력했다. 두 학생 연합의 구분은 1924년 영국에서 열린 세계학생연맹(WSCF, the World's Student Christian Federation)에 의한 협조로 받아들여졌다. 한국 YWCA는 1930년 제네바에서 국제 YWCA에 가입하였다. YWCA는 시 연합회 회원이 2,684명이었고, 학생연맹에 2,854명이었다. YWCA와 YMCA 모두 봉사 사역을 확대하고, 모든 프로그램에 영적 깊이를 더하고자 분투하였다.[161)]

1932년에는 11개 도시에, 18개 학생 연맹을 보유했다.[162)] YWCA는 여성 연합단체로서 수양회, 하령회, 금주금연운동, 생활개선운동, 여성의 지위향상 운동, 공창폐지 운동, 물산장려운동, 지방 여학생들을 위한 기숙사 설치 등의 신앙운동 및 사회사업에 크게 이바지하였다.[163)] 구체적으로 농촌 가정에서의 부엌 개선, 요리법의 개선, 질병 예방 등 농촌 위생사업 및 육아법, 서식법, 농기구 개량 등 농민 교육사업, 농촌부업의 진흥 등 교회와 선교부의 후원을 통하여 농촌사회 계몽에 참여한 것이다.[164)] YWCA는 1938년 6월 8일 일제에 의해 모든 활동이 중지되고 말았다.[165)]

일제는 한국 YWCA가 출범할 때부터 독립적으로 창설되는 것

---

161) H. A. Wilbur, "The Y.M.C.A. and the Y.W.C.A.", pp. 104-105. 1924년 1월 17일 한국 YWCA 총회는 세계 YWCA에 가입희망을 서신을 통해 전달하였고, 5월 미국 워싱턴에서 열린 세계 YWCA 실행위원회가 열릴 때 미국 유학 중이었던 김활란에게 이 회의에 참여하여 한국의 입회를 신청하도록 하였다. 세계 YWCA는 개척회원국으로 가입승인을 해 주었다가 1930년에 가서야 정회원으로 인준하였다. YWCA 반백년, pp. 39, 41.

162) J. Gordon Holdcroft, "The Young People's Work", p. 111,

163) 金良善, 韓國 基督教史 硏究, p. 133.

164) 한국감리교회사 I, p. 255.

165) "비상시국에 감(鑑)하야 면청, 기청 각 연합회를 해소", 기독교보, 1938. 6. 14.

에 반대하였으나 창설자들의 끈질긴 노력으로 세계 YWCA에 독자적으로 정회원으로 가입하였지만, 조선 YWCA는 1938년 6월 폐통합의 강요를 받아오다 대세에 순응하는 자세를 보이고, '일본 기독교여자청년회 조선연합회'로 명명하였다.[166] 1938년 6월 9일 〈每日申報〉는 이에 대해 다음과 같이 보도한다.

> 비상시국에 있어 기독교 여자 청년들도 내선일체의 깃발 아래로 모이지 아니하면 안되겠으므로 시국을 재인식하는 동시에 황국신민으로서 앞날의 활동을 자기(自期)하는 의미에서 금번 "제네바" 동맹을 탈퇴하고 동경에 있는 기독교 여자청년회 일본동맹에 가담케 되었다.

YWCA는 YMCA와 같이 초교파적 청년회의 성격을 띠며 청년 여성들을 위한 여러 방면의 사역을 전개하였다.

4. 예수교청년회연합회

1921년 4월 21일 엡윗청년회 전국연합회를 준비하던 노준탁, 최상현, 홍병선 등이 전국연합회를 포기하고 교파를 초월한 교회청년회연합인 '예수교청년회연합회'를 조직하였다. 이를 위해 1920년 12월 발기회를 조직하였는데 여기에 14개 감리교회의 15개 엡윗청년회와 장로교회 6개의 면려청년회가 참여하였다.[167] 예수교청년연합회의 발기문을 보면 다음과 같다.

---

166) YWCA 반백년, pp. 79-80, 82.

167) 조이제, 한국감리교 청년회 100년사, pp. 112-113. 이때 참여한 감리교회는 공덕리교회, 개성북부, 동대문, 정동, 석교, 상동, 연화봉(남, 녀), 아현, 인천내리, 종교, 중앙(남, 녀), 창천, 춘천교회였고, 장로교회는 사리원교회, 선천읍, 승동, 북청 신창, 장연읍, 진남포 교회 등이었다. 위의 책, p. 113.

一. 趣旨

今日 半島와 天命

조선 청년, 아 너희는 너희의 지선(至善)를 다ᄒᆞ거라 사야(四野)에 백곡(百穀)은 기(基) 주인을 기다린지 오렷다ᄒᆞ시도돠 이것이 곳 우리 동인에 바든바 천명이오 행ᄒᆞᆯ바 천직이니라 우리는 과거도 모르노라 미래는 더욱 모르노라 '마태6:34' 다못 현하에 천명을 바다 가지고 우리 쥬 예수 그리스도의 전(全) 정신 '요한17:11, 21, 23' 인 우내합일주의(宇內合一主義) 즉 천국주의를 완전 차선미(且善美)케 실현ᄒᆞ려ᄒᆞᆯ새 우내를 합일케 ᄒᆞᆫ랴면 먼져 전인류를 합일ᄒᆞ여 ᄒᆞ깃고 전인류를 합일케 ᄒᆞ려면 먼저 우리붓허 합일ᄒᆞ여야 ᄒᆞ깃고 우리를 합일케 ᄒᆞ랴면 우리 청년 중 더욱 그리스도 청년을 합일 ᄒᆞ여야 ᄒᆞ깃도다. 어시호(於是乎) 우리는 천명을 순응ᄒᆞ야 예수교청년회연합회를 발기ᄒᆞ고 기 취지와 목적을 사해에 선포ᄒᆞ노니 기 목적은 고상ᄒᆞ고 기 사업은 중대ᄒᆞᆫ지라 차가 엇지 소수에 능ᄒᆞᆯ바이랴 바라건ᄃᆡ 사해에 동지제회급(及)첨위(僉位)는 동군상응(同群相應)ᄒᆞ야 상제(上帝)의 대지(大旨)를 성취할지어다 '아멘'

二. 目的과 綱領

우리 예수교청년회연합회는 천명을 배수(拜受)ᄒᆞ야 조선 청년으로 ᄒᆞ여곰 그리스도의 국민을 작(作)ᄒᆞ며 아울너 세계인류에 친우가 되게 ᄒᆞ랴고 좌의 강령을 정ᄒᆞᆷ

一. 우리 청년회는 그리스도주의하에 일(一) 대연합회를 조직ᄒᆞ야 덕, 지, 체 삼육(三 育)을 완전히 장려 우(又)는 실행ᄒᆞᆯ 사(事)

二. 우리 청년회는 반도에 그리스도교회를 진흥일신(振興日新)케 할 사

三. 우리 청년회는 상제의 진리를 반도 급(及) 세계에 이상적으로

선전할 사

三. 組織의 方法

一. 본회는 조선 각 지방에 설립된 각 예수교 청년회(면려, 엡윗, 共勵, 기독)로 일대 연합총회를 조직홈

二. 연합회는 중앙에 치(置)ᄒᆞ고 연합회는 독립개체로 존재ᄒᆞ야 총회의 일원이 됨

三. 각 청년회의 연합방법은 본회 상무국으로 교섭홀 사

四. 注意

1. 본회에 가입코져 ᄒᆞ는 각 청년회는 一九二一년 二月末까지 한ᄒᆞ야 신청홀 사

2. 가입에 대ᄒᆞᆫ 일체 수속은 본회 상무국에 조회홀 사
(단 본회 상무국은 임시로 경성 종로 중앙기독교청년회관소년부 내에 置홈)

3. 각 지방에 설립된 청년회우는 설립코져 ᄒᆞ는 청년회도 다수 가입홀 사[168]

이런 과정을 통해 예수교청년회연합회의 창립총회가 1921년 4월 20-21일에 서울 중앙감리교회에서 열렸고, 41개 단체가 등록한 가운데 21개 단체 34명의 대표가 참여하였다.[169] 이사회와 간사회를 통하여 이사장에 홍병덕, 서기에 신대균, 간사장에 홍병선, 상무 간사 윤근, 서무부에 윤근, 김복주, 김한영, 전도부에 최상현, 신영묵, 강연부에 윤복영, 유현숙, 편집국에 노준탁, 고복

168) 기독신보, 1921. 1. 26.
169) 기독신보, 1921. 5. 11. 동아일보, 1921. 4. 21.

남이 임명되었다.[170] 2회 총회가 1922년 3월 30-31일에 승동교회에서 열려 각 지역의 대표 40명이 참석하여, 각 교회의 남녀 청년회를 가입시키게 하고 기관지를 발행할 것을 결의하였다.[171] 그러나 불행하게도 1922년 7월 이후 예수교청년회연합회에 대한 보고나 보도가 없는 것으로 보아 자연히 해체된 것으로 보이며, 이것의 해체 후 감리교의 엡윗청년회와 장로교의 면려청년회의 교제를 통하여 장 · 감 청년의 만남이 이어진 것으로 보인다.[172]

이상에서 청년운동을 살펴보았다. 한국교회 청년운동의 시작은 엡윗청년회를 시작으로 YMCA와 YWCA, 면려청년회 등을 중심으로 발전하였다. 엡윗회와 면려회는 오늘날 감리교 청년회와 장로교 청년회로 계속 이어져 오고 있고, 두 Y는 그대로 전통을 이어오고 있다. 엡윗회는 두 감리교 청년회가 각기 운영되다 감리교회의 통합으로 엡윗회도 '하나의 감리교 청년회' 를 구성했고, 교단 청년회로 머물지 않고 장로교 청년회인 면려청년회와 교류 및 협력하였으며, 특별히 청년운동 전체를 아우르는 연합체인 '예수교청년회연합회' 를 조직하는 데 앞장서기도 했다. 그럼에도 불구하고 한국교회의 청년운동은 YMCA가 주도하였다. 출발은 상류층 선교를 목적으로 초기 선교사들이 주도했으나 여기에 한국인 기독교 지도자들이 연합하여 참여한 특징을 보여준다. 20세기 초에 YMCA는 단일기구로 한국에서 가장 큰 기구로 성장하였으며, 한국에 근대문화를 소개하면서 더불어 민족운동의 본거지가 되기도 했고, 나아가 한국 청년들에게 그리스도의 정신을 심어

170) 기독신보, 1921. 5. 11.
171) 동아일보, 1922. 4. 2.
172) 조이제, 한국감리교청년회 100년사, p. 116.

주는 그야말로 교파와 국경을 초월한 청년회연합회가 되었다.

YMCA가 선교사들의 주도와 국제 Y에 의존하여 시작된 것에 비해, YWCA는 오직 한국인들에 의해 주도되었다는 특징이 있다. 물론 이후 국제 Y에 가입하고 교류하며 협조를 하기도 했다. YWCA는 여성단체였기에 여성의 지위 향상, 절제, 생활개선, 그리고 사회사업 및 농촌운동에도 참여했으며 신앙운동도 전개했다. 앤더슨 선교사에 의해 주도된 면려청년회는 그가 선교활동을 하던 안동지역을 중심으로 활발한 활동이 이뤄져 서울이 아닌 지방에서 활력을 띠기 시작했으며 점차 전국적인 조직망을 형성하며 장로교회 안에서 활동하며 감리교의 엡윗회와 유기적인 관계를 맺고 연합하여 예수교청년회연합회를 구성하기도 했다. 그러나 이 조직은 짧은 기간만 유지되고 해체되어 청년운동사에 큰 아쉬움을 남기고 있으며, 이후에는 장 · 감 청년의 만남이 이어져 왔다.

C. 고종의 보호와 탄신일 축하

초기 교회가 사회에 참여한 것으로 고종과 관련된 일이 있었다. 그 첫째가 을미사변, 즉 명성황후 시해 사건 이후 불안에 떨던[173] 고종을 보호한 일이다. 을미사변 이후 고종이 그에게 반입

173) 언더우드는 1896년 그의 개인 연례보고를 통해 민 황후 시해 후 고종에 대해, "악랄한 행위로 최소한 이익을 보려는 자들에 의해 둘러싸여 있던 국왕은 신뢰할 자가 없고 바라볼 자가 없었습니다. 그는 누가 친구며 누가 적인지 알 수 없었고, 그래서 미국인들과 선교사들은 신뢰할 수 있다는 것을 아시는 듯했습니다"라고 한다. H. G. Underwood, "Personal Annual Reports 1896", 이만열, 옥성득 편역, 언더우드 자료집 II, p. 165.

되는 모든 음식을 의심하였기 때문에 미국 선교사들의 집에서 요리한 음식 외에는 먹지 않겠다고 하여,[174] 러시아 공사관과 언더우드의 집에서 음식을 나르며, 그 음식은 예일(Yale) 자물쇠로 잠근 금고에 넣어, 열쇠는 언더우드가 직접 왕에게 드렸다.[175] 고종은 알렌을 불러 몇몇 선교사들이 왕궁에 함께 있음으로 그가 안심할 수 있는지 물었고, 선교사들이 자원하여 매일 밤마다[176] 두 명의 선교사들이 권총으로 무장하고 왕의 침실을 지켰다. 당시 북장로교회의 언더우드(H. G. Underwood), 캐나다 선교부 출신으로 북장로교회 선교사가 된 에비슨(O. R. Avison), 그리고 북감리교회의 헐버트(H. B. Hulbert) 같은 선교사들은 이렇게 하면 왕에게 직접 위해를 가하는 일은 하지 않을 것이라고 생각하였다.[177]

초기 선교사들은 의료선교를 시작으로 왕실과 밀접하고 친밀한 관계를 맺고 지냈으며, 이렇게 선교사들이 무장을 하고 고종 보호에 앞장서 "선교사들이 왕의 생명을 구했다"는 소문이 돌기도 했고, 선교사들은 민 황후를 시해한 일제의 만행을 비난하며 선교본부 및 외부 세계에 이 사실을 알리는 데도 열심을 다했으며, 선교사들의 이런 노력이 기독교를 애국충군(愛國忠君)의 종교를 각인시키는 역할을 다했다.[178]

이 일은 선교사들이 정치에 개입하려고 의도적으로 한 것은 아

---

174) Sherwood Hall, With Stethoscope in Asia: Korea, 김동역 역, 닥터 홀의 조선회상 (서울: 동아일보사, 1984), p. 131.

175) L. H. Underwood, *Underwood of Korea*, pp. 148-149.

176) S. A. Moffett, "Korea, A Very Interesting Letter from Rev. Samuel A. Moffett, Our Missionary to Korea, Asia", *The Madison Courier*, 1895, 연월 미상, Moffett Collection, the Library of Princeton Theological Seminary. 이때 다이(W. M. Dye) 장군은 고종의 경호원으로 있었다.

177) L. H. Underwood, *Underwood of Korea*, pp. 149-150.

178) 김인수, 한국 기독교회의 역사(상), pp. 288-289.

니지만, 일본은 선교사들의 이런 행위를 경계하며 못마땅하게 여겼고 이후 미국 정부도 선교사들의 정치 개입을 우려하며 당시 주한 미국 공사 실(J. H. Sill)에게 훈령을 보내, 선교사들은 자신들의 신변보호를 받고자 하면 "학교사역이나 복음전도와 병자치료든지 간에 선교사역에만 힘쓰라"고 하였다.[179] 이와 같이 일제의 획책(劃策)과 미국 정부의 정치 참여 반대가 나올 만큼 예민한 사안이었음에도 불구하고 초기 선교사들은 그동안 고종의 선교사역의 협조에 대한 보답과 약자 보호에 자연스러운 대응을 한 장 · 감 선교사들의 에큐메니칼적 협력의 모습이 잘 나타났다.

고종과 관련하여 교회가 참여한 두 번째 것은 그의 탄신축하행사였다. 이 일은 1896년에 시작하여 1901년까지 매년 이어진 것으로, 국왕의 탄신을 축하하는 첫 번째 연합행사가 1896년 8월에 있었다. 이때의 교회라고 해봤자 장로교회 3,000여 명과 북감리교회 2,000여 명에 불과했지만 다음과 같은 〈독립신문〉 기사에 의하면 이 일이 에큐메니칼적 행사였음을 보여 준다.

> 대조선 서울 야소교회에서 대군주 폐하 탄신 경축회를 하는데 아침에는 각 예배당에서 대군주 폐하와 조선인민을 위하여 하나님께 찬미와 기도할터이오. 오후 네시에 모화관에 모두 모여 애국가로 노래하고 명망 있는 사람들이 연설도 할 터이라 물론 누구든지 이 날을 경축히 생각하는 이는 모두 모화관으로 와서 같이 애국가로 노래하고 연설도 들으시오.[180]

179) F. H. Harrington, *God, Mammon, and the Japanese-Dr. Horace N. Allen and Korean-American Relations, 1884-1905* (Madison, WI: The University of Wisconsin Press, 1944), p. 101.
180) 독립신문, 1896. 9. 1.

이 일에 대한 계획은 정동교회(새문안교회) 교인들에게서 나온 것으로, 모든 교회에서 국왕의 탄신일을 위해 특별예배를 드리게 하였고, 서회에서 이 일을 위해 소책자 8,000부를 발행하여 배부하고 모화관에서 집회를 갖고 기도, 찬송, 그리고 애국연설 등을 한 것이다.[181] 스피어(R. E. Speer)는 왕의 탄신을 축하하는 교회의 모습을 직접 확인하고, 교회마다 태극기와 더불어 화려하게 장식을 하고 애국적인 설교를 들었다고 보고하였다.[182]

이어 1897년 언더우드는 왕의 탄신일인 9월 2일(음력 7월 25일)을 앞두고 선교사들과 한국의 그리스도인들이 앞장서서 이날을 축하해야 한다고 생각하였고, 1,000명을 수용할 수 있는 장소를 준비하며 왕의 생신을 축하하는 기독교인들의 기도와 찬양 모임이 있을 것을 널리 알렸다.[183] 언더우드는 이 일을 통하여 기독교가 애국충군의 종교임을 널리 알리며 아울러 전도의 기회를 얻고자 이 일에 전력을 기울였다.[184] 이 자리에는 평민들은 물론 신료들과 각 선교부의 선교사들도 대부분 참석하였다. 행사장 안에만이 아니라 밖에도 지위와 연령을 물론하고 많은 수가 참여하였다. 왕에 대한 찬미가는 "미국"(America)이라는 곡에 가사를 붙여 만들었다. 그 내용은 왕을 모든 질병으로부터 보호하시고, 하나님의 은혜를 내려주시도록 구하는 것이었다. 순서는 기도로 시

---

181) H. G. Underwood, "Personal Annaual Reports 1896", p. 168.

182) R. E. Speer, *Report on the Mission in Korea of the Presbyterian Board of Foreign Missions* (New York: The Board of Foreign Missions of the Presbyterian Church in the U.S.A, 1897), p. 32. 스피어는 이런 모습이 희망적이고 고무적이기는 하지만, 한국 기독교가 정치화될 위험이 있다는 보고를 한다. 위의 책, p. 33.

183) L. H. Underwood, *Underwood of Korea*, p. 163. 대한크리스도인회보, 1899. 8. 30.

184) 김인수, 한국 기독교의 역사 (상), p. 293.

작하여 신앙적 연설, 찬송가를 부른 다음, 주기도로 마쳤다. 이 일로 인하여 기독교가 전국적으로 전파되고 호의적으로 알려지게 되었다.[185] 이때 왕을 찬양한 가사의 일부를 보면 다음과 같다.

당신의 전능하신 힘으로
우리 국왕 폐하는
왕위에 오르셨습니다.
당신의 성령께서
우리나라를 지켜주시며
당신이 붙들어
국왕으로 만수무강케 하옵소서.

조물주요 하늘의 왕이신
유일하신 주님 당신께
우리는 찬양을 드립니다.
모두 당신께 경배드릴 때,
당신의 웃음 밑에서
우리나라는 행복해질 것이며
부강하고 자유로워질 것입니다.[186]

말이 천여 명이지 이렇게 많은 수가 조직적으로 준비하여 한 자리에서 애국충군의 모습을 보인 것은 당시 적은 수에 불과했지만 교회가 아니면 할 수 없었던 뜻 깊은 일이었다.

---

185) L. H. Underwood, *Underwood of Korea*, pp. 164-165. 독립신문, 1896. 9. 3.
186) 새문안 70년사 편찬위원회 편, 새문안교회 70년사 (서울: 새문안교회 당회, 1958), p. 334.

다음해 1898년 탄신일에는 "졍동 새문안 남문안 모화관 동대문안 련못골 피아병문 졔즁원 달셩회당 샹동 각쳐에 야쇼교인들이 대황뎨 폐하의 탄실놀 오젼 열혼시에 각기 긔도ᄒᆞ고 오후 셰시에 일뎨히 쟝악원 대쳥으로 모혀" 기도를 하였다.[187] 이후 엡윗청년회도 1901년 9월 고종의 50회 탄신일을 맞아 태극기를 좌우에 높이 달고 장식하여 경축하며 안정수, 강원석, 함베드로, 존스가 연설하고 황제 폐하를 위한 만세와 애국가를 부름으로 충군애국적 민족의식을 표현하였고, 장경화는 "대황뎨 폐하ᄭᅴ서 우리나라에 예수교를 막지 아니ᄒᆞ샤 우리 예수교회가 날노 진보되니 무한히 감샤ᄒᆞᆫ줄노……"라고 연설하였다.[188]

이와 같이 고종 탄신일 축하 예배는 기독교가 민족과 함께하며 애국충군의 모습을 분명하게 보여 준 것으로, 모든 준비와 참여 및 기타 행사는 모두 장 · 감을 중심으로 하는 에큐메니칼적 참여 및 협력을 통하여서 이뤄진 것이었다.

D. 항일운동

초기 교회의 사회참여에서 빼놓을 수 없는 것이 항일운동이다. 교회는 처음부터 민족과 함께하였기 때문이다.

1. 한일병탄 이전의 항일운동

187) 독립신문, 1898. 9. 9.
188) 신학월보, 제1권 10호 (1901. 9), pp. 401-402.

구한말 이후 한일병탄에 이르기까지 교회에 의한 항일운동이 전개되었다. 1905년 을사조약 이후 정치적 상황의 악화는 해외로 나갈 수 있는 한국인들로 하와이, 멕시코, 그리고 미국 등으로 엘도라도(El Dorado, 황금의 나라)나 교육 등의 기회를 잡기 위해 조국을 떠나게 했으며, 한국인들이 절망한 자리에서 번영을 찾고자 천 명에 가까운 일본인들이 한국 땅에 입국했다.[189]

a. 태극기 게양 및 구국기도회

기독교인들의 항일운동의 첫 시작은 태극기를 게양하고 나라를 위한 구국기도회를 여는 것으로 시작되었다. 1895년 한국을 방문하였던 북장로교회 해외선교부 총무 스피어(R. E. Speer)는 대동강변을 따라 여행하면서 한국의 깃발(태극기)이 휘날리는 것을 보았는데, 태극기를 게양한 곳은 기독교인들의 집이나 교회를 표시하는 것으로, 이것은 선교사들에 의한 것이 아니라 한국 기독교인들간에 이뤄진 행위로 주일에 기독교인들의 주택과 교회에 태극기를 게양함으로 애국심을 표현하였다고 보고한다.[190] 이것은 비단 대동강변에서만 볼 수 있는 것이 아니라 해주에서 서울까지 모든 교회에서 발견되었고, 초기 교회 행사 때 찍은 사진에도 항상 태극기를 펼쳐놓았다.[191] 교회는 성탄절과 기타 교회 절기 때마다 십자가와 태극기를 좌우에 게양하였으며,[192] 기독교

189) *Annual Report of the Board of Foreign Missions of the Methodist Episcopal Church, Korea Mission 1905*, p. 308. 북감리교회 연례보고는 한국 독립의 희망이 사라지자, 한국인들이 더욱 교육열에 힘쓰게 되었다고 한다. 위의 책, p. 328.

190) R. E. Speer, *Missions and Politics in Asia* (New York: Fleming H. Revell, 1898), p. 253. 김인수, 한국 기독교회의 역사(상), p. 332에서 재인용.

191) *Missionary Review of the World*, vol. 21. no. 12, 1898. 12, p. 931.

192) 대한크리스도인회보, 1899. 1. 14.

학교의 행사에서도 태극기를 게양하며 애국가를 제창하였다.[193)]

기독교인들의 항일운동은 구국기도회로 이어졌다. 〈대한ᄆᆡ일신보〉는 1907년 7월 일제가 고종을 퇴위시키고 한국 내정을 완전히 장악하는 수순이었던 정미조약(丁未條約) 체결 후에, 국가적 위기에 처한 한국을 위해 세계교회가 기도해 줄 것을 다음과 같이 "만국긔도"라는 제목의 논설을 통하여 촉구하였다.

> 일전에 본 신문에 만군 예수교인이 다 대한국운을 위ᄒᆞ야 하ᄂᆞ님ᄭᅴ 긔도ᄒᆞ엿다ᄒᆞᆷ은 임의 게ᄌᆡᄒᆞ엿거니와 대톄 종교가에셔ᄂᆞᆫ 크게 공변되신 하ᄂᆞ님의 일톄로 ᄉᆞ랑ᄒᆞ심을 극진히 몸받고 극진히 ᄉᆡᆼ각ᄒᆞ야 넓이 ᄉᆞ랑ᄒᆞᆷ으로 쥬의를 ᄉᆞᆷ고 세계로써 ᄉᆡᆼ각ᄒᆞᄂᆞᆫ 거신즉 일개인과 사회에셔 ᄋᆡ국ᄒᆞᄂᆞᆫ 쥬의와 국가ᄉᆞ샹으로 더브러ᄂᆞᆫ 셔로 ᄀᆞᆺ지 아니ᄒᆞᆫ지라 ᄒᆞᆫ두 나라의 ᄒᆞᆼᄒᆞ고 망ᄒᆞᄂᆞᆫ 거시 교도샹으로 보면 관계가 업슬듯ᄒᆞ거ᄂᆞᆯ 이제 만국교인들이 대한국운을 위ᄒᆞ야 기도ᄒᆞᄂᆞᆫ거슨 진실로 고금의 희한ᄒᆞᆫ 일이라 이거시 엇지 인력으로 된바리오 반ᄃᆞ시 ᄒᆞ나님이 ᄀᆞ만히 도으심이니 우리ᄂᆞᆫ 이런 됴흔 일을 ᄃᆡᄒᆞ야 대한의 전정이 즁ᄒᆞᆼᄒᆞᆯ 복죠가 도라올거슬 뭇지 아니코도 알거시라……그런고로 만국교인들이 공분의 ᄆᆞᄋᆞᆷ과 셔로 ᄉᆞ랑ᄒᆞᄂᆞᆫ 정에 감동되야 대한의 국운을 다시 니어 주시기로 하ᄂᆞ님ᄭᅴ 긔도ᄒᆞ니 대져 만국교인의 동정은 세계 사ᄅᆞᆷ의 ᄀᆞᆺᄒᆞᆫ 뜻시라 이제 대한을 위ᄒᆞ야 긔도ᄒᆞᄂᆞᆫ 쥬의ᄂᆞᆫ 반ᄃᆞ시 나라의 독립과 ᄇᆡᆨ셩의 ᄌᆞ유를 회복하기를 원ᄒᆞ야 비ᄂᆞᆫ 거시니 이거슨 하ᄂᆞ님이 도으시고 사ᄅᆞᆷ이 돕ᄂᆞᆫ거시라 슯흐다 대한동포ᄂᆞᆫ 이ᄀᆞᆺ치 고금의 드문 일을 보고 ᄉᆡᆼ각ᄒᆞ야 ᄌᆞ쥬ᄒᆞᆯ 정신을 가다듬어 독립ᄒᆞᆯ 긔초를 세워 만국교인의 긔도ᄒᆞᄂᆞᆫ 셩의를 져ᄇᆞ리지 말지어다.[194)]

---

193) 대한크리스도인회보, 1899. 3. 22.
194) "만국긔도", 대한ᄆᆡ일신보, 1907. 8. 22

1910년 2월 27일에 "세계만국 학싱이 동심합력ᄒᆞ야 기도ᄒᆞᄂᆞᆫ 날인고"로 YMCA 회관에서 연합기도회를 열어 오전 10시, 오후 1시, 4시, 7시에 네 차례에 나누어 각 학생들을 초청하여 찬송과 기도를 드렸고,[195] 같은 해 3월 20일 세계교회가 한국을 위해서 "동밍긔도회"를 실시함으로 세계적으로 유례 없는 에큐메니칼 기도대회가 실시되었다.[196]

b. **국채보상운동(國債報償運動)**

한일병탄 전의 항일운동은 경제적으로 이뤄졌는데 그 대표적인 것이 국채보상운동이었다. 이는 일제가 통감부를 설치하며 그들의 업무를 수행하기 위해 도로개설 등 여러 가지 국책사업을 벌이고 이에 따른 제반 비용의 지출을 위해 한국 정부에 차관을 제공하였는데,[197] 1906년에 이 빚은 1,300만 원이 되었다.[198] 이 빚을 갚아야 독립할 수 있다는 차원에서 일어난 것이 국채보상운동으로 본부를 YMCA 회관에 설치하고 사경회, 강연회, 토론회, 음악회 등으로 모금운동을 전개하였으며, 나아가 2천만 온 국민이 3개월 금주 및 금연을 하여 돈을 모으자고 하였다.[199] 또한 여성들은 간직하고 있던 은금 패물을 빼어 국채보상운동에 동참하였다. 이 국채보상운동에 〈대한미일신보〉가 앞장섰는데, 1908년 6월 21일부터 7월 26일 사이에 낸 연속 광고를 보면 부인네들이 은비녀와 은패물 등을 대량으로 국채보상을 위해 기부한 것

195) 위의 책, 1910. 2. 27.
196) 위의 책, 1910. 3. 20.
197) 변태섭, 한국사통론 (서울: 삼영사, 1986), p. 441.
198) 대한미일신보, 1907. 2. 21.
199) 김인수, 한국 기독교회의 역사(상), pp. 340-341.

을 볼 수 있다. 그 광고문은 다음과 같다.

> 국채보상금중에 부인의 은비녀와 은패물이 본샤에 릐납되야 오릐 적치ᄒᆞ엿스나 곳 방매ᄒᆞ야 은힝에 맛겨 식리ᄒᆞᄂᆞᆫ것만 ᄀᆞᆺ지못ᄒᆞ야 ᄌᆞ에 광고ᄒᆞ오니 혹 사기를 원ᄒᆞ시ᄂᆞᆫ이ᄂᆞᆫ 본샤에 릐림 문의ᄒᆞ시옵.[200]

이렇게 하여 모은 돈이 1908년 5월에 총합 231만 원이 되었다.[201] 교회의 여성들은 여기서 그치지 않고 식사 때 반찬을 줄여서 돈을 모으는 감선회(減膳會)를 조직하기도 했다. 그들은 "조석 반상기에 매일 3-4푼만 감하여도 일월지간에 남는 것이 신화(新貨)가 10전 가량이나 될 것이니 다소를 불구하고 성심 협력 국토를 안전히 하옵시다"[202] 라고 이 운동에 동참할 것을 촉구하였다.

이와 같이 한일병탄 전의 항일운동에 초기 교회가 태극기 게양 및 구국기도회로부터 경제적으로 국채보상운동 등에 이르기까지 연합하여 민족과 함께하는 교회의 참 모습을 보여 주었다.

2. 한일병탄 이후의 항일운동

한일병탄 이후 교회의 항일운동은 더욱 거세게 일어났다. 이것

200) 대한미일신보, 1908. 6. 21-7. 26.
201) 국사편찬위원회 편, 한국독립운동사 제1권 (서울: 정음문화사, 1968), pp. 175-176. 이 당시의 모금액은 서울 627,350.80원, 경기 139,160.78원, 충북 37,786.25원, 충남 156,693,55원, 전북 63,410.04원, 전남 84,088,80원, 경북 238,530,31원, 경남 200,083.14원, 황해 242,861.75원, 평남 250,831.85원, 평북 22,777.62원, 강원 42,585.15원, 함남 105,055.00원, 함북 9,774.00원 등 하여 총 2,310,989.13원이었다. 위의 책.
202) 주선애, 살며 섬기며-주선애 글모음 (서울: 두란노서원, 1986), p. 137에서 재인용.

은 105인 사건 이후 3 · 1운동을 통해서 폭발적으로 일어났으며, 이후 물산장려운동과 일부 폭력을 통한 운동으로까지 전개되었다. 김양선은 민족운동 또는 독립운동과 기독교회와의 관계에 대하여 다음과 같이 말한다.

> 한국의 민족운동 내지 독립운동은 기독교회와 더불어 불가분리의 밀접한 관련을 가지고 있다. 그것은 기독교의 교리는 인간의 존엄과 자유 평등사상을 기본으로 한 것이므로 기독신자들은 개인적으로나 민족적으로나 타민족의 부당한 구속과 압박에 그냥 머물러 있을 수 없기 때문이었다. 그러므로 교회를 통하여 민족정신이 크게 홍기 진작되었고 그것은 다시 독립운동에로 약진되었다. 우리나라 독립운동사를 보면, 그 지도인물의 절대다수가 기독교인이었다. 그들은 일본 관헌에게 취조를 받을 때에 주모가 누구냐는 물음에 여출일구로 하나님께서 시켜서 하였다고 대답하였다. 이것은 민족의 독립과 자유는 하나님의 뜻으로서 그의 뜻에 따라 독립운동을 했다는 말이다. 이리하여 기독교회는 일본 침략정치에 항거하는 강력한 단체가 되었다.[203)]

a. 105인 사건에 대한 선교사들의 대응

1907년 대부흥운동 등으로 정치와 무관하던 한국교회가 정치문제에 연루되게 되었다. 그것이 1912년에 선교사들과 성도들 모두를 놀라게 한 이른바 '105인 사건' 이다.[204)] 105인 사건의 공식명칭은 '데라우치 총독 모살 미수사건' 으로,[205)] 사건을 조작한

---

203) 金良善. 韓國基督敎史硏究 (서울: 기독교문사, 1971), p. 113.
204) W. N. Blair, *Gold in Korea* (Topeka, Ks: H. M. Ives & Sons, 1946), p. 71.

일제의 기소는 1910년 음력 8월 중 총독이 서북지역 시찰에 나설 것이라는 소문이 있자 윤치호, 양기탁, 안태국, 이승훈, 옥관빈 등이 서울 서대문 임치정의 집에서 총독암살을 논의하고 경의선 여덟 개 역인 평양, 선천, 정주, 납청정, 곽산, 철산, 차련관, 신의주 등에 암살요원들을 배치하고 이들이 성공하면 전 세계에 알리고자 여러 선교사들을 이 계획에 참여시켜 사후의 상황에 대처하고자 했다는 것이다. 이후 총독이 압록강 철도 개통식에 참석할 것이라는 정보를 듣고 다시 2차에 걸쳐 총독 암살계획을 세우고 1910년 10월 29일-11월 1일과 음력 11월 27-28일 사이에 선천과 신의주역 환영식에서 암살을 시도하고자 했으나 일제의 사전 준비로 성사시키지 못했다 해서 '데라우치 총독 모살 미수 사건' 이라 부른다.[206] 1911년 9월부터 1912년 4월까지 150명을 체포하고 이들 가운데 123명이 기소되었다.[207] 그들은 목사와 장로들, 세례 및 학습교인들, 심지어 선교사들로, 이들이 일본 총독을 암살하려 했다는 명목으로 기소된 것이다. 선교사들이 기독교인들을 선동하여 총독을 역(선천 또는 신의주역)에서 암살하도록 지령했다는 자백을 하도록 고문을 당했다.[208]

일제는 이 사건을 선동한 선교사들이 맥큔(G. S. McCune)과 마펫(S. A. Moffett)이라고 주장했으나, 이 기간에 마펫은 한국

---

205) A. J. Brown, *The Korean Conspiracy Case* (Northfield, MA: Northfield Press, 1912), p. 1.

206) 위의 책. 한국기독교역사연구소, 한국 기독교의 역사 I, pp. 310-312.

207) Federation Council of the Churches of Christ in America, *Paper: "Conspiracy Case"* (Unpublished Material, Moffett Collection, the Library of Princeton Theological Seminary, 1912), p. 1.

208) 123명 가운데 장로교 목사가 5명, 장로가 6명, 집사가 11명, 지도자가 6명, 세례교인이 45명, 학습교인이 13명, 윤치호를 비롯한 감리교인이 8명, 2명은 성공회, 1명이 천주교인, 22명이 불신자였고, 4명은 알려지지 않았다. 위의 책, p. 2. S. A. Moffett, "Fifty Years of Missionary Life in Korea", p. 46.

에 있지도 않았으니[209] 이 조작사건이 얼마나 엉터리였는가를 알 수 있다. 이 사건을 105인 사건이라고 하는 것은 이와 같은 고문으로 제1심에서 유죄 선고를 받은 자가 105인이었기 때문이다. 이 사건에 직접 연루되었던 선우훈은 일제가 이 일을 조작한 원인이 기독교에 대한 탄압과 추방에 있다고 증언하였다.[210] 그것은 기독교를 항일세력의 한 중요한 축으로 여기고,[211] 특히 당시 한국 기독교 가운데 가장 영향력이 있던 서북지역의 기독교 지도자들을 경계하고 그들을 와해시키고자 한 공작이었다.[212] 재판부는 1912년 9월 28일 윤치호를 비롯한 여섯 명의 핵심적인 피고인들에게는 10년형을 구형했고, 나머지는 보다 약한 형량을 내리고 몇몇은 무죄를 선고했다.[213]

이 일이 세계로 알려지게 된 것은 YMCA 총무 질레트(P. L. Gillet)가 외국의 저명한 인사들에게 편지를 보내어 이 사건을

---

209) S. H. Moffett, *The Christians of Korea*, p. 68. 이밖에 일제가 지목한 선교사들은 휘트모어(N. G. Whittemore), 밀러(E. H. Miller), 케이블(E. M. Cable), 언더우드(H. G. Underwood), 블레어(W. N. Blair), 로버츠(S. L. Roberts), 크램(W. G. Cram), 데밍(C. S. Deming), 저다인(J. L. Gerdine), 질레트(P. L. Gillett) 등이다. S. A. Moffett, *Paper on the Conspiracy Case*, p. 1.

210) 이승만, 한국교회 핍박, 청일전기 (서울: 한국교회사 문헌연구원, 1993), pp. 50-59.

211) 브라운은 당시 일본 경찰은 한국교회의 거대한 조직을 혁명적 기회의 온상으로 여기고, 그들을 선망의 눈으로 지켜보았고, 1910-1911년에 일어난 백만인구령운동은 이를 더욱 의심하게 하였다고 주장한다. A. J. Brown, *The Korean Conspiracy Case*, p. 8.

212) 당시 총독부가 서북지방의 선천지역을 목표물로 삼은 것은 선천은 기독교가 전국에서 가장 왕성하였던 평안북도의 중심지로 주민 8,000명 중 절반 이상이 기독교인이었기 때문이다. A. J. Brown, *The Korean Conspiracy Case*, p. 7. K. M. Wells, *New God, New Nation-Protestants and Self-Reconstruction Nationalism in Korea 1896-1937*, 김인수 역, 새 하나님 새 민족 (서울: 한국장로교출판사, 1997), p. 124. 서북 지역에서도 특히 평북의 선천, 정주, 평남의 평양, 일원, 황해도의 신천, 안악, 재령 등을 일제가 항상 '불온지구'로 꼽고 있었다. 김교식 편저, 조만식 (서울 : 계성출판사, 1984), pp. 69-70. 마펫도 1910년 서북지역의 인구가 200만 명 정도인데, 그들 가운데 4/5가 3마일 안에 교회가 있는 곳에 살고 있다고 하였다. S. A. Moffett, "The Revival in Korea-A Talk with Dr. Moffett, of Pyeng Yang", *The Christian*, 1910. 7. 28, p. 17.

전하였는데,[214] 그 중에 한 사람이 〈홍콩 데일리뉴스〉(*The Hong Kong Daily News*)에 정보를 주어서 보도되었고, 이 기사를 세계 각 언론사들이 보도함으로 일약 세계의 주목을 받게 되었으며, 이 일로 질레트는 일제에 의해 추방되고 말았다.[215] 이 조작사건을 통해 피고인들을 유죄로 판결하자 미국에서 항의가 일어났는데, 북장로교회 해외선교부 총무 브라운(A. J. Brown)은 이 사건에 대해 다음과 같이 비평을 했다.

> 우리는 일본 경찰이 선교사업에 영향을 미치는 현 정책의 결과에 무관심할 수 없다. 한국에 거주하는 330명의 선교사들과 962개의 학교, 한 개의 의과대학과 간호학교, 13개 병원과 16개 치료소, 한 개의 고아원과 맹인학교, 한 개의 나병요양소, 한 개의 인쇄소, 500개의 교회, 25만 명의 기독교인들, 100만 달러에 이르는 재산, 매해 25만 달러를 지출하는 선교활동이 전개되고 있다. 이와 같은 광대한 활동이 한국인들이 받는 공포심으로 인해 큰 방해를 받고 있다.[216]

105인 사건으로 인해 선교사들의 항의와 교섭이 있었으나 별 실효를 거두지 못하자, 이 문제가 본국의 해외선교본부와 언론의

---

213) G. T. Brown, *Mission to Korea* (Seoul: Department of Education, The Prebyterian Church of Korea, 1962), p. 86. 10년형을 받은 6명은 윤치호, 양기탁, 임치정, 이승훈, 안태국, 유동열이고, 8년형을 받은 이는 옥관빈, 장응진, 차리석, 나일봉, 변린서, 최예향, 양준명, 김일준, 선우혁, 곽태종, 최덕윤, 이용화, 임경엽, 최성주, 홍성린, 오희원, 이기당, 송자현이며, 이밖에 6년형은 이덕환 외 38명, 5년형은 오대영 외 41명, 무죄판결을 받은 자는 이창식 외 16명이다. Japan Chronicle 특파원, *The Korean Conspiracy Trial*, 윤경로 역, 105인 사건 공판 참관기 (서울: 한국기독교역사연구소, 2001), pp. 311-312.

214) F. A. McKenzie, *Korea's Fight for Freedom* (London: Fleming Revell Co., 1920), pp. 236-237.

215) P. L. Gillet, *Annual Report*, 1912, p. 5. 김인수, 한국 기독교회의 역사(상), p. 376에서 재인용.

216) A. J. Brown, *The Korean Conspiracy Case*, pp. 22-23.

지원을 받기를 원했다. 이를 위해 1912년 5월 10일 언더우드를 미국 북장로교회 해외선교본부(The Board of Foreign Mission of the Presbyterian Church in the U.S.A.)에 참석토록 하였다.[217] 이에 대응하기 위해 남장로교회 선교본부와 캐나다 장로교회 선교본부, YMCA 국제위원회, 특별히 윤치호가 소속된 남감리교회 선교부는 대표 다섯 명을 일본 대사관에 파견하여 그가 구속된 이유를 물었다.[218] 이들의 연합적인 노력과 더불어 그들에 대한 혐의가 충분하지 않음이 밝혀졌고, 친일파로 알려진 북감리교회 해리스 감독이 1914년 일본 수상 오쿠마 시게노부가 데라우치에게 한국의 기독교 단체들을 호의적으로 대할 것을 권했다.[219] 유죄판결에 불복한 105인이 상급법원인 경성복심법원에 상고하였고, 제2심 공판이 1912년 11월 26일부터 1913년 3월 20일까지 열려 제1심에서 유죄 판결을 받았던 105인 가운데 주모자로 지목된 윤치호, 양기탁, 이승훈, 안태국, 임치정, 옥관빈 등 여섯 명을 뺀 나머지 99명은 무죄로 방면됨으로 일제는 이 사건이 날조된 사건임을 자인한 것이 되었고, 투옥되었던 여섯 명도 1915년 2월 13일 특별사면으로 풀려남으로 사건이 종결되었다.[220] 이 사건으로 인해 복음은 더욱더 한국인들에게 널리 그리고 호의적으로 전파되었고, 목사들과 장로들의 믿음을 강화시켰으며, 더욱이 선교사들과 한국교회 지도자들 간에 더 큰 우정과

---

217) *Minutes of Presbyterian Church in the U.S.A. Board of Foreign Mission* 1912, 5. p. 13.

218) 한국 YMCA 운동사, 1885-1985 (서울: 대한YMCA연맹, 1986), pp. 106-107. 윤경로, 한국 근대사의 기독교사적 이해 (서울: 역민사, 1992), pp. 195-198.

219) 안창호, "재미 한인의 제실 책임", 신한민보, 1913. 6. 23. 총독부가 이 사건을 만족하게 처리하지 못한 이유에 대해서는 K. M. Wells, *New God, New Nation*, p. 125를 참조하라.

220) 안창호, "인류의 행복", 신한민보, 1914. 8. 13. 105인 사건 공판 참관기, pp. 16-18. F. A. McKenzie, *Korea's Fight for Freedom*, pp. 237-238.

정을 갖게 되는 에큐메니칼적 노력의 결실을 얻게 되었다.[221)]

b. 3 · 1 기미독립운동(己未獨立運動)

한일병탄 이후 가장 강력하고도 전국적으로 동시에 일어난 항일운동이 3 · 1운동이다. 한국교회는 초기부터 일제의 침략에 대해 저항세력으로 입지를 다져오다가 3 · 1운동 때에 다른 민족운동 단체와 연합하여 적극적으로 투쟁하여 민족종교로 자리매김을 할 수 있었다.[222)] 3 · 1운동을 추진하는 데 국내외에서 중추적 역할을 한 지도자들은 대부분 기독교인들이었다. 미국에서는 안창호, 이승만, 정한경, 서재필 등이 국제적인 활동을 통하여 한국민족의 단결심과 일제의 학정을 만방에 전하며 흥사단이나 대한국민회 등을 조직하여 독립운동을 계속하였다.[223)] 3 · 1운동 전에 일어난 1910년 해서교육총회 사건, 1911년의 신민회와 105인 사건, 1914년의 국민회 사건 등은 기독교회가 3 · 1운동 전에 일으킨 민족운동 또는 독립운동이었는데, 독립운동 가운데 가장 큰 규모로 일어난 3 · 1운동이 성공적으로 이뤄지기까지 국내외에 있는 기독교 지도자들의 공헌은 매우 컸다.[224)]

일제의 손이 미치지 못한 해외에서 3 · 1운동의 준비가 이뤄져, 상해에서는 김규식, 여운형, 선우혁, 서병호, 신석우, 장덕수 등이 신한청년당을 조직하고 김규식을 파리 강화회의에 보내 민족의 독립을 호소하였고, 선우혁을 국내에 잠입시켜 국내 지도자

221) S. A. Moffett, "Fifty Years of Missionary Life in Korea", p. 46.
222) 한국기독교역사연구소, 한국 기독교의 역사 II, p. 23.
223) 한국감리교회사 I, p. 230.
224) 金良善, 韓國基督教史研究, p. 113.

들과 호흡하게 하고, 미국에서는 안창호, 이승만, 정한경 등이 대한인국민회총회(大韓人國民會總會)와 흥사단을 통하여 3 · 1운동을 일으키고, 동경에서는 기독교계 학교인 명치학원의 한국인 학생들이 3 · 1운동을 주동했다. 이들 모두 교회의 목사, 전도사, 장로, 집사, 기타 평신도들로,[225] 교파와 교단을 막론하고 이 일에 연합하여 활동하였다. 민족대표 33인 가운데 16명이 기독교 대표들로 감리교인 10명, 장로교인 6명으로,[226] 3 · 1운동의 주도권을 가졌고 나아가 3 · 1 만세 시위도 역시 전국 어디서나 교회가 중심이 되어 서울, 평양, 진남포, 원산, 개성, 안주, 정주, 선천, 의주 등 첫 번째 만세 시위 장소가 모두 기독교회가 중심이 되었고, 연이어서 전국적으로 번진 만세 시위 역시 대부분 교회를 중심으로 일어났다.[227]

기독교인들이 시위를 주도한 형태는 다양하게 나타났다. 민족대표 33인 가운데 유여대 목사는 서울에서 열린 선언식에는 참여하지 않고, 의주 지역의 김창건 목사, 김이순 전도사, 안응석, 김두칠 등과 함께 3월 1일 의주 서부교회당 마당에서 700-800명을 모아 자신이 독립선언서를 낭독하고 만세시위를 하다가 체포되었다.[228] 장로교 총회장 김선두 목사는 이일영, 김이제, 강규찬

225) 위의 책, pp. 114-115.

226) 한국감리교회사 I, pp. 227-228. 15명은 천도교 측 대표였고 나머지 2명이 불교 측 대표였다. 감리교 대표는 최성모(해주 남본정교회 목사), 이필주(정동교회 목사), 박동완(정동교회 전도사), 신홍식(평양 남산현교회 목사), 박희도(창의문밖교회 전도사, 서울 기독청년회 간사), 김창준(평양 종교교회 전도사), 이갑성(세브란스 병원 약제사), 정춘수(원산 상리교회 목사), 신석구(서울 수표교교회 목사), 오화영(서울 종교교회 목사), 장로교 대표로는 이명룡(덕흥교회 장로), 유여대(신의주 동교회 목사), 이승훈(정주교회 장로), 길선주(평양 장대현교회 목사), 김병조(정주 문서전도 목사), 양전백(의주장로회 총회장, 목사) 등이다. 위의 책, pp. 227-229.

227) 金良善, 韓國基督教史硏究, 115.

228) "유여대, 안응석 등 판결문", 독립운동사 자료집 5권 (서울: 발행처 불명, 1995), pp. 875-877.

목사, 정일선 전도사 등과 평양의 6개 교회 연합 모임으로 3월 1일 숭덕학교 운동장에서 천여 명이 모여 선언식과 시위를 하고, 이 자리에서 김선두 목사는 "구속되어 천 년을 사는 것보다 자유를 찾아 백 년을 사는 것이 의의가 있다"는 연설을 하였고,[229] 그는 체포되어 총회가 열린 10월에도 감금되어 부회장 마펫이 총회를 이끌었다.[230] 이렇게 개인 및 교회가 연합하여 시위를 했을 뿐만 아니라 노회가 주관되어 시위를 한 곳도 있었는데, 경북노회장 정재순 목사와 서기 이만집 목사 등이 3월 8일 대구 장날에 교인들과 계성학교 학생들을 모아 시장에 있던 사람들에게 독립선언서와 태극기를 나눠 주고 여기에 동참한 700-800명과 시위를 하다가 체포되었다.[231] 교역자들만이 아니라 평신도들도 조직적으로 만세운동을 전개했는데, 강화군의 은세공 유봉진 및 기독교인들이 3월 18일 강화읍 장날에 시위를 일으켜 만 명이 동참하는 대규모 시위가 되었다.[232]

선교사들은 종교와 정치를 분명하게 구분하는 그들의 선교정책 가운데서도 3 · 1운동에 적극적인 협조와 도움을 준 이들이 있었다. 연희전문학교의 교수 벡커(A. L. Becker)는 독립선언 발표 장소에 대해 적절한 의견을 주었고, 세브란스 의과대학 교수 스코필드는 제암리 학살사건 등 우리의 받은 참상을 엮은 사진을 세계에 전하며 일제의 야만적 행동을 폭로하였고, 숭실전문학교장 마우리(E. M. Mowry)는 독립선언문과 태극기를 제작한 학생들을 보호하고 독립선언문을 번역하여 본국 선교본부에 보낸

229) "김선두, 이일영 등 판결문", 독립운동사 자료집 5권, pp. 786-789.
230) 죠션예수교쟝로회 총회 뎨八회 회록 (1919), p. 1.
231) "이만집, 김태련, 정재순 등 판결문", 독립운동사 자료집 5권, pp. 1264-1274.
232) "유봉진, 최창인 등 판결문", 위의 책, pp. 335-343.

후 평양 감옥에 투옥되어 6개월 형을 받았고, 동양선교회 토마스 목사는 강경 독립운동에 협력하다가 일본 헌병에 구타를 당하였으며, 선천 신성중학교 교장 맥쿤(G. S. McCune)은 교회 지도자들과 3 · 1운동을 계획했다가 추방을 당했고, 숭실전문학교 교장 마펫 박사는 세계선교대회에서 한국의 독립에 협조하자는 연설을 하였고, 감리교회 선교사 노블(W. A. Noble), 빌링스(B. W. Billings) 등도 3 · 1운동에 크게 협조했고, 상해 YMCA 총무 질레트(P. L. Gillet)와 피셔(J. E. Fisher)는 상해 임시정부에 크게 협력했다.[233]

3 · 1운동 후 일본 수상 하라다카시(原敬)의 탄압 지시가 조선총독에게 내려졌고, 이후 학살, 파괴, 방화 등이 수없이 행해졌는데, 그 가운데 기독교인들이 관련된 대표적인 사례는 평남 강서 사천의 학살사건(3월 3일), 정주의 학살, 방화사건(3월 4일-4월 2일), 서울의 기독교인 십자가 학살사건(3월 9일), 의주의 교회당 방화, 파괴사건(3월 하순), 천안 병천의 학살사건(4월 1일), 수원 제암리교회 방화, 학살 사건(4월 15일) 등이다.[234] 3 · 1운동 후 일제의 교회 핍박이 심하여, 공립학교에서는 학생들이 주일학교에 참여하는 것을 방해하였으며, 공립학교에 고용된 젊은 이들은 기독교회에 출석하는 것을 경고받았다. 기독교 활동을 고집하다가 해고당하거나 다른 지역으로 이사를 간 사람들도 속출했다.[235]

1919년 3 · 1 독립운동은 전 교회가 연루되었으며 105인 사건

233) 金良善. 韓國基督敎史硏究, pp. 117-118.
234) 한국기독교역사연구소, 한국 기독교의 역사 II, p. 36.
235) *Annual Report of the Board of Foreign Missions of the Methodist Episcopal Church, Korea Mission 1919*, p. 153.

에 이어 체포와 핍박과 고문 등이 다시 시작되었다.[236] 평양지역에만 160명의 목사, 지역 설교자, 권사, 집사, 반 리더, 학교 교사, 주일학교 사역자들이 감옥에 감금되었다. 북감리교회의 경우 평양시에 다섯 교회들이 여섯 명의 안수 받은 목사들을 지원하였는데, 이들 모두 감옥에 감금되었다.[237] 서울에서는 거의 모든 목사들이 투옥되었고, 세브란스 병원의 간호사들이 부상자들을 치료할 때 그들 역시 체포되었고, 군인들이 행인들에게 "당신들 그리스도인이오?"라고 물어서 "예"라고 대답하면 그들은 매를 맞았고, "아니오"라고 하면 가만히 두었으며, 농촌지역의 참혹상은 말할 수 없었다.[238] 3 · 1운동이 일어난 지 6개월 동안 일제는 모든 집회를 금지시켰고, 교회의 집회도 주일 낮에만 허락했으며 저녁예배도 드리지 못하게 했고, 많은 교회의 목사, 전도사 및 장로를 비롯한 지도적 인물들이 투옥되어 예배를 인도할 사람이 없어 기도만 하고 흩어지기도 하는 등 교회가 입은 타격은 엄청난 것이었다.[239] 1919년 6월말까지 체포된 자들은 장로교 1,461명, 감리교 465명, 천주교 57명, 그 밖의 교파가 207명이었고, 장로교의 피해가 더욱 심각하여 투옥된 자들이 그 해 10월까지 3,804명으로 늘어났고, 이들 가운데 134명의 목사와 장로들이 있었으며, 41명의 장로교 지도자들이 사살(射殺)되었고 여섯 명이 타살(打殺)되었으며 12개의 장로교 예배당이 파괴되었다.[240]

---

236) S. A. Moffett, "Fifty Years of Missionary Life in Korea", p. 46.
237) *Annual Report of the Board of Foreign Missions of the Methodist Episcopal Church, Korea Mission 1919*, p. 159.
238) S. H. Moffett, *The Christians of Korea* (New York: Friendship Press, Inc., 1962), p. 70.
239) 한국감리교회사 I, p. 230.
240) *Korean Situation: Authentic Accounts of Recent Events by Eye Witness* (New York: The Commission on Relation with the Orient of the Federal Council of the Churches of Christ in America, 1919), p. 5.

북감리교회의 1919년 연례보고에 의하면, 3 · 1운동과 일제의 핍박으로 평양 지역의 경우 구도자나 신자들 모두 25%가 떨어졌고, 세례자는 전년대비 절반밖에 되지 않았다. 이유는 세례 후보자들이 없었기도 했지만, 세례받기를 원하는 자들을 돌볼 사역을 할 만한 안수 받은 사람들이 없었기 때문이었다. 주일학교도 4분의 1 이상 떨어졌다. 이유는 첫째, 최고의 감독들과 교사들이 대부분 감옥에 있었기 때문이고, 둘째는 공립학교 교장들과 교사들이 어린이들로 주일학교에 출석하지 못하게 계속적으로 경고를 주었기 때문이었다.[241] 평양고등보통학교는 3 · 1운동 이후 6개월간 휴교되었고, 전에 출석하던 학생의 절반만으로 다시 수업이 시작되었고, 초등학교는 다수의 교사들이 체포되어 두 곳만이 수업을 재개했다. 기홀병원은 입원 환자나 치료소 할 것 없이 연중 넘쳐났는데, 3 · 1운동 중에 부상한 이들로 인해 더욱 붐볐다.[242] 세브란스 연합의과대학도 3월에 휴교하고 6월에 잠시 학생들을 모았다가 9월에야 다시 정상적인 수업이 이루어졌다.[243] 연합감리교신학교(협성신학교)는 많은 학생들이 체포되어 3개월에서 2년의 선고를 받았으므로 학교를 정상적으로 운영하지 못하였고, 정상화되기까지 얼마나 소요될지 모르는 형편이었으며, 선교부는 1920년에나 회복되기를 희망했지만 그 해 고등보통학교의 졸업생이 없으므로 1920년도 신입반은 기대할 수 없게 되었고,[244] 1920년 4월 1일에 1학년과 2학년 반에 각각 20명씩 등록하여

---

241) *Annual Report of the Board of Foreign Missions of the Methodist Episcopal Church, Korea Mission 1919*, p. 160. 1920년엔 전체적으로 전년대비 20%의 성장을 보였다. 위의 책, 1920, p. 158.

242) 위의 책, 1919, p. 161.

243) 위의 책, p. 163.

244) 위의 책, pp. 163-164.

학교를 다시 열었다.[245)]

3 · 1운동 이후 일제의 교회에 대한 극심한 핍박에도 불구하고 교회를 중심으로 하는 독립운동은 계속 전개되었다. 같은 해 4월 중순에 평양 남산현교회 이규갑 목사, 공주감리교회 현설칠 목사, 서울장로교회 박용희 목사, 의주교회 장붕 장로 등이 서울에서 한성 임시정부를 조직하여 선포하였고, 그후 이규갑 등이 한성 임시정부를 상해 임시정부와 합류하였는데, 상해 임시정부 요원 역시 기독교회 인물들이 주축이었다.[246)] 3 · 1운동 후 여성들도 애국운동에 동참하였는데 대표적인 것이 평양에 본부가 있던 '대한애국부인회'로 6월 중순 평양감리회에서 박승실, 이성실, 손진실, 최덕신 등의 발기로 상해정부를 원조하고자 모색하였고, 장로교에서도 평양 장대현교회에서 한영신의 발기로 김보원, 김용복, 김신희 등이 독립운동을 남자들에게만 맡길 것이 아니고, 그대로 지켜보고만 있는 것이 부끄러운 것이라 하며 애국부인회를 조직하여 감리교와 연합하여 일을 추진하였다. 이후 두 여성단체는 동지를 규합하고, 군자금을 모집하고, 배일사상을 고취시키며, 결사대 및 기타 운동원의 비호와 원조 등에 일조를 다하다가 11월 장 · 감 부인회가 합동하여 '애국부인회'라 불렀다.[247)]

여섯 개의 장 · 감 선교부연합공의회는 3 · 1운동 후 9월 29일 일제의 야만적인 정책에 대항하여 새로 부임한 사이토 총독에게 "선교사연합대회 진정서"를 제출하였는데,[248)] 그 내용은 일본의

245) 위의 책, 1920, p. 190.
246) 金良善. 韓國基督教史研究, p. 116.
247) 한국감리교회사 I, p. 244. 당시 애국부인회 간부들은 연합회 본부 총재에 오신도(감리교), 본부회장 안정석(감리회), 본부 부회장 한영신(장로교), 재무부장 조익선(장로교), 교통부장 최순덕(감리교), 적십자부장 이성실(감리교), 평양 감리교 지회장 박승일, 평양 장로교 지회장 김용복, 진남포 감리교 지회장 안애자, 진남포 장로교 지회장 최영보 등이다. 위의 책, p. 245.

헌법에 명시된 종교의 자유를 보장하라는 것으로 다음과 같다.

1. 교회와 선교사에게 너무 많은 제한을 가하지 말 것.
2. 기독교인 및 기독교에 대해 관헌에 의한 처벌을 하지 말 것.
3. 교회가 경영하는 학교에서 성경 및 종교 교육을 허락할 것.
4. 한글 사용을 제한하지 말 것.
5. 학교 경영에 온전한 자유가 보장되고 불필요한 당국의 간섭을 받지 않도록 할 것.
6. 교사와 학생에게 양심의 자유를 허용할 것.
7. 기독교 문서의 검열을 폐지할 것.[249]

일제는 3 · 1운동 이후 교회를 박멸하려 했으나, 도리어 이 일은 교회가 이후 새로운 성장의 시기로 접어들게 하였다.[250] 이 모든 일에 장 · 감, 한국인이나 선교사 모두 연합하여 위대한 운동에 동참한 연합정신을 보여 주고 있다.

c. 물산장려운동(物産奬勵運動)

한일병탄 전인 1909년에 민족경제를 살리기 위한 방안으로 평양에서 '국산품 애용운동'이 일어난 바 있다.[251] 3 · 1운동 이후에 교회의 경제적 항일운동이 재개되었는데, 그것이 바로 물산장려운동이다. 이것은 1920년대에 대두한 '실력양성론'의 하나로,

---

248) 위의 책, pp. 239-241. 당시 선교사연합대회 대표 회장은 밀러(Hugh Miller), 간사로 빌링스(B. W. Billings)였다.
249) *Korean Situation* (1919), pp. 10-12.
250) S. H. Moffett, *The Christians of Korea*, p. 70.
251) 신한민보, 1909. 7. 28.

즉 현대 정치는 경제적 능력이 있는 자본가에 의해 움직이므로 경제적 능력이 없으면 정치적 권리도 얻지 못하니 정치적 권리를 주장하기 전에 먼저 경제적인 실력을 양성하자는 것이었다.[252] 이것은 1920년 7월 평양에서 조만식이 주도하여 일어난 것으로, 여성계의 김보원, 이겸양, 이진실, 채광덕 등 50여 명이 발기하여 시작되었다.[253]

'물산장려회'는 1922년 평양지역의 실업인들의 지원을 통해 평양 YMCA에서 공식적으로 창립되었다.[254] 조만식은 이 운동이 평양의 개신교인들로 시작되었지만, 그들만이 아니라 모든 사회단체와 종교단체들이 함께하는 범민족운동으로 확장되기를 계획하였다.[255] 조만식의 기대는 어긋나지 않아 같은 해 12월 서울 YMCA에서 50명의 학생들을 중심으로 자작회를 조직하였고, 그들은 3단계 프로그램을 발표하였다. 그것은 한국인들의 식품과 의류를 직접 생산하여 공급하고, 전국적인 생산과 소비체제를 갖추기 위해 영국의 길드와 같은 산업협동체를 만든다는 것이었다.[256] '조선청년연합'이 서울에서 이 운동을 주도하며 청년연합 2주년인 12월 '자작자급'을 이루기 위해 한국인들의 '거룩한 언약', 즉 '민족적 언약'을 위한 호소문을 〈동아일보〉에 발표하였다.[257] 1923년 1월 함흥 YMCA 회원 1,000여 명이 무명으로 된 두루마기 차림으로 시위를 했다.[258] 1923년 1월 20명의 지역 책임자를 선출하고, 한국산 의류 및 식품 구매에 대한 협의책을 마

252) 박찬승, 한국근대정치사상사 연구 (서울: 역사비평사, 1992), pp. 261-262.
253) 이찬영, 한국기독교회사 총람 (서울: 전망사, 1994), pp. 332-334.
254) 한근조, 고당 조만식 (서울: 태극출판사, 1972), p. 156.
255) K. M. Wells, *New God, New Nation*, p. 221.
256) 동아일보, 1922. 12. 17.
257) 동아일보, 1922. 12. 26.
258) 대한 YMCA 연맹, 한국 YMCA 운동사: 1895-1985 (서울: 로출판, 1986), 139.

련하고 다른 국산품들도 광고하기 시작했다.[259] 이때 부른 "물산 장려가"는 다음과 같다.

산에서 금이 나고 바다에 고기
들에서 쌀이 나고 면화도 난다.
먹고 남고 입고 남고 쓰고도 남을
물건을 낳아 주는 삼천리강산
물건을 낳아 주는 삼천리강산

우리의 믿음직한 젊은이들아
두 팔 걷고 두 발 벗고 나오너라.
우리가 우리 힘 우리 재조(才操)로
우리가 만들어서 우리가 쓰자
우리가 만들어서 우리가 쓰자.

조선의 동포들아 이천만민아
자작자급 정신을 잊지 말고서
네 힘껏 벌어라 이천만민아
여기에 조선이 빛나리로다
여기에 조선이 빛나리로다.[260]

1923년 2월 장로교인 이갑성과 감리교 오화영 목사가 다른 두 사람과 더불어 서울 천도교회관에 모인 2,000명의 청중 앞에서 한국인들이 국산품을 사랑해야 하는 것의 중요성에 대해서 연설

259) 동아일보, 1923. 1. 11, 1. 22, 1. 23.
260) 이찬영, 한국기독교회사 총람, p. 334.

했다.[261] 서울에 이어서 부산, 대전, 마산, 함흥, 광주, 밀양, 대구, 양산, 동래, 안주, 영동, 영흥, 김제 등 전국에 지부가 개설되었다.[262] '조선여자기독교절제회' 도 1929년 국가박람회 기간을 통하여 50일간 물산장려 강연회를 열었다.[263]

이 운동에 참여한 사람들이 대부분 교파를 초월한 기독교인들이었고, 1923년 서울에서 조선물산장려회가 조직되고 전국적으로 이 운동이 전개될 때도 기독교인들이 앞장섰다. 그러나 1924년부터 일제의 압박 등으로 이것에 대한 열정이 식기 시작했고,[264] 이후 큰 성과를 거두지 못하고 침체에 빠져 이 운동이 실패하자 이것을 대신할 새로운 실력양성운동으로 농촌운동을 전개하였다.[265] 물산장려회는 1932년부터 총독부의 간섭을 받으며 결국 1937년에 해체명령이 내려질 때까지 명맥만 유지했을 뿐이다.[266] 물산장려운동이 끝까지 성공적인 모습을 보여 주지는 못했지만 그 출발정신과 '청년연합' 을 중심으로 한 연합적 참여는 또 다른 연합정신을 보여 주었다.

E. 사회 계몽

3 · 1 운동 이후 기독교 지도자들 중 다수가 적극적인 항일운

261) 동아일보, 1923. 2. 3. 2. 5.
262) 동아일보, 1923. 2. 5, 2. 8, 2. 13, 2. 14, 2. 16, 2. 19, 2. 21, 2. 23.
263) "시민운동부", 김정주 편, 한국절제운동 70년사(1923-1993) (서울: 대한기독교여자절제회, 1993), p. 221. 당시 박람회는 9월 12일부터 10월 31일까지 광화문에서 열렸다. 기독신보, 1929. 11. 13.
264) K. M. Wells, *New God, New Nation*, p. 225.
265) 한규무, 일제하 한국기독교 농촌운동 1925-1937 (서울: 한국기독교연사연구소, 1997), p. 40.
266) K. M. Wells, *New God, New Nation*, p. 247.

동보다는 민족계몽운동으로 방향을 선회했다. 그리하여 사회계몽 운동이 초교파적으로 활발하게 진행되었다. '조선예수교연합공의회' (KNCC)는 1932년 사회신조(social creed)를 발표하며 사회계몽에 대한 관심을 나타냈다. 그 신조의 내용은 다음과 같다.

> 우리는 하나님의 아버지 되심과 사람의 형제애를 믿는다. 우리는 그리스도 안에 나타난 하나님의 사랑, 정의, 그리고 평화가 사회의 기본 이상이 되어야 한다고 믿는다. 우리는 유물론적 교육과 사상인, 계급투쟁과 혁명론적 방법 통한 보수적인(reactionary) 억압과 사회 재건을 반대한다. 우리는 기독교 전도, 교육, 사회봉사의 확대를 통하여 구원받고 거듭난 사람들이 사회의 지도자들이 되어야 하며, 그리스도의 영이 사회조직을 움직여야 한다고 믿는다. 우리는 모든 부는 하나님과 사람의 섬김을 위해 하나님에 의해 사람을 부양하는데 기탁해야 한다고 믿는다.[267]

이 신조의 실천을 위해 '조선예수교연합공의회'는 12개의 실천항목을 제시했다.[268] 본 장에서는 절제운동과 농촌운동을 중심으로 다루도록 하겠다.

1. 절제운동

교회가 절제운동을 전개하게 된 것은 일제가 문화정치라는 명목 아래 민족을 정신적 · 문화적으로 파괴하기 시작하였기 때문

---

267) *Proceedings of the Ninth Annual Meeting of the Korean National Christian Council*, p. 31.
268) 위의 책, p. 32.

이다. 특히 3 · 1운동의 실패 후 좌절감에 빠져 있던 민족에게 향락문화에 빠져들게 하기 위해 일제는 공창을 설치하고, 양조를 공장화하며, 담배 및 아편의 정략적 살포는 물론 요리집, 카페, 나아가 유곽까지 늘려갔다.[269] 이와 더불어 한일병탄 후 계속되는 경제적 피폐와 공산주의, 자유주의 및 이단 등의 도전 등으로 부분적으로 교회의 도덕성마저 해이해졌고, 선교사들도 본국에서의 선교비 삭감으로 의욕을 상실한 가운데, 교회의 성장은 큰 곤란에 봉착하게 되었다.[270]

이때 교회가 연합하여 절제운동을 전개하였다. 절제운동이 본격적으로 이뤄진 것은 3 · 1운동 이후로 1923년 '세계기독교여자절제회' 에서 파견된 틴링(C. I. Tinling)이 입국하여 서울, 평양, 개성, 해주, 원산, 광주, 대구, 재령 등을 순회하며 절제운동에 대한 강연을 벌인 것[271]이 계기가 되었다. 여자절제회의 출발이 '개신교선교부연합공의회' 에서 출발한 만큼 '개신교선교부연합공의회' 도 절제운동을 지원했으며,[272] '조선예수교연합공의회' 도 마찬가지였다.[273] 연합신문인 〈기독신보〉는 1924년 3월 26일 자부터 '절제부' 난을 두고 금주, 금연, 그리고 공창폐지에 대한 글을 싣고, 기독교 절제운동의 방향을 다음과 같이 제안하였다.

---

269) 배의남, "카페의 위험", 기독신보, 1933. 5. 31.
270) *Annual Report of the Board of Foreign Missions of the Methodist Episcopal Church, Korea Mission 1927*, p. 152. 북감리교회 선교부의 경우 1914년 48명의 성인 선교사들로 가장 많은 수를 보유하였고, 1918년에는 37명까지 떨어졌다가, 1922년에 45명으로 늘어나 1926년까지 유지되었지만, 1926년 4명의 선교사들을 사임케 하였고, 1926년 6월부터 1928년 1월 사이에 16명의 선교사들이 떠나 31명으로 줄었다.
271) C. I. Tinling, "The W.C.T.U in Korea", *KMF*, 1924.1, pp. 12-13.
272) 기독신보, 1923. 10. 17.
273) 기독신보, 1923. 12. 19.

一. 뎌들노 상당한 직업에 착수ᄒᆞ야 취미를 엇게홀 것.

二. 회를 조직ᄒᆞ야 차등(此等) 악습을 통금(通禁)ᄒᆞ되 회원 자기브터 몬져 ᄯᅩᄂᆞᆫ ᄭᅳᆺᄭᅵ지 금할 것.

三. 뎌들노 ᄒᆞ여곰 예수를 밋고 교회규칙을 복종케 홀 것.

四. 정부도 인민을 애호ᄒᆞ야 법령으로 이 악습을 금지홀 것.

五. 학교에서 그 폐해를 ᄋᆞᄒᆞ들의게 항상 설명ᄒᆞ야 어릴 ᄯᅢ브터 미리 금지홀 것.[274]

'조선주일학교연합회' 도 절제운동을 지원하여 1927년 11월에 개최된 '주일학교연합대회' 기간 동안 주마정벌(酒魔征伐) 행군식을 하는 등 금주 및 금연 운동을 전개했다.[275] 배재고등보통학교는 1922년 음주, 흡연과 마약 등에 반대하는 배재순결서약에 294명의 학생들과 15명의 교사들이 서명하였다.[276] 남자들도 절제운동에 참여하다가 1932년 5월 5일 평양장로회신학교에서 '조선기독교절제회' 를 조직하고 회장에 채필근, 조만식, 서기에 우호익, 이권찬, 회계에 정두현, 강봉우, 총무에 송상석을 선출했다.[277] '조선기독교절제회' 는 1932년 12월 16일 '미성년자 음주끽연금지법 실시 촉성회' 를 조직하고 교파를 초월하는 것은 물론 사회지도자들을 총망라하여 총독부에 '미성년자 금주 금연법 제정운동' 을 전개했다.[278] 이 운동에 참여한 이들은 윤치호 회장과 정인과, 양주삼, 조만식, 김창준, 오긍선, 백낙준, 채필근, 이효

274) "조선의 급무인 절제운동(二)", 기독신보, 1924. 5. 21.
275) 기독신보, 1927. 12. 14.
276) *Annual Report of the Board of Foreign Missions of the Methodist Episcopal Church, Korea Mission 1922*, p. 232.
277) 조선일보, 1932. 5. 20. 기독신보, 1932. 5. 25. 송상석, 한국절제교육연구사료집 (서울: 성광문화사, 1979), pp. 152-153.
278) 매일신문, 1935. 12. 18. 송상석, 한국절제교육연구사료집, pp. 493-496.

덕, 송진우, 여운형, 방응모 등이며, 1938년 4월 '청소년보호법'이 제정되고 미성년자 음주 흡연 금지사항이 들어갔다.[279] 장로회신학교에서도 절제를 주제로 웅변대회를 1934년 11월 28일에 열어 절제에 대한 정신을 고취하였다.[280] 절제운동을 살펴보기 위해서 먼저 절제운동의 선두에 섰던 여자절제회에 대하여 살펴본다.

a. 여자절제회(Woman Temperance Society)

'기독교여자절제회' (Woman' s Christian Temperance Union, 이하는 WCTU)는 1874년 미국에서 윌라드(F. E. Willard) 여사를 중심으로 조직된 것으로, 국내에 처음으로 소개된 것은 WCTU의 회원이었던 감리교 여선교사 커틀러(M. M. Cutler)가 1892년 입국하여 평양에서 의료선교에 참여하면서 개인적으로 절제운동을 소개하고 사람들을 모으기 시작하면서부터 비롯되었다.[281] 한국여자절제회는 1923년 6월에 WCTU 미국대표인 틴링(Miss C. I. Tinling)의 방문을 계기로 조직되었다. 틴링은 전국을 여행하며 절제회와 그것의 조직에 대해 대화를 나눴다.[282] 여자절제회는 먼저 같은 해 9월 개신교선교사연합공의회에 소속된 여선교사들이 모여 설립되었다.[283] 한국기독교여자절제회는, "금주금연과 생활개선을 고취하고 국제상호간 평화적

279) 조선일보, 1938. 3. 27. 송상석, "미성년자의 음주흡연금지법실시에 이르기까지", 절제시보, 1938. 4. 20.

280) 신학지남 (1934. 1), pp. 72-73.

281) 황애덕, "대한기독교절제회 유래와 그 상황", 한국절제 운동 70년, p. 134. C. I. Tinling, "The W.C.T.U. in Korea", *KMF*, 1923.11, p. 227. 최은희, 조국을 찾기까지(하권) (서울: 탐구당, 1973), p. 104.

282) *Annual Report of the Board of Foreign Missions of the Methodist Episcopal Church, Korea Mission 1924*, pp. 87-88.

협상을 지지하고, 기아와 병마, 무지를 없애고 순결과 평화를 목표로 하나님과 가정과 온 세계를 위하여 봉사하려는 취지에서 초교파적으로 조직"[284] 된 것이다.

이어서 한국인들의 여자절제회도 1924년 8월 28일 이화학당에서 홍에스더, 유각경, 최활란이 발기인이 되어 조직되었는데,[285] 이때 선구자 역할을 한 사람이 손정규(孫貞圭, 일명 孫快禮)이다. 손메례는 감리교여학당(the Bible Woman's Training School, 협성여자신학교 전신) 출신으로 상동교회 청년회를 담당하며 전도부인으로 사역하다가 틴링과 함께 지방순회 강연에 참여했고, '조선여자기독교절제연합회'가 창설될 때 총무로 선출되었으며,[286] 세계여자절제회에서 보낸 후원금으로 직원으로 있던 손메례의 봉급을 지불했다.[287] 회장에는 유각경, 부회장에 김선, 서기에 문인순이 선출되었다.[288]

1926년 '조선여자기독교절제연합회'는 여선교사들을 중심으로 결성된 여자절제회와 합동하여 '조선여자금주회'로 명명했다가 '조선기독교여자절제회'로 환원하였으며, 회장에 유각경과 최활란, 총무에 빌링스 부인과 손메례, 서기에 문인순, 김보린, 회계에 밀러 부인과 홉스 부인 등이었다.[289] 1928년 절제회는 전

---

283) C. I. Tinling, "The W.C.T.U. in Korea", *KMF*, 1923.11, pp. 227-28. 이때 선출된 임원은 회장에 채핀 부인(A. B. Chaffin), 부회장에 윈(E. A. Winn)과 맥렐란(E. A. Mclellan), 총무에 어윈(C. Erwin), 서기에 쿤스(E. W. Koons), 회계에 홉스 부인(T. Hobbs) 등이다.

284) "대한기독교여자절제회 연혁", 한국절제운동 70년사, p. 187.

285) 위의 책.

286) 이덕주, "절제운동의 선구자 손메례 장로", 새가정 (1988.4), pp. 126-127. 조이제, 한국 감리교회청년회 100년사, pp. 142-143.

287) *The Korea Missions Year Book 1928*, p. 220.

288) 기독신보, 1924. 9. 10.

289) 기독신보, 1926. 12. 1.

국 52개 지회에 3,217명의 회원이 참여하는 여성단체가 되었다.[290] 손메례는 이후 연합운동에 있어 눈부신 활약을 하였다. 1923년 한 해 동안 열 개의 연합체가 구성되었으며 서울과 지방을 통틀어 더 많은 연합체가 구성되었다.[291] 손메례는 1929년 협성여자신학교 출신의 이효덕에게 총무직을 인계하기까지 절제운동에 전력하였다. 여자절제회는 금주금연운동에 동참하며 1년에 한 번 잡지를 출판하였고, 1935년에는 등록 인원이 3,500명에 이르렀다.[292]

손메례의 후임인 이효덕은 1930년 1월 23일 기관지 〈절제〉를 창간하고,[293] 금주 및 금연 운동 외에 색의(色衣)입기 운동을 통하여 여성들의 생활절제운동을 전개하였고,[294] 1931년부터는 교회를 순회하며 금주 강연회를 열 정도로 전국적인 절제운동에 앞장섰고,[295] 1938년에는 전국 남녀 중고등학교에 절제부를 조직하고 절제생활 계몽 강연회를 개최하였다.[296]

b. 금주 및 단연 운동

290) B. W. Billings, "Temperance Work in Korea", *KMF*, 1928.10, p. 206.

291) *The Korea Missions Year Book 1928*, 220. 손메례는 1919년 절제회 순회 총무를 맡아 전국 각지를 다니면서 금주금연 강연을 하며 10년간 290고을(마을)에 절제회를 세웠다. 손메례, "재미있고 괴롭던 옛 추억", 한국절제운동 70년사, p. 129.

292) C. A. Clark, The Nevius Plan for Mission Work-Illustrated in Korea, p. 209.

293) 한국절제운동 70년사, pp. 189, 224. 이효덕은 〈절제〉지를 "어깨가 물러날듯이 끌고 나가면 그 잡지가 모자라서 돌아왔다"고 회고한다. 이효덕, "개척자의 고심기", 위의 책, p. 133.

294) 한국기독교역사연구소 3, 한국기독교의 역사 II, p. 234.

295) The Korea Missions Year Book 1928, p. 220. 이효덕이 9년 동안 총무를 지내며 순회하며 절제운동을 전개한 지역은 황해도, 평남, 평북, 만주, 함경남북도, 강원도, 경기도, 전라남북도, 경상남북도, 충청남북도를 망라하였고, 300여 지회를 창설하였다. 이효덕, "개척자의 고심기", pp. 131-32.

296) "청소년 절제부", 한국절제운동 70년사, p. 217.

금주 및 단연 운동이 출발한 배경은 농촌경제가 피폐하고 퇴폐문화가 확산되며, 각 가정에서 주조되고 경작되었던 술과 담배가 공장화되며 지출되는 비용이 급증하여, 이것을 절약함으로 경제적 곤란을 극복하고자 했던 것이다.[297] 당시 한국의 기독교인들은 금주 및 단연운동을 그들의 생활을 좌우할 만한 중대한 것으로 인식하고,[298] 이 운동을 통하여 절약하여 교육 및 유리방황하는 동포들을 구제하는 데 쓰도록 하였다.[299]

(1)금주운동(禁酒運動)

당시 교회가 가장 힘을 기울인 절제운동이 금주운동이었다. 한국교회의 권징은 미국보다 엄격하여 장로교의 경우 음주를 하는 자나 술을 판매하는 자는 세례를 받지 못하도록 규정하였고, 다른 선교지에서는 음주를 금하기도 하고 그렇지 않기도 하였지만 한국에서는 전혀 허용하지 않았다. 입교 후에 음주를 하는 자들은 처음에는 훈계를, 다음에는 직분 정지를, 그래도 돌이키지 않으면 출교를 시켰다.[300] 이렇게 절제를 강조하고 훈계하였지만,[301] 장로교단 차원에서 직접 금주운동을 수행하지는 않았다.[302]

가장 적극적으로 금주운동을 전개한 것은 '조선여자기독교절

297) 사설, "엇져면 잘살가(1)", 기독신보, 1925. 9. 2.
298) "遼遠의 火와 굿치 니러나는 전국 금주연운동", 기독신보, 1923. 3. 14.
299) 류형숙, "우리의 경제력과 술", 기독신보, 1928. 6. 27. 류형숙, "하나님의 가명과 세계를 위하여: 금주의 필요", 기독신보, 1933. 3. 29.
300) C. A. Clark, *The Nevius Plan for Mission Work-Illustrated in Korea*, pp. 127-128.
301) "함남로회에셔 누룩쟝사하난 교인을 치리하난 문의에 대하야난 당회가 권면하여 보고 그 형편을 좃차 치리할 일이오며." 죠션예수교쟝로회 총회 뎨十二회 회록, p. 26.
302) C. A. Clark, *The Nevius Plan for Mission Work-Illustrated in Korea*, p. 209.

제회' 였는데, 여자절제회의 해외 지원단체가 여러 해 동안 연례 잡지를 발행하였다.[303] 여자절제회의 발상지 미국의 여성운동이 금주법안을 실행케 했듯이, 한국의 여자절제회도 미국 선교사 밀러 부인(L. A. Miller)이 절제운동을 시작하였다.[304] 금주에 대한 논문을 현상모집하고, 틴링(C. I. Tinling)이 각 학교를 다니며 금주운동을 전개했는데, 1923년 8월 평양장로회신학교에서 금주에 대해 일주일간 강의하여 큰 인기를 끌었으며, 신학생 및 여자성경학원 학생 112명 및 수많은 교인들이 강연에 참여하여 경청하였다.[305] 여자절제회의 손메례는 1923년부터 절제운동을 전개하며 1930년 금주운동에 대하여 다음과 같이 주장하였다.

> 술은 사실 탄환업는 대포와 갓흔데 도로혀 용긔를 준다구 밋게 하엿다. 여러 해 동안 연구한 결과 지금은 그 비밀을 알엇다. 그러니 우리는 금주하고 금주운동을 철저히 하야 조선을 살니자. 조선의 금주운동은 모든 운동 중에 가장 큰 운동이다. 육을 살니고 령을 살니는 운동이며 죽어가는 조선을 살니는 운동이다. 여러분은 ㅅ대로 왜 이 금주운동을 니저버리는가?[306]

303) 위의 책, p. 209.
304) 황애덕, "대한기독교여자절제회 유래와 그 상황", pp. 134-135. 황애덕은 한국 여자절제회의 초기 절제운동이 금주금연에 제한되었던 것은 영국과 미국의 영향을 받았기 때문이라고 한다. 위의 책, p. 135. 세계기독교여자절제회 원칙 선언문에 금주에 관한 약속은 다음과 같다. "나는 엄숙히 이렇게 약속한다. 하나님께서 나를 도와주심으로, 모든 알콜 성분이 든 술을, 증류되었거나, 발효되었거나, 맥주이거나 막론하고, 음료수로 마시지 않을 것과, 또한 어떠한 형태로든지 아편을 복용하지 않을 것과, 그리고 모든 정당한 방법을 동원하여 이러한 것의 사용과 유통을 저지할 것을 약속한다." 위의 책, p. 261.
305) "신학교 소식", 신학지남 (1923. 10), p. 167.
306) 손메례, "조선의 금주운동", 기독신보, 1930. 4. 30. 손메례가 서울 아현학교에서 금주 강연회를 열 때, 청중 가운데 화려한 옷에 수백만 환의 금장식을 머리에 한 젊은 여성이 일어나, 나는 오늘부터 기생 노릇을 그만두고 바른 길로 가기로 결심하고, 화려한 생활을 버리고 검소하고 순결한 여성으로 불쌍한 여성계를 위해 일하겠다고 하였다. 손메례, "재미있고 괴롭던 옛 추억", p. 129.

손메례는 금주운동을 일컬어 한국을 살리는 운동으로 강조하며 민족운동으로 전개하였다. 1930년에는 "민족건강으로 본 금주, 민족경제로 본 금주"라는 주제로 현상논문을 모집하였다.[307) 여자절제회는 손메례에 이어 총무가 된 이효덕을 중심으로 1931년 교회 안에서 금주 강연회를 개최하며 전국적인 절제운동에 앞장섰다.[308) 이효덕은 일제의 탄압 가운데도 연중행사로 한두 차례 중학생 음악대를 선두로 금주시위 가두행렬을 펼치며 금주 정신을 고취시켰는데, 어떤 양조업자들은 직업을 바꾸는 일까지 있었다.[309)

YWCA는 1923년 세 가지 주요 과제 가운데 각 지방 지회마다 금주회를 조직하여 금주운동을 전개하도록 하였다.[310) 틴링의 강의 후 평양장로회신학교는 1931년 12월,[311) 1932년 11월,[312) 1934년 11월 금주를 주제로 강연대회 및 웅변대회를 열었다.[313) 구세군은 금주운동의 일환으로 51,500장의 전단지를 살포했다. 우편을 통하여 수많은 사람들이 금주 서약서를 보내왔으며, 어떤 이들은 이 노력에 대한 감사의 편지를 보냈다.[314) 조선예수교연합공의회(KNCC)도 사회신조를 통하여 금주법을 신속하게 제정할 것을 촉구했다.[315) 연합공의회는 1931년 9월 매년 음력 1월 15일을 '전조선절제주일'로 지키기로 결의하였고,[316) 1933년을 금

307) "청소년 절제부(Y.T.C)", p. 217.
308) *The Korea Missions Year Book 1928*, p. 220.
309) 이효덕, "개척자의 고심기", pp. 132-33.
310) Mrs. Kak Kyung Lee, "A Brief History of the Korean YWCA", p. 231.
311) "신학교 소식", 신학지남 (1932. 1), p. 83.
312) "신학교 소식", 신학지남 (1933. 1), pp. 93-97.
313) "신학교 소식", 신학지남 (1935. 1), p. 78.
314) Chas. Sylvester, "The Salvation Army", *The Korea Missions Year Book 1932*, p. 130.
315) *Proceedings of the Ninth Annual Meeting of the Korean National Christian Council*, p. 32.

주년으로 정하고 대대적인 시위를 가지며 전국의 각 교회가 동일한 순서로 금주선전을 하도록 했다.[317] '선교부연합공의회'는 1919년 9월 29일 3·1운동 후 사이토 총독에게 보내는 진정서 가운데 주류 판매에 관한 법률을 수정해 줄 것을 요구했다.[318]

그러나 교회의 노력이 부진하여, 1928년 "양조장의 성장은 예외적으로 빠른 반면, 교회에서의 절제운동은 부진하다"는 말이 일제히 들렸고, 이는 곧 이 문제를 해결할 때까지 한국경제의 상황을 증진시키지 못하게 하는 원인 중 하나가 되었다. 절제운동이 가장 활동적이었던 곳은 평양으로, 자원자들이 절제 잡지를 발행하여 좀더 폭넓은 절제 지향(志向)을 만들고자 하였고, 정부 교육 지도자들에게 쏟아진 가장 큰 비판이 절제 문제에 대한 규범의 부족이었다. 각 선교부는 이때 절제 사역에 전적으로 사역할 선교사의 필요성을 오랫동안 느꼈다.[319] 1931년 장·감 연합으로 발간한 《신정찬송가》에는 임배세가 작사한 "금주가"를 삽입하기도 하였는데, 그 가사는 다음과 같다.

금수강산 내 동포여 술을 입에 대지 말라
건강지력 손상하니 천치 될까 늘 두렵다

패가망신 될 독주는 빚도 내서 마시면서
자녀교육 위하야는 일전 한푼 안쓰려네

316) "기독교연합공의회", 기독신보, 1931. 9. 23.
317) "경성장·감연합 禁酒旗 행렬준비", 기독신보, 1933. 2. 8. "금주 단연의 시위행진, 기독교도의 쾌거", 동아일보, 1933. 2. 10.
318) 한국감리교회사 I, p. 241. 여기에 아편 및 모르핀의 생산제조 및 판매에 영향을 주는 법률도 개정토록 요구하였다.
319) *Annual Report of the Board of Foreign Missions of the Methodist Episcopal Church, Korea Mission 1928*, p. 101.

천국 술값 다합하야 곳곳마다 학교 세워
자녀 수양 늘 식히면 동서문명 잘 빗내리

천부 주신 네 재능과 부모님께 밧은 귀체
술의 독기 밧지 말고 국가 위해 일할지라

후렴
아 마시지 마라 그 술 아 보지도 마라 그 술
조선사회 복밧기는 금주함에 잇나니라.[320)]

1933년에는 여러 학교에서 금주를 주제로 하는 웅변대회를 개최하기 시작했고, 평양신학교에서도 이 대회가 열렸는데, 연설의 내용은 질이 높았으며 이 원고들이 출판되고, 입상자는 자신이 받은 상금을 국가 단위의 금주운동 기구를 발족시키는 기금으로 내놓았다. 이 운동에 송상석이 뛰어들어 그와 다른 이들의 노력으로 20세 이하의 미성년자들에게 술과 담배를 팔지 못하게 하는 법안을 만들고자 했다.[321)] 같은 해 여자절제회는 서울에서 금주행렬을 전개했는데, 매년 3월 5일에 금주행렬과 금주운동을 전개했다.[322)] 1935년 주류세는 전국의 토지세보다 200만 엔이 많은 1,658만 3,650엔을 기록하여 주류 소비량이 급속하게 증가하고 있음을 나타내 준다.[323)] 구세군은 〈기독신보〉를 지원하여 1년에

---

320) 新訂 찬송가 (서울: 조선예수교서회, 1931), 230장.
321) C. A. Clark, *The Nevius Plan for Mission Work-Illustrated in Korea*, p. 210.
322) "금주금연부", 한국절제운동 70년사, p. 201.
323) C. A. Clark, *The Nevius Plan for Mission Work-Illustrated in Korea*, p. 210.

한 번씩 '금주호'(禁酒號)란 특집을 내 계몽활동을 하도록 협력했으나, 1935년 일제는 이것을 방해하려고 금주강연금지령까지 내렸다.[324]

이와 같은 금주운동에 연합기관인 여자절제회를 출발로 각 교단 및 신학교는 물론 장·감연합협의회, 선교부연합공의회와 조선예수교연합공의회 등이 모두 망라하여 이 운동에 참여한 대규모 에큐메니칼 협력사업이었다.

(2) 단연운동(斷煙運動)

한국교회는 음주와 더불어 흡연도 금지하였다. 주한 미국 공사를 지낸 록힐(W. W. Rockhill)은 한국을 여행한 후, "세상에서 담배를 제일 많이 피우는 자들은 한국인들이다"[325]라고 말한 바 있다. 앞에서 살펴본 것과 같이 한국교회는 언제나 '절제단체'로서 여겨졌기 때문에 1930년 이후에도 각 교단에서는 사회개혁위원회와 같은 것을 둔 적이 없다.[326]

단연운동도 여자절제회에서 앞장섰는데, 조선여자기독교절제회의 손메례 총무는 전국을 다니며 금주금연 강연을 하는 가운데, 정주에서 강연을 할 때 그곳의 구장이 담배를 꺾으며 42년간 죄인으로 살아온 인생을 회개하고 예수를 믿어 금주금연 선지자로서 자기 동네를 깨끗하고 부요하게 하겠다고 결심하며 간증하였고, 평양 장대재교회에서는 금연을 결심한 자가 60여 명이었으며, 매중리에서는 15세 소년이 담배쌈지를 가지고 와서 울며 죽기까지 금연하고 열심히 공부하여 큰 일꾼이 되겠다고 결심하였

324) "대한기독교여자절제회 연혁", p. 189.
325) J. S. Gale, *Korea in Transition*, p. 9.
326) C. A. Clark, *The Nevius Plan for Mission Work-Illustrated in Korea*, p. 209.

고, 곽산 강연에서 "우리의 활로는 어디냐 조선 청소년들의 활로는 금주금연에 있다"고 말할 때 당시 18세 된 청년이 담배를 끊고 예수 믿어 온 집안이 다 교회에 나오게 되었다고 간증했다.[327] 이효덕도 금연운동에 박차를 가하였는데, 강의를 들은 소학생 중 한 소녀가 집에서 밥도 먹지 않고 울며 아버지가 담배를 끊어야 한다고 시위를 해서 담배를 끊었다는 소식을 듣기도 했다.[328] 1930년에 서울에서 금주 및 단연운동을 위해 시내행렬을 하였는데, 연중행사로 매해 2월 5일에 실시하였다.[329]

장로교회 청년단체인 면려청년회(the Christian Endeavor Society)가 단연운동에 참여했으며,[330] 단연운동이 일본에 유학 중인 학생들에까지 이어져 그들이 단연회(斷煙會)를 조직하여 금연을 통하여 절약한 돈을 모아 가난한 유학생을 돕기도 했다.[331] 북감리교회도 절제부를 두어 음주와 흡연에 대하여 다섯 가지를 제시하여 대처하도록 했다. 직업을 가지게 하여 취미를 얻게 하고, 회를 조직하여 협동하여 악습을 타파하며, 복음을 전하여 교회규정을 따르게 하고, 당국도 적극적으로 협조하여 법령으로 악습을 금하도록 하고, 그리고 학교에서도 어린 학생들에게 이러한 절제운동을 가르쳐 어려서부터 교육시키도록 하는 것이었다.[332] 이렇게 모든 교파들의 절제운동에 힘입어 1925년 1년간 금연에서 환산된 것이 총 2억 원에 이르는 놀라운 결실을 맺었다.[333] 한국교회가 초기부터 금주와 더불어 금연을 강조하였기에 이것은

---

327) 손메례, "재미있고 괴롭던 옛 추억", p. 129.
328) 이효덕, "개척자의 고심기", p. 132.
329) "대한기독교여자절제회 연혁", p. 189.
330) J. Gordon Holdcroft, "The Young People's Work", *The Korea Missions Year Book 1932*, p. 111.
331) 예수교회보, 1913. 3. 4.
332) 기독신보, 1924. 5. 21.
333) 기독신보, 1925. 11. 11.

거대한 운동으로 이어지지는 않았지만, 각 교단 및 청년단체들이 연합하여 진행한 운동이었다.

c. 공창폐지운동(公娼廢止運動)

결혼에 대해 한국교회는 명확하게 일부일처를 주장하고 첩이나 첩의 남편으로 비정상적인 결혼관계를 가진 경우에 세례를 받지 못하였고, 입교 후에 이런 행위를 하면 음주와 마찬가지로 훈계와 직분정지를 거쳐 그래도 회개하지 않으면 출교를 시켰다.[334] 장로교총회는 여러 부인을 둔 가정의 경우 결혼관계를 바로 할 때까지 학습교인으로서 등록을 금하였고, 집회에만 참석토록 허용하였다.[335]

교회가 공창폐지운동을 벌이게 된 것은 일제가 한국 청년들의 정신을 흐려놓기 위한 술책이었기 때문이다.[336] 일제는 일본 창녀들을 한국에 이주시키며 한국 청년들을 부패하게 하기 위해 공창제도를 도입시켰는데,[337] 1916년 서울에만 50만 달러를 투입하여 홍등가를 마련했다.[338] 일제가 이 나라에 들어오기 전에는 매춘녀를 매매하는 일이 없었고 시에 허가받은 사창가도 없었다가 1910년에 도입되어 꾸준히 확장되었다. 이 땅에 들어온 선교부들은 구세군을 설득하여 1926년 보호소를 열었고 비용은 각 선교부들이 일정하게 분담하였다.[339] 청년면려회가 공창제도 반대

---

334) C. A. Clark, *The Nevius Plan for Mission Work-Illustrated in Korea*, pp. 127-128.

335) 위의 책, pp. 128-129.

336) J. Gordon Holdcroft, "The Young People's Work", p. 111.

337) 박은식, 한국독립운동지혈사 (서울: 단국대학교, 1920), p. 54.

338) 민경배, 주기철-죽음의 권세를 이기게 하여 주소서 (서울: 동아일보사, 2001), p. 35. 일제는 18만 2천 달러의 예산을 투입하여 아편재배도 하게 하고 이를 전매하도록 했다.

운동을 전개했고,[340] 북감리교 연회도 1923년 11월 공창폐지위원회를 조직하여 공창폐지운동을 전개하였다.[341] '선교부연합공의회' 도 1919년 3 · 1운동 후 사이토 총독에게 보낸 진정서 가운데 한국인의 관습과 감정을 무시한 현행 유곽(공창)제도에 대해 반대하는 입장을 전하였다.[342]

호주 장로교회는 1920년 총독에게 법적 조치를 요청하며 YMCA, 장로교총회와 연합하여 이 운동을 전개했다.[343] YWCA는 1923년 3대 주요 과제 가운데 하나로 공창제도를 폐지시키는 운동을 전개하였다.[344] '조선예수교연합공의회' (KNCC)도 1923년 '북감리교 조선연회' 의 건의를 받고 '공창폐지위원회' 를 구성하며 이 운동에 참여하였고,[345] 특히 사회신조를 발표하며 결혼의 신성함과 독신의 순결함을 강조하며 공창제도의 폐지를 촉구했다.[346] 이 일은 연합공의회 사회봉사위원회를 통하여 교회들의 협력으로 이뤄진 것으로, 전에 교회가 받아보지 못한 감동으로 교회로 커다란 관심을 갖고 움직이게 하였다.[347] 장로교 총회는 1926년 오긍선의 공창폐지에 대한 강연을 듣고 이 사업에 대해 후원하기로 결의하였다.[348] 이와 같이 공창폐지운동에도 각 교단 및 조선예수교연합공의회가 참여하였다.

---

339) C. A. Clark, The Nevius Plan for Mission Work-Illustrated in Korea, pp. 225-226.
340) J. Gordon Holdcroft, "The Young People' s Work", p. 111.
341) 기독신보, 1923. 12. 19.
342) 한국감리교회사 I, pp. 240-241.
343) 김남식, 한국기독교면려운동사 (서울: 성광문화사, 1979), p. 140.
344) Mrs. Kak Kyung Lee, "A Brief History of the Korean YWCA", p. 231.
345) 기독신보, 1923. 12. 19.
346) *Proceedings of the Ninth Annual Meeting of the Korean National Christian Council*, p. 32.
347) *Annual Report of the Board of Foreign Missions of the Methodist Episcopal Church, Korea Mission 1924*, p. 88.
348) 조선예수교장로회 총회 제十五회 회록 (1926), p. 48.

2. 농촌운동

한국교회가 음주 및 흡연과 더불어 사회문제에 관하여 심각하게 대처했던 것이 농촌문제였다. 1920-1930년대에 교회가 사회참여에 가장 관심을 가진 분야가 농촌운동이었고, 자연히 사회문제와 관련하여 가장 많은 출판물이 나온 것도 바로 이 시기였다.[349] 그것은 1920년대 한국 국민의 90%가 농업에 종사하였으므로[350] 교회가 농촌문제에 집중적으로 관심을 가질 수밖에 없었기 때문이다. 먼저 교회가 농촌운동에 참여하기까지의 상황을 살펴보자.

a. 일제하 한국 농촌의 위기상황

브루너(E. S. Brunner) 박사는 1927년 9월, 한국교회의 요청과 국제선교협의회(International Missionary Council)의 연구조사 의뢰로 한국을 직접 방문하여 연합공의회에서 연설을 하였고, 농촌지역을 실사하며 연구하였다.[351] 브루너에 의하면 1915년부터 1926년까지 11년 동안 농부들의 수는 4.7%가 증가하였지만, 땅이 없는 소작인들은 25%나 증가하여 다섯 배 이상의 빠른 증가를 보였다. 이 기간에 완전 소작농이 전체 농경종사자들 가운데 36%에서 43.8%로 증가했다. 지주들의 5분의 1은 그들의 전 땅을 소작으로 내놓았다. 이들 5분의 1이 전 국토의 개

349) 이만열, 한국기독교문화운동사 (서울: 대한기독교출판사, 1987), pp. 341-342.

350) C. A. Clark, *The Nevius Plan for Mission Work-Illustrated in Korea*, p. 65. 곽안련은 당시 유일한 대도시인 서울이 50만 명이 안 되었고, 제2의 도시가 20만 명, 나머지는 만 명 이상이나 도시 인근에 사는 인구가 10분의 1에 불과했다고 전한다.

간할 수 있는 땅의 절반 이상을 소유했다.[352] 북부 지방의 소작인이 20%에 불과했던 반면, 남부지방은 50%에 이르렀다.[353] 즉, 농민들의 75%가 지주들과 관계해야 했으며, 3분의 1 이상이 다른 사람들부터 땅을 빌려야 했는데, 이 계층이 날이 갈수록 증가했다. 지주와의 관계에서 농민들의 빚은 늘어갔고 이자율은 연리 30%에 이르렀다.[354]

1925년 호남지방 선교를 맡았던 남장로교회 선교부는 당시 농촌의 상황에 대하여 다음과 같이 보고하였다.

죠션의 산업상태는 뜻잇는 쟈로서 관찰ᄒᆞ면 젹이 우려홈을 금치

351) *Sixteenth Annual Meeting of the Federal Council of Protestant Evangelical Missions in Korea*, p. 6. 브루너 박사는 자신이 당시 한국을 방문한 것에 대해 부분적으로는 교회의 농촌사역이 성공하였기 때문이고, 부분적으로는 한국기독교 지도자들이 그러한 조사를 요청하고 협력을 제공했기 때문이라고 진술한다. Edmund De Shweiniz Brunner, "Rural Korea-A Preliminary Survey of Economic, Social And Religious Conditions", Report of the Jerusalem Meeting of the International Missionary Council March 24th-April 8th, 1928 vol. 6 (London: Oxford University Press, 1928), p. 100. 브루너는 이 때의 조사연구 결과를 다음 해인 1928년 예루살렘에서 열린 국제선교협의회(IMC) 모임 때 보고했다. *Annual Report of the Board of Foreign Missions of the Methodist Episcopal Church, Korea Mission 1927*, p. 150.

352) E. S. Brunner, "Rural Korea-A Preliminary Survey of Economic, Social And Religious Conditions", p. 124. 1915년 지주가 39,405명, 자작농이 570,380명, 반자작반소작인이 1,073,838명, 완전 소작인이 94,398명이었는데, 1926년에 지주가 103,653명, 자작농이 24,066명, 반자작반소작인이 892,624명, 완전소작인이 1,185,674명이었다. 브루너는 이 문제의 원인을 오랫동안 이어온 양반들의 착취와 일제의 식민수탈로 보고 있다. 위의 책, p. 125. 브루너는 위 일본 총독부의 통계는 일본인이 농경지와 거주지로 쓰고 있는 6%의 땅은 제외되었다고 지적하며, 또 이것에 대한 세심한 조사가 필요한 것은 한국인의 명의로 등기가 되었어도 실제는 일본인이 소유주인 경우도 있었기 때문이라고 한다. 이것이 남부지방의 경우 특히 그러했으며, 예를 들어 익산의 경우 12만 명의 한국인들이 32%의 땅을, 8천 명의 일본인들이 68%의 땅을 소유했다. 결국 브루너는 전 국토의 4분의 1이 일본인의 손에 들어갔다고 본다. 위의 책, pp. 126-127.

353) *Annual Report of the Board of Foreign Missions of the Methodist Episcopal Church, Korea Mission 1927*, p. 151.

354) Edwards Adams, "Present Day Economic Problems", *The Fifty Anniversary Celebration of the Korea Mission of the Presbyterian Church in the U.S.A.*, pp. 195-196.

못할 것이다. 근대문화의 슈요픔은 보통 농민의 싱활정도 이샹에 툐과 ᄒᆞ야 그로좃차 싱긴 부치는 도모지 보샹ᄒᆞᆯ 길이 업고 연약ᄒᆞᆫ 치무쟈들은 졈차 그 토디를 매각ᄒᆞ여바리고 남의게 의뢰ᄒᆞ는 삭군이 되엿도다. 그럼으로 농촌의 산업은 진흥치 못ᄒᆞ는 상태에 ᄲᅡ지고 일본의 산업디로 이쥬ᄒᆞ는 쟈가 날마다 증가ᄒᆞ며 ᄯᅩ 쟝릐싱활을 위ᄒᆞ야 가족과 싱리별을 ᄒᆞ고 외디로 표류ᄒᆞ는 쟈 만흔 즁이다. 우리가 이 문뎨에 ᄃᆡᄒᆞ야 특별히 싱각ᄒᆞ여 본 것은 우리가 죠션의 부고(富庫)라 ᄒᆞ는 농업에 뎨일 뎍합ᄒᆞᆫ 디방에 거홈이니 이 디방에 거ᄒᆞ는 농민들은 부치로 인ᄒᆞ야 농토즁 빅분지 칠십오가 젼집되엿거나 혹은 팔녓슴 줄노 예산ᄒᆞᆫ다.[355]

1930년대 '조선농회'(朝鮮農會)의 통계에 의하면, 한국 농민의 총 부채액이 자작농은 5억 9천만 원, 소작농은 4천여만 원, 자작 겸 소작농은 1억 9천만 원에 이른다.[356] 자작농의 30%는 이윤을 남길 수 있었으나 70%는 겨우 손실을 면할 만큼 10엔의 이윤이나 손실을 입었고, 반자작반소작농은 95.9%가 적자를, 완전 소작농은 96.9%가 본전도 찾지 못하였다. 남부 지역에서는 137가정 중에 111가정이 연평균 소득을 넘는 평균 36%의 이자를 갚고 있었고, 모든 지역에서 자작농조차 강제로 그들의 땅을 저당 잡혔다.[357]

355) 기독신보, 1925. 9. 16.
356) 기독신보, 1933. 5. 24.
357) E. S. Brunner, "Rural Korea-A Preliminary Survey of Economic, Social And Religious Conditions", pp. 131-132. 1927년 '조선산업은행'의 예금구좌가 104,200개였는데, 한국인들의 평균 예탁금이 42.53엔이었던 반면, 일본인들은 180.75엔으로 네 배 이상의 격차가 났고, 대출은 1924년에 비하면 예탁금이 27-35%나 증가했다. 북부나 중부지역보다 남부지역이 빚 이자율이 높았고(전자는 30%, 후자는 36%) 가장 좋지 않은 상황이었다. *Annual Report of the Board of Foreign Missions of the Methodist Episcopal Church, Korea Mission 1927*, p. 151.

이런 상황에서 가난과 배고픔에서 벗어나려고 농촌에서 도시로, 만주와 시베리아 땅으로, 그리고 일본 땅으로 떠나는 이농현상이 일어났다. 1925년 당시 이농인구의 2.88%가 만주와 시베리아로, 16.85%가 일본으로, 그리고 46.39%가 도시로 떠났다.[358] 수천 명이 일본에 값싼 노동자로 이주했고 만주와 시베리아로 이주한 한국인들이 150만 명에서 200만 명으로 추정되며, 1927년 기준 지난 5년간 북부지역의 열 마을 중 여덟 마을 503명이 만주로, 나머지는 한국의 다른 도시로 떠났고, 중부지역의 열두 마을 중 네 마을 349명이 대부분 만주로 떠났으며, 남부지역의 경우 열세 마을 중 여섯 마을 1,527명이 일본과 나머지는 한국의 다른 곳과 만주로 반반 떠났다.[359]

교회는 이런 상황에서 심각한 위기감과 더불어 여기에 대한 책임의식을 느끼고 침체의 원인을 발견할 수 있는지 몰두하였다. 감리교 양주삼 목사는 농촌의 심각한 상황에 대하여 교회가 대응해야 함을 다음과 같이 연설하였다.

수만 명의 조선 인민은 거주할 곳이 업고 져역을 굼고 기갈 중에 업드러져서 잠을 자면 배곱흔 것이 좀 나흘가 하는 사람이 얼마일넌지 알 수 업는 중에 행여나 좀 사라날 도리가 잇슬가 하야 만주와 서비리아로 가는 사람이 매년에 몃 만 명씩 되는지 알 수 업습니다. 고로 전

358) 홍이섭, 한국근대사 (서울: 연세대학교 출판부, 1975), pp. 193-194. *Annual Report of the Board of Foreign Missions of the Methodist Episcopal Church, Korea Mission 1927*, p. 151. 곽안련(Charles A. Clark)은 한국인 50만 명이 일본으로, 200만 명이 만주와 시베리아로 떠났고, 65만 명의 일본인이 한국으로, 75,000명의 중국인이 한국으로 이주했다고 전한다. C. A. Clark, *The Nevius Plan for Mission Work-Illustrated in Korea*, p. 18.

359) E. S. Brunner, "Rural Korea-A Preliminary Survey of Economic, Social And Religious Conditions", p. 135.

> 일에 우리 주씌서 기갈을 당한 무리를 보시고 문도들다려 '너희가 먹을 것을 주어라' 하시든 소래가 우리 귀에 점점 더 크게 들리나이다. 그러나 우리는 줄 것이 업스니 엇지할잇가. 우리는 할 수 잇는 대로 군중으로 하여금 자조케 하는 것이 맛당할 줄 암니다.[360]

브루너는 조사 연구를 통하여 다섯 가지 원인을 밝혔다. 첫째, 당시 세계적으로 농부들이 불리한 상황에 놓였던 것이 사실로, 미국의 경우도 1920년 이래로 농업의 침체가 이어져 많은 권위 있는 자들도 몇 년을 지속할 것으로 믿었다. 둘째, 한국은 이런 세계적 상황으로부터 피할 수 없었고, 한국도 농경문화에서 산업경제로 넘어가는 과도기에 처한 것이다.[361] 셋째, 한국인들이 국토의 자원을 생산적으로나 경제적으로 사용할 수 있는 능력의 결여로, 일본 본토에서는 한국에서보다 두 배나 한 배 반의 곡물을 생산하였고, 중국인들도 한국인들이 버린 곳에서 좋은 실적을 올리고 있다. 넷째, 대부분의 한국인이 글을 익히지 않았기에 불필요한 곳에 돈을 지혜롭지 않게 쓰고 있다. 이것이 험난한 경제적 생존에서 분투하는 데 어렵게 한다는 것이다. 다섯째, 정치적 상황이 백성들의 불행에 역할을 하는데, 곧 일제의 착취이다.[362]

브루너는 농촌문제 해결을 위한 해법을 네 가지로 제시했다. 첫째는 가내수공업으로, 당시 양잠업과 같이 가정에서 할 수 있는 다양한 부차적 산업이 소개되었다.[363] 둘째는 쌀 생산의 증가 계획, 셋째는 장기적인 안목으로 한국은 엄청난 수력, 석탄, 목재

---

360) 남감리교회 조선매연회 제8회 회록 (1925), pp. 30-31.
361) E. S. Brunner, "Rural Korea-A Preliminary Survey of Economic, Social And Religious Conditions", pp. 137-138.
362) 위의 책, pp. 139-140.
363) 위의 책, pp. 145-146.

와 철, 금과 다른 광석들이 있지만 산업화의 속도는 매우 느리고, 이 자연 자원은 거의 손대지 않고 있다. 철도 건설이 개발 속도를 낼 것이고, 교회는 새로운 기회와 문제점을 갖게 될 것이다.[364] 넷째는 농촌문제 해결을 위한 노력이 시작되었고, 번영에 이르는 고속도로를 발견하는 마을들이 나타날 것이다.[365]

b. 교회의 농촌운동 전개

여러 교파들과 YMCA 및 YWCA가 이 문제를 풀기 위해 참여하였다. 교회가 농촌사역을 하지 않을 수 없었던 이유 중의 하나가 당시 농촌에 사는 기독교인이 73%를 차지했기 때문이었다.[366] 개신교의 농촌운동의 내용은 단체에 따라 다소 차이가 있지만, 대체적으로 문맹퇴치, 단체조직, 농사개량, 그리고 지도자 양성 등의 순으로 전개되었다.[367]

YMCA와 장 · 감으로 농촌운동을 시작하게 한 결정적인 계기는 1928년 3월 24일부터 4월 8일까지 예루살렘에서 열린 국제선교협의회(International Missionary Council)에 참여한 것인데, 조선예수교연합공의회(KNCC)는 한국 대표로 YMCA 총무 신흥우, YWCA 총무 김활란, 장로교 대표로 정인과와 마펫(S. A. Moffett), 감리교 대표로 양주삼과 노블(W. A. Noble)을 파송하였다.[368] 예루살렘에서 돌아온 한국 대표들은 선교사역

---

364) 위의 책, p. 146.
365) 위의 책, p. 147.
366) 위의 책, p. 167. 즉, 164,532명의 기독교인들이 농촌에 살았고 이들의 수는 전체 농민들의 1%에 달했고, 도시의 기독인수는 60,854명으로 도시 인구의 1.7%가 되었다. 도시에 225개의 사역센터가 있었던 반면, 농촌에는 7,000개에 달했다. 일본의 경우 대부분의 교회가 도시에 위치한 것과 상반된다. 위의 책, pp. 167-168.
367) 한규무, 일제하 한국 기독교 농촌운동 1925-1937, p. 101.

에 있어서 농촌과 농민을 중요하게 여겨야 됨을 알게 되었고,[369] 농촌운동이 "현대 과학적 법칙에 의하여 기초를 세워야" 하며, 그동안 버터필드(K. L. Buttefield)와 브루너(E. S. Brunner)의 조사가 매우 의미가 있다고 깨달았다.[370] 이들이 예루살렘 대회에 다녀와 언론에 보고를 한 후 그 해에 YMCA 및 YWCA 그리고 장 · 감 모두 농촌부를 개설하였다.[371]

장 · 감이 각각 농촌운동에 적극적으로 참여하였고, YMCA와 YWCA도 농촌운동에 주도적으로 참여하였으며, 이들의 연합체인 조선예수교연합공의회와 더불어 농촌사업협동위원회를 특별히 조직하여 농촌운동을 연합으로 전개하였다. 본 논문은 연합운동사의 기술이기에 장 · 감의 개별적인 농촌운동은 언급하지 않고, 연합기관인 YMCA, YWCA, 조선예수교연합공의회의 농촌운동과 이들이 연합하여 조직한 농촌사업협동위원회의 활동에 대해서 전개한다.

---

368) "국제선교연맹회에 참석할 조선 대표들의 출발", 기독신보, 1928. 2. 8. 한규무, 일제하 한국기독교 농촌운동 1925-1937, p. 49. 국제선교협의회(IMC)는 1910년 에딘버러 대회에서 시작되었는데, 1947년에 신앙과 직제(Faith and Order) 국제협의회(1927)와 생활과 사업(Life and Work)과 합하여 세계교회협의회(World Council of Churches)를 창설함으로 에큐메니칼 운동의 시초가 되었고, 예루살렘 국제선교협의회는 1928년 3월 24일부터 4월 8일까지 두 주간에 걸쳐 올리브 산에서 모였는데, 240명의 대표들이 51개국으로부터 참여하였으며, 이 가운데 42명이 아시아에서, 한국에서는 상기한 여섯 명이 참여한 것이다. 閔庚培, 鄭仁果와 그 時代 (서울: 한국교회사학연구원, 2002), pp. 57-58.

369) 양주삼, "예루살렘 회의의 특색", 기독신보, 1928. 7. 11.

370) 정인과, "예루살렘 대회에 참석하고(3)", 기독신보, 1928. 6. 20.

371) YMCA와 YWCA의 농촌부 활동에 대해서는 다음 장을 참고하라. 장로교의 농촌부는 1928년 8월에 개설되었다. 조선예수교장로회 총회 뎨十七회 회록 (1928), p. 41. 감리교 농촌부는 같은 해 10월에 설립되었다. 미감리회조선연회록 (1928), p. 68.

(1)YMCA의 농촌운동

일제하에서 농촌운동을 주도한 것은 YMCA이다. 1901년에 수도(首都)에서 시작된 YMCA는 전국적 조직을 계획했을 때 한국의 문제는 도시의 문제가 아니라 농촌의 문제임을 깨달았고, 첫 번째 해결해야 할 것이 문맹을 없애는 것으로 이를 위해 수백 개의 야학교를 조직하였고, 많은 마을들이 계속하여 여기에 동조하였다. 이와 더불어 체육 보급을 통하여 도덕 확립에 큰 공헌을 했는데, 대부분의 경기가 특별한 시설 없이 할 수 있는 것들이었고, YMCA는 여러 가지 프로그램을 통하여 매년 수백 명의 젊은 이들의 봉사와 지도력 훈련을 담당하였다.[372)]

YMCA 총무 신흥우는 1924년 미국 레이크 플레시드(Lake Placid)에서 모트 박사를 만나 농촌운동에 참여할 것에 대한 확신을 가졌다.[373)] 신흥우는 한국민의 80%가 농민이므로 농촌이 이상적으로 되어야 한국이 이상적으로 될 수 있다고 판단했다.[374)] YMCA의 핵심 지도자였던 그가 도시 중심의 YMCA가 아니라 농촌 중심의 Y운동을 목표로 한 것이다. YMCA에서 농촌사업을 시작하게 된 것은 1925년 2월 9일부터였으며,[375)] 방식은 주로 한두 명의 강사를 청빙하여 농촌문제나 농업기술에 대해 강연을 듣는 것으로 실습은 하지 않고, '농촌좌담' 혹은 '농촌토론'의 형태로 모였다.[376)] YMCA 농촌사업의 목적은 다음과 같았다.

---

372) E. S. Brunner, "Rural Korea-A Preliminary Survey of Economic, Social And Religious Conditions", p. 176.
373) 전택부, 한국기독교청년운동사, p. 334.
374) 신흥우, "변천되는 시대에 교육밧은 사람의 생활", 청년, 제7권 2호 (1927), p. 105.
375) "중앙청년회의 농촌사업개시", 기독신보, 1925. 5. 6.
376) 홍병선, "농촌사업의 진의(12)", 기독신보, 1930. 3. 5.

> 농촌사업의 기본 목적은 농민들의 정신적, 문화적, 경제적 향상에 있다. 제일 중요한 것은 농민들로 하여금 하느님과 이웃과의 올바른 관계에서 살게 하며, 일상생활을 통하여 정신적 가치를 인식하게 하는데 있다. 그러므로 그들에게 글을 가르쳐서 문맹자가 없게 하며, 농사의 개량과 협동정신을 키워줌으로써 그들의 경제 상태를 향상시켜야 한다.[377)]

신홍우는 농촌 사업의 3대 강령, 즉 농사개량, 생활조직, 정신소생 가운데 처음과 근본은 정신운동이라 하며[378)] 정신소생 사역을 최우선으로 여겼다.

농촌운동 초기의 사업은 한글 수업, 간단한 숫자의 가감법, 농우회를 조직하여 부업을 장려하고 농사개량, 물품 구매와 판매에 있어서 협동, 농촌생활의 개선과 재원확보를 위한 노력 등이었다.[379)] YMCA의 농촌운동이 실제적인 협력 체제를 갖추게 된 것은 클라크(F. O. Clark)의 지도력 덕분이었다.[380)] YMCA 농촌사업이 농촌운동을 통하여 강조한 것은 협동정신이었다.[381)] 이 협동은 재원이나 이론이나 지도자가 없더라도 우선되어야 할 것으로

---

377) 이 목적은 1926년 4월 5-9일에 서울에서 개최된 YMCA 농촌 세미나의 내용 가운데 하나로, 자료는 D. Willard Lyon's Notes of a Conference on YMCA Rural Work in Korea, held in Seoul, April 5-9, 1929, 1. 전택부, 한국기독교청년회운동사 (서울: 범우사, 1994), pp. 313-315에서 재인용.

378) 신홍우, "농촌 사업의 3대 강령", 청년, 제11권 11호 (1931), p. 3.

379) 홍병선, "일년간 청년회의 신사업", 청년 (1925. 4, 29).

380) K. L. Butterfield, *The Rural Mission of the Church in Eastern Asia* (New York: International Missionary Council, 1931), 163. 클라크(F. O. Clark)는 미국의 페니(Penney) 백화점 설립자인 페니(J. C. Penney) 소유의 플로리다 농장을 맡아 운영하였던 사람으로, YMCA에서 한국에 현대농업기술을 도입할 계획으로 페니에게 요청했을 때, 페니가 클라크를 파견해 준 것이다. Sherwood Hall, *With Stethoscope in Asia: Korea*, 김동열 역, 닥터 홀의 조선회상 (서울: 동아일보사, 1984), p. 333.

381) 홍병선, "협동", 청년 (1925. 5), p. 6.

보았다.[382] 1927년 YMCA 농촌사업의 시행방침은 다음과 같다.

一. 농촌간이교육을 시ᄒᆡᆼᄒᆞᆯ 방법

1. 농촌ᄉᆞ업을 쥬최ᄒᆞ는 곳의 부근 二十리 ᄂᆡ외에 잇는 촌을 ᄉᆞ업디로 ᄒᆞᆷ
2. 농촌ᄉᆞ업 간ᄉᆞ가 한 쥬일에 한 번식 각 촌에 츌쟝ᄒᆞ야 촌 남녀로유를 모화 ᄀᆞᄅᆞ칠 것
3. 쟝소는 촌의 공동으로 쓰는 곳이나 샤랑으로 ᄒᆞᆯ 것
4. 간ᄉᆞ는 쥬최ᄒᆞ는 데셔 봉급을 밧고ᄒᆞ는 이와 명예로 ᄒᆞ는 이도 잇슴
5. 석 달 후 넉 달을 일긔(一期)로 하야 졸업식힐 것
6. 일졀비용은 농촌에셔 담당치 안음. 셕유나 ᄯᅢ는 나무는 촌 유지가 담당ᄒᆞᆯ 것

二. 협동긔관의 조직과 시ᄒᆡᆼᄒᆞᆯ 방침

1. 졸업ᄉᆡᆼ과 촌의 모든 사ᄅᆞᆷ으로 회를 조직ᄒᆞ고 임원을 두어 모든 일을 그 회에셔 ᄒᆡ가게 ᄒᆞ고 농촌ᄉᆞ업ᄒᆞ는 간ᄉᆞ는 고문이 될 것
2. 청년과 쇼년으로 회를 조직ᄒᆞ야 촌의 유지가 지도ᄒᆞᆯ 것
3. 촌에셔 ᄒᆞᆯ 일은 공동구매, 농산물 품평회, 농산물 공동판매, 져리금륭긔관, 농ᄉᆞ기량과 부업을 일치ᄒᆞ야 ᄒᆞᆯ 것. 촌의 교육을 쟝려, 위ᄉᆡᆼ 교풍(矯風) 등.[383]

YMCA 직원들과 자원봉사자들은 이 시행방침에 따라 일주일

382) 홍병선, "유일의 향로", 청년 (1925. 7), p. 5.
383) "朝鮮基督敎 靑年聯合會의 農村事業과 그 成績", 기독신보, 1927. 6. 8.

에 한두 번씩 정기적으로 마을들을 방문하여 야학을 운영하며 읽기(reading), 더 나은 농경법, 그리고 농가 식구들이 여가 시간을 통하여 할 수 있는 가내수공업 등을 가르쳤다. YMCA는 조직을 세우지 않고, 사람들이 물질적으로, 교육적으로, 그리고 영적으로 성장할 수 있도록 봉사하는 데 주력하였다. 사역은 때로 어렵고 좌절도 경험하였지만, 결과는 매우 고무적이었다.[384]

YMCA는 1929년 2월 농촌운동의 이론과 현황을 보도하기 위해 한글로만으로 된 월간지 〈농촌청년〉을 발행하기 시작하였는데,[385] 내용은 논설, 농민강좌, 농예(農藝), 농민문학 등이며 가장 많은 내용을 차지한 것이 협동조합에 관한 것으로 당시 YMCA 농촌사역에서 가장 큰 관심이 바로 협동조합이었기 때문이다.[386] 홍병선과 더불어 YMCA 농촌운동의 지도자 가운데 하나였던 이기태는 협동조합에 대하여 다음과 같이 주장한다.

신용조합은 농촌의 금융을 원활히 하는 것임니다. (가) 소농으로 하야금 고리대금업자에게 무리한 착취를 당하는 것을 방지하는 특별한 능력이 잇는 것입니다. (나) 신용조합은 조합원이 호상절대의 책임을 갓게 되는 것임으로 하등의 담보품도 업시 자금을 융통케 하는 특전이 잇슴니다. (다) 조합원의 소지금전을 임치(任置)하야 상당한 지슥을 엇게 되는 것임니다. (라) 조합원이 부득이한 경우에 부동산이나 동산을 물론하고 방매할 때는 타인에 수중에 돌녀보내지 안코 조합에서 매입하야 조합의 재산으로 하고 그 조합원의 경제력이 회복되야 반수(返收)할 능력이 잇는 때는 소유권을 회복케 하며 또는 최초부터 일정한

384) *Annual Report of the Board of Foreign Missions of the Methodist Episcopal Church, Korea Mission 1925*, p. 123.
385) 기독신보, 1929. 1. 23.
386) 한규무, 일제하 한국기독교 농촌운동 1925-1937, p. 125.

연한을 정하야 연부로 변상케 하야 소유권을 회복케 하는 특권이 잇는 것입니다.[387)]

YMCA가 신용조합을 강조한 것은 농민 사이의 상호신뢰를 바탕으로 상호협력함으로 조합이 영리를 목적으로 하지 않음으로 고리대금업자의 손에서 벗어나고 공동조합을 가능하게 했기 때문이다.[388)] YMCA는 이와 같은 협동조합을 설립하여 농민들이 당시 위기에 처한 상황을 극복하는 길을 제시하였다. 장로교의 고등농사학원과 같이 YMCA도 1932년 11월 농촌지도자 양성을 위해 연희전문학교와 협력하여 농민수양소를 설립하였는데, 그 목적은 "정말(丁抹, 덴마크)의 국민고등학교의 정신을 참작하야 금일 조선농촌에 적합하도록 농촌청년을 수양식히여 그들에게 희망과 생의 깃붐을 주며 지식과 기량을 주고저 하는 것이다"[389)] 고 하여 덴마크(丁抹)의 농업교육을 본받는 것임을 밝혀 주고 있다. 농민수양소는 "국민학교의 실지강습과 자작농의 건설이 완연히 합체가 되어 조선농촌에 광명을 주려고"[390)] 세운 것이었다. 고등농사학원과 달리 농민수양소는 학생의 자격을 신앙여부와 관계없이 18세 이상의 기초학력만 있으며 지원할 수 있게 하였고,[391)] 교육기간도 고등농사학원이 3년에 6개월 과정인 데 비해 농민수양소는 11월부터 다음 해 2월까지 약 3개월 과정으로[392)] 매년 졸업생을 배출할 수 있었다.

387) 이기태, "산업신용조합의 의의와 그의 실제", 청년 (1928. 7), p. 28.
388) 신흥우, "물적 생활에 우리 요구(3)", 청년 (1926. 12.), p. 10.
389) "농민수양소개강", 청년 (1932. 12), p. 16.
390) 유광열, "정말(丁抹)을 본쓰려는 초등학교와 자작농전형-중앙기독교청년회 농촌사업의 일부", 실생활 (1932. 9), pp. 7-8.
391) 청년 (1937. 3), p. 24.
392) 기독신보, 1932. 11. 2.

김활란은 한국 농촌운동의 개척자는 YMCA와 YWCA라고 하였다.[393] 1929년에는 YMCA와 장로교회가 연합하여 '농촌사업협동위원회' 를 구성하여 미국의 유명한 농업전문가 클라크(F. O. Clark)를 초청하여 협동총무로 임명하고, 여섯 개 선교부 대표 한 명과 장로교총회 대표 두 명, 남북감리교회 대표 각각 한 명, 연합공의회 대표 세 명으로 초교파적인 위원회를 구성하여 강습회를 통한 계몽운동을 대대적으로 전개했다.[394] 그러나 YMCA의 농촌사역은 1933년 일제가 신흥우 총무를 불러 농촌사업의 중단을 강요한 이후 1936년부터 급격한 침체기를 맞았으며, 결국 1937년 "현하(現下) 시국의 다단(多端)함을 인하여 당분간 중지"[395] 한다는 광고를 냄으로 모든 농촌사역은 중단되고 말았다.

(2)YWCA의 농촌운동

YWCA는 1927년부터 농촌운동에 참여하여 농촌 부녀자들을 위한 교육과 아동을 포함한 계몽사업을 진행하였다가,[396] 1928년 김활란 총무가 예루살렘 국제선교협의회(IMC)에 다녀온 후 1929년 농촌부가 설치되었고 황애시덕과 홍은경이 위원이 되었다.[397] 김활란은 신흥우, 홍병선 등과 예루살렘 국제선교협의회를

---

393) 김활란, 그 빛 속의 작은 생명 (서울: 이화여자대학교 출판부, 1973), p. 176.

394) 기독신보, 1929. 10. 2. 클라크(F. O. Clark)는 한국에 9개월간 머물며 선교사들의 사역지 35곳을 시찰하였고, 선교사들의 피서지까지 찾아가 농촌강연을 하며 농촌운동을 전개했다. 푸랜시스. 오. 클락, "농사 강습회에 대하야", 기독신보, 1930. 1. 15. 클라크는 브로크만의 강력한 요청으로 한국에 오게 되었다. 하리영, "클락씨의 농업강좌(一)", 기독신보, 1929. 8. 28.

395) "회무일반", 청년 (1937. 7), p. 23.

396) 한국 YWCA 반백년, pp. 56-57.

397) 위의 책, p. 47. 민경배, "기독교의 농촌사회운동", 동방학지 38 (1983), 연세대학교국학연구원, 245.

방문하는 길에 작은 나라이지만 부국이 된 비결을 배우기 위해 덴마크를 방문하였고,[398] 그들은 거기에서 힌트를 얻고 YMCA와 YWCA가 합동으로 농촌지도자 강습회를 열게 되었다.[399] 김활란은 무지와 가난은 동무라는 덴마크의 격언이 진리라 하며, 지식과 도덕은 교육을 전제로 하는 것으로 농민들과 그들의 장래를 염려한다면 무엇보다 먼저 교육을 장려할 것을 주창하였다.[400] 1928년 예산지출에 따르면 총예산 880원 가운데, 농촌사업비가 280원으로 31%를 차지하였고, YWCA의 주요 농촌활동은 농민들의 생활수준을 향상시키기 위한 협동조직, 보건위생, 농업개량을 위한 과학지식의 보급, 부업지도 및 의식주 생활의 개선, 문명퇴치와 악습 폐지 등이다.[401]

YWCA는 농촌 마을로 직접 들어가서 농촌의 기독교화를 통하여 문명화에 공헌을 하고 적당한 농촌센터를 설치하여 활동하고자 하였다.[402] 그동안 YWCA의 주요 활동은 대부분 아동 및 부녀

---

398) 김활란, "정말인의 경제부흥론", 又月文集 I (서울: 이화여자대학교 출판부, 1979), p. 320.

399) 김활란, 그 빛 속의 작은 생명-우월 김활란 자서전 (서울: 이화여자대학교 출판부, 1965), p. 176.

400) 김활란, "정말인의 경제부흥론", p. 275. 김활란이 1931년 콜럼비아 대학교에 제출한 박사학위 논문도 한국의 농촌교육에 대한 것이었다. H. K. Kim, *Rural Education for the Regeneration of Korea*, 위의 책, pp. 1-272. 김활란은 교육에 대한 자신의 의지에 대해 다음과 같이 말한다. "나의 노선은 나의 소신대로 굳은 것이었다. 독립을 찾는 일도 중요한 것인 줄은 안다. 그러나 나는 제일선에서 그것을 돕는 것보다 어두운 이 민족의 앞날을 밝히기 위한 교육에다가 뜻을 둔 바에야 좌왕우왕하지 않는 것이 원칙인 것이다." 김활란, 그 빛 속의 작은 생명, p. 152.

401) 한국 YWCA 반백년, p. 56. 농촌 보건위생에 관한 일은 요리법 개선, 하수도와 배수시설 개선, 도로개선, 우물파기, 의료사업, 기생충 박멸 등이었고, 농민협동은 신용조합, 저축조합, 협동구매, 소비협동이었으며, 농민교육은 더 좋은 어린이 양육에 관한 교육, 한글교육, 각종 관계 허가신청에 따르는 교육, 종자개량에 관한 교육, 비료개량 방법, 농기구 개량방법이었으며, 농촌부업 장려로는 양계, 가축사육, 양잠, 양봉, 작은 작물 재배, 버섯 재배, 화초 채소 재배, 새끼줄 꼬기, 신발 짜기, 바구니 짜기, 자루 만들기, 목공, 농기구 만들기 등이었다. 위의 책, pp. 56-57.

402) E. A. Kerr, "Regenerating Rural Korea", *KMF*, vol. 30 no. 4 (1934. 4), p. 67.

자들의 교육이었는데, 1929년부터 YMCA와 주부교육을 했고, 경성협성여자신학교 YWCA에서 무산아동을 가르치고, 이화여자전문학교 학생 YWCA가 농촌의 부녀들을 가르쳤다.[403)] YWCA는 256개 마을에서 확대 농촌사역을 벌였는데 이 마을들 가운데 저축, 물건 매입, 대여, 농경지 경영 등을 위한 165개의 협동조합이 조직되었다. 이들의 연합자본이 11,000엔에 이르렀다. 또 12,298명의 어린이와 장년이 글을 익혔다.[404)] 이와 같이 YWCA의 농촌사역은 1929년 농촌부 설립 이후에 전개되기 시작하여 1930년에는 월간지 〈한국농촌청소년〉을 발행하였고,[405)] 초교파적인 사업이었던 농사강습회에도 참여하여 농촌지도자 교육을 실시했다.[406)]

1934년 농촌여성지도자를 양성하기 위해 농촌부녀지도자양성소를 세웠는데 종교에 관계없이 18세 이상의 학생을 모집하였고, 교육기간은 1개월 정도였고, 강사로는 김활란, 황애시덕, 리은경, 서은숙, 최마리아, 모윤숙, 장정심 등이었으며, 학생들은 모두 합숙하며 교육을 받았다.[407)] 이 강사들은 국내외에서 공부한 당시 최고의 여성 지성인들로 실제적인 농촌교육보다는 계몽적인 차원에 머물렀을 것으로 보인다. 두 차례의 강습회 후 1935년 7월 명칭을 '경성근교 농촌여자 수양 강습회'로 바꾸고, 기간도 6월 중 한 주일로 축소되었다.[408)]

이와 같은 농촌부녀지도자 프로그램의 목표는 첫째, 농촌 주부

403) 한국 YWCA 반백년, pp. 57-59.
404) H. A. Wilbur, "The Y.M.C.A. and the Y.W.C.A.", p. 105.
405) 한국 YWCA 반백년, p. 57.
406) "지방청년회 활동", 청년, 제10권 3호 (1930), p. 36.
407) 기독신보, 1934. 3. 21. 4. 4. 4. 11. 감리회보, 1934. 2. 10.
408) 청년 (1935.7), p. 14.

들의 지위를 향상시키며 그들의 마음이 넓게 보고 봉사할 수 있도록 계발시키며, 둘째, 그들의 영적인 가치를 알게 하고 현재 불만에 차 있는 그들의 영적, 정신적, 물리적인 환경을 어떻게 개선할지 다른 주부들과 협력하게 하는 일, 셋째, 마을의 복지향상을 위해 잘못된 것을 바로잡아 주고, 과학으로 미신을 타파하게 하고, 생활수준을 향상시키며, 그리고 자유롭고 풍요하며 만족한 삶을 누리도록 하는 데 있었다.[409)]

이곳에서 훈련을 받은 여성지도자들은 각기 자기 마을에 돌아가서 지도력을 발휘하였다. 그중에 대표적인 사례가 최용신으로, 1931년 10월 YWCA 농촌사역 지역이었던 샘골에 파송받아,[410)] 한글, 산술, 초보의 재봉, 수예, 가사, 노래공부, 성경공부 등을 가르쳤는데,[411)] 두 달 만에 최용신은 그 지역에서 없어서는 안 되는 인물이 될 만큼 큰 호응을 얻었고,[412)] 혁혁한 공을 세우다 1935년 1월 지병으로 샘골에서 별세하고 사회장으로 장례를 치렀다.[413)] YWCA의 훈련사업은 1936년까지는 계속되었으나 1938년 조선 YWCA가 일본 YWCA의 지부로 축소됨에 따라 독자적인 활동을 할 수 없게 되어 중단된 것으로 보인다.[414)]

---

409) "The Training School for Rural Leaders under the Auspices of the National YWCA of Korea", *KMF*, vol. 30 no. 2 (1934. 2), pp. 42-43. 교과목은 마음의 개발, 가정관리, 생활여건 향상을 위한 방법, 바느질, 요리, 세탁, 염색, 가정위생, 아동복지, 초등 역사와 지리, 오락, 아동을 위한 동화와 동요 등이다.

410) 유달영, 최용신 양의 생애-농촌계몽의 선구 (서울: 새글집, 1961), p. 49.

411) 위의 책, p. 52.

412) 위의 책, p. 57.

413) 위의 책, p. 109. 최용신의 죽음 후 가족은 원산 고향에 안장할 것을 요구했고, 약혼자는 자신이 장례를 책임지겠다고 했으나, 샘골 사람들도 본인의 유언을 따라 샘골 학원 근처에 매장하겠다고 맞서다가 결국 샘골 지방과 샘골 학원의 연합장으로 결정되었고, 샘골 사람들은 해마다 최용신의 기일이 되면 그를 추모하는 기도회를 열었다. 위의 책, pp. 109, 122.

414) 한국 YWCA 반백년, pp. 61-62.

(3)농업학교의 설립

한국에서 교회의 농촌 프로그램을 안내해 준 것은 YMCA의 브로크먼(Frank S. Brokeman)과 베레아 대학의 학장이며 훗날 플로리다의 유명한 페니(J. C. Penny) 농장의 매니저가 된 클라크(F. O. Clark)의 노력의 결과였는데, 클라크는 1929년 2월에 한국에 와서 모든 선교부들이 협력하는 프로그램을 조직하는 데 성공하였다. 열흘간의 농업학교 시리즈가 18개 다른 선교센터에서 농한기인 겨울철에 이뤄졌으며 클라크의 폭넓은 경험으로 한국 농촌 프로그램의 미래에 좋은 조짐이 보였다.[415] 농업학교를 통한 농사강습회는 초교파적인 사업으로 이뤄지며 농촌 지도자들을 양성하였다.[416] 농업학교는 기도와 성경공부로 시작하고 끝나며, 이것은 교회 집회를 방해하거나 영적 사역으로부터 어떤 기금이나 사역자들을 전용하지 않았다.[417]

농업학교의 장점 중 하나는 농한기인 겨울철에 할 수 있다는 것이었다. 농업학교는 성경학교와 같이 일주일 내지 한 달간의 짧은 시간에 많은 사람들이 회집할 수 있는 방법을 따랐다. 사흘 학교, 일주일 학교, 열흘 학교 등이 있었고, 농부들에게는 월요일 오후에 시작하여 토요일 정오에 끝나는 것이 가장 만족스러웠다. 이런 계획은 제한된 교사들이 많은 지역을 방문할 수 있게 했다. 일반적으로 두 개의 학교를 여덟 명의 교사들이 운영하여, 한 곳에서 네 명의 교사들이 담당하다가 주중에 서로 교환함으로 학생들이 여덟 명의 교사들로부터 배울 수 있었다. 학생들에게는 50

---

415) *Annual Report of the Board of Foreign Missions of the Methodist Episcopal Church, Korea Mission 1929*, p. 139.
416) "지방청년회 활동", 청년, 제10권 3호 (1930), p. 36.
417) C. A. Clark, *The Nevius Plan for Mission Work-Illustrated in Korea*, pp. 302-303.

전씩 받았고, 이 수입은 교사들의 사례가 되었다. 돈을 지불한 학생이 11,000명, 야간에 출석한 학생이 50,000명은 족히 넘었다.[418] 1928년 북감리교회 연례보고에 의하면, 농촌문제는 1년 전에 교회는 "역경의 시기"에 비탄에 빠졌지만, 오늘은 공동판매, 다채로운 농업, 농업협동조합의 조직, 빚의 청산 등에 대한 토론으로 해결의 실마리를 찾고 있다고 하였다.[419]

'조선기독교대학' (연희전문)은 상업, 농업, 산업전선에서 훈련받은 사람들이 필요한 상황에서 세워진 학교로, 학생들이 졸업 후 각기 일선에 지도자들로서 일하도록 기대되었다.[420] 1932년 겨울에 42개 농업학교 가운데 절반이 여러 선교부, 평양연합대학, YMCA의 교사들로 구성된 '조선예수교연합공의회' (KNCC) 농업위원회에 의해 개최되었고, 나머지는 지역 선교부, YMCA나 대학들이 주요 책임을 감당했다.[421] 또한 평양연합기독대학(숭실전문학교)으로 하여금 농과에 가장 높은 수준의 학문을 하도록 했다.[422] 1932년 70명의 학생들이 당국에 의해 인정된 이 대학 농과에 등록하였고, 이들이 몇 년 안에 많은 농촌사역 지도자들로 배출될 것이 기대되었다.[423] 농업분야에 대한 교육의 권위를 얻고자 개발한 것이 성공적으로 이뤄졌고, 이 과목의 교육이 좋게 시작되었다.[424]

---

418) F. O. Clark, "Special Articles-Agricultural Movement", *The Korea Missions Year Book 1932*, p. 106.
419) *Annual Report of the Board of Foreign Missions of the Methodist Episcopal Church, Korea Mission 1928*, p. 101.
420) 위의 책, 1922, p. 233.
421) F. O. Clark, "Special Articles-Agricultural Movement", p. 107.
422) Edwards Adams, "Present Day Economic Problems", p. 197.
423) F. O. Clark, "Special Articles-Agricultural Movement", p. 108.
424) E. H. Miller, "General Survey of the Christian Movement", *The Korea Missions Year Book 1932*, p. 4.

기독교학교에서 농업교육이 실시되기는 했으나 실효를 거두지는 못했다. 그 이유는 비용이 많이 들고, 농업의 경험이 부족한데다 농산물 가격이 너무 저렴했기 때문이다. 농과의 소득은 적고 관리비는 비싸서 지속되지 못하였다. 학생들은 손으로 하는 것보다 문과(文科)를 선호하였다. 그러나 1930년대에 이르러 화이트칼라보다 수세공업, 특히 농업에 대한 열의를 보였고, 공립학교에서 이 과정을 신설하였다.[425] 선교농학자연합회(the Mission Agriculturists Association)가 조직되어 교재와 전문성의 증진을 꾀하였고, 이 연합회는 한국 실정에 맞는 농업회보를 보급하고자 했다.[426] 농업교육은 이제 중학교에까지 도입되었고, 일주일에 여러 시간의 실습이 허용되었다.[427]

(4) 조선예수교연합공의회(KNCC)의 농촌운동

조선예수교연합공의회(KNCC)도 농촌운동에 참여하였는데, 1929년 각 교파의 청년 대표들이 연합으로 참여하는 '농촌사업협동위원회' 를 결성하였다.[428] 같은 해 3월 다음과 같은 농촌진흥방안을 제시하였다.

425) F. O. Clark, "Special Articles-Agricultural Movement", p. 106.
426) 위의 책, p. 108. 당시 농업선교사들은 각자 전문성을 갖고자 했는데, 윌리엄스(F. E. C. Williams)는 가축 사육, 캠벨(E. L. Campbell)은 농업기계, 챔니스(O. V. Chamness)는 곡물교역(truck crops), 루츠(D, N. Luts)는 농경제와 토양, 에머리치(E. B. Emmerich)는 농촌신장과 가축 사육, 에비슨(G. W. Avison)은 농촌교육, 바른하트(B. P. Barnhart)는 농촌계획 사업, 분스(A. C. Bunce)는 원예와 양봉, 클라크(F. O. Clark)는 농경제학 등이었다.
427) F. O. Clark, "Special Articles-Agricultural Movement", p. 109.
428) 죠션예수교쟝로회 총회 뎨十九회 회록 (1930), p. 40. 이때 장로교 총회는 농촌사업협동위원회를 승인하였고, 여기에 파송하는 총대로 정인과와 강병주를 선정하였으며, 농촌사업협동위원회와 협력하여 농촌사업지도자 강습회, 제2차 농사 강습소, 지방농사 강습회를 진행하도록 하였다. 위의 책.

一. 강단과 기관지를 통하야 신도의 경제적 생활을 풍족케 할 기독교적 도덕 즉 검약, 저축, 원려(遠慮), 근면, 상업, 도덕 등을 가르칠 일. '일하고 먹자' '빗지지 말 자' 갓흔 표어 등을 사용할 일.
二. 신도들의 생산적 처리와 구매방법을 돕기 위하야 지방형편이 요구하는 협동조합을 설치할 일.
三. 신도들은 저축회를 조직하고 여러 가지 방법으로 토지를 매수하야 개인이나 교회의 소유로 만들되 특별연조(特別捐助)등을 이용할 일.
四. 전국적 주요구역마다 기독교회 주최로 산업적, 직업적 교육기관을 설치할 일.
五. 시대적 요구에 응하야 농업전문 선교사를 각 선교부마다 1인 이상을 속히 파송하라고 청구할 일.
六. 교인의 고리대금업을 방지하고 저리대부를 장려할 일.
七. 신도의 연보정신을 고취하고 십일조도 장려할 일.
八. 조선교회 재정형편과 그 대책을 연구하기 위하야 본 공의회 내에 연구위원을 상설할 일.[429)]

이 조선예수교연합공의회 결의안에는 문맹퇴치, 농사개량, 공동경작, 부업장려, 지도자 양성과 같은 중요한 사업이 결여되었으며, 이것은 개신교 농촌운동에 전반적으로 나타난 현상이었다.[430)]

조선예수교연합공의회는 1932년 26개 농업학교에 1,710명의 회원, 52명의 교사들이 있었다. 공의회는 클라크의 제안이 공의

429) "朝鮮耶蘇教聯合公議會 後報(1)", 기독신보, 1929. 4. 24.
430) 한규무, 일제하 한국 기독교 농촌운동 1925-1937, p. 91.

회에서 통과되고 농촌사역 실행위원들이 담당하도록 권하였다. 그 제안은 다음과 같다.

I. 학교들은 서울 이남에서 1932년 12월까지 열고, 12월 26일 이후에 농업학교는 평양에서 4-5주간 열고, 평양이후에는 북쪽 지역에서 다른 학교들을 연다. II. 우리는 실행위원들로 노블(W. A. Noble), 신흥우(H. Cynn), 맥큔(G. S. McCune), 루츠(D. N. Luts)를 실행위원으로 임명한다. III. 우리는 모범 농부들, 설교와 공중보건을 위해 편리한 장소를 선택하고 농업학교들과 협력하여 사역을 계속할 것을 권한다. IV. 우리는 교회들과 학교들이 서회와 YMCA가 발행한 '농촌생활'과 다른 유사한 글들을 배부하도록 권한다. V. 새해 농업학교들을 위한 전임강사는 루츠에게 위탁한다.[431]

(5) 농촌사업협동위원회

보다 효과적인 농촌운동을 위해 1929년 9월 장・감 양교단과 YMCA, YWCA, 그리고 조선예수교연합공의회(KNCC) 등이 연합하여 농촌사업협동위원회를 조직하고, 위원장에 윤치호, 국문서기에 전필순, 영문서기에 바른하르트(B. P. Barnhart, 潘河斗), 협동총무에 클라크(F. O. Clark)를 임명하고, 위원들은 10개 각 선교부와 연회의 대표자 1인과 장로교총회 대표 2인, 그리고 조선예수교연합공의회 대표 3인으로 구성했고, 농사강습회 실행위원으로 윤치호, 김활란, 하디(R. A. Hardie), 홍병선, 정인과, 전필순, 바른하르트(B. P. Barnhart), 특별위원으로 클라크(F. O. Clark), 루츠(D. N. Lutz), 정인과, 변성옥, 홍병선 등

431) *Proceedings of the Ninth Annual Meeting of the Korean National Christian Council*, pp. 33-34.

이 정해졌다.[432] 이렇게 해서 농촌사업협동위원회는 당시 가장 큰 규모의 에큐메니칼 조직이 되었다. 다만 위원장 윤치호와 협동총무 클라크가 모두 YMCA 사람들로 이 단체가 주도했다는 인상을 주고 있다. 클라크의 영향에 대하여 전필순은 다음과 같이 말한다.

> 물논 여러분이 속심으로 협력하시며 이를 전문으로 할 클낙시가 잇스니싸 아모 유감이 없슬 줄을 밋는 바이다. 본보 제七百十六호로 제七百二十호싸지 전후 五회에 련재하여 온 본사장 하리영시의 소개한 클낙시의 농업강좌를 닑으섯스면 그의 포부와 쏘는 그의 성의를 알아 이 운동의 장래를 잘 알 것이라고 밋는 바…….[433]

농촌사업협동위원회는 농촌사업지도자 강습소를 개설하고 농사강습회를 열었는데, 이 강습회는 한 곳에 적어도 100명 이상의 실제 영농자가 모여야 하고 과목은 그 지방에 적합한 것[434]으로 하였다. 각 교단 및 단체의 농촌부에는 소위 전문가만 확보하고 있어서 독자적으로 농사강습회를 진행하기에 어려운 상태였는데, 농촌사업협동위원회를 통해 각 농촌부의 인적자원을 총동원하여 1929년 12월부터 공동으로 농사강습회를 열게 되었다. 농촌사업협동위원회는 강습회를 앞두고 다음과 같은 공고문을 각 지역에 통보하였다.

---

432) 기독신보, 1929. 9. 25, 10. 1. 11개 선교부와 총회 및 연회 대표는 북장로교회 선교부에 호프만(C. S. Hoffman), 남장로교회 선교부에 뉴랜드(L. T. Newland), 호주 장로교회 선교부에 트루딩거(M. Trudinger), 캐나다 연합선교부에 맥도날드(D. A. McDonald), 장로교 총회에 정인과와 전필순, 북감리교회 선교부에 윌리엄(F. E. Williams), 북감리교회 조선연회에 사우어(C. A. Sauer), 남감리교회 선교부에 하디(R. A. Hardie), 남감리교회 조선연회에 윤치호, YMCA에 신흥우, YWCA에 김활란, 조선예수교연합공의회에 홍병선, 김인구, 김수철 등이다.

433) 전필순, "농촌사업협동위원회", 기독신보, 1929. 10. 2.

434) 위의 책.

> 농업강습소 강사들은 각 지방에 엇더한 농사가 제일 적당할넌지 알고저 하야 이하에 농사항목을 기재(記載)하는 바 제위(諸位)는 각 지방위원회를 여러 결정한 후에 이하 각 항목 엽헤 그 지방에서 제일 적당하다고 생각하는 것은 삼획(三劃)을 내려긋고 그 다음 적당하다고 생각하는 것은 이획 쏘 그 다음 적당한 것은 일획을 그어 해회(該會)로 보내주시기를 바란다고. 그리하여야 적당한 준비를 할 수 잇슴이라더라……각 지방에서는 강습히를 개최하는데 각지 경찰서에 허가를 엇어야 할 것이며 특히 롯스선생이 교수할 시에 각지 종묘장에 견학하도록 준비할 것이어며 쏘한 클락 선생이 교수할 때에 각지 모범임장(模範林場)에 견학하도록 준비하시오. 쏘 농업기계, 세맨공사, 축산, 과목(果木), 배양들 중에 어느 방면으로 실험하여 주기를 바란다고 분명히 지시하여 주시기를 바랍니다.[435)]

1929년 12월-1930년 3월에 전국 19개 지역에서 농사강습회가 열려 4,000명이 등록하였고, 강습회 후 저녁 강연회에 참석한 사람들까지 4만 명에 이르렀다.[436)] 이들 중에서 1,000명 이상이 개량종자를, 2,000명 이상이 신문 및 책자를 구입했다.[437)] 교육시간은 3분의 1은 질의 및 응답과 토의를, 3분의 1은 실제농사법 즉 토량개량이나 간이농구 다루는 법, 가축의 감정법 등에 대해 가르쳤고, 이론이 아닌 실제 농사일을 가르쳤다.[438)] 1930년 11월부터 6주간 농촌사업협동위원회는 농촌사업 지도자강습회를 평양에 있는 숭실전문학교에서 개최하였는데, 학생 자격은 강습회

---

435) "各 地方 農業講習委員 諸氏에게", 기독신보, 1929. 11. 6.
436) F. O. Clark, "도시 농촌사업의 진전", 기독신보, 1931. 5. 13.
437) 구을락, "농사강습회 경과보고", 기독신보, 1930. 5. 14.
438) F. O. Clark, "농사강습회에 대하야", 기독신보, 1930. 1. 15.

에서 학습을 하고 자기 기관으로 돌아가 응용할 수 있도록 필기와 독서에 능한 자들이며, 학생 선발은 장로교회의 각 노회와 감리교회의 각 지방회에서 한 명씩 선발하고, 기독교인은 아니지만 농촌사역을 할 수 있는 자들 중 열 명을 선발하고, 나머지 열 명은 선교사나 교회단체 혹은 청년회에서 일하는 자들 가운데 뽑음으로[439] 기독교인들만이 아니라 일반인들에게까지 개방하였다.

1931년 11월-1932년 2월에 20개 지역에서 2차 강습회가 열렸으며, 1차 강습에서 교육받은 자들에게 연속강의를 하여 5,600명이 참여하였다.[440] 이 강습회에 참여한 자들은 지주나 자작농만이 아니라 소작농까지 즉 실제로 경작을 하는 사람들이었다.[441] 농촌사업협동위원회 강습회를 주도했던 클라크(F. O. Clark)는 한국 농부들이 벼농사에 치중하고 밭농사를 등한히 한 것이 '큰 실수'로 목화, 삼, 뽕나무, 목축 등을 장려하며[442] 남쪽 지방에서는 양, 염소, 토끼, 가금 등을 기를 수 있고, 북쪽 지방에서는 소, 양, 돼지 등을 기를 수 있다고 역설했다.[443] 1930년을 전후하여 YMCA나 다른 교단의 단체들이 강습회를 별도로 열지 않은 것은 이와 같이 농촌사업협동위원회에서 농사강습회를 각 지역에서 개최하였기 때문이다.[444]

아쉽게도 농촌사업협동위원회는 1930년까지만 유지된 것으로 보이며, 그 이유는 정확하지 않지만 각 농촌운동 단체들이 독자적으로 운영할 수 있는 체계를 갖추면서 '발전적 해체'를 했을

---

439) 기독신보, 1930. 10. 1, 1931. 5. 13.
440) F. O. Clark, "조선농촌 사업의 진전", 기독신보, 1931. 5. 13.
441) "평북지방 농사강습회", 기독신보, 1930. 3. 5. "Winter Farming School", *KMF*, vol. 26, no. 4 (1930. 4), p. 86.
442) 구을락, "조선농업에 대한 나의 관견 (一)", 기독신보, 1930. 2. 19.
443) 구을락, "조선농업에 대한 나의 관견 (二)", 기독신보, 1930. 2. 26.
444) 한규무, 일제하 한국 기독교 농촌운동 1925-1937, p. 143.

것으로 추정되며, 이 위원회는 1929-1930년에 가장 활발한 농촌 운동 단체요[445] 농촌운동의 최대 에큐메니칼 기구가 되었다.

(6) 농촌운동의 한계성

교회의 농촌운동은 1935년에 이르러 회의적 반응이 나오기도 했는데, 그것은 많은 사람들이 이것을 교회가 참여할 필요가 없는 "세속적인 사역"으로 여겼고, 그 해 장로교총회에서 평서노회장이 농촌부를 폐지하자는 헌의안을 내놓기도 했다.[446] 나아가 교회가 좀더 적극적으로 소작문제의 해결을 위해 힘쓰지 못한 것은 교회가 많은 땅을 가지고 있던 지주들이었고 교인들 가운데도 지주들이 있었으며, 게다가 사회주의자들이 지도하는 소작쟁의가 일어났기 때문에 그것을 계급투쟁이라고 하여 경계하기도 하였던 것으로 보이며, 교회는 소작쟁의를 배제하고 기독교인 지주들에게 '솔선수범'을 강조하여 소작문제를 해결하려고 하였다.[447] 예를 들어 〈기독신보〉의 사설은, 지주의 수취가 가혹할지라도 여기에 대한 불만을 행동으로 옮기지 말 것을 촉구하였다.[448] 소작료에 있어서도 3-4할이 아닌 5할을 상한선으로 제시하고 말았다.[449] 나아가 일제가 중일전쟁 후 국내의 민족주의자들을 검거하며 YMCA 농촌사업인 '농사강습회'를 흥업구락부의 사업으로 보고 탄압을 하여 결국 YMCA 농촌부가 1938년 해체됨으로 농촌사역이 종결되었다.[450] 장로교도 1937년 총회를 통하여 농촌부

445) 위의 책, pp. 89-90.
446) C. A. Clark, *The Nevius Plan for Mission Work-Illustrated in Korea*, 209. 조선예수교장로회 총회 제二十四회 회록 (1935), p. 9.
447) 한규무, 일제하 한국 기독교 농촌운동 1925-1937, p. 170.
448) "쇼작인과 농쥬의 의무", 기독신보, 1925. 6. 17.
449) 사설, "基督敎인된 自作農民과 地主의게 一言하노라", 기독신보, 1928. 4. 11.
450) 한규무, 일제하 한국 기독교 농촌운동 1925-1937, pp. 218-219.

의 폐지를 결의함[451]으로 농촌운동이 더 이상 전개되지 못하였다. 배민수는 1937년 농촌사업의 중단을 회고하며, 농촌사업이 중단된 것은 "단지 재정적인 문제 때문만이 아니라, 일제의 압력이 너무 심해져서 그러한 공포상태에서는 아무것도 할 수 없었기 때문이기도 하였다"라고 진술한다.[452]

이와 같이 농촌운동은 장 · 감 각 교단과 더불어 YMCA, YWCA, 조선예수교연합공의회, 나아가 농촌사업협동위원회에 이르는 거대한 연합운동으로 전개되었다. 이것은 그만큼 당시의 농촌문제가 오늘날과는 비교할 수 없는 사회문제였으며, 국가산업 기반이 1차 산업인 농업에 의존한 상태였기에 교회가 전력하여 참여할 수밖에 없었던 현실적 상황을 엿볼 수 있으며, 그러기에 이 부분을 다른 장에 비하여 많은 분량을 할애한 것이다.

F. 소결론

이상에서 교회의 사회 참여에 대하여 살펴보았다. 개신교는 초기부터 민족과 함께하는 교회의 모습을 보여 주었다. 사회를 선도하고 지도하는 리더십을 충분히 발휘하였다. 그토록 억눌려 살았던 여성들에 대한 관심을 보이고 사역하며 남녀 평등의 존엄함

---

451) 조선예수교장로회총회 제二十六회 회록(1937), p. 42.

452) 배민수, *Who Shall Enter the Kingdom of Heaven?* (서울: 대한예수교장로회총회 교육부, 1993), p. 356. 일제는 1938년 유재기(劉載奇), 박학전(朴鶴田) 등을 '농우회사건'(農友會事件)의 명목으로 구속하였는데, 그들의 농촌운동이 민족운동적 성격을 띠었기 때문이다. 농우회는 경북 의성지역에서 형성된 협동조합의 하나로 일제는 이 사건과 아무런 관계가 없었던 주기철, 이유택, 송영길 등 신사참배 거부자들까지 포함하여 체포하였다. 閔庚培, 殉教者 朱基撤 牧師 (서울: 대한기독교출판사, 1985), p. 197-199. 김인서, "農友會 事件", 金麟瑞 著作全集 제5권 (서울: 韓國教會史文獻硏究院, 1988), pp. 151-152.

을 가르치고, 여성에게 교육의 기회를 제공하고, 그들이 사역할 수 있는 장을 제공하는 데 교회가 각 교단으로 시작하여 조선예수교연합공의회에 이르기까지 연합으로 참여하였다. 초기의 교회는 애국충군의 자세를 가지고, 고종의 보호와 탄신일 축하에도 참여하여 위기와 절망에 처한 민족 가운데에서도 민족정신을 고양시키는 데 교회가 연합사업으로 추진하였다.

이러한 연합정신은 항일운동으로 이어졌는데 한일병탄 전에는 태극기를 게양하고 구국기도회 운동을 벌였으며, 일제가 억지로 지운 국가의 빚을 갚기 위한 국채보상운동을 전개하였고, 여성들은 감선회(減膳會)까지 조직하여 이 운동에 참여하였는데, 교회가 일심동체로 참여하였다. 한일병탄 후에도 항일운동에 교회가 참여하였는데, 일제가 기독교의 확장을 방해하기 위해 조작한 105인 사건이 일어났을 때 선교사들이 앞장서 해외에 이 소식을 전하며 미국 정부와 교섭하는 등의 노력을 통해 연루자 전원이 3년 안에 석방되는 쾌거를 이루며 선교사들과 한국 기독교인들 간의 우정이 더 깊어지게 하였다. 한일병탄 후 일어난 가장 강력한 항일운동인 3 · 1운동이 성공적으로 이뤄질 수 있었던 것은 교회라는 전국적 조직망을 통해 가능한 것이었고, 한국교회 지도자들은 물론 일부 선교사들을 포함하여 모든 교회가 전적으로 이 운동에 참여하며 협력하였다.

한일병탄 후 또 다른 항일운동의 모습으로 경제적인 대응인 물산장려운동을 전개하여, 일제의 것을 배격하고 국산품을 애용하게 하였는데, 이것은 크게 성공하지 못하였지만 사회계몽의 하나로 시작된 농촌운동을 강화하는 촉진제가 되기도 하였고, 이것도 역시 교회가 연합사업으로 진행하였다.

초기 교회 사회 참여의 결정체는 사회계몽운동이었다. 그것은

'기독교여자절제회'를 중심으로 시작된 금주 및 금연 운동과 공창폐지운동을 통한 절제운동이 대대적으로 전개되었는데, 연합기구인 조선예수교연합공의회는 사회신조를 발표하며 이 운동에 앞장섰다. 초기 교회의 가장 집중적인 사회참여의 노력은 농촌운동에 집결되었다. 그도 그럴 것이 전체 인구는 물론 교회 및 교인들의 90%가 농촌에 살고 있었고, 당시 농촌문제가 매우 심각하였기 때문이다. 당시 한국 농촌의 위기는 국제선교협의회(IMC)의 관심을 끌 정도였으며, 국제적인 협력까지 동원되며 장 · 감 등 각 교단은 물론 기독교 대학, 연합단체인 YMCA, YWCA, 연합기구인 조선예수교연합공의회, 나아가 농촌사업협동위원회까지 조직하여 농업학교 등을 개설하며 농촌활동에 에큐메니칼적 협력이 이루어졌다. 일제의 방해로 인해 일제말 농촌운동의 위기도 맞았지만, 교회는 끝까지 농촌운동에 게을리 하지 않았다.

VII 교단 및 교파 간의 연합운동

한국 개신교 선교는 각기 다른 교단 및 교파에서 파송된 선교사들에 의해 시작되었다. 그러나 초기 선교사들은 다른 교단 및 교파 간의 연합운동을 전개하며 나가 '하나의 교회'를 설립하자는 논의까지 진행하였다. 게일은 초기 선교사들의 연합운동에 대하여 다음과 같이 말한다.

> 외국의 선교현장에서 다른 교파 선교부의 선교사들간의 우정은 미국에서 다른 교파들의 목사들간의 우정보다 밀접하다. 한국은 특별히 다양한 선교부의 선교사들간에 항상 있어 온 관계의 온정이 호감을 받고 있다. 성서의 번역, 연합찬송가, 영어와 한국어로 된 연합 잡지들, 주일학교 보조 자료들이 모두 초교파적 후원 아래 이뤄지고 있다. 평양에서 대학 및 아카데미 사역은 북감리교회와 북장로교회의 통제아래 있다. 북장로교회, 남장로교회, 캐나다 장로교회, 호주 장로교회의 성도들은 모두가 하나의 노회 및 교회로 연합되었다. 해외복음선교회(the Society for the Propagation of the Gospel in Foreign

> Parts)를 제외한 모든 사역자들이 연합공의회(a general council)에 참여하고 있다. 사역지의 중복을 피하기 위해 상호 협약에 의해 선교지를 분할하고, 이미 사역 중인 곳이라도 서로 교환하는 사례도 있다. 이런 조정이 아직 완전하지는 않지만 형제애의 정신으로 진행되고 있다. 마침내 모든 감리교회와 장로교회 선교부의 성도들을 포함하는 한국에서 하나의 기독교회를 설립하자는 논의가 있었다.[1]

본 장에서는 장로교 연합운동을 먼저 다루고, 이어서 감리교 연합운동, 그리고 장 · 감연합운동에 대해서 논하고자 한다. 초기 교회의 교파 간 연합운동은 실로 장 · 감 연합운동이 전부라 할 만큼 다른 교파들은 아직 이 땅에 뿌리를 내리지 못하였다. 다른 교파들과의 연합운동은 한일병탄 이후 1924년 설립된 조선예수교공의회(KNCC)를 중심으로 살펴보고자 한다.

A. 교단 내 연합운동

1. 장로교 연합운동

a. 장로교공의회(長老敎公義會)의 조직

한국에 파송된 장로교 선교사들은 한 개의 교단 출신이 아니었다. 미국의 북장로교회, 남장로교회, 캐나다 장로교회, 그리고 호주 장로교회 등으로부터 선교사들이 파송되었다.[2] 네 개의 다른

---

1) James S. Gale, *Korea in Transition*, pp. 237-238.

장로교들이 들어왔지만 교회조직으로는(ecclesiastically) 하나로, 조선예수교장로회를 조직하여 자치할 수 있게 첫걸음을 내딛었다.[3] 최초의 장로교 연합활동은 1889년 북장로교회와 호주 장로교회 사이에서 이뤄졌다. 호주 장로교회의 데이비스(J. H. Davies)가 언더우드와 더불어 "하나의 한국교회" 안에서 두 선교부의 사역을 연합하기 위해서 '장로교선교부연합공의회' [the United Council of the Missions of the American (north) and Victorian (Australian) Churches]를 조직했고,[4] 헤론(J. W. Heron)이 의장, 데이비스가 서기를 맡았으며 설립위원으로는 언더우드, 기포드(D. Gifford)와 알렌이었다.[5] 데이비스는 1889년 그의 누이와 함께 한국에 도착하였고, 1890년 남부에 선교지부를 열고자 충청도와 전라도 지역을 두루 다녔으며, 그 해 부산에서 천연두로 순직하여[6] 한국에서 선교사역을 하다가 죽음을 맞이한 첫 번째 인물이 되었다.

---

2) 북장로교회는 1884년 9월에, 이어 호주 장로교회가 1889년 9월, 남장로교회는 1892년 11월, 그리고 캐나다 장로교회는 1898년 9월에 입국했다. *Minutes of the Fifteenth Annual Meeting of the Council of Presbyterian Missions in Korea and the First Annual Meeting of the Presbytery of the Presbyterian Church in Korea*, Pyeng Yang, September 13-19, 1907, p. 5.

3) H. G. Underwood, *The Call of Korea*, p. 124. 곽안련(C. A. Clark)은 한국에 파송된 초기 선교사들의 자질을 논하면서 매우 재능 있는 인물들이 입국하였으므로 한국으로서는 특별한 은혜를 입었다고 평하였다. 언더우드는 열정과 창의력이 뛰어났고, 마펫은 위대한 전도자, 에비슨은 뛰어난 의사로 의과대학을 설립하였으며, 베어드는 인문대학을 설립하였고, 게일은 탁월한 번역자요 학자라고 한다. C. A. Clark, *The Nevius Plan for Mission Work-Illustrated in Korea*, pp. 81-82.

4) *Minutes of the Fifteen Annual Meeting of the Council of Presbyterian Missions in Korea*, p. 5. S. A. Moffett, "Fifty Years of Missionary Life in Korea", p. 38. H. A. Rhodes ed, *History of the Korea Mission Presbyterian Church U.S.A 1884-1934*, p. 385. 郭安連 編, 長老教史典彙集 (서울: 조선야소교서회, 1918), pp. 14-15.

5) *Minutes of the Fifteen Annual Meeting of the Council of Presbyterian Missions in Korea 1907*, p. 5.

6) C. A. Clark, *The Nevius Plan for Mission Work-Illustrated in Korea*, p. 79.

데이비스의 죽음으로 인해 이 공의회는 1890년에 중단되었고, 데이비스의 누이도 호주로 돌아갔으며, 1891년 멕케이(J. H. MacKay) 목사 부부와 세 미혼 여성 페리(J. Perry), 포셋(M. Fawcett, 멕케이 부인 병사 후 멕케이와 결혼), 멘지스(I. B. Menzies)가 입국하여 부산에 선교지부를 열었다.[7] 이어서 남장로교회 선교사들도 입국하였는데, 이들이 한국에 오게 된 계기에 언더우드의 공헌을 빼놓을 수 없다. 1891년 언더우드가 안식년에 모국을 방문하던 중 시카고의 맥코믹(McCormick) 신학교에서 한국선교에 대한 강연을 할 때 이 학교 학생이었던 테이트(L. B. Tate)가 감동을 받고 한국에 선교사로 가기로 결단하였고, 같은 해 언더우드는 테네시 주 내슈빌(Nashville)에서 열린 미국 신학교연맹(Inter-Seminary Missionary Alliance) 연례회에서도 윤치호와 더불어 강연을 하였는데 여기에 참석했던 버지니아 유니온 신학교 학생이었던 존슨(C. Johnson), 레이널즈(W. D. Reynolds)가 한국 선교사로 자원하였다.[8] 이런 면에서 언더우드는 "남장로교 한국선교의 아버지"[9]라고 불리며, 그의 에큐메니칼 운동의 노력이 엿보인다. 이들 남장로교회 선교사들은 1892년 파송받아 입국했는데, 그들은 레이널즈 부부, 전킨(W. M. Junkin) 부부, 테이트(L. B. Tate)와 그의 누이 매티 테이트(Mattie Tate) 등이었다.[10]

이들이 입국한 후 1893년 1월 28일 빈톤(C. C. Vinton)의 집에 모여 북장로교회와 남장로교회와 호주장로교회에 의해 '장

7) 위의 책, p. 100.

8) L. H. *Underwood, Underwood of Korea*, p. 109. A. M. Nisbet, *Day In and Day Out in Korea* (Richmond, VA.: Whittet & Shepperson, 1919), pp. 17-18. 김인수, 한국기독교회의 역사(상), p. 181.

9) J. F. Preston, "Editorial Notes", *KMF* (1921. 11), p. 222.

10) C. A. Clark, *The Nevius Plan for Mission Work-Illustrated in Korea*, p. 100.

로교 정치를 쓰는 선교부공의회' (Council of Missionaries holding the Presbyterian Form of Government)가 조직되었는데, 이것의 목적은 한국에 개혁주의 신앙과 장로교 정치 형태를 보유하는 오직 '하나의 토착 장로교회' (one native Presbyterian Church)를 조직하는 데 있었다.[11] 1893년 3월 뉴욕에서는 남북 장로교회 선교부 대표들이 연석회의를 열어 두 교회가 한국에서 '하나의 장로교회' 를 설립하기 위해 각 장로교 총회의 허락을 얻기 위해 힘쓰도록 결의했다.[12] 이때 사역지의 분담에 대한 토의가 있던 중 남장로교회가 아직 사역이 시작되지 않은 전라도와 충청도에 들어가는 것이 자연스럽게 권고되었다.[13]

1893년부터 1900년까지 이 공의회는 전적으로 선교사들에 의해 구성되었고 대규모 컨퍼런스로 회집하였다. 1901년이 되어서야 한국인 대표자들이 이 공의회에 초청되었고,[14] 이때까지는 안수 여부를 가리지 않고 모든 남자 선교사들은 공의회의 회원이 될 수 있었으며, 1901년 규칙이 변경되어 안수 받은 자만이 회원이 될 수 있었으며, 여성사역에 대해 토론할 때는 선교부의 여성들을 수시로 초대했다.[15] 이 공의회는 본래 정치적 권한이 배제되었다가 1901년 한국인들이 공의회에 참여하면서 정치적 권한을

11) 이 공의회는 한국에 있는 장로교 남자 선교사들만으로 구성된 것이다. W. M. Baird, "Union of Presbyterian Missions in Korea", *Christian Observer*, 1893. 7. 19. *Minutes of the Fifteen Annual Meeting of the Council of Presbyterian Missions in Korea 1907*, p. 5. "차공회의 목적은 朝鮮地에 更正教 신경과 장로회 정치를 사용ᄒᆞᄂᆞᆫ 聯立教會를 설립ᄒᆞᄂᆞᆫ 것." 郭安連 編, 長老教會史典彙集 (1918), p. 15. 불행한 것은 1901년 이전에의 공의회 회의록은 인쇄 출판되지 않았으며, 손으로 기록한 회의록은 모두 분실되었다. C. A. Clark, *The Nevius Plan for Mission Work-Illustrated in Korea*, p. 107.

12) *The Annual Report of the Foreign Missions of the Presbyterian Church of the U.S.A. 1893*, p. 142.

13) W. M. Baird, "Union of Presbyterian Missions in Korea".

14) N. C. Whittemore, "Fifty Years of Comity and Co-operation in Korea". p. 97.

15) C. A. Clark, *The Nevius Plan for Mission Work-Illustrated in Korea*, p. 107.

보유하기 시작했고,[16] 1907년 독노회가 조직되기까지 한국 장로교회를 치리하는 정치기구가 되었다.[17] 이때에 미래의 장로교회의 치리형태가 개발되었는데,[18] 새로 구성된 장로교공의회는 장로교 사이에서 지역분할을 권장했고, 이 공의회는 한국에 자립하고 자치하는 "하나의 토착 장로교회"를 세우는 데 위대한 요인이 되었다.[19] '공의회 위원회'의 시찰 및 통제를 받는 '분과위원회'는 세례 후보자들을 시취하고, 성례를 준비하고, 치리하며, 장로를 선출하는 등 정식적인 당회의 모든 일을 행하였다.[20]

1889년 1월부터 북장로교회 선교부와 캐나다 장로교회와의 연합사역에 대한 노력이 시작되었다. 1893년 12월 12일 캐나다 장로교회의 맥켄지(W. J. McKenzie) 선교사가 단독으로 입국하여,[21] 황해도 소래[松川]에 홀로 정착하여 소래교회를 중심으로 2년 동안 사역하다가 순직하였는데, 그의 별세 소식과 더불어 맥켄지가 자신의 유산 2,000달러를 한국선교에 내놓은 일이 캐나다 장로교회에 전해졌다.[22] 이 소식을 듣고 캐나다 장로교회 동부지역의 여자선교회가 한 선교사를 지원하겠다고 나섰고, 헬리팩스 장로교대학의 학생선교회가 맥래(D. M. Mcrae)의 파송을 위

---

16) 郭安連 編, 長老敎會史典彙集 (1918), p. 17. 공의회는 1902년 한국에 목사안수를 받게 될 세 사람이 있으면 朝鮮自由耶蘇敎長老會를 설립하도록 결의하였고, 1904년에 이것을 다시 확인하였다. 위의 책, p. 33.

17) H. A. Rhodes ed, *History of the Korea Mission Presbyterian Church U.S.A. 1884-1934*, p. 385.

18) N. C. Whittemore, "Fifty Years of Comity and Co-operation in Korea", *The Fifty Anniversary Celebration of the Korea Mission of the Presbyterian Church in the U.S.A. June 30-July 3, 1934*, p. 97.

19) S. A. Moffett, "Fifty Years of Missionary Life in Korea", 위의 책, p. 38.

20) C. A. Clark, *The Nevius Plan for Mission Work-Illustrated in Korea*, pp. 107-108.

21) E. A. McCully and E. J. O. Fraser, *Our Share in Korea-Supplementary to The Land of the Dawn by James Dale Van Buskirk* (Toronto: The Board of Foreign Missions of the United Church of Canada, 1931), pp. 5, 7.

22) 위의 책, p. 7. 김인수, 한국 기독교회의 역사(상), pp. 185-186.

해 기금을 모음으로 1898년 9월 매리타임 지방대회(the Synod of the Maritime Province)가 푸트(W. R. Foote), 맥래, 그리어슨(R. Grierson) 부부를 파송함으로 한국 선교부를 개설하였으며, 개설과 동시에 북장로교회 선교부와 예양협정을 맺어 원산지부의 모든 사역 및 재산까지 넘겨받았다.[23] 캐나다 장로교회 선교사들은 한국에서 "하나의 연합교회"(a United Church of Christ)를 세우는 데 기쁨으로 동의하고, 장로교 조직에 대한 규정이 채택되었다. 양자 간에 위원회를 열어 의장과 서기 등을 조직하였고 그리고 헌법제정 등의 업무를 시작했다.[24]

1901년부터 장로교공의회는 회기의 절반은 전과 같이 선교사들만 모이고, 절반은 선교사들과 한국교회 대표자들과 함께 모이는 계획을 함으로 한국 지도자들이 조속한 시일 내에 전반적인 장로교 절차에 익숙하도록 하여 교회 운영에 있어서 능동적인 역할을 하도록 하였는데, 첫 한국어 회의에 24명의 선교사 대표와 3명의 한국인 장로, 6명의 조사 대표가 참여하였다.[25] 1901년 호주 선교부의 제안에 따라 5명의 선교사로 구성된 대표위원회가 결성되었고, 1902년에 이 위원회는 세 가지 보고를 했고 이 모두가 채택되었는데, 이것이 바로 교단 창립을 위한 계획이었다. 그것은 안수받은 장로가 있는 교회가 12개 이상 되고, 목사안수를 받을 준비가 된 한국인이 최소 3명 이상 있을 때, '조선장로교

23) E. A. McCully and E. J. O. Fraser, *Our Share in Korea-Supplementary to The Land of the Dawn by James Dale Van Buskirk*, pp. 7-8. C. A. Clark, *The Nevius Plan for Mission Work-Illustrated in Korea*, p. 100.

24) H. G. Underwood' s Letter to Dr. Ellinwood, 1889. 1. 28. 3. 11, pp. 739, 747.

25) C. A. Clark, *The Nevius Plan for Mission Work-Illustrated in Korea*, p. 138. 1902년에는 28명의 선교사, 4명의 한국인 장로, 2명의 집사 및 5명의 평신도, 1903년에는 각각 23명, 6명, 8명, 3명, 2명이 1904년에는 45명, 11명, 그리고 9명의 조사와 다른 인물들이 참여하였다. 위의 책, pp. 141-142.

회' 의 최고기관으로서 노회를 조직하고, 총회가 구성되기까지 존속하게 한다는 것이었다.[26)]

b. 장로교독노회(長老敎獨老會)의 결성

1903년 '조선장로회신학교' 가 평양에서 '조선장로교선교부공의회' 에 의해 설립되었다. 이 학교(평양 장로회신학교)는 145명이 등록하고 평균 90명의 학생이 출석하였다. 대부분의 학생들은 교회에서 '조사' (helpers)로 고용된 자들이었다.[27)] 1904년에 새로운 규칙이 채택되어 장로회(Presbyterial Committee)가 공의회 위원회를 대체하여 조직교회의 모든 당회록을 한국어로 잘 보존하도록 하달하였고, 장로로 안수받기 전 최소한 6개월간 교회법을 교육받도록 하는 규정을 만들었다.[28)] 1905년에는 새 교단을 위한 신앙고백을 보고하고 노회가 구성될 때 제출할 고백서로 채택하며, 이것이 인도와 한국교회 뿐만 아니라 아시아의 모든 장로교회를 위한 신앙고백이 될 수 있기를 바랐다.[29)] 1905년 장로교공의회는 다음과 같은 것들을 결의하였다.

1. 이 공의회(장로교)는 한국에 있는 모든 복음주의 선교단체의 공의회 조직안을 승인하고 동회는 자문권만을 가지게 하며, 기타 권한은 참가한 선교단체에서 이 공의회에 수시로 위임하는 범위 안에서 한할 것.

---

26) *Minutes of the Fifteen Annual Meeting of the Council of Presbyterian Missions in Korea 1907*, p. 6. C. A. Clark, *The Nevius Plan for Mission Work-Illustrated in Korea*, p. 142.
27) *The Korea Missions Year Book 1928*, p. 216.
28) C. A. Clark, *The Nevius Plan for Mission Work-Illustrated in Korea*, p. 144.
29) 위의 책, pp. 144-145.

2. 장로교공의회에 참가한 모든 선교부로 하여금 그들이 일찍이 본 장로교공의회에 위임하였던 권한을 새로 조직되는 복음주의공의회(the Evangelical Council)에 이양을 지망(志望)하는지의 여부와 또는 본 장로교공의회가 지금까지 행사하던 권한을 복음주의공의회에 넘겨줄 것인지의 여부를 명시하게 할 것.
3. 복음주의선교부공의회가 한국의 단일 복음주의공의회를 조직할 준비를 갖출 때까지 본 장로교선교부공의회는 합동사업을 추진하고 장려하는 방법을 모색하는 한편 기정원칙(旣定原則)에 의하여 한국의 독립 장로교회의 조직을 추진할 것.
4. 본 장로교공의회는 찬송가위원회로 하여금 감리교 찬송가위원회와 상의하여 합동 찬송가위원회를 구성하고 그 합동 찬송가위원에게 공동용 찬송가의 편찬과 발행을 실시케 할 것.[30)]

1906년 공의회는 영어회의에서 '웨스트민스터 헌법' 에 의거한 하나의 완전한 장로교 통치체제를 고려하기도 했으나, 토의한 결과 1년간 연구하기로 하고, 1907년 초안이 번역되었지만 결의되지 못하고, 대신에 짧고 간단한 헌법이 채택되었는데, 그것은 초안이 사울의 갑옷과 투구와 같이 신생교회에 너무 무거울 것으로 여겼기 때문이다.[31)] 1907년 6월 20일 교단신학교 첫 졸업생 7명을 배출하자 이들을 목사로 안수하기 위해 노회가 있어야 했는데,[32)] 1907년 9월 17일 정오 장로교공의회 의장 마펫은 네 개의 장로교단 총회의 권위로 '조선예수교장로회 독노회' 가 조직되

30) S. F. Moore, "Steps toward Missionary Union in Korea", *The Missionary Review of the World*, vol. 18 no. 12 (1905, 12), pp. 903-905. 백낙준, 한국개신교회사, pp. 398-399에서 재인용.
31) C. A. Clark, *The Nevius Plan for Mission Work-Illustrated in Korea*, pp. 146-147.

었음을 선언하였다.[33] 이렇게 해서 탄생한 '조선예수교장로회 독노회'는 7명의 한국인 목사들, 53명의 장로들, 38개의 조직교회와 984개의 미조직 교회, 17,890명의 세례교인, 21,482명의 학습교인, 그리고 69,098명의 신자들로 구성되었다.[34] 이에 대해 독노회 노회 회록은 다음과 같이 보고한다.

> 우리 대한 인민들이 하ᄂᆞ님을 아지 못ᄒᆞ고 샤신과 우샹을 셤기매 쟝ᄎᆞᆺ ᄒᆞ나님의 형벌을 피ᄒᆞᆯ수업더니 ᄌᆞ비하신 하ᄂᆞ님씌셔 우리 나라 인민을 도라보샤 미국 남 쟝로교회와 북 쟝로교회와 영국 오스드렐냐 쟝로교회와 가나다 쟝로교회의 쥬를 밋ᄂᆞᆫ 모든 형뎨 ᄌᆞ미들의 ᄆᆞ음을 감동식혀 이 네곳 교회 총회로 션교ᄉᆞ를 퇴뎡ᄒᆞ야 이 곳에 보내시매 하ᄂᆞ님의 명령을 밧은 션교ᄉᆞ들이 갑신년에 이 곳으로 나와 도를 젼ᄒᆞᆫ지 이십삼년 동안에 회ᄀᆡᄒᆞ고 쥬씌로 도라온쟈가 근지 십여만명이라 곳곳이 쟝로를 쟝닙ᄒᆞ며 교회를 셜립ᄒᆞ여 영미량국 션교ᄉᆞ들과 한국 각쳐 쟝로들이 모혀 교회 일을 의론ᄒᆞ나 그러나 아직 한국 목ᄉᆞ를 쟝립치못ᄒᆞᆷ으로 로회를 일우지못ᄒᆞ고 그 회 일흠을 쟝로공의회라 칭ᄒᆞ고 져간에 십오ᄎᆞ를 모히더니 하ᄂᆞ님씌셔 은혜를 풍부히 주심으로 수년젼에 미국 남쟝로교회와 북쟝로교회와 영국 오스드렐냐 쟝로교회와 가나다 쟝로교회 이 네 곳 총회에서 특별히 대한국쟝로회 로회를 세우기로 허락ᄒᆞᆫ고로 쟝로 공의회 회쟝 마포삼열 목ᄉᆞ씌셔 네 곳 총회의

32) *Minutes of the Fifteen Annual Meeting of the Council of Presbyterian Missions in Korea 1907*, p. 34. 일곱 명의 졸업생은 길션쥬, 방긔창, 양뎐빅, 숑린셔, 한셕진, 리긔풍, 서경조 등이다.

33) H. G. Underwood, *The Call of Korea*, pp. 172-173.

34) S. A. Moffett, "Letter from Dr. Samuel A. Moffett", *The Missionary Review of the World*, 1908. 2, p. 103. The Board of Foreign Missions of the Presbyterian Church, *Historical Sketch of the Missions in Korea, Sixth Edition* (Philadelphia: The Woman's Foreign Missionary Society of the Presbyterian church, 1909), p. 16. A. M. Nisbet, *Day In and Day Out in Korea*, p. 82.

권을 엇어 한국교회에 로회되는 취지를 셜명ᄒᆞ시되 이 로회는 교회의 머리되시는 쥬 예수 그리스도를 힘닙어 십ᄌᆞ가를 튼튼히 의지ᄒᆞ고 견고ᄒᆞ여 흔들니지 말고 셰샹 사름 압헤 영화로온 빗치 되며 하ᄂᆞ님 압헤 거룩ᄒᆞ고 정결ᄒᆞᆫ 로회를 일우어야 ᄒᆞ겟다 ᄒᆞ시고 쥬강싱 일쳔 구빅 칠년 구월 십칠일 오정에 한국로회를 셜립ᄒᆞᆫ 후에 대한에 신학교 졸업학ᄉᆞ 닐복 사름을 목ᄉᆞ로 쟝립ᄒᆞ고 대한국 예수교 쟝로회 로회라 ᄒᆞ셧스니 이는 실노 대한국 독닙 로회로다 할넬누야 찬숑으로 셩부 셩ᄌᆞ 셩신님ᄭᅴ 셰셰토록 영광을 돌니세 아멘.[35]

비록 네 개의 장로교가 국내에 진출하여 각기 선교활동을 전개했지만 이처럼 "四 長老派가 門戶를 各立하지 않고 合同하여 一總會를 成함이 神의 旨를 成就한 義擧요 盛事"[36]가 된 것이다. 첫 독노회에 36개 교회로부터 온 총대들은[37] 외국인 33명, 한국인 장로 36명으로, 첫 번째 회의부터 한국인이 과반수를 차지하였다.[38] 첫 사업으로 노회 직원들을 선출하였고, 5년간 신학교육을 이수한 일곱 명을 시취하여 안수함으로 이들이 한국 최초의 장로교 목사들이 되었다. 독노회는 이 일곱 중 한 사람인 이기풍 목사를 제주도 선교사로 파송함으로 한국 장로교는 자립과 더불어 자치할 수 있는 모습으로 성장해 나갔다.[39] 이렇게 함으로 독노회는 창설과 동시에 선교사를 파송하는 기관이 되었다.

---

35) 대한예수교쟝로회 로회회록 (1908), pp. 2-3.
36) 한국교회사학회 편, 朝鮮예수敎長老會史記 (下) (서울: 연세대학교출판부, 1968), p. 54.
37) H. G. Underwood, *The Call of Korea*, pp. 172-173.
38) The Board of Foreign Missions of the Presbyterian Church, *Historical Sketch of the Missions in Korea, Sixth Edition*, p. 16. 대한예수교쟝로회 로회회록 (1908), p. 5. 노회 개정(開廷) 후 선교사 목사 및 장로가 38명, 한국인 장로 40명이었다. 위의 책.

1907년 첫 노회에서 소요리 문답(the Shorter Catechism)이 요리문답으로서 정식으로 채택되었고, 웨스트민스터 신앙고백과 대요리 문답(the Larger Catechism)은 참고서적으로 허락되었다.[40] 이때의 신조(신앙고백)는 인도교회로부터 차용된 것이며, 이때 채택된 정치 형태는 1922년에 완결되었고, 1929년에 다시 개정되었다.[41] 남장로교회 선교사 브라운(G. T. Brown)은 이 일을 두고 한국교회가 서방교회와만이 아니라 아시아의 형제 교단과도 관계를 가지게 되었다고 평가했다.[42] 독노회의 출발과 더불어 '세계범장로교연맹'(World's Pan-Presbyterian Alliance)에 가입신청을 하고 당시 휴가 중이던 선교사들을 차기 모임에 대표로 파송했다.[43] 총회가 구성되기까지 독노회는 공의회위원회 혹은 장로회(소회)를 대신하여 일곱 개의 '대리회'(sub-Pesbyteries)가 설치되어 지역을 담당하며, 미래의 장로와 목회 후보생들을 심사하며 목사의 취임을 담당했지만, 목사안수는 독노회에서 직접 행했다.[44]

---

39) H. G. Underwood, *The Call of Korea*, pp. 173-174. 첫 일곱 목사들은 많은 환난과 핍박을 통과한 이들이었고, 이 가운데 두 명은 안수 받은 후 22년 동안이나 한 교회에서 시무하였고, 출석교인이 1,200명이 넘었고, 이기풍 목사가 첫 선교사로 파송받은 제주도는 당시 약 10만 명이 살고 있었다. C. A. Clark, *The Nevius Plan for Mission Work-Illustrated in Korea*, p. 160. 이들 일곱 명의 임지에 대해 로회회록은 다음과 같이 보고한다. "一. 새로 쟝립ᄒᆞᆫ 목ᄉᆞ 칠인즁 일인을 션교ᄉᆞ로 파송ᄒᆞᆯ일 二. 리긔풍씨를 졔쥬 션교ᄉᆞ로 보내되 월급은 젼도국에셔 지츌ᄒᆞᆯ일 三. 방긔챵씨는 룡강 졔　쥬달 교회의 젼도목ᄉᆞ로 뎡ᄒᆞᆯ일 四. 한셕진씨는 평양 쟝젼 미림 리쳔 교회의 젼도 목ᄉᆞ로 뎡ᄒᆞᆯ일 五. 송린셔씨는 증산 한쳔 외셔쟝 영유 허리몰 교회의 젼도목ᄉᆞ로 뎡ᄒᆞᆯ일 六. 길션쥬씨는 평양 쟝ᄃᆡ재 지교회 목ᄉᆞ로 뎡ᄒᆞᆯ일 七. 량뎐빅씨는 션쳔 뎡쥬 박쳔 등디에 위대모 목ᄉᆞ와 ᄀᆞᆺ치 젼도 목ᄉᆞ로 뎡ᄒᆞᆯ일 八. 셔경조씨는 쟝연 옹진 등디에 사우업 목ᄉᆞ와 ᄀᆞᆺ치 젼도목ᄉᆞ로 뎡ᄒᆞᆯ일……." 대한예수교쟝로회 로회 회록 (1908), pp. 18-19.

40) C. A. Clark, *The Nevius Plan for Mission Work-Illustrated in Korea*, p. 147.

41) 위의 책, p. 159.

42) G. T. Brown, *Mission to Korea*, p. 72.

43) C. A. Clark, *The Nevius Plan for Mission Work-Illustrated in Korea*, p. 161.

44) 위의 책, p. 162.

c. 하나의 장로교총회

한국 장로교회는 자립 면에서도 놀라울 정도로 빨라서 1908년 188개의 교회 가운데 186개가 완전히 자립하였다.[45] 교회의 자립과 더불어 1909년에는 아홉 명이 안수를 받았고, 나아가 한 명의 선교사를 시베리아의 블라디보스톡으로 파송함으로[46] 이제 노회를 넘어서 총회 조직을 준비하기에 이르렀다. 1911년에 대구에서 열린 독노회에서 다음 해에 총회를 창립하기로 결의하였는데, '조선독노회'가 '총회'로 전환되는 것은 그리 어려운 일이 아니었다. 대리회의 범위와 구성원은 그대로 두고 대회를 노회로 발전시키고, 독노회가 총회가 되면 되었기 때문이다. 각 노회는 다섯 개 조직교회의 당회마다 목사, 장로 한 명씩을 총대로 파송할 수 있다는 결정을 하였다.[47] 이렇게 해서 1912년에는 일곱 개의 노회를 가진 하나의 토착 장로교 총회, '조선장로회총회'가 창설되었다. 미국의 첫 번째 선교사가 한국 땅에 들어온 지 28년 만에 이루어진 쾌거였다.[48]

첫 총회는 221명의 총대로 구성되었다. 한국인 목사 52명, 외국인 목사 44명, 장로가 125명이 회집하여[49] 첫 회무 처리를 하였는데 "회쟝에 원두우 부회쟝 길션두 셔긔는 한셕진 부셔긔는 김필수 졔시로 션거"하였다.[50] 일곱 개의 대리회가 노회로 승격되

---

45) S. H. Moffett, *The Christians of Korea*, p. 58.
46) C. A. Clark, "The Missionary Work of the Presbyterian Church of Korea", *The Fifty Anniversary Celebration of the Korea Mission of the Presbyterian Church in the U.S.A.*, p. 201.
47) C. A. Clark, *The Nevius Plan for Mission Work-Illustrated in Korea*, p. 172.
48) C. A. Clark, "The Missionary Work of the Presbyterian Church of Korea," p. 201.
49) 예수교쟝로회 죠션총회 뎨일회 회록 (1912), pp. 1-4.
50) 위의 책, p. 6.

었고, 이때 사용된 고퇴(叩椎)는 일곱 노회를 의미하는 일곱 색깔 무늬를 새겼는데, 이것은 "일곱 노회가 하나로 연합된 몸을 이루며 고퇴가 만들어지기 전에 증정된 것과 같이 교회도 우리 주님께서 재림하시기 전까지는 불완전한 상태가 될 것을 의미한다"고 함으로 첫 장로교 총회의 탄생은 이처럼 네 개의 선교부가 시작하여 전국의 일곱 노회가 연합한 것임을 나타내주는 것이었다.[51)]

첫 총회 때만 장로 총대수가 많았고, 1913년 2회 총회 때부터는 목사 장로의 총대수를 동일하게 하였으며, 참석이 가능한 선교사들은 1922년까지 투표권을 가진 정식 회원으로 참여하였다.[52)] 그러나 1913년부터 소수의 선교사들로부터 선교사들의 총회 참석인원을 줄여야 한다는 목소리가 있기 시작하여, 1920년까지는 이 건이 부결되었으나 한국인 여덟 명을 위원으로 하여 선교사의 회원 자격에 대하여 작업하게 하고, 각 노회의 투표에 의해 채택되어, 한국교회가 이제 완전하고 생명력 있는 자치기관이 되었음을 보여 주었다.[53)] 1928년 9월 총회에서 11명의 한국인과 다섯 명의 선교사들로 구성된 위원회가 1922년 헌법 수정안을 보고하였고, 선교사의 총회 총대권과 관련해 이후로는 선교사들이 본국에서 정식 회원권 이전 증명서를 받아오지 않는다면 교회 치리회에서 '객원의 특권'(corresponding member privileges)을 가진다는 안을 제출하여, 압도적인 지지를 받고 통과되었다.[54)] 북장로교회 선교부는 1927년 당시 25개국에서 선

51) Kim Kue Shik, "The Erection of the First General Assembly of the Presbyterian Church in Korea", *KMF* (1912. 8), pp. 323-325.
52) C. A. Clark, *The Nevius Plan for Mission Work-Illustrated in Korea*, p. 176.
53) 위의 책, pp. 196-198.
54) 위의 책, p. 200.

교사업을 하였는데, 선교사역이 가장 짧은 한국이 모든 선교지 교회수의 40%를, 안수 받은 목사의 40%, 세례교인의 28%, 주일학교 학생의 37%, 사립학교의 17%, 학생의 20%, 자립교회의 87%나 되었던 반면 선교비는 25개국 총 지출비의 7.6%에 불과하였고, 그것도 현지 사역에 직접 쓴 비용은 1.33%밖에 되지 않았다[55]는 것은 네비어스의 원리와 부합하면서 한국선교의 열매가 얼마나 효과적으로 이뤄졌는지를 잘 보여 준다.

이상과 같이 네 개의 장로교회 선교부들이 각기 힘겹게 얻은 회심자들을 유기적으로 결합된 하나의 총회에 몸담게 한 것 자체가 가장 탁월한 연합의 공헌이다.[56] '장로교공의회'는 모든 장로교 선교사들을 하나로 이끌며 후에 '하나의 한국장로교회'를 준비한 점에서 한국교회사에 있어서 중요한 연합체(unifying forces) 중 하나였다.[57] 독노회 출범 이후 선교사들로만 구성된 '장로교공의회'는 총회가 아닌 선교부와 관련된 문제들만 다루며,[58] 한국에서 하나의 장로교회가 온전히 서게 하는 장로교 에큐메니칼 운동의 큰 역할을 감당했다.

2. 감리교 연합운동

a. 남북 감리교회가 통합되기까지

장로교회가 네 개의 해외 교단 선교사들이 연합하여 선교활동을 하다가 하나의 장로교회를 태동하였듯이, 감리교회도 두 개의

55) 위의 책, p. 227.
56) 위의 책, p. 217.
57) N. C. Whittemore, "Fifty Years of Comity and Co-operation in Korea", p. 97.
58) C. A. Clark, *The Nevius Plan for Mission Work-Illustrated in Korea*, p. 217.

교단이 연합하여 사역을 하다가 장로교회보다 훨씬 뒤에야 하나의 감리교회를 일궈냈다. 1885년 북장로교회 선교부와 같이 한국에 입국한 북감리교회 선교부는 같은 해 8월 아펜젤러가 배재학당을 설립하여 교육을 실시하며 전도를 하였고, 1887년 10월 9일 아펜젤러와 네 명이 모여 한국인을 위한 첫 번째 예배를 드리고 그 다음 주일에 아펜젤러와 스크랜턴이 다섯 명의 사람들과 첫 성찬식을 거행했으며, 그날 28세 된 권서인의 부인에게 세례를 줌으로 개신교 선교사에 의해 세례를 받은 첫 여성이 되었는데, 이것이 바로 정동교회의 기원이다.[59] 1892년 성탄절에는 동대문 옆에 볼드윈 기념교회(Baldwin Memorial Chapel)가 시작되었는데 이것이 동대문교회이다.[60] 1893년에 스크랜턴이 남대문 안쪽에서 상동병원을 설립하고 환자들을 위해 예배를 드리기 시작했는데, 이것이 1895년에 설립된 상동교회(Mead Memorial Church)이다.[61]

1901년 교세의 확장과 더불어 세 지방으로 분할하여 11월 1일 인천에서 '조선서지방회', 12월 1일 평양에서 '조선북지방회', 1902년 5월 1일 서울에서 '조선남지방회'가 조직되었고, 1901년 5월 9-14일에 상동교회에서 열린 제17차 한국 선교부 모임 때 김창식과 김기범이 무어(D. H. Moore) 감독의 집례와 스크

---

59) G. H. Jones, *Korea Mission-Methodist Episcopal Church* (New York: The Board of Foreign Mission of the Methodist Episcopal Church, 1910), pp. 24-25. *Annual Report of the Board of Foreign Missions of the Methodist Episcopal Church, Korea Mission 1887*, p. 314. 위의 책, 1888, p. 337.

60) 위의 책, 1893, p. 252. 볼드윈 부인(Mrs. L. B. Baldwin)은 오하이오 클리블랜드 출신으로, 한국 여성사역을 위해 처음으로 기금을 보내 준 인물로, 이 기금으로 교회를 세워 교회 이름을 볼드윈 기념교회라 부른 것이다. 이날 스크랜턴이 설교를 하고 6명의 남자들에게 세례를 베풀고 성찬식을 거행했다. 위의 책.

61) G. H. Jones, *Korea-The Land, People, and Customs* (New York: Eaton and Mains, 1907), pp. 91-92. *Official Minutes of the Third Annual Session Korea Mission Conference, Methodist Episcopal Church 1907*, p. 40.

랜턴(W. B. Scranton), 존스(G. H. Jones), 노블(W. A. Noble) 등에 의해 목사안수를 받으며 감리교 최초의 목사가 되었다.[62] 1904년에 '조선선교부' (the Korea Mission) 산하에 세 지방회를 두었다가,[63] 1905년 6월 21-27일에 선교사들만의 모임인 제1회 '조선선교부연회' (Korea Mission Conference)가 일본 주재 해리스(M. C. Harris) 감독의 사회로 조직되며 네 지방회로 재편성하였다.[64] 1908년 3월 선교연회가 완전히 독립하여 제1회 '조선연회' (Korea Annual Conference)를 해리스 감독이 입국하여 정동교회에서 3월 11일 열고 그가 감독을 겸임하였고, 연회의 첫 대표가 그 해의 '총연회' (the General Conference)를 통해서 선출되었다.[65] 1906년 첫 한국인 연례회 회원이 인준되었고, 4년 후에 해리스가 지역 감독이 되었고, 1908년 '조선감리교연회' 출범 시에 두 명의 한국인 회원이 있었는데, 1914년에는 세 명의 한국인 지역 감독이, 1928년 이후에는 지역

62) *Official Minutes of the Second Annual Session Korea Mission Conference, Methodist Episcopal Church 1906*, pp. 14-15. Korea Methodist News Service, *Korean Snapshots: 1884-1934 Getting acquainted with Korea* (Seoul: Korea Methodist Church, 1934), pp. 16-17. 한국감리교회사 I, p. 123. 1902년 5월 18일에는 최병헌이 목사안수를, 1903년에는 이은승이 목사안수를 받았다. 위의 책, p. 124. 김창식과 김기범은 목사안수를 받고 연회원의 자격을 얻었지만, 아직 한국에 연회가 조직되지 않아 중국북부연회원에 입회하도록 천거되었다. 이성삼, 감리교와 신학대학사-감신대 70주년 기념 (서울: 한국교육도서출판사, 1975), pp. 99-100.

63) *Annual Report of the Board of Foreign Missions of the Methodist Episcopal Church, Korea Mission 1909*, p. 174. 세 지방회는 한국북지방(평양 중심), 한국서지방(인천 중심), 한국남지방(서울 중심) 등이었다. 이성삼, 감리교와 신학대학사-감신대70주년기념 (서울: 한국교육도서출판사, 1975), p. 111.

64) *Official Minutes of the First Annual Session Korea Mission Conference Korea Mission Conference Methodist Episcopal Church 1905*, p. 12. *Annual Report of the Board of Foreign Missions of the Methodist Episcopal Church, Korea Mission 1930*, p. 285. 네 지방회는 평안북지방, 황해북지방, 경기서충청북지방, 경기도지방 등이다. 이성삼, 감리교와 신학대학사. p. 111.

65) 한국감리교회사 I, p. 127. *Annual Report of the Board of Foreign Missions of the Methodist Episcopal Church, Korea Mission, 1909*, p. 174.

감독의 절반이 한국인들이었다.[66)]

북감리교회가 이 땅에 입국한 지 10여 년 후인 1896년 남감리교회 선교부도 입국하였는데, 그 전해에 헨드릭스(E. R. Hendrix) 감독과 리드(C. F. Reid)가 한국을 방문한 바 있었고, 서울과 송도 그리고 원산 등 세 곳에 선교지부를 개설하며 급성장하였다. 이렇게 해서 두 개 감리교회 선교부의 연합운동도 전개되었다.[67)] 그들이 비록 본국에서는 노예해방 문제로 분리되었지만, 선교지인 한국에서는 연합활동을 전개한 것이다.[68)] 남감리교회 선교부의 입국에는 윤치호의 노력을 간과할 수 없다. 그는 밴더빌트(Vanderbilt) 대학과 에모리(Emory) 대학에서 공부하며 맺은 인간관계와 자신이 학비를 절약하여 남은 돈을 희사함으로 남감리교회의 선교부로 한국선교에 발을 디디게 하는 역할을 해냈다.[69)] 1896년 8월 14일 최초의 선교사로 중국에서 오랫동안 선교했던 리드가 입국했고, 중국의 헨드릭스 감독은 그를 '중국선교연회 조선 지방 장로사'(長老司, superintendent)로 임명하였다.[70)]

남감리교회가 낯선 곳에서 첫 사역을 시작할 때 그들보다 10

66) 위의 책, 1931, p. 61.

67) H. G. Appenzeller, *The Korea Mission of the Methodist Episcopal Church* (New York: Open Door Emergency Commission, 1902), p. 33. J. S. Ryang, *Southern Methodism in Korea-Thirtieth Anniversary* (Seoul: Board of Missions, Korea Annual Conference, Methodist Episcopal Church, South, 1929), pp. 15-17.

68) 한국감리교회사 I, p. 96.

69) J. S. Ryang, *Southern Methodism in Korea-Thirtieth Anniversary*, pp. 14-15. 한국감리교회사, pp. 100-102. 윤치호는 에모리 대학교의 캔들러(W. A. Candler) 총장에게 학비를 절약하여 남은 돈 200불을 전하며 한국에도 기독교 학교를 설립해 주도록 요청하였고, 캔들러는 이것을 계기로 한국선교가 가능하도록 가교역할을 해주었다.

70) H. G. Appenzeller, *The Korea Mission of the Methodist Episcopal Church*, p. 33. 한국감리교회사 I, pp. 104-105.

년 앞서 입국하여 활동하던 북감리교회의 스크랜턴이 그들의 선교부지를 알선해 주었다.[71] 스크랜턴은 나아가 자신이 맡고 있던 상동교회의 신실한 교우였던 김주현과 김흥순을 리드에게 추천하여 도와주게 하였는데, 그들이 권서인으로 열심히 전도하여 1897년 5월 2일 고양읍교회를 창립하였고 이것이 남감리교회 최초의 한국교회였으며, 리드의 집에서 윤치호의 설교로 같은 해 6월 17일 시작된 것이 광희문교회이다. 이처럼 남북 감리교회는 처음부터 연합운동을 전개하였다. 1897년 9월 10일 제1회 조선선교지방회가 서울에서 열려 회장에 리드, 서기에 윤치호가 선출되었고, 서울과 송도(개성) 두 구역으로 분할해 서울 구역장에는 리드가 겸하고, 송도 구역장에는 콜리어(C. T. Collyer)가 피선되었다.[72] 1898년 1월 16일 서울 구역 제1회 구역회(The First Quarterly Conference of the Seoul Circuit)가 고양읍에서 열려 성인 12명과 어린이 아홉 명 등에게 세례를 줌으로 남감리교회가 한국에서 첫 성찬식을 집례했고, 김흥순의 전도의 열매로 문산과 개성 남부교회가 연이어 창립되었다.[73]

남감리교회의 부흥 성장은 개신교 선교사들이 일본에서 23년간 선교하여 얻은 것보다 많은 7,601명의 신자를 단지 5년 만에 얻을 수 있었다.[74] 1900년에는 원산구역이 증설되어 하디(R. A. Hardie)가 임명되었고,[75] 1904년 9월 17일 김흥순에게 전도사

---

71) 梁株三, 朝鮮南監理教會 30年 紀念報, pp. 50-51.

72) 위의 책. J. S. Ryang, *Southern Methodism in Korea-Thirtieth Anniversary*, pp. 18-19. 한국감리교회사 I, p. 140.

73) J. S. Ryang, *Southern Methodism in Korea-Thirtieth Anniversary*, p. 19. 한국감리교회사 I, p. 141.

74) A. W. Wasson, *Church Growth in Korea* (New York: International Missionary Council, 1934), p. 51.

75) J. S. Ryang, *Southern Methodism in Korea-Thirtieth Anniversary*, p. 20.

증을 주어 한국에서 최초의 성직을 수여하였으며, 1906년 9월 18일에 정춘수와 주한명이 전도사가 되었고, 이때부터 북감리교회와 남감리교회 모두 교회 이름을 '감리교회'로 불렀다.[76] 1908년 연회부터 남감리교회 한국선교부는 서울-송도, 춘천, 그리고 원산 지역 등으로 처음으로 나누었다.[77] 1911년 10월 1일, 제15회 선교회가 서울 종교교회에서 개회된 가운데 김홍훈, 정춘수, 주한명 세 명이 머라(W. B. Murrah) 감독에게 목사안수를 받음으로 최초의 안수례가 이뤄졌다.[78] 1918년 10월 31일 송도에서 맥머리(W. F. McMurry) 감독이 한국에 입국하여 열린 선교연회에서 드디어 '조선연회"(Korea Annual Conference)가 조직되었고,[79] 이 연회는 1930년 12월 2일 남북 감리회가 하나 되기까지 운영되었다.

미국의 북감리교회와 남감리교회, 두 선교부 간의 연합사역은 교육사역에서 시작되었는데, 1904년 남감리교회 선교부가 북감리교회 선교부의 한국어 신학교재를 준비하는 데 동참하면서부터이다.[80] 1904년 케이블(E. M. Cable)은 연례보고를 통하여 양 감리교회 선교부 간에 우애적인 연합의 정신이 지난 1년 동안 크게 증진되어, 감리교회의 복지에 관련된 문제에 대하여 서로 어깨를 마주 대하려는 충실함을 발견했고, 그들이 서로 분리된 조직이 아니고 같은 몸의 형제와 자매로서 기독교의 같은 원리에서서 한국에 하나의 감리교회를 세우고자 한다고 했다.[81]

---

76) 위의 책, p. 22. 한국감리교회사 I, p. 142.
77) J. S. Ryang, *Southern Methodism in Korea-Thirtieth Anniversary*, p. 25.
78) 위의 책, p. 28.
79) 위의 책, p. 32. *Annual Report of the Board of Foreign Missions of the Methodist Episcopal Church, Korea Mission 1930*, p. 285.
80) 위의 책, 1904, p. 303.
81) 위의 책, 1904, p. 312.

남북감리교회의 연합에 탄력을 제공해 준 것은 부흥운동의 영향을 빼놓을 수 없다. 〈기독신보〉 사설은 부흥운동이 감리교회 연합운동과의 관계를 다음과 같이 밝힌다.

> 이와 갓흔 합동사업의 즉접 원인은 두 교파 선교사 조선년회가 서울에서 네 번이나 합하야 모혀서 토의한데 잇다고 할 것이다. 그러나 이와갓치 두 교파의 선교사들이 한데 모혀서 사무를 처리하게 된 첫재의 원인은 一九0三년으로 一九0七년 사이에 조선 각지에 교회에 큰 부흥이 니러낫슬 ᄯᅢ에 선교사와 선교사 사이와 신도와 신도 사이에 친선의 정신이 생기게 된 될 결과엿다.[82)]

1908년 남북감리교회 선교부의 연합이 성경학교 강의에도 이뤄져, 하디와 크램이 서울 반(class)에 와서 매우 유익하고 즐거운 교제가 되었다고 존스(G. H. Jones)가 전한다.[83)] 두 개의 감리교회 선교부가 협력사업을 하였으며, 신학교육도 한 학교에서 실시했다.[84)] 이것이 연합감리교신학교(協成神學校, Union Methodist Theological Seminary)이다. 이 신학교는 1907년 북감리교회와 남감리교회에 의해 서대문 바깥쪽의 아름다운 곳에 설립되었다. 연합감리교 여자성경학교도 마찬가지였다.[85)] 1925년 북감리교회와 남감리교회가 서울에서 남자들을 위한 연합성경학교 일을 위해 처음으로 협력하였다. 그 해 남북 감리교

---

82) 사설, "긔독교조선감리교회총회를 보고서", 기독신보, 1930. 12. 17. 당시 〈기독신보〉 사장 겸 편집인은 하리영(R. A. Hardie)이다.
83) *Annual Report of the Board of Foreign Missions of the Methodist Episcopal Church, Korea Mission 1908*, p. 382.
84) H. G. Underwood, *The Call of Korea*, p. 124.
85) *The Korea Missions Year Book 1928*, pp. 214-215.

회가 서울지역 연합수련회를 가졌는데, 60명이 3일간 세상의 문을 닫고 24번의 예배와 24명의 지도자들이 24시간의 기도회를 인도했다. 누구도 10-15분 이상 발언하지 못하게 하고 모든 사람들이 참여함으로 결과는 하나님과 더 가깝게 동행하며, 서로 사랑하고, 교회사역에 열심을 다하고, 새로운 충성심과 미래의 비전의 확장을 가져오게 되었다.[86]

1929년 10월 이후 남북감리교회는 종교교육 도서출판 위원회를 조직하여 《장년부 조직 및 관리》, 《주일학교 교수 원칙》, 《그리스도와 실제 문제》, 《주일학교 중등부》 등의 서적을 발행하였다.[87] 양 선교부는 또한 매년 발행하던 회보도 중단하고 연합지인 〈주일학교 선생〉을 출판 독자가 700명에 달하였고, 〈주일학교 신보〉에 매월 초등, 중등, 고등부 학생용 공과를 첨부하여 발행하였고, 1930년 8월 5일부터 11일까지 금강산 온정리에서 종교교육 지도자 수양회를 여는 등 주일학교 연합운동을 전개했다.[88] 감리교회의 통합은 장로교회보다 20여 년이 늦은 1930년에 이루어졌다.

b. 남북 감리교회의 통합, 조선감리회의 형성

'북감리교회 조선연회' 가 1908년 조직되었고, '남감리교회 조선연회' 는 1918년에 조직되었다가, 1927년 양 연회가 보다 친밀한 교제와 사역조정의 연합에 대한 필요성을 깨달았고, 자연스럽게 두 연회의 연합과 '조선감리회' 의 출범에 대한 요청이 있

86) *Annual Report of the Board of Foreign Missions of the Methodist Episcopal Church, Korea Mission 1925*, pp. 122-23.
87) 한국감리교회사 I, p. 136.
88) 위의 책, pp. 137-138.

었다.[89] 북감리교회와 남감리교회는 상호 이해의 여러 문제에 있어서 토의하며 1922년 큰 발전을 이뤘다. 텍사스에서 대학 학장이었던 보아스(H. A. Boaz) 감독이 방문하여 매우 빠르게 아시아의 환경에 적응하였는데, 그의 태도가 이상적이었다. 그는 처음부터 새로운 친구들에게 형제애, 인내, 복음적 열정, 영성과 능력 등으로 좋은 인상을 주었다. 감리교회는 이때부터 실제적이고 즉각적인 통합을 할 준비가 되었던 것이다.[90]

1924년 봄에 미국 북감리교회 총회는 남감리교회 총회와 통합을 만장일치로 가결하였고,[91] 남감리교회도 임시총회를 통하여 이 건을 결의하고 1925년 정기총회에서 다시 거론하기로 하였다.[92] 미국에서 남북감리교회의 통합소식이 전해지면서, 1924년 한국에서의 남북감리교회의 통합이 실현되리라고 믿었고,[93] 북감리교회의 '교회진흥방침연구회'와 남감리교회의 '교회진흥방침연구회'의 연합회의를 통해 한국 감리교회의 통합에 대해 처음으로 의견개진이 있었다.[94] 그러나 1925년 남감리교회 총회에서 이 안이 예상 밖으로 부결되자, 한국 감리교회 대표들은 "조선남북감리교회는 불가불 단독으로라도 통합하여야만 되겠다"는 의지를 표명하고 양 감리교회에서 연구위원을 선임하기로 했다.[95] 1926년 북감리교회 선교부는 연례회를 통해 남북 감리교회 선교부가 어떻게 좀더 협력할 수 있을 것인가를 연구하게 하는 위원

89) J. S. Ryang, "The Korean Methodist Church", *The Korea Missions Year Book 1932*, pp. 12-13.
90) *Annual Report of the Board of Foreign Missions of the Methodist Episcopal Church, Korea Mission 1922*, p. 191.
91) 기독신보, 1924. 5. 21, 1924. 6. 4.
92) 기독신보, 1924. 8. 27.
93) 한국감리교회사 I, p. 301.
94) 梁株三, 朝鮮南監理敎會 30年 紀念報, p. 141.
95) 위의 책, p. 142.

회를 임명했고, 이 위원회는 남감리교회 선교부와 동수로 1년간 여러 차례 만났고, 두 개 감리교회의 총회(the General Conference)로 나가는 기념비적인 해가 되었다.[96] 이렇게 해서 조선 남북 감리교회의 합동은 1926년에 시작되어 1927년 각 연회가 협상을 계속하기 위한 대표단을 구성하기로 결의하기에 이르렀다.[97] 1927년에는 여선교사와 한국인 여성 대표와 평신도 대표가 추가되어 두 감리교회에서 각각 아홉 명의 대표로 늘렸다.[98] 그들이 추구한 조선연합감리교회는 미국의 감리교회들과 가장 친밀한 관계를 유지하되 자치 및 자립하는 하나의 감리교회였다.[99]

1928년 북감리교회 연회와 1930년 남감리교회 연회에서 각

---

96) *Annual Report of the Board of Foreign Missions of the Methodist Episcopal Church, Korea Mission 1927*, p. 159.

97) The Methodist Church(Ki Dok Kyo Chosun Kam Ni Hoi), *Report of the Joint Commission of the Methodist Episcopal Church and the Methodist Episcopal Church, South, on Methodist Union in Korea* (Seoul: Authority of the Commission, 1931), p. 3. 1926년부터 1930년 사이에 이뤄진 남북 감리교회의 통합과정을 《조선감리교회 핸드북》은 다음과 같이 요약한다. 1926년 6월 및 9월, 북남감리교회 연회가 각기 한국에서 두 연회의 연합의 가능성을 조사하기 위해 다섯 명의 위원들을 임명하다. 1927년 7월 6일 및 9월, 북남감리교회 연회가 각기 미국총회에 청원할 내용이 담긴 연합에 대한 건의 합동위원회의 보고서를 채택하다. 1928년 5월 18일, 미국 북감리교 연회가 한국으로부터 온 청원서를 허락하고 다섯 명의 위원들을 임명하다. 1930년 5월 14일, 미국 남감리교 연회가 한국의 청원을 허락하고 다섯 명의 위원들을 임명하다. 1930년 9월 25일, 한국의 두 연회가 각기 다섯 명의 감리교연합 위원들을 선출하다. 1930년 9월 28일, 두 연회 대표가 정동교회에서 모여 오전에 집사들 안수를, 저녁에는 종교교회에서 모여 장로들 안수를 함께하다. 1930년 9월 29일, 두 연회가 정동교회에서 연합 모임을 갖고 충심의 인사와 사진촬영을 하다. 1930년 11월 18-29일, 조선감리교연합위원들 전체 첫 모임을 감리교여자성경학원에서 개최하고, 조선감리교회 연합선언문을 준비하고, 헌법 및 규정을 입안하다. 1930년 12월 2-12일, 제1회 조선감리교회 총회를 협성신학교에서 개최하다. 회원은 100명으로 구성되다. Chosun Kamni Kyohoe, *Hand Book of the Korean Methodist Church for 1931-1932* (Seoul: Methodist Center, 1931), pp. 7-8. 이때 선출된 북감리교회 조선연회의 대표는 노블(W. A. Noble), 윌리엄스(F. E. C. Williams), 김찬흥, 김종우, 오기선 등이었고, 남감리교회 조선연회의 대표는 저다인(J. L. Gerdine), 갬블(F. K. Gamble), 정춘수, 신공숙, 양주삼 등이었다. *Journal of the Korea Annual Conference Methodist Episcopal Church, South, Tenth Session 1927*, p. 63.

기 다섯 명씩 대표 열 명으로 연합에 대한 계획을 추진하도록 임명함으로 남북 감리교회의 공식적인 통합운동이 시작된 것이다.[100] 이 위원회는 계획이 실시되어 한국인들 사이에 두 교회가 연합하고, 동시에 본국에서 이 교회(하나의 감리교회)와 유기적 관계가 유지되도록 요청하였다.[101] 1926년 12월 28일 1차 모임 이후 1927년 5월 31일까지 여섯 차례 모임을 갖고 통합의 방향과 방법을 토의했다.[102] 이들은 다음과 같은 원칙을 세우고 통합을 추진하였다.

1) 조선에 있는 두 매년회를 합하야 한 연회를 만들 것.
2) 합한 후에는 '미감리' 라던지 '남감리' 라던지는 못할터이니 합당하게 신명칭을 지을 것.
3) 교회에서 사용하는 예문과 명칭이 동일하게 한 교회 법전을 제정할 것.

---

98) 북감리교회 선교사 대표로 웰치(H. Welch), 윌리엄스(F. E. C. Williams), 버스커크(J. D. Van Burskirk), 한국인 목사 대표로 김찬흥, 신홍식, 송득후, 평신도 대표로 김득수, 김활란, 조병옥 등이었고, 남감리교회 선교사 대표로 하디(R. A. Hardie), 윔스(C. N. Weems), 와그너(E. Wagner), 한국인 목사 대표로 양주삼, 오화영, 홍종숙, 평신도 대표로 홍병선, 최나오미, 윤치호 등이었다. *Annual Report of the Board of Foreign Missions of the Methodist Episcopal Church, Korea Mission 1927*, p. 284. *Minutes of the Annual Meeting of the Korea Mission of the Methodist Episcopal Church, South 1927*, p. 7.

99) *Journal of the Korea Annual Conference Methodist Episcopal Church, South, Tenth Session 1927*, p. 26.

100) J. S. Ryang, "The Korean Methodist Church", p. 13. 남북감리교회의 합동을 준비하기 위한 최종 공식조직으로, 의장에 웰치(H. Welch) 감독, 부의장에 윤치호, 한글 서기에 변성옥, 영어 서기에 와그너(Miss E. Wagner), 회계에 서더랜드(G. F. Sutherland)와 양주삼, 공식 통역에 신홍우 등이 선출되었다. The Methodist Church(Ki Dok Kyo Chosun Kam Ni Hoi), *Report of the Joint Commission of the Methodist Episcopal Church and the Methodist Episcopal Church, South, on Methodist Union in Korea*, p. 7.

101) *Annual Report of the Board of Foreign Missions of the Methodist Episcopal Church, Korea Mission 1927*, p. 159.

102) 梁株三, 朝鮮南監理敎會 30年 紀念報, p. 142.

4) 조선 교역자들은 남북교회의 관계를 물론하고 어디던지 파송하게 할 것.
5) 조선에 있는 남북 감리교회의 모든 사업을 합동연락하야 감리교회는 일치한 행동을 취할 것.[103)]

여섯 차례에 걸쳐 여러 가지 협의한 결과를 작성하여 그 해 6월 '북감리교 조선연회' 에서, 9월에는 '남감리교 조선연회' 에서 약간의 수정을 거쳐 통과시켰고,[104)] 1929년 북감리교회 선교부는 남감리교회의 연회를 근심스럽게 기다리며 '조선감리교' 의 탄생이 실체화될 것을 기다렸다.[105)] 1928년 5월 미국 북감리교회 총회와 1930년 5월 미국 남감리교회 총회에서 각각 인준하였고 1930년 11월 18일부터 합동 전권위원들이 통합을 추진하며,[106)] 한국에서 남북감리교회가 결국 하나가 되는 데 성공하였다. 같은 해 11월 29일, "조선미감리회와 조선남감리회가 합동하야 자치하는 한 조선감리회를 창립"하는 성명서[107)]를 발표하기에 이르렀다.

1930년 11월 18-29일, 11명의 신회원을 포함한 20명의 대표

---

103) 위의 책, p. 147.
104) 한국감리교회사 I, p. 301.
105) *Annual Report of the Board of Foreign Missions of the Methodist Episcopal Church, Korea Mission 1929*, p. 141.
106) Chosun Kamni Kyohoe, *Hand Book of the Korean Methodist Church for 1931-1932*, pp. 7-8. "조선감리교의 합동과 조직에 대한 성명서", 기독신보, 1930. 12. 10.
107) "조선감리교의 합동과 조직에 대한 성명서", 기독교조선감리회 제1회 총회 회 록(1930), p. 2. "The Proclamation Regarding Unification and the Organization of the Korean Methodist Church", The Methodist Church(Ki Dok Kyo Chosun Kam Ni Hoi), *Report of the Joint Commission of the Methodist Episcopal Church and the Methodist Episcopal Church, South, on Methodist Union in Korea*, pp. 13-14.

들이 서울에서 회동하였고, 1930년 12월 2일 첫 번째 연회의 선포와 회집을 준비하였다. 100명으로 구성된 연회원들이 서울의 감리교신학교(협성신학교)에서 12월 12일 저녁까지 모여 감리교회 헌법과 장전을 채택하였고, '기독교조선감리회'(基督教朝鮮監理會, the Korean Methodist Church)라 하였다.[108] 네 개의 장로교단이 하나의 교회 공동체로 연합된 것과 같이, 두 개의 감리교회 선교부도 장로교회보다 20여 년이 뒤진 1930년 11월에 하나의 전국적인 감리교회를 구성했고,[109] 12월 2일 기독교조선감리회 제1회 총회가 서울 냉천동 협성신학교 강당에서 개최되어, 12월 8일 첫 총리사(總理使, General Superintendent) 선출에서 4차 투표 만에 양주삼이 피선되었고 부회장에 윤치호가 피선되었다.[110]

1930년 12월 2일에 첫 번째 연회가 열리면서 남북 감리회가 합동하여 하나의 감리교회, '기독교조선감리회'가 탄생했다.[111] 이것은 네 개의 장로교회 선교부가 연합하여 1912년 '조선예수교장로회 총회'의 설립과 더불어 획기적인 일임에 틀림없다. 감

108) 위의 책, p. 7. J. S. Ryang, "The Korean Methodist Church", p. 13.
109) H. G. Underwood, *The Call of Korea*, p. 174. C. A. Clark, *The Nevius Plan for Mission Work-Illustrated in Korea*, p. 217.
110) Chosun Kamni Kyohoe, *Hand Book of the Korean Methodist Church for 1931-1932*, p. 8. 한국감리교회사 I, pp. 308-309, 311. 당시 한국사회에서 감독이란 말이 흔하여 공사장의 현장 감독이나 영화감독 등 세속 명칭을 피해 지방 감리사들을 총관할한다는 의미의 총리사라고 한 것에 대부분 환영하였다. 허대전, 종교교육 1권 11호 (서울: 주일학교연합회, 1930), pp. 18-20. 총리사(general superintendent)는 영국 감리교회의 초기 시대에 쓰였던 칭호로 감리사(superintendent)보다는 상위이고 감독(bishop)보다는 하위 개념으로 미국의 모교회로부터 재정지원을 계속 받아야 했던 당시 한국교회 입장으로는 미국교회와의 동등한 '감독'의 칭호를 사양하는 겸양지덕을 보인 것이다. 한국기독교역사연구소, 한국 기독교의 역사 II, pp. 183-184.
111) J. S. Ryang, "The Korean Methodist Church", *The Korea Missions Year Book 1932*, p. 12.

리교회의 통합이 장로교회에 비하여 이렇게 더디게 된 것에 대해서 양주삼은 미국에서 남북 감리교회가 '연합 통일' 되도록 기다렸으나 매해 연회 때마다 부결되었으므로 미국에서 먼저 합동이 이뤄지기를 기다리다가는 언제 이뤄질지 알 수 없으므로 한국에서 먼저 합동운동을 전개하였다고 증언한다.[112] 이렇게 해서 북감리교회 선교부와 남감리교회 선교부가 한국에서 '하나의 자치하는 감리교회', 곧 '조선감리교회' 로 공식적인 출범을 하였으며,[113] '완전히 독립한 교회', '자치하며 자립하는 교회' 로 발전하기를 기대했다.[114]

양주삼도 총리사가 되기 전에 독립할 조선감리교회의 자립책을 네 가지로 강조한 바 있는데, 그것은 첫째, 교회를 유지하는 재정 능력이 있는 자급하는 교회, 둘째, 복음전도의 능력을 갖는 자전교회, 셋째, 교회를 운영하는 정치능력을 소유하는 자치교회, 넷째, 신앙을 표현하는 지적 능력을 기르는 자발교회 등이었다.[115] 당시 일제의 식민통치 속에서 신음하던 때에 교회만이라도 둘로 나뉘었다가 이제 '하나의 독립된 감리교회' 를 설립하고 한국인 지도자를 추대했으니, 실로 북감리교회가 이 땅에 전래된 지 45년 만에 이룬 쾌거에 기쁨과 환호성이 전국에 메아리쳤다.[116] 남감리교회의 피셔(J. E. Fisher)는 '기독교조선감리회'

---

112) 梁株三, 朝鮮南監理敎會 30年 紀念報, p. 140. "미국 남북 감리교회의 현상을 관찰할 것 갓흐면 지금으로부터 십년 내에 합일이 될 가망이 업는 것은 물론이고 그 후라도 교인들의 심리상태와 교회의 정략이 격변되지 아니하면 십오 년이나 이십년이 지나가더래도 통합될 소망의 별노히 보이지 아니한고 말하겟다." 위의 책.

113) *Annual Report of the Board of Foreign Missions of the Methodist Episcopal Church, Korea Mission 1931*, p. 62.

114) 한국감리교회사 II, p. 14. 박연서는 〈기독신보〉에 기고한 글에서 남북 감리교회의 통합에 대하여, "같은 피의 얽히인 형제와 자매들이라 남북 감리의 구별이 잇슬리 없으며, 남북 감리의 긴 담을 쌓아 둘 까닭이 없었다" 고 한다. 박연서, "監理敎會小史(十)", 기독신보, 1934. 9. 12.

115) 기독신보, 1929. 11. 29.

의 출발에 대하여 다음과 같이 말한다.

> 조선인은 조선인 교회를 유지하여 갈 수 잇지마는 외국인 교회를 유지하여 갈 수 업슬 것이다. 이제 연합조선감리교회가 그 새로온 생명을 시작함에 잇서서 가장 완전한 방법은 의심 업시 그 자체가 순수한 독립조선교회를 설립하기로 맹진함에 잇는 것이다. 이제 교회가 참으로 조선의 요구를 수응하랴면 조선민족의 실제생활에 근거한 사회적及(및) 신령적 조건으로 자라나여야 할 것이요 미국인에서 자라난 교회 생명이라던지 미국인의 생활과 풍속으로 발달된 교회제도라든지 미국인의 정치적, 산업적, 경제적及 사회적 생활의 일부분이 된 교회의식은 자연적으로 조선인의 생활에 합하게 될 수 업고 싸라서 필연적으로 채용될 수 업슬 것이다. 그럼으로 조선교회가 언제까지나 이대로 나가려 하면 그럴수록 조선의 신령적 及 사회적 대문제를 해결할 수 업슬 것이니 우리는 이제 진정한 조선교회를 설립하기 위하야 자유독립의 모범적 새 교회를 창립하여야 할 것이다.[117]

새 연합 '조선감리교회'는 350명의 목사, 500명의 지역 설교자, 200명의 전도부인, 130명의 외국 선교사, 18,000명의 회원, 5,000명의 신학생, 8,000명의 유아세례자, 그리고 26,000명의 구도자 등 총 57,000명으로, 900개의 교회 건물과 거의 1,000개의 주일학교에 46,000명의 학생들로 구성되었고, 조선감리교회 산하 100개의 유치원에 4,000명의 학생들, 100개 초등학교에 14,000명의 학생들, 12개 고등보통학교에 3,700명의 학생들, 10개의 병원에 200개의 병상을 갖추고 있었다.[118]

---

116) 한국감리교회사 II, pp. 25-26.
117) 피셔(J. E. Fisher), 신학세계, 제15권 제6호 (1930), p. 94.

c. 기독교조선감리회의 한계성

한국감리교회가 조직으로는 자치하였으나 선교사들과의 관계와 특히 미국교회로부터의 경제적 지원이 그치지 않았기 때문에, 감리교회가 통합하여 '기독교조선감리회'를 창설한 후에도 한국교회와 미국 모교회와의 생생한 관계를 계속하며, 선교현장에서의 협력을 위해서 1930년 기독교조선감리회 창립총회에서 '중앙협의회'(the Central Council of the Korean Methodist Church)를 별도로 조직하였다.[119] 중앙협의회는 35명의 회원 가운데 선교부 대표 16명, 한국교회 대표 16명에, 총리사와 두 미국교회 감독 등 35명으로 구성하여, 1931년 2월 16-17일 서울 협성여자신학교에서 처음 회집했다.[120] 중앙협의회를 통하여 한국인 대표들이 선교사들과 동석하여 협의하게 되자, 선교비는 상대적으로 해마다 삭감되었고 한국의 경제 상태는 매우 열악하여 경제적 자립이 되지 않는 상태에서 조선감리교회의 발전은 그리 순탄하지 못하였다.[121] 이때에 양주삼 총리사가 감리교회의 통합

---

118) *Annual Report of the Board of Foreign Missions of the Methodist Episcopal Church, Korea Mission 1931*, p. 62.

119) Chosun Kamni Kyohoe Central Council, *The Relationships and the Central Council of the Korean Methodist Church and By-Laws* (Seoul: Korea Methodist Church, 1931), pp. 1-10. 기독교조선감리회중앙협의회 1집 (서울: 기독교조선감리회 총리원, 1933), p. 1. "The Central Council", The Methodist Church(Ki Dok Kyo Chosun Kam Ni Hoi), *Report of the Joint Commission of the Methodist Episcopal Church and the Methodist Episcopal Church, South, on Methodist Union in Korea*, pp. 20-21.

120) 위의 책, p. 20. Chosun Kamni Kyohoe, *Hand Book of the Korean Methodist Church for 1931-1932*, p. 8. 기독교조선감리회 제2회 총회 회록 (1934), p. 88. J. S. Ryang, "The Korean Methodist Church", p. 14. 한국감리교회사 II, p. 33. 초대 회장에 양주삼, 부회장에 노블(Noble), 서기에 김인영, 메이너(Mrs. V. H. Maynor), 회계에 홀(Sherwood Hall)이었다. 위의 책, p. 34.

121) 한국감리교회사 II, p. 43.

을 추진하며, "독립교회는 우리가 원하는 바가 아니오 미국의 잇는 모교회와 연락을 보존하는 동시에 우리의 형편을 따라서 우리가 치리할 수 잇는 자치교회를 원하였든 것입니다"라고 하였다.[122)]

1933년 11월 22일에는 남북 감리교회 선교부 선교사들이 '조선감리회 선교사협회'를 조직하여 회장에 노블(Noble), 서기에 스미스(Euline Smith), '조선 총리사'는 직권상 위원으로 추대하였다.[123)] 양주삼 목사가 1, 2회기 8년간 총리사가 되었고 미국이나 일본에서는 감독이라고 하는데 한국에서만 총리사라고 하여 3회 총회가 열린 1938년 10월 5일 총리사 선거 전에 교회헌법을, "'본교회의 최고 임원은 총리사라 칭함'을 '총리사나 감독이라 칭함'"으로 개정하였다.[124)] 10월 10일 감독선거를 통하여 김종우가 선출되었다.[125)] 그러나 '조선감리회연회'는 1941년 총독부의 종교단체법 발동으로 해산케 되었는데, 그 해 3월 11일 오후 9시 정동제일교회에서 기독교조선감리회 동부, 중부 및 서부 연회가 정춘수 감독의 사회로 합동으로 모여 해산식을 가짐으로 남북 감리교회의 합동 10년 만에 강제 해산되는 아픔을 겪었다.[126)] 연회 해산선언문은 다음과 같다.

年會解散宣言文

122) 양주삼, "신설되는 조선감리교회에 대하야", 기독신보, 1930. 10. 8.
123) 양주삼, 감리회보, 제1권 12호 (1934), p. 3.
124) 감리회보, 제6권 21-22호 (1938. 1. 1), pp. 1-6.
125) 한국감리교회사 II, p. 149.
126) 위의 책, pp. 196-197. 정춘수 감독은 3 · 1운동 때는 민족 대표 33인의 한 사람이었으나 이때에 가서는 가장 대표적인 친일인사가 되었다. 조이제, 한국 감리교청년회 100년사, p. 156.

1941年 3月 10日 우리 總會에서 新教團規則을 制定하고 機構를 改定함에 따라서 舊體制의 章程은 此를 廢止하엿고 同時에 舊制度의 三部年會는 新教團規則에 依하야 解散됨을 宣言하노라.

1941年 3月 11日

會長 禾谷(鄭)春洙

書記 李河東旭

南 天 祐

洪 箕 疇[127]

B. 교파간 연합운동

1. 재한개신교복음주의선교부연합공의회 (在韓改新教福音主義宣教部聯合公議會)

장로교회와 감리교회가 각각 교단 내에서의 연합을 이뤘듯이 교파간의 연합운동도 시작되었는데, 그 첫 발걸음이 시작된 것이 1905년에 조직된 '재한개신교복음주의선교부연합공의회' (the General Council of Protestant Evangelical Missions in Korea)이다.[128] 교파간의 연합이 최초로 이뤄진 것이 장로교회와 감리교회이다. 이 두 교단은 한국 개신교 선교의 첫 번째 사역자들로, 북장로교회의 알렌 의사 부부, 언더우드, 헤론 박사 부

127) 기독교조선감리회 제8회 동부, 중부, 서부연회 회록 (1941), p. 36.

128) 이하 명칭을 '선교부연합공의회' 라 부른다. 이것은 한국인들이 참여한 '장 · 감연합공의회' 와 구별하는 데 있어서도 유용하다.

부, 북감리교회의 아펜젤러 목사 부부, 스크랜턴 의사 부부, 그리고 스크랜턴의 어머니 스크랜턴 여사(Mary F. Scranton) 등이었다.[129] 장 · 감 연합운동이 이뤄진 것은 그들이 최초로 국내에 들어온 선교사역자들로서 사역 초기에 서로 연합의 필요성을 느낀 것도 있을 것이고, 언더우드와 아펜젤러같이 연합정신이 강한 자들의 노력이 있었기 때문이다. 아펜젤러는 감리교 연합의 유대를 위해 한국어 〈죠션크리스도인회보〉(Christian Advocate)를 발간하고, 이것을 장로교회 사람들도 회람케 하였다.[130] 1902년 장 · 감은 미래 모든 개신교회의 명칭에 대해서 협의하기 위한 위원회를 결성하고, 1904년에 합의하기를 '예수교'(the Jesus Church)라는 이름 아래 각 교단의 명칭, 즉 '예수교 장로회' 혹은 '예수교 감리회' 등으로 하기로 하였다.[131]

장 · 감 연합운동의 극치는 연합공의회의 구성에 있다. 1905년 번커의 집에서 선교사들의 기도회가 열렸는데, 이 모임에서 성령의 역사가 분명히 임했다. 당시 모였던 선교사들은 교파에 대한 구분을 중요하게 생각지 않았고, 연합에 대한 갈망이 지배하였다. 이때 성령의 역사를 경험한 후 전국에 흩어진 선교부들에서 연합에 대한 토의가 이뤄졌다. 8월에는 서울의 감리교여자성경학원(협성여자신학교)에서 열린 선교사들의 성경공부 모임에서 연합에 대한 큰 갈망이 다시 표출되었고,[132] 9월 13일 이화학당에서 모든 개신교 선교회의 통합에 대한 논의가 있었다. 거기에 참여한 모든 선교사들이 '기구적 사역'(institutional work)과 한

129) H. G. Underwood, *The Call of Korea*, p. 134.
130) *Annual Report of the Board of Foreign Missions of the Methodist Episcopal Church, Korea Mission 1897*, p. 242.
131) C. A. Clark, *The Nevius Plan for Mission Work-Illustrated in Korea*, p. 148.

국교회의 연합에 있어서 필수적인 수단으로서 '재한개신교복음주의선교부연합공의회'를 만들자는 결의안을 통과시켰다.[133] 이렇게 해서 국내 최초로 여섯 개의 장 · 감 선교부들-캐나다 및 호주장로교회, 북 및 남장로교회, 북 및 남감리교회-의 교파를 넘나드는 연합운동체가 탄생한 것이며, 이것은 아직 한국인들이 참여하지 않은 선교사들만의 모임이었다.

이 조직은 단순히 '연합공의회'(the General Council)로 불렸으며, 이 회의 목적은 "분리보다는 연합을 이루는 사역을 도모하며, 그리스도를 위한 연합봉사를 하는 기구를 구성하며",[134] "선교사역에 있어서 협력과 더불어 언젠가는 '하나의 토착 복음주의 교회'(one native evangelical Church)를 한국에 조직하는데"[135] 있었다. 이와 같이 하나의 교회를 설립하고자 했던 당시 선교사들의 의지는 다음의 기사를 통하여 확인할 수 있다.

> 미래의 목적은 하나의 토착 교회인 기독교 복음주의 교회를 설립하는 것인데, 그것은 기존의 교회가 강조하고 유지해온 교리적 차이를

---

132) L. H. Underwood, *Underwood of Korea*, p. 237. 이 성경공부(the Bible conference)가 끝난 때에 개신교복음주의선교부연합공의회를 조직하기로 결의한 것이다. A. M. Nisbet, *Day In and Day Out in Korea*, p. 77. 연합공의회를 조직하기 위한 장 · 감의 첫 모임은 1905년 6월 26일 서울에서 선교사역에서 특히 의료 및 교육에 있어서 보다 밀접한 협력을 모색하기 위해서 모인 것이다. 이후 이틀간의 컨퍼런스와 북감리교회 감독 해리스의 설교를 청취한 후 '그리스도의 교회'(Church of Christ in Korea)라 불리는 하나의 한국교회를 설립할 때가 임했다는 안을 만장일치로 채택했다. S. H. Chester, "Church Union in Korea", *The Christian Observer*, 1905. 12. 6.

133) H. Miller, "The History of Cooperation and the Federal Council", *KMF*, vol. 30, no. 12 (1934. 12), 256. The Rev. Charles F. Bernheisel's Missionary Diary, 1905. 9. 13, 김인수 역, 편하설 목사의 선교일기 (서울: 쿰란출판사, 2004), p. 539. 이하 영문판 모음을 참고.

134) E. A. McCully and E. J. O. Fraser, *Our Share in Korea-Supplementary to The Land of the Dawn by James Dale Van Buskirk*, p. 24.

표기하는 명칭과는 관계없는 교회가 될 것이다. 이 차이들은 진리의 특정 부분을 강조하거나 무시함으로 발생한 것이다. 알미니우스나 칼빈 모두 자신들의 이름을 딴 교파가 나타나기를 반대했을 것은 명약관화한 것이다. 교회성장에 있어서 분열이 불가피하게 일시적으로 나타날 수 있지만, 오늘은 논쟁의 말들은 뒤에 두고 공동의 적에 맞서기 위해 공동 개선에 참여하는 데 힘을 기울이고 있다.[136]

연합공의회 회원은 모든 개신교 복음주의 선교부의 소속원이면 가능하였지만, 오직 안수받은 선교사들만이 목회적 기능, 교회 치리, 교리와 정책 등에 대한 문제에 투표할 수 있었다. 임원은 의장, 부의장, 서기, 회계, 통계가 등으로 매년 연례회 때 선출되었다. 연합공의회는 매년 가을 새해 '기도 달력'을 제작하여 공의회 회원들에게 배부했다.[137] 연합공의회가 구성됨으로 기독교사업에 있어서도 연합이 이뤄지기 시작했는데, 서울과 평양에서의 소년학교, 평양의 의료사역, 연합의과대학교 설립, 연합병원 설립, 남자 및 여자 연합성경학교, 주일학교공과 발간, 찬송가, 교회연합 신문인 〈코리아미션필드〉(*The Korea Mission Field*)의 발행, 그리고 연합출판소의 설립 등이 실행되었다.[138]

1906년 1월에 모인 1차 실행위원회에서 교리적인 문제를 검토하며, 당시 캐나다에서 진행하던 장 · 감의 통합작업을 참고하였다.[139] 같은 해 '교리통합위원회'는 한국의 장 · 감 교리를 조화

135) *Fifth Annual Meeting of the General Council of Protestant Evangelical Missions in Korea*, p. 35.
136) "Missionary Union in Korea", *The Korea Review*, 1905. 9, pp. 342-343.
137) *Fifth Annual Meeting of the General Council of Protestant Evangelical Missions in Korea*, pp. 19, 35.
138) W. B. Harrison, "The Union Movement in Korea", *KMF*, vol. 2, no. 11 (1906, 9), p. 201. A. M. Nisbet, *Day In and Day Out in Korea*, p. 78.

시키는 데 있어서 어려움은 발견되지 않고 캐나다 교회가 마련한 교리를 한국의 '그리스도 교회'(Church of Christ)의 교리로 하는 것을 만장일치로 건의하기로 결의하였다.[140] 이런 열기 속에서도 각 선교부 내에서 이것에 대해 부정적인 시각들도 있었으므로 장·감의 연합교회 설립은 난항을 겪었던 것으로 보인다. 당시 장·감의 연합신문이었던 〈그리스도신문〉은 다음과 같이 보도한다.

> 우리나라 가온대 압흐로 교회 세울거슬 생각하면 감리(남감리교)와 미이미(북감리교)와 쟝로 세 교회 각각 세울 길이 잇고 또 미이미교와 감리교가 합하야 하나만 세울 수도 잇스며 또 쟝로 미이미 감리 세 교회가 합하야 하나만 세우난 길도 잇난대 어느 길노가면 됴흘난지 대한 형제 자매의게 말하라 하면 삼교회가 합하야 우리 대한 가온대 예수교회 하나만 세우난거시 됴타고 아니하실 이가 업슬듯하옵내다. 그러나 외국형제 즁에 합하기 어렵다고 생각하시난 이가 혹 잇스니 쟝차 엇더케 될난지 아즉 알 수 업도다.[141]

이 신문의 보도에 의하면 한국인들은 모두가 하나의 교회설립을 원했으나 선교사들 가운데 반대하는 이들이 있음을 분명하게 전해 준다. 곧 초기 교회가 하나의 교회를 설립하지 못한 중요한 요인 중 하나가 바로 일부 선교사들에 있었던 것이다. 이것을 간

---

139) "Minutes of the First Meeting of the Executive Committee of the General Council of the General Council of Evangelical Missions", *KMF*, 1906. p. 4, p. 111. H. Miller, "The History of Cooperation and the Federal Council", p. 256.

140) H. Miller, "The History of Cooperation and the Federal Council", p. 256.

141) "ᄒᆞ나히 될 것", 그리스도신문, 1906. 8. 16. 〈그리스도신문〉은 1906년 7월에 장로교의 〈그리스도신문〉과 감리교의 〈크리스도인회보〉를 통합하여 발행된 것이다.

파한 〈그리스도신문〉은 그 다음 달에 모일 장 · 감 선교사들의 모임에서 주의 성령이 그들의 마음을 감동하여 성부와 성자가 하나이듯이 우리 교회도 하나가 되기를 기도하자고 독자들에게 요청했다.[142] 그러나 이런 기도요청에도 불구하고 '선교부연합공의회' 는 수차례 모임을 가졌으나 1910년, 한국에서 하나의 교회로 조직되는 완전한 정치체제를 제의하는 것보다 실제로 가능한 일부터 추구하고 현재 행하고 있는 초교파적 협력관계에서 야기되는 갈등의 요인을 제거하는 것이 보다 효과적이며 바람직하다는 결의를 했을 뿐이다.[143] 결국 장 · 감의 통합은 이뤄지지 못하였는데, 이것의 원인은 교리적인 차원이 아니라 정치적인 차원의 벽을 넘지 못함으로 교파 통일을 이루지 못한 첫 번째 사례가 되었다.[144] 이는 선교사들을 파송한 장 · 감의 선교본부에서 비협조적이었고, 상술한 바와 같이 선교사들 가운데도 원하지 않는 자들이 있었으며, 한국교회 지도자들도 아직은 이 일을 추진할 수 있는 여력과 열의도 부족하였기 때문이다.[145] 비록 하나의 교회를 설립하는 데는 성공하지 못하였지만 선교부연합공의회는 이후 다양한 방면의 사역에서 연합운동을 추진함으로 한국교회 에큐메니칼 운동의 선구자가 되었다.

네 개의 장로교단과 두 개의 감리교단의 '선교부공의회' 는 1912년 다시 '연합공의회' (the Federal Council of Mis-

---

142) 위의 책. 〈그리스도신문〉의 기도요청은 다음과 같다. "구월에 쟝로 미이미 감리회 여러 외국형제자매들이 모히여 이 뜻으로 의론 할터이오니 쥬의 셩신이 젼능하신 권력으로 모든 사람의 마음을 감동식히샤 합하기 어렵다하난 생각은 다 업시하여 주옵시기를 원하며 구쥬님과 아버지끠셔 하나히 되신 것갓치 우리 교회도 하나히 되기를 위하야 간구하옵시다."

143) "Report of Committee of Harmony of Polity", *Sixth Annual Meeting of the Federal Council of Protestant Missions in Korea 1910*, p. 21.

144) 한국기독교역사연구소, 한국 기독교의 역사 I, p. 211.

sions)로 명명했다. 이것은 같은 해 장로교가 총회를 조직하면서 바꾼 것으로, '하나의 교회'를 구성한다는 목적도 빠지게 되었다.[146] 연합공의회는 어떤 제도적 권위도 없었고, 한국교회들의 권위가 증가하면서 연합공의회의 사역이 감소되었지만, 이것은 연합사역을 위해 선교부들을 하나로 묶는 강한 연합체였다.[147] 이 연합공회의 목적은 다음과 같다.

> 첫째, 분리보다 연합으로 이뤄지는 것이 나은 사역을 추구한다. 둘째, 한국 기독교회의 교제와 보편적 연합을 표현한다. 셋째, 그리스도를 위해 구성체들(constituent bodies)을 연합 봉사로 끌어들인다. 넷째, 사람들의 도덕적 및 사회적 조건에 영향을 미치는 모든 문제에 광범위한 복합적 세력을 확보한다.[148]

그러나 연합공의회는 공동의 신앙고백, 통치나 예배의 형태, 기독교 기구들의 완전한 자치권을 제한하는 것등을 입안하지는

---

145) 김인수, "초기 한국교회 선교사들의 에큐메니칼 정신과 활동에 관한 고찰," 장신논단, 제8집 (1992), pp. 174-175. G. T. Brown, *Mission to Korea* (Seoul: Department of Education, The Presbyterian Church of Korea, 1962), p. 78. 남장로교회 선교본부는, "이들이 하나의 교회를 설립하겠다는 생각에 놀랐다. 그러면 그 '한국 그리스도교회'의 정체는 무엇이 되고, 그 새 교회의 신조는 어떤 것으로 할 것인가? 이곳 미국에서 장 · 감이 가지고 있는 교리의 차이는 어떻게 하고 교리를 말할 수 있는가?"라는 말로 한국에 하나의 교회를 설립하는 것에 대한 부정적인 입장을 표현했다. S. H. Chester, "Church Union in Korea", *The Missionary* (1906. 3), p. 207. 또 어느 선교사는 한국에서의 문제는 선교지의 문제가 아니라 미국 안에 있는 본국교회의 문제라 지적하며 한국에 하나의 교회를 설립하는 것에 대해 반대했던 본국의 선교부에 대한 맺힌 감정을 토로했다. *KMF*, vol. 4, no. 3 (1908. 3), p. 33.

146) E. A. Kerr and George Anderson, *The Australian Presbyterian Mission in Korea, 1889-1941* (Australian Board for Missions, 1970), p. 9.

147) N. C. Whittemore, "Fifty Years of Comity and Co-operation in Korea", p. 98.

148) *Fifth Annual Meeting of the Federal Council of Protestant Evangelical Missions in Korea*, p. 14.

않는다고 규정하였다.[149] 다른 개신교 복음주의 단체들의 연합공의회의 가입은 연합공의회 투표에서 3분의 2의 동의를 받아야 가능하였다.[150] 연합공의회를 통해서 학교, 병원, 출판, 성경 사역 등에서 연합을 꾀하게 되었다. 이제 한국에는 몇 개의 연합병원들, 연합의과대학, 연합대학, 남녀를 위한 연합성경학교들, 연합찬송가, 그리고 연합신문 등이 있게 되었다.[151]

a. 선교지 분할(Comity in Division of Territory)

초기 선교사(宣教史)에 있어서 가장 괄목할 만한 연합운동이 이뤄진 것 중의 하나가 바로 여섯 개의 장·감 선교부 사이에 이뤄진 선교지 분할이었다.[152] 이 선교지 분할 또는 예양협정(禮讓協定, comity arrangement)의 목적에 대해 언더우드는, "가장 잦은 갈등의 원인이 되는 (사역의) 중복을 피하고 물질, 시간, 그리고 정열의 낭비를 줄이는 것"[153]이라고 하였다. 아펜젤러는 1888년 3월 선교지 분할 문제를 언더우드와 의논하였고, 곧 보고서를 작성하기로 했다고 전한다.[154] 그는 그 해에 이미 자기 나름대로 선교지 분할에 대한 구체적인 대안을 가지고 있었다. 예컨대, 5만 명 이하의 인구를 가진 지역에는 두 선교부가 동시에 들어갈 수 없으며, 함경도, 강원도 북부, 충청도, 전라도를 한 선교부가 맡고, 다른 선교부는 황해도, 평안도, 강원도 남부, 경상

---

149) 위의 책.
150) 위의 책, p. 15.
151) L. H. Underwood, *Underwood of Korea*, p. 238.
152) N. C. Whittemore, "Fifty Years of Comity and Co-operation in Korea", p. 93.
153) H. G. Underwood, "Division of the Field", *KMF* (1909. 12), p. 211.
154) H. G. Appenzeller의 일기, 1888. 3. 12, p. 87.

도를 맡을 수 있다는 것이다. 이 분할에는 선교부에 각 해안의 항구들을 제공할 수 있다고 하였다. 아펜젤러는 이런 방식의 분할이 최상의 방책이라고 확신했다.[155)]

1893년에 북감리교회와 북장로교회 간의 첫 예양협정서가 작성되었다.[156)] 이 합의서는 2월 3일 개정한 것으로 첫 위원회가 게일(J. S. Gale)의 집에서 1892년 5월 23일에 3개항을 합의하였고, 두 번째 위원회가 스크랜턴 집에서 5월 27일 열려 다섯 개항이 추가되었다. 여덟 개 항은 다음과 같다.

1. 소도시나 그 주변지역을 공동 점유하는 것은 우리의 힘을 사용하는 가장 이로운 방법이 아니며, 그렇지만 5천 명 이상의 인구가 사는 개항장과 도시는 양 선교부가 공동으로 점유하고, 특별히 그 도시들이 타 지역 점유를 위한 필요한 기지가 될 경우에는 공동 점유하는 것을 총칙으로 할 것을 권고하기로 한다.

2. 5천 명 이하의 인구가 사는 도시에 그 지역을 책임지고 있는 선교부가 지부를 설립하였을 경우에(지부는 주일에 구도자들이나 기독교인들이 정기적으로 모이는 장소, 혹은 1년에 네 번 이상, 적어도 외국인 선교사가 두 번은 방문하는 장소로 한다) 그것은 점유된 것으로 본다. 우리는 그곳에 다른 선교부가 일을 시작하는 것이 적당하지 못하다고 생각한다. 그러나 6개월 동안 사업을 계속하지 않았을 경우에는 공동 선교지역으로 간주한다.

3. 새 사업을 시작하거나 확장하고자 하는 선교회들에 대해서 미점

155) H. G. Appenzeller, "한국의 장로교와 감리교"(1883. 3. 날짜 미상), 이만열 편, 아펜젤러, pp. 321-322.

156) R. E. Speer, *Report on the Mission in Korea of the Presbyterian Board of Foreign Missions* (New York: The Board of Foreign Missions of the Presbyterian Church in the U.S.A., 1897), p. 41.

유 지역을 강력히 권고하여 신속하게 전국을 망라하도록 한다.

4. 우리는 모든 교인들이 한 교파에서 다른 교파로 옮겨갈 수 있는 고유한 권리를 인정하지만, 한 교회의 정교인으로 혹은 지원자로 명부에 그 이름이 올라가 있는 사람은 그 소속 교회의 추천서가 없으면 다른 교회로 이적할 수 없다.

5. 우리는 여러 교회들의 권징 결정을 상호 존중한다.

6. 조사, 학교출석 중인 학생, 그리고 모든 사업 분야의 보조자들은 바로 그전에 관계하고 있었던 사람과의 사전 협의 없이 다른 선교부에 의해서 자격이 주어져서는 안 된다.

7. 원칙적으로 책은 팔아야 하지 무료로 주어서는 안 되며, 협정 가격을 유지해야 한다.

8. 서울을 제외한 어느 도시에도 동선교부나 타선교부 모두 2개의 병원을 세울 수 없다. 그러나 이것은 진료소 개원에는 적용되지 않으며, 또한 일반 병원이 이미 존재하는 도시에서의 부인병원 설립에도 적용되지 않는다.[157]

그러나 이 합의안은 북감리교회의 포스터(R. S. Foster) 감독의 반대로 폐기되었지만 그후 다른 선교부들 간의 지역분할 정책으로 사용되었다.[158]

먼저 '장로교공의회'에서 예양협정이 이뤄져, 1893년 북장로교회와 남장로교회 간에 협의를 통하여 남장로교회가 서남지역

157) "1893년 감리교와 장로교 간의 협정서", 이만열 편, 아펜젤러, pp. 352-353에서 재인용. R. E. Speer, *Report on the Mission in Korea of the Presbyterian Board of Foreign Missions 1897*, pp. 41-42. 스피어는 여덟 번째 항을 제외한 일곱 가지 항목만 전한다.

158) 이만열 편, 아펜젤러, p. 352. H. A. Rhodes, *History of the Korea Mission Presbyterian Church U.S.A. 1884-1934*, p. 441.

인 충청도와 전라도를 맡기로 하고,[159] 1898년 북장로교회와 캐나다 장로교회 간에 협의를 거쳐 북장로교회가 캐나다 장로교회에게 함경남도 원산지역을 양도하여,[160] 캐나다 장로교가 원산을 중심으로 함경도 선교를 독점하게 되었다. 1901년 9월 20일 '장로교선교부공의회'가 모인 가운데 주요 사안으로 호주 장로교회 선교부와 북장로교회 선교부 중에 하나가 부산에서 철수하는 것을 권고하도록 결의했다.[161] 1908년에 연합공의회의 가장 괄목할 만한 성과는 선교지 분할을 통하여 다른 교파의 선교부가 같은 지역에서 겹쳐 일하는 일이 없게 된 것이다. 각 선교부는 선교사의 수에 따라 지역을 할당받았고, 다만 선교부가 이미 확고한 기지를 구축한 곳에서는 계속 사역을 하는 것을 원칙으로 세웠다. 지역분할을 위한 위원회가 구성되어 각 선교부별 할당 지역을 조정했다.[162] 1901년에 거론되던 북장로교회와 호주 장로교회 사이의 부산에 대한 예양협정이 1909년에 이뤄져 부산에서 활동하던 북장로교회가 호주 장로교회에 양도하여,[163] 호주장로교회는 부산과 경상남도 일대를 독점하였다.

감리교회 내에서도 예양협정이 이뤄져, 1901년 남북 감리교회 간의 협정에 따라 원산을 남감리교가 담당하였다.[164] 장 · 감 사이에 예양협정도 이뤄져, 1905년 북장로교회와 북감리교회가 평안

---

159) G. T. Brown, *Mission to Korea* (Nashville, Board of World Mission, Presbyterian Church U.S.A., 1962), p. 26.

160) W. Scott, *Canadians in Korea-Brief Historical Sketch of Canadian Mission work in Korea* (Nashville: Board of World Mission, Presbyterian Church U.S.A., 1975), p. 43.

161) *The Rev. Charles F. Bernheisel's Missionary Diary, 1901. 9. 20*, pp. 340-341.

162) L. H. Underwood, *Underwood of Korea*, pp. 276-277.

163) E. A. Kerr and G. Anderson, *The Australian Presbyterian Mission in Korea 1889-1941*, p. 17. H. A. Rhodes, *History of the Korea Mission Presbyterian Church U.S.A. 1884-1934*, p. 444.

도와 황해도 지역에 대한 협약을 맺어 북감리교회는 평북의 영변, 태천, 희천군 및 박천군의 일부, 평남 진남포, 강서, 용강군 및 중화군 일부, 황해도 해주, 서흥, 신계, 곡산, 장단, 청단, 배천을 맡고, 그밖의 지역은 북장로교회가 담당하였다.[165] 북감리교회와 남장로교회 간에도 전라도와 충청남도 지역에 대한 협정이 1907년 이뤄져, 공주를 기준으로 북쪽은 북감리교회가, 남쪽은 남장로교회가 담당했다.[166] 그 해에 남감리교회, 북장로교회, 그리고 캐나다 장로교회 간에 원산지역에 대한 협정을 맺어 원산은 남감리교회와 캐나다 장로교회가 공동으로 담당하고, 철원 북쪽의 강원도 지역은 남감리교회가, 원주 이남은 북장로교회가 맡았다.[167]

1909년에 선교지 분할에 대한 문제에 있어서 신기원이 되었다. 그동안 예양협정이 이뤄진 것은 북감리교회와 북장로교회, 북감리교회와 남장로교회, 북장로교회와 호주 장로교회, 남감리교회와 캐나다 장로교회 간에 이뤄졌다.[168] 같은 해 북감리교회와 북장로교회 간에 충청북도 및 강원도 지역에 대해 협의를 통하여 청주를 기준으로 충북의 남부지역은 북장로교회가, 북장로교회가 담당하던 강원도 원주와 충북 북부지역은 북감리교회가 맡기로 하였다.[169] 이와 같이 지역분할이 이뤄진 가운데, 두 개 이상의

---

164) C. D. Morris, "Division of the Territory between the Presbyterian and Methodist Missions", *KMF* (1914. 1), p. 18.

165) 위의 책, p. 19.

166) 위의 책. Official Minutes of the Third Annual Session Korea Mission Conference, Methodist Episcopal Church 1907, p. 20.

167) 위의 책.

168) Fifth Annual Meeting of the General Council of Protestant Evangelical Missions in Korea, p. 23.

169) C. D. Morris, "Division of the Territory between the Presbyterian and Methodist Missions", p. 18. H. A. Rhodes, *History of the Korea Mission Presbyterian Church U.S.A. 1884-1934*, p. 443.

선교부가 활동한 곳은 서울, 평양, 원산 등의 대도시 세 곳이며 나머지 지역은 대부분 중복을 피하였다.[170]

1909년 북장로교회와 북감리교회 사이에 예양협정(Agreement on Division of Territory)을 체결하였다.[171] 북감리교회 선교부는 1909년 연례보고서를 통해 이 예양협정은 장로교회 선교부와 감리교회 선교부 사이에 서로 만족한 가운데 내려진 결정이었으며, 이 협정으로 인해 모든 중복을 끝내고, 모든 낭비가 중단되며, 한국의 복음화를 앞당길 것으로 기대했다. 장로교회 선교부는 116명의 선교사들로 그들의 할당 지역의 선교사 대 한국

---

170) 한국기독교역사연구소, 한국 기독교의 역사 I, p. 217.

171) *Fifth Annual Meeting of the General Council of Protestant Evangelical Missions in Korea*, pp. 32-34. I. 북감리교회 선교부는 남장로교회 선교부와 예양협정을 맺되 충청남도 지역에 대해 독점권을 가지며, 다만 목천 지방은 장로교 선교부가 맡는다. II. 북감리교회 선교부는 여덟 지역, 진천, 음성, 충주, 제천, 청풍, 영춘, 단양, 괴산에 독점권을 갖되, 1/6은 북장로교회 선교부가 맡는다. 북장로교회 선교부는 나머지 충청북도 지역, 연풍, 청주, 문의, 영동, 회인, 청산, 보은, 청안, 옥천, 황간 등에 대해서 독점권을 갖는다. III. 강원도 지역은 북감리교회가 원주, 횡성, 평창, 영월, 정선, 강릉, 삼척, 울진, 평해 등에 대해 독점권을 갖는다. IV. 경기도 지방에서 한성부(서울시)는 공동 지역으로 간주한다. 북감리교회 선교부는 수원, 안산, 남양, 교동, 강화, 부평, 여주, 1/2광주, 이천, 음죽, 3/10양근, 양천, 인천에 대해 독점권을 갖고, 북장로교회 선교부는 나머지 지역, 고양, 파주, 교하, 양근, 1/2광주, 과천, 용인, 양지, 진위, 양성, 안성, 시흥, 김포, 죽산, 통진, 지평, 1/2양주에 대해 독점권을 갖고, 서울 인근 북감리교회 선교부가 관할하고 있는 동대문에서 25리 안에 있는 지역에 대해서는 빠른 시간 안에 명확히 한정하도록 한다. V. 황해도 지역은 북감리교회 선교부가 옹진, 강령, 해주, 연안, 백천, 남감리교회가 관할하던 평산의 철로 동쪽 지역은 아직 미해결, 신계, 철로 동쪽의 봉산, 1/2서홍 북동부, 읍내와 봉산원 장거리에서 15리의 분기점, 그리고 1/2수안에 대해 독점권을 갖는다. 북장로교회 선교부는 나머지 지역인, 곡산, 황주, 은율, 문화, 장련, 신천, 송화, 풍천, 장연, 안악, 재령, 평산, 철도 서쪽의 봉산, 서홍 나머지, 그리고 1/2수안에 대해 독점권을 갖는다. VI. 평안남도 지역은 북감리교회 선교부가 양덕, 함종(한 그룹 빼고), 삼화(진남포 지역 4,000명 인구 빼고), 1/2맹산, 성천, 1/2개천, 1/3은산, 1/2순천, 1/2강서, 1/4평양, 3/4증산, 강동의 한 그룹, 용강에 대해 독점권을 갖고, 북장로교회 선교부는 나머지 지역인 안주, 숙천, 영유, 순안, 강동(한 그룹 빼고), 자산, 삼등, 중화, 상원, 영원, 덕천, 용강(감리교 지역 제외한), 개천, 순천, 은산, 맹산, 성천, 강서, 증산의 나머지 지역, 3/4평양에 대해 독점권을 갖는다……. VII. 평안북도 지역은 이미 예양협정이 이뤄졌고, 북감리교회 선교부는 태천, 운산, 희천과 영변에 대해 독점권을 갖고, 북장로교회 선교부는 나머지 지역인, 의주, 용

인의 비율은 1:30,172명이었고, 감리교회 선교부는 63명의 선교사들로 1:32,063명이었고, 가톨릭 교회와 영국 성공회는 이 협정에 참여하지 않았다.[172] 1924년 한국 인구 1,700만 명의 가운데 400만 명이 북감리교회의 몫이었다.[173]

캐나다 장로교회는 원산과 함흥 등지에 선교지부를 설치하였다. 남감리교회도 함경도 지역에서 사역을 했는데, 양자 사이의 선교지 분할 작업 끝에 캐나다 장로교회가 이 지역을 맡게 되었다.[174] 1914년 북장로교회와 호주 장로교회 사이에서 부산과 경남지역에서의 사역문제를 논의한 후 북장로교회가 호주 장로교회에 양보하였고, 북장로교회 소유의 일부 재산을 호주장로교 선교부에 양도하였다. 이때에 많은 수의 세례자와 학습자들까지 이양하였다.[175] 그러나 모든 일이 순조롭게 이뤄진 것은 아니었다. 예양협정에 반대하는 선교사들이 많았고, 이것이 이뤄진다고 해도 교회는 양도될 수 없다고 고집한 이들이 있었으므로 이런 사람들의 복잡한 매듭을 모두 풀면서 선교지 분할이 완성되었으며, 끝내 이것에 따르기를 거부하는 경우에는 억지로 가능하게 하였고 일부는 감리교회에 남기보다 신앙생활을 포기하기도 했다. 곽안련은 이렇게 강제로 가능하게 한 것이 합당한가라는 의문이 있었다고 주장한다.[176] 블레어(H. E. Blair)는 선교 50주년을 맞아

천, 철산, 선천, 곽산, 명주, 가산, 박청, 구성, 삭주, 창성, 벽동, 초산, 위원, 강계, 자성, 후창 등에 독점권을 갖는다. VIII. 북장로교회 선교부는 경상북도 지역에 대해 독점권을 갖고, 경상남도 지역은 호주 장로교회와의 예양협정에 따른다. IX. 원주, 홍주, 해주, 백천의 북장로교회 소유는 북감리교회 선교부에 적당한 가격으로 넘긴다.

172) *Annual Report of the Board of Foreign Missions of the Methodist Episcopal Church, Korea Mission 1909*, p. 25.

173) 위의 책, 1924, p. 87.

174) H. G. Underwood, *The Call of Korea*, p. 171.

175) N. C. Whittemore, "Fifty Years of Comity and Co-operation in Korea", p. 93.

한국교회의 성장원인을 세 가지로 논하며, 그중의 하나가 바로 "예양협정과 협력"이었다고 한다.[177)]

당시 이 일을 지켜보았던 감리교의 해리스 감독은 다음과 같이 그의 감동을 표현하였다.

> 한국에서 사역하고 있는 일곱 선교회는 서로 이해하며 호감을 가지고 있다. 지난 가을 한국에서 새롭게 조정된 교구 구역에 의해 장·감이 수십 개의 교회와 수천 명의 교인들을 서로 바꾸는 일이 있었는데, 이것은 어떤 기독교 국가에서도 일어날 수 없는 것이었다. 이것은 순전히 한국교회가 마음으로부터 일어난 연합정신과 그리스도 안에서 하나 되는 목적을 위해 이뤄진 것이다. 이 일로 인해 한국교회는 이제 교회들간의 불필요한 경쟁의 낭비 없이 최고로 효율적인 사역을 해나갈 수 있을 것이다.[178)]

북장로교회 선교사 테일러(Helen Taylor)도 다음과 같은 감격을 전한다.

> 상상해 보라. 만일 미국에서 어떤 일을 사전에 토의도 없이, 교인들의 투표도 하지 않고, 단지 총회의 결의로 모든 장로 교인들을 다른 교단에 넘기겠다고 결의했다면 비록 그것이 좋은 일이라 해도 얼마나 큰

---

176) C. A. Clark, *The Nevius Plan for Mission Work-Illustrated in Korea*, pp. 173-174.

177) Herbert E. Blair, "Fifty Years of Development of the Korean Church", *The Fifty Anniversary Celebration of the Korea Mission of the Presbyterian Church in the U.S.A.*, pp. 117-118. 블레어는 한국교회의 성장 이유로 이외에도 영감 있고 권위 있는 하나님의 말씀으로서 성경과 초기부터 자급, 자치, 자전하는 토착교회의 형성을 들고 있다.

178) M. C. Harris, "Christian Unity in Korea", *The Missionary Review of the World*, vol. 11, no. 11 (1910, 11), pp. 873-874.

> 혼란이 있을 것인가……이 일은 정말 기가 막힌 승리의 행진이리라. 그리스도의 십자가가 모든 이유를 깨끗이 없애버렸다. 한국교회는 분명히 진리의 기초이신 예수 그리스도 위에 세워졌다.[179]

이렇게 여섯 개의 선교부간에 이뤄진 예양협정으로 그들이 말한 것과 같이 중복을 피함으로 재정, 시간, 에너지 낭비는 막게 되었지만, 이 협정이 30년 이상 지속되며 선교부의 신학적 배경에 따라 교회의 특성이 형성되며, 그러지 않아도 해외의 교파 교회가 이식된 한국교회가 이 예양협정으로 인해 더욱 교파주의와 지방색까지 뚜렷해지고 강하게 자리 잡게 되는 부정적 결과를 맺고 말았다. 나아가 장 · 감 이외의 중소교단들은 선교지의 선택에서부터 불리한 입장에서 시작함으로 장 · 감의 그늘 아래 가려져 군소교단으로 존재하게 되는 원인이 되었다.[180] 그러므로 예양협정은 에큐메니칼 운동으로 시작했지만, 그 결과는 에큐메니칼 운동이 지향하는 목표와 반대가 되고 말았다.

2. 조선야소교장 · 감연합협의회(朝鮮耶蘇教長監聯合協議會)

한국교회사에서 최초의 교회연합체가 탄생했으니 장 · 감연합협의회가 그것이다. 1905년 네 개 장로교단과 두 개의 감리교단에 의해 형성된 '개신교복음주의선교부연합공의회'가 발족되었

179) Helen Talyor, "The Spirit of Unity Shown by Korean Christian", *KMF*, 1910.4, p. 85.

180) 한국기독교역사연구소, 한국기독교의 역사 I, p. 218. 예양협정의 연합정신과 교파주의에 대해서는 Chang Uk Byun, *Abstract of Comity Agreements Between Missions in Korea from 1884 to 1910: The Ambiguities of Ecumenicity and Denominationalism* (Unpublished Dissertation of Princeton Theological Seminary, 2003)을 참고하라.

으나 여기에는 한국인들이 배제되고 선교사들만의 모임이 되었다. 1911년에는 여섯 개 선교부에, 각 성서공회와 영국 성공회 등이 추가되었다.[181] 1912년 연합공의회(the Federal Council of Missions)로 이름을 바꾸었고, 1918년에는 선교사들과 한국인들이 함께 참여하는 '장 · 감연합협의회' (the Korean Presbyterian-Methodist Federal Council)가 발족되었다.[182]

'개신교복음주의선교부연합공의회' 는 여섯 개 장 · 감의 선교부 대표들로 구성되었지만, '장 · 감연합협의회' 는 '조선예수교장로회', '북감리교 조선연회' 와 '남감리교 조선연회' 등 세 개 교단 대표들의 회의체였다. 이보다 앞서 1912년 9월 7일 서울에서 연합공의회가 처음으로 열렸다. 이것은 새로운 체계의 선교회의로, 각 선교부의 교세 비율로 대표자들을 정하여 구성되었다. 첫 모임에서는 선교사들의 갈등을 잠시 접어두고 오직 한국의 선교사업을 위해서 심도 깊은 토의를 하는 일체감을 보였다. 감리교회의 모리스(C. D. Morris)가 회장에, '영국 및 해외 성서공회' (British and Foreign Bible Society)의 밀러가 부회장에, 총무로는 북장로교회의 커(W. C. Kerr)가, 회계에 북감리교회 및 미국성서공회의 베크(S. A. Beck)가, 서기에는 북장로교회의 윔볼드(K. Wimbold)가 선출되었다. 이때에 YMCA와 동양선교회가 참가하기 시작하였다.[183]

이런 과정을 거쳐 1918년 2월 26-27일에 서울 YMCA 회관에서 '조선야소교장 · 감연합협의회' 창립총회를 열고 초대 회장에

---

181) *Seventh Annual Meeting of the General Council of Protestant Evangelical Missions in Korea*, p. 40.

182) N. C. Whittemore, "Fifty Years of Comity and Co-operation in Korea", pp. 97-98.

183) H. H. Underwood, "The Federal Council", *KMF* vol. 11, no.11 (1912. 11), pp. 340-341.

장로교의 김필수 목사를 선출하였고, 17개조의 헌법을 통과시켰다.[184] '장 · 감연합협의회' 의 목적과 권한은 다음과 같다.

目的

一. 두 교회가 예수 그리스도 안에서 일치되는 정신을 증진케 하며 친목하는 정의(情誼)를 돈독케 함.

二. 양 교회가 단행하기 난(難)한 사(事)가 있는 경우에는 합력진행하기를 힘써 도모함.

三. 두 교회가 교역상 경력과 지식을 서로 교환하야 그리스도 사업을 확장함에 유조(有助)케 함.

權限

一. 본회ᄂᆞᆫ 양교회에 대ᄒᆞ야 필요ᄒᆞᆫ 줄노 인정하ᄂᆞᆫ 事를 뎨의도 ᄒᆞ며 ᄯᅩ 양교회에셔 본회의게 위임ᄒᆞᄂᆞᆫ 事를 擔行ᄒᆞ기로 ᄒᆞᆷ. 단 본회ᄂᆞᆫ 양교회의 신경과 정치와 례비 모범 등 事에 대ᄒᆞ여셔 간셥치 못ᄒᆞᆷ.

二. 본회ᄂᆞᆫ 양교회의 치리권과 ᄀᆡ인교유의 ᄌᆞ유권을 존즁히녁임.[185]

노블(W. A. Noble)은 1918년 북감리교회 연회의 경우 선교사들이 19명으로 전체 회원의 3분의 1밖에 되지 않아 이제 선교사의 손에서 한국인들의 손으로 목회사역이 넘어갔다는 증거라고 보고한다.[186] 이런 진전은 있었으나 장 · 감연합공의회는 장 ·

184) 기독신보, 1918. 3. 13. W. N. Blair, "The Korean Church Federal Council", *KMF* (1918. 6), p. 131.

185) 조선야소교연합협의회 제1회 회록 (1918), pp. 7-8.

186) *Annual Report of the Board of Foreign Missions of the Methodist Episcopal Church, Korea Mission 1918*, p. 305.

감이 두 교회를 서로 인정하고 구성한 조직으로, "본회는 두 교회의 신경과 정치와 예배모범 등 사(事)에 대하여서는 간섭지 못함"[187]이라고 규정하였다. 연합신문인 〈기독신보〉는 1919년 9월 장 · 감연합협의회가 조직되고 두 차례 회집을 하였으나 "형식에 불과ᄒᆞ고 일치단합적(一致團合的)은 만타고 단언치 못ᄒᆞ겟노라"[188]고 지적하였다.

1922년에는 명칭을 '재한개신교복음주의 기독교회 및 선교부 연합공의회' (the Federal Council of Protestant Evangelical Christian Churches and Missions in Korea)로 바꿨으며, 이 회의 목적은 "복음의 선포에서 협력하며 앞으로 한국에 기독교회를 설립함으로 사회관계에서 기독교인들의 도덕성을 함양하고 기독교 문화를 확장하는 데 있다"고 하였다. 여기에 참여한 교단은 기존의 여섯 개 선교부, '영국 및 해외 성서공회', 그리고 한국의 YMCA 국제위원회의 대표들이었다. 한국인 회원은 세례교인 1,000명에 한 명으로 5,000명마다 한 명을 추가하였고, 선교사들은 20인에 한 명의 대표를 선출했다.[189]

이와 같이 '장 · 감연합협의회' 가 조직되었지만, 선교사들만의 모임인 '선교부연합공의회' 는 계속 존속되었다. '선교부연합공의회' 의 대표는 여섯 개 선교부의 5분의 1로 구성되었다. 이것의 목적은 규약에 있는 것처럼, "한국교회에 대한 모범으로서 선교부간의 연합을 도모하고, 섬김에서 연합하고, 사회적 도덕적 운동에 있어서 연합을 꾀하고, 교제에서 연합하는 것으로 연합에는

187) 조선야소교연합협의회 제1회 회록 (1918), p. 7.
188) 사설, "죠션 교회를 련합홈이 엇던가", 기독신보, 1919. 9. 17.
189) *Twelfth Annual Meeting of the Federal Council of Protestant Evangelical Missions in Korea*, pp. 20-21.

힘이 있기 때문"[190]이었다. 연합의 정신을 고양하기 위해 공의회의 프로그램은 해마다 조심스럽게 계획되었다. 연례회의 첫날 저녁에는 한 해 동안의 전체 사역을 관찰하고, 둘째 날은 두 개의 연합기관을 위해서 준비되었고, 두 기관 모두 특별 연사가 발표하였다. 셋째 날은 성교서회 연례모임과 더불어 선교활동과 관련된 몇몇 특별한 주제에 관한 컨퍼런스를 실시했다. 그리고 마지막 날에는 추모예배를 통하여 그 해에 운명한 이들을 회상하였다. 가장 돋보인 컨퍼런스는 1928년과 1931년이었으며, 전자의 주제는 농촌문제였고, 후자는 기독교 문헌에 관한 것이었다.[191]

'장 · 감연합협의회'의 위원회 사역은 점차 특별히 선교단체와 관련된 활동에 제한되었다. 선교사의 대정부 관계, 〈코리아미션필드〉(*Korea Mission Field*), 《한국선교연감》(*Korea Missions Year Book*), 〈기도수첩〉(*Prayer Calendar*)과 같은 선교단체에 대한 특별한 관심, 선교사들에게 유익한 서고(書庫), 그리고 연합공의회 언어학교 등에 대한 것이었다. 반면 중국인 사역위원회, 사회봉사위원회, 학생사역위원회 등은 조선예수교연합공의회(the Korea National Christian Council)가 가졌던 관심이었다.[192] 1924년 '조선예수교연합공의회'가 탄생됨으로 장 · 감연합협의회는 자연히 해산되고 말았다.[193]

3. 조선예수교연합공의회(Korea National Christian Council)

---

190) Charles A, Sauer, "The Federal Council", *The Korea Missions Year Book 1932*, p. 100.
191) 위의 책, pp. 100-101.
192) 위의 책, pp. 101-102.
193) 위의 책, p. 100.

1913년 '에딘버러 계속위원회'(the Edinburgh Continuation Committee)를 대표하는 모트(J. R. Mott)가 방한하여 선교사들과 각 선교부의 지도자들을 만났다. 그의 방한 목적은 외국 선교지의 선교부와 계속위원회가 어떻게 상호 협조관계를 맺을 수 있는가에 대한 자료를 '세계선교사협의회 계속위원회'에 제공하는 것이었다. 대형 집회가 열려 거의 모든 교파가 대표들을 보냈다. 모트는 그들을 향하여 연합에 대해 연설을 했고, 한국인 회중들에게도 설교를 하였는데, 이것이 후에 한국교회 연합운동에 큰 기초가 되었다.[194] 1918년 장 · 감연합협의회가 출범된 이후 더욱 연합에 대한 열망과 영향이 서구로부터 선교사들을 자극하였다. 벨(E. Bell)은 당시 연합에 대한 분위기를 다음과 같이 전한다.

> 오늘처럼 교회연합 문제가 세계 기독교인들에게 각인된 일이 없었다. 영국, 스코틀랜드, 호주와 뉴질랜드에서 이 문제가 크게 부각되고 있고, 수년 전 캐나다에서 이뤄진 교회의 조직적 연합이 얼마나 위대한 것인가를 우리 모두 알고 있다. 최근 미국에서도 여러 교단의 교회들이 조직적 연합을 목적으로 모임들을 갖고 있고, 그 연합은 비슷한 신조를 가진 교회들만의 통합이 아니라 모든 복음주의 교회들의 통합을 추구하는 것이다. 모든 선교지의 사역자들, 특히 한국에서 일하는 이들은 선교지 분할이나 연합 및 통합 문제가 모든 선교사역에서 얼마나 중요한지를 잘 알고 있다. 이 사안이 이와 같이 중요하고 급한 것임으로 모든 기독교 사역자들이 이것을 바라보고 이 문제에 대한 태도를 명확하게 해야 할 것이다.[195]

---

194) L. H. Underwood, *Underwood of Korea*, p. 301.
195) E. Bell, "Church Union", *KMF*, vol. 15, no. 6 (1919. 6), p. 119.

연합에 대한 열의는 선교사만들이 아니었고, 한국인들도 마찬가지였다. 〈기독신보〉는 연합에 대한 열망을 다음과 같이 보도한다.

> 연합은 병합이 아니로다. 병합은 뎨일의 강자가 뎨이의 약자를 병솔(倂率)ᄒᆞᄂᆞᆫ 거시오. 연합은 공동일치가 되야 상죠상의(相助相依)ᄒᆞ야 일체를 작성ᄒᆞᄂᆞᆫ 거시니 주의 체(體)된 교회가 엇지 서로 소원냉담(疏遠冷澹)홈이 가하리오. 그런즉 차(此) 문뎨ᄂᆞᆫ 중대막심ᄒᆞᆫ즉 거연(遽然)이 뎨출키도 외람(畏濫)스럽고 창졸간(倉卒間) 해결ᄒᆞ기도 ᄯᅩᄒᆞᆫ 념려스러온 바인즉 지금부터 五六星霜 후에 완전히 해결키를 희망ᄒᆞ고 그동안 장 감 양 고등회(高等會)에셔 가부의 三分之二를 취ᄒᆞ야 연구위원을 션틱ᄒᆞ야 깁히 연구ᄒᆞᆫ 후 엇더한 결과를 쥐ᄒᆞ야 결뎡홈이 가홀가 ᄒᆞ노니 원컨ᄃᆡ 형뎨들이여 묵상즁 실행적으로 연구홀지어다.[196]

이런 분위기 속에서 연합운동의 정신을 통하여 한국교회의 단일 교회 형성이 이뤄지지 않았지만 각 교파들의 연합운동이 전개되면서 급기야 '조선예수교연합공의회'(Korea National Christian Council)를 탄생시켰다.

조선예수교연합공의회의 출범 전에 1918년 2월 26일 서울의 YMCA에서 네 개의 선교부-북장로교회, 남장로교회, 캐나다 장로교회, 호주장로교회-가 함께하는 조선장로교총회, 미감리교 조선연회, 미남감리교 조선연회 등 세 교단의 대표 40명이 모여 연합공의회(Korean Federal Council)를 조직하였고,[197] 이 연합

196) 기독신보, 1919. 9. 17.

공의회가 1924년 한국교회들과 개신교 선교부들의 대표들이 '조선예수교연합공의회' 의 이름으로 모여 재조직될 때까지 기능을 하였다.[198] '장 · 감연합협의회' 가 구성되었지만, 선교사들만의 모임인 '선교부연합공의회' 는 해산되지 않고 계속 존속됨으로 여기에 대한 비판이 있었다. 〈기독신보〉는 다음과 같이 이것에 대해 비판하였다.

> 그런즉 조선 야소교회의 단체기관으로 장 · 감연합회가 잇는 외에 선교사연합회가 따로 조직되여 잇슬 필요가 무(無)ᄒᆞ니 선교사가 조선에 선교홈에 조선인과 협동치 안코 선교사와만 협동ᄒᆞ면 선교사업에 대ᄒᆞᆫ 방침이 모순됨 곳ᄒᆞ니 이는 조선인의게 전도ᄒᆞ면셔 조선인과 합동협의홈이 업스면 비록 선교사회도 조선인의게 전도ᄒᆞ기 위ᄒᆞ야 존재ᄒᆞᆫ 것이라 홀지라도 이는 자기들의 사업인즉 자기들세리만 협의ᄒᆞ는 것이 되고 조선인은 관계가 업게 된즉 조선인의게 ᄒᆞ는 사업에 조선인의게 너무도 몰교섭(沒交涉)ᄒᆞ는 유감이 업지아니홈이더니…….[199]

1919년 10월 평양에서 열린 3차 장 · 감연합협의회가 열릴 때, 선교사협의회는 노블을 대표로 보내어 장 · 감연합회와 선교

---

197) *Annual Report of the Board of Foreign Missions of the Methodist Episcopal Church, Korea Mission 1918*, p. 296. "Historical Sketch of the Council", *Minutes of the Fifth Annual Meeting of the Korean National Christian Council.* 연합공의회의 1대 회장(1918. 3. 26)과 서기엔 각각 김필수, 오기선, 2대(1918. 10. 15)는 최병헌과 양주삼, 3대(1919. 10. 14)는 양주삼과 현석칠, 4대(1920. 10. 12)는 김성택과 김인영, 5대(1921. 9)는 강조원과 차재명, 6대(1922.10)는 김종우와 김영구이다. 한국감리교회사 I, p. 269.

198) "Historical Sketch of the Council", *Minutes of the Fifth Annual Meeting of the Korean National Christian Council.*

199) "聯合의 必要를 論홈-長 · 監聯合會와 宣教師聯合會의", 기독신보, 1922. 11. 15.

사협의회를 연합하여 하나의 기관으로 통합할 것을 제안하였다.[200] 이 제안을 받아들여 1922년 선교사들의 모임인 '선교부연합회'와 한국교회들의 모임인 '교회연합회'가 한국인들과 선교사들이 함께하는 연합체의 구성을 승인하였고, 그러한 공의회를 위한 계획들이 구체화되어 갔고,[201] 앞의 비판이 수용되어 결국 "두 연합회를 병합하여 조선예수교연합의회"라 하고 1924년 조직되었던 것이다.[202] 1924년 9월 24일 새문안교회에서 '조선예수교연합공의회'가 출범함으로,[203] 한국교회 연합운동의 성장에 있어서 최고점에 이르렀다.[204] '조선장로교회', 남북 감리교회와 네 개의 장로교회 선교부와 두 개의 감리교회 선교부, 성서공회, YMCA와 기독서회 등으로 구성된 '연합공의회'는 실질적 연합과 협력의 정신으로 여러 가지 계획사업을 수행했다. 많은 시간과 노력들이 교회조직을 발전시켜 왔고 동시에 국가적 연합을 바라보며 협력의 정신을 창출했다.[205] 초기 선교사들은 '장로교공의회'가 '하나의 조선예수교장로회'의 선구자가 되었듯이, '조선예수교연합공의회'가 한국에서 '하나의 연합교회'의 선구자가 되기를 기대했다.[206]

---

200) 기독신보, 1923. 3. 1

201) *Annual Report of the Board of Foreign Missions of the Methodist Episcopal Church, Korea Mission 1922*, p. 188.

202) 기독신보, 1923. 3. 21.

203) *Fifteen Annual Meeting of the Federal Council of Protestant Evangelical Missions in Korea*, p. 28.

204) E. A. McCully and E. J. O. Fraser, *Our Share in Korea-Supplementary to The Land of the Dawn by James Dale Van Buskirk*. p. 24.

205) 위의 책. George S. McCune, "Union Organizations-The Korean National Christian Council", *The Korea Missions Year Book 1932*, p. 92.

206) N. C. Whittemore, "Fifty Years of Comity and Co-operation in Korea," p. 98. 곽안련은 당시 장로교회가 개신교 성도의 4/5가 되었고, 감리교회는 1/6 정도, 나머지가 동양선교회(성결교), 안식일교, 구세군, 영국 성공회 등이었다고 전한다. C. A. Clark, *The Nevius Plan for Mission Work-Illustrated in Korea*, p. 19.

45명의 대표로 구성된 조선예수교연합공의회의 첫 모임에서 초대 의장에 차재명, 부의장 김종오, 서기 홍순탁, 부서기 홍종필, 회계 김성택, 통계가에 오화영이 선출되었다.[207] 1926년에 규약을 개정하고, 공의회의 회원을 확대하였으며,[208] 투표를 하여 최고 표를 많이 받은 자가 의장, 차득점자가 부의장이 되기로 하여 의장에 한석진, 부의장 홍종숙, 서기 홍순탁, 부서기 석근옥, 회계 차재명, 통계가에 김유순이 선출되었다.[209] 조선예수교연합공의회는 두 개의 민족교회기구, 7개의 선교부, 4개의 초교파적 기독교 단체들로 구성되었다. 여기에 참여한 대표들은 조선장로교총회 20명, 조선감리교회 20명, 미국장로교회 6명, 북감리교회 4명, 호주 장로교회 2명, 남장로교회 3명, 남감리교회 3명, 캐나다 연합교회 2명, 일본의 캐나다 장로교회 1명, 영국 및 해외 성서공회 1명, 조선 YMCA 2명, 서회 1명, 조선주일학교연합회 1명, 도합 66명이었다.[210]

'조선예수교연합공의회' (KNCC)의 목적은, "1. 복음전도에 있어서 교회들로 협력게 한다. 2. 교회들로 공중도덕의 증진에서 연합하도록 한다. 3. 교회들로 기독교문화를 증진하는 데 연합하도록 한다"는 것이었다.[211] 맥쿤(G. S. McCune)은 '조선예수교

---

207) *Fifteen Annual Meeting of the Federal Council of Protestant Evangelical Missions in Korea*, p. 28. 첫 모임에서 45명의 대표 가운데 8명이 결석하였다.

208) "Historical Sketch of the Council", *Minutes of the Fifth Annual Meeting of the Korean National Christian Council.*

209) *Fifteen Annual Meeting of the Federal Council of Protestant Evangelical Missions in Korea*, p. 32.

210) George S. McCune, "Union Organizations-The Korean National Christian Council", p. 92. *Fifteen Annual Meeting of the Federal Council of Protestant Evangelical Missions in Korea*, p. 39.

211) *Fifteen Annual Meeting of the Federal Council of Protestant Evangelical Missions in Korea*, p. 37. *Minutes of the Fifth Annual Meeting of the Korean National Christian Council*, p. 6.

연합공의회'에 대하여 다음과 같이 진술한다.

한국에 있는 기독교 단체들(Christian bodies)이 기독교인의 교제를 통하여 보다 그리스도 안에서 하나됨의 정신을 전적으로 표현하게 하는 데 있다. 그리하여 한국에 있는 기독교 단체들이 복음을 설교하고, 사회문제의 해결에 있어서 기독교의 원리를 적용하고, 나아가 다른 나라들에 있는 비슷한 단체들과 유익한 관계를 도모하는 데 있어서 한국의 기독교 단체를 대표하는 등의 기독교 사역의 다양한 면에서 협력할 수 있게 한 것이다. 조선예수교연합공의회는 여러 협력 사업을 추구하지만, 신조나 교회의 정책, 그리고 예배의 형태 등과 같은 질문을 다루는 권위를 갖지 않으며, 더불어 협력하는 단체들에 대한 결정을 강요하는 권위를 갖지 않는다. 또 이 공의회에는 한국에 있는 교회들만이 아니라 만주, 몽골, 시베리아, 일본, 상해, 캄차카, 중국, 하와이와 미국에 있는 한인 교회들도 포함한다.[212)]

조선예수교연합공의회는 국제선교협의회(International Missionary Council)와 교류하며 1928년 예루살렘에서 열린 이 대회에 6명의 대표자들을 참석하게 했다.[213)] 또한 조선예수교연합공의회는 연합기독교 사역에 대하여 적당한 행동권을 가지지만, 신조나 정책과 다른 교회들의 예양협정 등과 같은 문제에 대해서는 어떤 권한도 갖지 않는다.[214)] 다른 나라의 NCC(the National Christian Council)와 상응하는 '조선예수교연합공의회'가 한

212) George S. McCune, "Union Organizations-The Korean National Christian Council", p. 93.

213) C. A. Clark, *The Nevius Plan for Mission Work-Illustrated in Korea*, p. 218.

214) *Fifteen Annual Meeting of the Federal Council of Protestant Evangelical Missions in Korea*, p. 38.

국의 기독교 기관의 중심이 되었고, 선교부의 문제는 '선교부연합공의회'가 지속적으로 있겠지만, 사역의 대부분은 새로운 연합공의회가 담당할 것이다.[215] 이 연합공의회가 한국교회와 국제선교협의회(IMC)와 사이를 연결하는 매개체가 되었다.[216] 1929년 4월 국제선교협의회(IMC) 의장 모트(J. R. Mott)가 내한하여 3일간 대회를 열고 토의를 할 때 100명의 '연합공의회'(KNCC) 대표들이 참여하였는데, 그들은 조선장로교회총회에서 30명, 북감리교회 조선연회 15명, 남감리교회 조선연회 15명, 북장로교회 선교부 9명, 남장로교회 선교부 5명, 북감리교회 선교부 6명, 남감리교회 선교부 5명, 호주 장로교회 선교부 3명, 캐나다 선교부 3명, 조선기독교청년회(YMCA) 3명, 조선 여자기독교청년회(YWCA) 3명, 조선주일학교연합회 2명, 그리고 영국 성서공회 2명이었다.[217]

1924년 '선교부연합공의회'가 '조선예수교연합공의회'로 통합되면서, '선교부연합공의회'는 타락한 소녀들을 위한 '구제의 집'을 창설하고 구세군으로 운영하게 하고, 작은 건물과 경비를 위한 기금은 연례비로 지원키로 하였다.[218] 새 연합공의회는 사회부를 두고 각 교파 및 단체가 전개하는 대사회사업 운동을 지원했다.[219] 새 연합공의회는 사회봉사위원회를 두어 선교연합공의회와 협력하도록 했으며,[220] 공창폐지운동을 전개하였고, 절제사

---

215) *Annual Report of the Board of Foreign Missions of the Methodist Episcopal Church, Korea Mission 1924*, p. 87.

216) E. A. McCully and E. J. O. Fraser, *Our Share in Korea-Supplementary to The Land of the Dawn by James Dale Van Buskirk*. p. 24.

217) 한국감리교회사 II, pp. 173-174.

218) *Annual Report of the Board of Foreign Missions of the Methodist Episcopal Church, Korea Mission 1925*, p. 124.

219) 위의 책, 1924, p. 88.

220) 위의 책, p. 124.

역에 협력하였으며, 부속위원회로 최소 생계비를 조사하게 하고, 그 조사연구를 출판물로 만들어 교회들로 하여금 더 광범위한 사역에서 보다 큰 책임감을 갖도록 자극하는 데 도움이 되었다.[221)]

'조선예수교연합공의회' 에 의해 임명된 첫 번째 위원회는 전도위원회로, 다음 해 10월까지 전국적으로 전도운동을 동시에 전개하는 계획을 전도위원회가 세웠다. 새 연합공의회는 예수교서회와 제휴하기를 원했는데, 그렇게 함으로써 서회가 선교를 독점적으로 실행하는 기관이 되지 않기를 바랐다. 새 연합공의회는 한국에서 하나님 나라의 발전에 대한 커다란 가능성에 사로잡혔는데, 그것은 모든 한국기독교의 문제들을 모든 선교사들과 한국인들이 대응할 수 있는 것을 의미한다.[222)] 이렇게 조선예수교연합공의회가 조직되었음에도 불구하고 선교사들은 이것이 조직될 때의 취지를 무시하고 그들만의 모임인 '선교부연합공의회' 를 계속하여 유지하고 말았다.[223)] 1931년부터 조선예수교연합공의회는 명칭을 '조선기독교연합공의회' 로 바꿨고,[224)] 1937년 해산될 무렵에 기존의 11개 회원 단체와 YWCA, 조선예수교서회, 조선주일학교연합회, 재일본캐나다장로교선교회, 조선기독교여자절제회 등이 회원으로 가입하였다.[225)]

장 · 감연합협의회에서 조선예수교연합공의회, 다시 조선기독교연합공의회로 진전되는 과정에서 비록 선교사들이 자기들만의 모임을 끝까지 고집했지만, 선교사들이 주도하던 선교정책 및 선교지 분할 등에 한국인들이 참여하기 시작했고, 재일동포 선교도

---

221) 위의 책, p. 88.
222) 위의 책, 1925, p. 124.
223) H. A. Rhodes, *History of the Korea Mission Presbyterian Church U.S.A., 1884-1934*, pp. 454-455.
224) 기독신보, 1931. 9. 23.
225) 조선기독교연합공의회 제14회 회록 (1937), pp. 8-10.

선교사연합공의회에서 조선예수교연합공의회로 이관되었고, 〈기독신보〉, 〈주일학교잡지〉와 같은 정기간행물의 발행도 맡았으며, 나아가 세브란스 병원, 평양연합병원, 연희전문학교 및 숭실전문학교 등 장·감 연합기관의 운영에 있어서도 더 많은 권리를 가지고 참여하게 되었다.[226]

1938년 3월 조선교육령 개정으로 일제는 한국어 사용을 금지하였고, 기독교연합회도 일본인 중심으로 조직되어, 한국인 중심으로 구성된 조선예수교연합공의회(회장: 양주삼 목사)는 급기야 해체하도록 결의하였으며,[227] 연합공의회의 '사회신조' 마저 폐기되고 말았다.[228] 연합공의회가 강제 해산됨으로 국제교류가 단절되고, 그 해 인도에서 개최되는 세계선교대회에도 참여하지 못하고, 동경의 한국인 전도사업도 그 해 10월 31일까지 끝내도록 했으며, 현금은 중일전쟁으로 사상된 일본군 가족구제 사업으로, 부동산은 모두 압수당했다.[229] 일제는 1938년 5월 8일 재한 일본인 목사들을 중심으로 어용단체인 '조선기독교연합회' 를 조직하기에 이르렀다.[230] 이것은 에큐메니칼 정신에서 벗어난 '강제적인 통합' 으로 교파간의 에큐메니칼 관계를 도리어 해치고 말았고, 당시 한국의 그리스도인들은 여기에 조금도 관심을 갖지 않았다.[231] 일제는 1942년 모든 교파가 고유의 명칭을 버리게 하고

---

226) 한국기독교역사연구소, 한국 기독교의 역사 II, pp. 69-70.
227) C. A. Sauer, *Methodist in Korea 1930-1960* (Seoul: The Christian Literature Society, 1973), 50. 한국감리교회사 II, p. 166.
228) 백낙준, "한국기독교회의 사회신조", 韓國敎會史學會誌 창간호 (1979), p. 19.
229) 한국감리교회사 II, p. 176
230) 위의 책, p. 177.
231) 姜渭祚, 日本統治下 韓國의 宗教와 政治 (서울: 대한기독교서회, 1977), p. 62. 일본 측 자료에 의하면 조선기독교연합회 조직 당시 47개 기독교 기관을 대표한 1,700명 이상이 참여하였다고 하나 여기에 대해서 미국이나 한국측 자료에서는 일제히 침묵을 지키고 있다. 위의 책, pp. 62, 133.

일본 교단으로 흡수해 버렸고, 1943년에는 성결교, 안식교, 동아기독교 등을 해산시키고, 해방을 불과 두 주여 앞둔 1945년 8월 1일에는 개신교 모든 교파를 폐지하고 통합하여 일본기독교단(일본기독교 조선교단)에 예속시켰다.[232)]

이상에서 장로교 및 감리교의 연합운동에서 시작하여 조선예수교연합공의회 성립까지의 역사를 정리하였다. 네 개의 장로교회가 '하나의 장로교회' 를 이루었으며, 두 개의 감리교회가 '하나의 감리교회' 를 만들었고, 나아가 교파간 연합도 이뤄져 선교사들만의 모임인 '재한개신교복음주의연합공의회' 를 시작으로 선교사들과 한국인들의 모임인 '조선야소교장 · 감연합협의회' 그리고 나아가 장 · 감 외에 여러 기독교 단체와 교파들이 함께 참여한 '조선예수교연합공의회' 까지 발전하였다. 그러나 한국에 '하나의 교회' 를 설립하기를 갈망했던 초기 선교사들의 소망은 끝내 이뤄지지 않았고, 단지 '조선예수교연합공의회' 의 탄생으로 만족하며 '교파의 연합' 은 소원해지고 '사업의 연합' 만을 추구하게 되었다.

C. 교회의 위협에 대한 대응

초기 한국교회를 위협한 일들이 있었고, 그때에 교회가 연합하여 대응하였다. 본장에서는 신앙핍박으로 인한 것과 사회주의 및 공산주의의 위협에 대응한 교회의 연합에 대해서 살펴본다.

---

232) 金良善, 韓國基督教 解放十年史 (서울: 대한예수교장로회 총회 종교교육부, 1956), p. 43.

a. 신앙 핍박에 대한 대응

선교사들의 입국 이후 한일병탄 전까지 내국인들에 의해 이런 저런 신앙 핍박이 있었다. 기독교에 적대감을 가진 마을이나 가정의 아버지와 남편들에 의해서 끔찍한 박해가 일어났다. 젊은 과부들은 타종교를 믿는 친척들에 의해 팔리거나 학대당하고 부인들은 매질을 당했으며, 길거리에 머리를 잡힌 채 끌려나와 욕설을 당하였고, 그들의 옷을 감추어 교회에 나가지 못하게 하였다. 어떤 이들은 집에 감금되거나 음식을 받지도 못하고, 어린아이들은 그들의 형들이나 아버지의 손에 얻어맞고 집에서 쫓겨나기도 했다. 이 모든 것은 다 그리스도를 위해서 당한 것이다.[233] 곽안련은 초기 성도들이 받은 핍박에 대하여 다음과 같이 말한다.

> 초기에 기독교인 부인들은 복음을 부인하게 하기 위해서 가정에서 쫓겨나거나 매를 수없이 맞았다. 어린이들은 의절을 당하고 상속권을 박탈당하였다. 일용직 외에 할 수 없는 가정들은 집에서 돌에 맞고 한겨울에 마을에서 추방되기도 했다. 조금의 땅이라도 가진 자들은 마을의 공동우물을 사용하지 못하게 했고, 그들의 이웃들에게 배척당하고 마을에서 만나는 모든 사람들에게 욕을 먹었다.[234]

개인적 핍박에 이어 집단적 핍박도 이어졌다. 그것은 마펫과 홀이 평양에 선교지부를 개척하려 할 때의 일로, 1894년 5월 선

---

233) Herbert E. Blair, "Fifty Years of Development of the Korean Church", *The Fifty Anniversary Celebration of the Korea Mission of the Presbyterian Church in the U.S.A. June 30-July 3, 1934*, p. 118.

234) C. A. Clark, *The Nevius Plan for Mission Work-Illustrated in Korea*, p. 179.

교사들이 집이나 땅을 소유하는 것에 대해 평양의 관리들이 반대하는 일이 있었다. 그 이유에 대해 마펫은 홀의 조사가 집을 몇 배나 비싼 가격에 사기를 거부한 것과 평양감사가 완고한 유생으로 평양에 선교사들이 거하기를 원치 않기 때문이라고 요약하였다.[235] 평양감사는 선교사들이 산 집을 원 주인에게 돌려주라고 명했고,[236] 마펫이 잠시 서울에 가 있을 때 아무런 예고도 없이 한국인 기독교인들과 외국인에게 고용된 자들을 모두 체포하라는 명령이 내려져 홀의 집에서 일하는 한국인 일꾼이 체포되어 투옥되었으며, 홀 부부는 평양을 떠나라는 명령을 받았다.[237] 마펫의 조사와 그 집의 전 소유주도 구속되었고, 기독교인들은 심하게 매를 맞았다.[238] 홀이 이 소식을 서울의 스크랜턴(W. B. Scranton)에게 급히 전보를 보냈고, 홀의 소식을 듣자 선교사 전체모

---

235) S. A. Moffett, "A New Mission at Pyeng Yang, Korea", *The Church at Home and Abroad, 1893. 8*, pp. 107-108. 김승태는 이것에 대해 세 가지 논지를 주장한다. 첫째, 선교사들을 배척하는 평양 시민들의 반외세 감정. 둘째, 선교사들에게서 금품을 뜯어내려는 지방 관리들의 음모. 셋째, 외래종교인 기독교에 대한 전통 종교 및 문화의 배척 등이다. 김승태, "1894년 평양 기독교인 박해사건", 한국기독교사연구 15-16호 (1987. 8), pp. 19-22.

236) S. A. Moffett, "A New Mission at Pyeng Yang, Korea", p. 107.

237) H. G. Underwood, "Korea Today", *The Missionary Review of the World*, 1894. 9, 이만열, 옥성득 편역, 언더우드 자료집 II, pp. 275-276. 당시 기독교인들에 대한 체포령은 1894년 5월 10일(음력 4월 6일) 목요일 새벽에 집행되었다. 朝鮮예수敎長老會史記 (下), p. 136. "새벽 2시경 기독교 신자들인 오씨와 이씨가 찾아와서 우리를 깨웠다. 그들은 믿음이 강한 창식(김창식)이가 감옥으로 잡혀갔다는 소식을 가지고 왔다. 창식이는 닥터 홀이 서울로 가고 없을 때도 이곳에 남아서 복음을 전하고 있었다. 이 집의 전 주인 김씨, 모페트 씨에게 집을 판 조선인, 또 모페트 씨 대신 설교하고 있었던 한 씨(한석진)도 잡혀갔다는 것이다. 새벽 1시쯤 어떤 사람이 창식이의 집 창을 두드리며 닥터 홀이 보낸 사람이니 문을 열어 달라고 해서 문을 열자 이 지역 담당관리의 부하들이 들이닥쳐 창식이를 잡아갔다는 것이다. 창식이는 잡혀가 매를 맞고 칼을 쓴 채 심한 고통을 받고 있다는 것이다……관리들은 '닥터 홀에게는 감히 매질하지 못하므로 대신 창식이를 가두고 때리는 것' 이라고 말했다고 한다." Sherwood Hall, *With Stethoscope in Aisa: Korea*, p. 109.

238) L. H. Underwood, *Fifteen Years Among The Top-Knots or Life In Korea*, 109, L. H. Underwood, *Underwood of Korea*, p. 133.

임이 소집되었고 홀의 가족들과 고통받는 형제들을 위해 언더우드의 집에서 장 · 감 연합으로 기도회를 열었다.[239)]

스크랜턴, 마펫과 언더우드는 바로 미국과 영국 공사관으로 달려가 평양감사로 기독교인들을 석방하고 파손된 재산을 보상해 주라는 명령을 외부아문(外部衙門)이 내리도록 하여 기도하는 것과 더불어 인간적인 노력도 경주하였다. 그리고 평양의 홀을 돕기 위하여 마펫과 캐나다 선교사 맥켄지(W. J. McKenzie)가 가도록 결정하였다.[240)] 장 · 감의 연합기도 후에 홀로부터 스크랜턴에게 다시 전보가 왔다. 오후 6시 25분에 온 전보로는 하인들이 심하게 매를 맞고 죽을 위기에 처했다고 했으나, 오후 7시에 온 전보는 모든 사람이 석방되었고, (김)창식이 심하게 다쳤다고 했다.[241)] 마펫과 맥켄지는 즉시 평안도로 간 후 거기서 관리들을 만났으며, 영국과 미국의 공관이 이 일에 개입함으로 핍박이 중단되고 성도들은 풀려났다.[242)]

이와 같이 '조선 조정'의 공개적이고 공식적인 핍박은 없었지만 지방의 관리들은 매우 적대적이었고, 이때 참수형을 선고받고

---

239) 홀이 보낸 전보의 내용은, "창식 구금됨. 오씨와 모페트의 한씨 구타당함. 세 가옥의 전 주인 모두 감옥에 구금됨. 이곳 가족과 하인들의 보호요망." Sherwood Hall, *With Stethoscope in Aisa: Korea*, p. 110. H. G. Underwood, "Korea Today", p. 276. 이 기도회는 1894년 5월 11일 오후 4시 30분 언더우드의 요청으로 모였고, 기도 인도는 아펜젤러가 하였다. H. G. Appenzeller의 일기, 1894. 5. 11, p. 119.

240) L. H. Underwood, *Fifteen Years Among The Top-Knots or Life In Korea*, pp. 110-111. L. H. Underwood, *Underwood of Korea*, p. 133. 이 사건에 대해서는 朝鮮예수教長老會史記 (下), pp. 136-37 참조. 선교사들은 영국 총영사 가드너(Gardner)와 미국 공사 실(Sill)과 긴밀하게 연락하며 이 일에 대처하였고, 영미 공사관에서는 외부아문에 외국인 보호에 대한 압력행사를 행함으로 평양감사가 끝내 이 문제를 종결하게 된 것이다. 이 일에 대해서는 Sherwood Hall, *With Stethoscope in Aisa: Korea*, pp. 111-115에 자세히 전한다.

241) H. G. Appenzeller의 일기, 1894. 5. 11, pp. 119-120.

242) H. G. Underwood, "An Outline History of the Korea Mission of the Presbyterian Church in USA", 1899. p. 7, 언더우드 목사의 선교편지, p. 940.

처형장으로 끌려가다가 처형 직전에 사면령이 당도하여 생명을 구한 사람들 가운데 장로교 최초의 목사 중 하나인 한석진도 있었다.[243] 이와 같이 지방 관리들에 의한 집단적 핍박이 일어났을 때, 장 · 감이 연합하여 대처하는 연합정신을 보여 주었다.

b. 사회주의 및 공산주의에 대한 대응

1920년대 이후 교회를 위협한 것들이 다시 나타났다. 그것은 자유주의와 신사상 등과 더불어 국내에 유입되기 시작한 사회주의 및 공산주의이다. 여기에서는 교회를 위협한 가장 큰 요소라 할 수 있는 후자만 다루도록 하겠다.

서방에서 1차 세계대전이 일어나 이로 인해 선교사들이 비그리스도인들에게 어려운 질문을 받기도 했다. 그 질문은, "동양 종교가 지배적인 동방 세계에는 전쟁이 없는데, 왜 서방 세계의 기독교 국가들이 전쟁을 억제하지 못했느냐? 기독교로부터 얻는 유익이 무엇이냐?"는 등이었다. 선교사들은 그들이 구원의 확신을 얻기까지 기다리는 인내를 필요로 했다.[244] 3 · 1운동 이후 한국교회사에 최초로 이단이 등장하고, 또한 진화론과 고등비평 등이 소개되어 교회에 큰 도전이 되었고, 여기에 교파주의의 대두와 더불어 교회를 위협한 사상 및 도전이 있었다. 1920년대는 여러 가지 사조로 인해 젊은이들로 혼란을 겪게 하였고, 교회는 그들을 지도해야 했다. 당시 기독교인들을 혼란케 한 것이 바로 사회주의 및 공산주의, 과학사상, 세대주의 종말론, 그리고 자유주의

---

243) C. A. Clark, *The Nevius Plan for Mission Work-Illustrated in Korea*, pp. 108-109.

244) *Annual Report of the Board of Foreign Missions of the Methodist Episcopal Church, Korea Mission 1918*, p. 311.

와 이단 등의 도전이었다. 이 가운데 교회에 가장 위협적인 요소가 바로 사회주의 및 공산주의였다.

1920년대에 이광수를 시작으로 쏟아진 기독교 비판보다 심각한 것은 3 · 1운동 후 사회주의자들에 의한 기독교 비판이었고,[245] 이들은 1923년부터 반기독교 운동을 전개했다. 이 시기에는 전쟁의 루머가 퍼지는 등 불안정한 환경 가운데, 공산주의와 파시즘(fascism)까지 전국적으로 퍼졌으며,[246] 시베리아로부터 영향이 컸던 북쪽의 일부 지역에서는 공산주의자들이 공격적이어서 교회에 불을 지르거나 교회 지도자들을 때리고 때로는 죽이는 일도 있었다.[247] 특히 만주지역에서의 사정이 절박했는데, 독립군 부대의 사령관 왕옥진이 공산당을 몰아내고 교회 지도자들을 구출한 후 구사일생한 소식을 다음과 같이 전해준다.

> 절박한 사정을 우리 본국 교회를 통하여 동감의 눈물로써 기도하여 주시기를 바라오며, 따라서 물질로 동정하여 주시되 형제자매님 두 벌 옷에서 낡은 의복 한 가지씩과 십인일시(十人一匙)로 십식구중(十食口中) 밥 한 그릇씩만 보내주시면 라자구(羅子溝)와 동구(東溝)에서 사선(死線)에 방황하는 형제들을 구할 수 있습니다.[248]

245) 한국기독교역사연구소, 한국 기독교의 역사 II, p. 47.

246) E. H. Miller, "General Survey of the Christian Movement", *The Korea Missions Year Book 1932*, p. 7.

247) Richard H. Baird, "Present Day Religious Problems", *The Fifty Anniversary Celebration of the Korea Mission of the Presbyterian Church in the U.S.A.*, p. 138. 특히 공산당들이 동만주와 시베리아에서 사역하던 이들을 습격하여 희생이 많았다. 만주에서 사역하던 동아기독교(침례교의 전신)의 김영진 목사와 김영국 장로 형제와 시베리아에서 사역하던 감리교회 김영학 목사가 대표적인 희생자들이다. 김춘배, 한국기독교수난사화 (서울: 성문학사, 1979), pp. 76-79, 86. 장로교의 한경희 목사와 김창근 영수도 북만주에 교회순회 및 전도여행 중에 공산당을 만나 희생되었다. 조선예수교장로회 총회 제二十四회 회록 (1935), p. 104.

248) 감리회보, 1933. 4. 10

사회주의가 한국의 젊은이들에게 강하게 호소했다. 1924년 북감리교회 연례보고에 의하면, 신문이나 잡지에 사회경제적인 문제들이 게재되며 기독교와 모든 조직된 종교를 공개적으로 공격하는 글들이 등장하고, 극단적인 사회주의와 공산주의를 옹호하는 이들이 많으며, '볼셰비키의 정책'이 전국에 만연되고, 많은 이들이 사회주의가 사람들의 모든 필요를 채워 주기에 충분한 것이라고 생각하고 있다고 전하였다.[249] 반기독교 운동이 언론이나 잡지에 보도되며 기독교를 "자본주의의 주구" 또는 "양이랑심"(羊而狼心) 등으로 비판하였다.[250] 사회주의의 이상이 청소년들의 의식 속에 투영되었고 여러 형태의 구체적인 표현을 추구했다.[251] 이러한 사회주의의 선전활동이 통했던 것은 주로 농촌경제에 의지해서 살던 상황 속에서 농촌경제의 피폐가 심했고, 지주들의 횡포가 극에 달했기 때문이다. 급기야 공산주의 사상과 심지어 무정부주의적 사상이 한국에 크게 밀려왔고, 이른바 북풍(the north wind)이 자본주의적인 교회에 대항하였다.[252] 결국 당시 교회는 경제적 어려움과 더불어 공산주의의 위협에 노출되었고, 그들과 대항해야 하는 이중고를 겪었던 것이다. 게다가 사회주의운동의 선구자들 가운데 이동휘나 조봉암과 같은 교회 출신자들이 있음으로 교회는 더욱 난처하게 되었다.[253] 1920년대 중반 〈기독신보〉는 당시 사회주의 영향과 우려감을 다음과 같이

249) *Annual Report of the Board of Foreign Missions of the Methodist Episcopal Church, Korea Mission 1924*, p. 87.
250) 동아일보, 1925. 10. 25.
251) M. J. MacKinnon, "Social Evangelism", *The Korea Missions Year Book 1932*, p. 118.
252) *Annual Report of the Board of Foreign Missions of the Methodist Episcopal Church, Korea Mission 1927*, p. 151. 당시 조선 경제, 특히 주요 사업이었던 농촌경제의 심각성에 대해서는 본서 VI. E. 사회계몽 2. 농촌운동을 참고하라.
253) 기독신보, 1928. 4. 4.

보도한다.

현재 우리 조선사회의 상태를 고찰ᄒᆞ건ᄃᆡ 최고 이상사회의 실현을 고규(高叫)ᄒᆞᄂᆞᆫ도다 그 예를 말ᄒᆞ자면 현금 사회제도의 불만과 불평이 탱중(撑中)ᄒᆞ야 그 무슴 주의던지 사회주의에 경향(傾向)되는 사를 부인ᄒᆞᆯ 수 업도다 그런즉 조선사회를 개조ᄒᆞ야 우리의 요구ᄒᆞᄂᆞᆫ 최고이상의 사회를 현재에 잇ᄂᆞᆫ 엇더ᄒᆞᆫ 주의로ᄂᆞᆫ 도저히 성취ᄒᆞ지 못ᄒᆞ리라 ᄒᆞ노니……[254]

만일 여러분이 그 과실을 ᄭᆡ닷지 못ᄒᆞ고 일향 젼과 ᄀᆞᆺ치 계속ᄒᆞ면 우리 죠션에도 공산쥬의가 불원간 치셩ᄒᆞ리니 이ᄂᆞᆫ 쥬의자 뎌들의 쥬동(主動)이 아니요 여러분의 무거운 멍에를 뎌들이 감당치 못ᄒᆞ야 부득불 그러케 된 것이라 고로 나ᄂᆞᆫ 이쥬의의 원동력은 여러분의게 잇다 ᄒᆞ노라 원컨ᄃᆡ 농쥬ᄂᆞᆫ 쇼작인에게 ᄃᆡ하야 도디를 밧지말고 농작물을 반식난호라 그리ᄒᆞ여야 쇼작인이 흉년에도 그 싱활을 계쇽ᄒᆞ리라.[255]

사회주의에 대한 우려는 현실로 나타났으며, 게다가 "반기독교 운동하는 사회주의자들은 거개 교회에서 자라난 청년들"[256]로, "전에는 교회 문으로 모여들은 젊은이들이 모도 공산계통의 모힘에 밀녀가고서 도리혀 교회를 저주하고 방해하게"[257] 되었다. 그래서 교회가 젊은이들의 불만요소를 해결해 주지 못하면 예수가 아닌 마르크스가 그들에게 구세주가 될[258] 위험에 처했던 것이

---

254) 사설, "그리스도教의 社會性", 기독신보, 1924. 4. 2.
255) 사설, "쇼작인과 농쥬의 의무", 기독신보, 1925. 6. 17.
256) 이경도, "조선교회 쇠퇴의 원인(속)", 기독신보, 1928. 4. 4.
257) 전영택, "현대교회는 조선을 구할 수 잇을까(5)", 기독신보, 1931. 11. 11.
258) A. C. Bunce, "Some Rural Observation", *KMF* (1931. 5), p. 94.

다. 이와 같은 청년의 이탈은 충격적인 위기상황으로 인식되었고,[259] 이것을 해결하기 위한 방책으로 YMCA를 중심으로 장·감이 농촌운동에 박차를 가한 것이다.[260] 당시 교회는 자본주의로 인한 폐해를 지적하며 사회주의 문제를 극복하고자 했다. 1924년 〈기독신보〉 사설은 이것에 대하여 다음과 같이 주장한다.

> 그런즉 온 인류가 다 그리스도의 ᄉᆞ랑으로 말미암아 서로 부조홈에 니르게 ᄒᆞ려면 자본주의의 근본적 오류되는 착취의 죄를 회개케 ᄒᆞ야 안으로브터 성장ᄒᆞ고 모든 것을 새롭게 ᄒᆞ는 역(力)을 가진 신(神)의 사회를 일우게 홈이 그리스도 종교의 본질이라 ᄒᆞ노라.[261]

이와 같은 자본주의의 약점을 인식하며 교회가 과거 사회문제에 대해 무관심했던 것을 〈기독신보〉 사설을 통해 반성하기도 했다.[262]

당시 사회주의의 풍조와 영향에 맞서 교회들은 기독교 청년운동을 통하여 인간 개성의 가치를 강조하고, 불신자 10대들을 그리스도와 직접적인 접촉을 할 수 있도록 초청하며 사회주의의 이상에 대한 지도를 하였다. 이 시대에 선교사들에게 가장 도전이 된 것은 복음의 목적에 대한 하르낙(Adolph Harnack)의 말인 "갈등 이해(conflict-interests)의 기초에 의거한 사회주의를 영적 연합의 심오한 자각에 의거한 사회주의로 변화시키는 것" 이었

259) J. S. Ryang, "The Aim of Methodist Union in Korea", *KMF* (1927. 7), p. 152.
260) 한규무, 일제하 한국기독교 농촌운동, p. 44.
261) 사설, "사회에 대한 그리스도교의 본질 (2)", 기독신보, 1924. 2. 13.
262) 사설, "기독교와 사회", 기독신보, 1924. 10. 15. 이순기, "사회문제와 기독교", 기독신보, 1927. 7. 27.

다.[263] 1929년 5월 민족주의적인 색채를 띤 기독신우회가 조직되었는데, 이것은 조병옥을 중심으로 정인과, 김인영, 이용설, 이대위, 이시웅, 전필순, 이승훈, 백남훈, 황치헌, 장덕노, 오화영, 정춘수, 장이욱, 조만식 등 당시 지도급 인사들이 참여하였다. "기독신우회 선언"을 보면 그들의 목적이 무엇인지 알 수 있는데, 그 내용은 다음과 같다.

> 우리는 속죄구령을 고조하는 동시에 기독의 사회복음주의를 중흥(中興)식히랴 한다. 우리는 이 고통과 죄악으로 포위된 생을 타세계에 전거(轉去)식히랴 함보다도 자유, 평화, 진리의 천국을 인간사회에 임(臨)하게 하야 거긔에서 우리의 인격의 진선미를 완성코져 한다. 대아(大我)의 구활(救活)로서 소아(小我)의 활로를 개척코져 한다. 무한의 애(愛)와 역(力)의 원천이 되는 신(神)으로 더부러 교섭한 영감의 동력을 우리의 개체의 경험 내에 사장치 안코 그 세력을 단결연전(團結運轉)하야 인격의 발휘의 장애되는 사회의 죄악을 제거코져 한다.[264]

일제는 기독신우회를 "기독교계 민족주의자들의 전위로 각파의 합동전선"이라 여기며 시찰하고자 하였다.[265]

'조선예수교연합공의회'는 이때에 사회신조를 발표하며 유물론적 교육과 사상인 계급투쟁과 혁명론적 방법을 통한 보수적(reactionary) 억압과 사회재건을 반대한다고 분명히 밝히고,

---

263) M. J. MacKinnon, "Social Evangelism", *The Korea Missions Year Book 1932*, p. 118.
264) "기독신우회 선언문", 기독신보, 1929. 6. 12.
265) "최근의 조선 치안상황", 국사편찬위원회, 한국독립운동사 제5권 (서울: 탐구당, 1969), p. 251. 당시 기독신우회의 발기인은 모두 88명으로, 이들은 당시 한국을 대표하는 전국적인 규모의 인사들이 총집결된 것처럼 보였다. 閔庚培, 鄭仁果와 그 時代, pp. 63-64.

오직 기독교 신앙 안에서 구원받고 거듭난 자가 사회의 지도자가 되어야 한다고 역설했다.[266] 이와 같이 사회주의와 공산주의가 교회를 크게 위협했으나 기독신우회와 '조선예수교연합공의회'를 중심으로 대응하였다.

D. 부흥운동 및 선교운동

1. 부흥운동

한국교회로 연합하도록 동기부여를 주었던 것 중의 하나가 부흥운동이다. 원산에서 시작된 부흥운동은 평양대부흥운동으로 절정에 이르고, 각 지역으로 부흥운동이 확산되었으며, 이 부흥운동은 백만인구령운동으로 이어졌고, 이어서 1920-1930년대에는 진흥운동이 전개되며 신사참배 강요가 있기 직전까지 부흥운동이 연속하여 진행되었다.

a. 원산부흥운동

원산부흥운동은 평양대부흥운동을 비롯한 초기 한국교회 부흥운동의 불을 가져다준 원동력이 되었다. 이것에 대해《朝鮮예수教長老會史記》는 다음과 같이 기술한다.

> 1903년 冬에 쉬덴(스웨덴) 목사 프란스가 남감리회 선교사 河鯉泳

266) *Proceedings of the Ninth Annual Meeting of the Korean National Christian Council*, p. 31.

(R. A. Hardie)家에 來하야 일주간을 기도한 후 원산에 잇는 장·감양교파와 침례교회ᄭᅡ지 연합하야 倉前예배당에서 일주간 每夜집회하야 기도하는 중 하리영이 은혜를 待受하얏고 翌年春正月에 右三派 교회가 연합사경회 중 장로회 선교사 亞力(A. F. Robb)이 特恩을 밧아 다일간 금식통회하며 街路上에서도 懇求不絶함으로 신자 등은 誹笑하고 불신자 등은 醉酒者라 指稱하였나니라 越二年夏 제직사경회 중에 특별한 부흥이 起하야 혹자는 사십일간 시간을 정하고 기도하난중 이상을 보기도 하엿스며 업아력 私第에서 삼사인이 기도하는 중 통회하는 哭聲이 喪家와 同하얏고 當席에 傍參하엿던 가나다 선교회 총무 마가이와 중국 양자강 沿岸에서 전도하던 선교사 고요한은 방언을 不通하나 특은에 감동되얏고 또 평양에 至하야 장대현교회에서 대부흥됨을 目睹하고 基國에 歸하야 유명한 부흥회 인도자가 되얏고 원산 제직사경회는 부흥회로 변하게 되야 업아력이 인도하난 중 悔改哀痛하는 자도 多하고 기이한 능력을 밧은 자도 多하얏스며 此가 引導線이 되야 基後 전국교회가 부흥함으로 교회발전의 일대전환기를 作하니라.[267]

위의 내용에서 보는 것과 같이 한국 초기 교회의 대부흥운동의 도화선이 된 원산부흥운동은 교파를 초월한 연합집회 가운데 놀라운 성령의 역사가 일어난 에큐메니칼 운동이었다. 원산부흥운동은 1903년 8월 원산에서 다섯 명의 선교사가 한 주간 동안 가진 기도와 성경공부 모임에서 기인했는데, 당시 강사는 중국에서 선교하던 화이트(Miss M. C. White)로, 여기에 참여하였던 남감리교회의 하디(R. A. Hardie) 선교사가 신앙체험을 하였다.[268] 하디는 강원도에서 3년간 선교사역을 하였으나 실패하고

267) 車載明 編, 朝鮮예수敎長老會史記(上) (서울: 조선기독교창문사, 1928), pp. 179-180.

지쳐 있는 상태에서 이 체험을 하였다.[269] 화이트의 설교는 자신의 중국선교 경험을 전하며, 1900년 의화단 사건 이후 외국인의 선교활동이 위축되어 보통 인내와 고통을 감수하지 않고는 선교사역을 할 수 없는 형편을 그대로 이야기하였는데, 하디가 감동을 받고 선교사로서 자신의 교만과 무력함을 고백하고 통회하였으며, 하디의 고백을 들은 자들이 큰 은혜와 감동을 받고, 하디 자신은 성령의 놀라운 임재를 체험하는 순간이 되었다.[270] 하디는 당시 자신의 경험을 다음과 같이 진술한다.

> 성령 충만을 받자 나는 부끄럽고 당황한 낯으로 내 마음의 교만과 완고함 그리고 믿음의 부족함과 모든 잘못을 고백하였고 청중들은 죄의식을 느끼고 회개함으로 신앙체험을 알게 되었다. 나는 그들에게 하나님의 약속을 믿는 단순한 믿음으로 내가 성령의 은사를 받았음을 고백하였다.[271]

하디는 이후 한국인들과 선교사들 앞에서 공개적으로 참회하고 그들의 기도를 부탁하였는데, 이 말씀을 듣던 사람들 역시 자기 죄를 고백할 때 성령의 뜨거운 불이 일어났다.[272] 선교사 한 명의 고백적인 기도가 도화선이 되어 이후 평양 및 전국의 부흥운동 및 회개운동으로 전개되었던 것이다. 1904년 1월에 다시 열

---

268) A. W. Wasson, *Church Growth in Korea* (New York: International Missionary Council, 1934), pp. 51-52.

269) J. E. Fisher, *Pioneers of Modern Korea* (Seoul: Christian Literature Society, 1977), p. 109.

270) 백낙준, 한국 개신교사, pp. 384-385. 한국기독교역사연구소, 한국 기독교의 역사 I, pp. 268-269.

271) *Minutes of the Annual Meetings of the Korea Mission of the Methodist Episcopal Church, South 1905*, p. 44.

272) L. H. Underwood, *Underwood of Korea*, pp. 223-224.

린 연합기도회에서 캐나다 장로교 선교사 롭(A. F. Robb)이 성령체험을 하였고, 전계은과 정춘수 등의 한국인이 큰 은혜를 받고 원산부흥운동을 주도하였다.[273]

이렇게 시작된 부흥운동은 1905년과 1906년에 모든 선교부들이 성령의 은혜를 갈구하기를 계속하였고, 1907년 평양 장대현교회 집회에 이르러 정점에 이르렀다. 당시 성도들은 한국인이든 선교사든 간에 죄를 자백하고 함께 울고 기뻐하였다.[274] 이와 같이 초기 부흥운동의 특징은 철저한 회개운동이었다. 즉 "서로 자신의 죄를 고백하라"는 것이었다. 오래 전에 지은 죄나 근래에 지은 죄 모두를 고백하는 풍조가 성행하였다. 더불어 당시의 부흥운동은 귀신을 쫓아내고 병자를 고쳤으며, 이 부흥운동이 불신자들에게까지 영향을 미쳐 그들도 회개하고 교회에 출석하였다.[275]

이와 같이 원산부흥운동은 장 · 감 및 침례교 등의 연합으로 집회를 열어 선교사들과 한국인 모두 놀라운 신앙체험을 하며 불을 일으켜 이것이 평양대부흥운동 및 백만인구령운동 그리고 진흥운동으로까지 이어지는 원동력을 제공하여 역사의 어두운 현실 가운데 교회로 성장케 한 에큐메니칼 부흥운동이었다.

b. 평양대부흥운동

원산부흥운동으로 시작된 초기 한국 부흥운동의 불꽃이 활짝 핀 것이 평양대부흥운동이었다. 이것은 '조선장로교 독노회'가

---

273) 전택부, 토박이 신앙산맥 (서울: 대한기독교출판사, 1977), pp. 174-205.
274) L. H. Underwood, *Underwood of Korea*, pp. 224-225.
275) Horace N. Allen, *Things Korean*, p. 188.

조직되기 한 달 전에 일어났다. 한국의 선교사들은 네비어스 박사의 주장과 같이 설교보다 가르침을 강조하여 주일 활동에도 가르침에 역점을 두었지만 그럼에도 불구하고 부흥회의 역량을 언제나 믿어 왔다. 사경회에서 저녁에 부흥회가 열렸으며 각 교회는 연중 최소한 한 번은 두 주간의 부흥회를 가지려고 노력해 왔다.[276] 1904년 평양에서 특별 전도집회를 열었는데 오전에는 성경공부로, 오후에는 기도집회 및 축호전도, 저녁에는 수백 명의 불신자들이 참여한 가운데 집회가 열려 첫날 96명의 결신자를 얻었고, 둘째 날에는 2,000명의 불신자들이 와서 성도들이 다른 곳으로 비켜 주는 일도 있었다. 그러나 러일전쟁으로 집회가 중단되었고, 1905년 겨울에 유사한 집회들이 이어져, 매일 밤 두 명에서 60명에 이르는 결신자들이 있었고, 그 해 1,000명 정도의 결신자를 얻었다.[277]

1906년 8월 평양에서 선교사들이 하디를 중심으로 원산에서 일어나고 있는 신앙부흥운동 소식을 듣고 그를 평양으로 초대하여 장 · 감 선교사들이 연합집회를 열었는데, 하디 목사가 요한일서를 가지고 성경공부를 할 때 부흥의 불길이 붙었다.[278] 이 집회(사경회)를 통하여 선교사들은 모든 것은 하나님과의 교제에 달

---

276) C. A. Clark, *The Nevius Plan for Mission Work-Illustrated in Korea*, p. 162.

277) 위의 책, pp. 162-163.

278) S. K. Cooper, *Evangelism in Korea* (Nashville, Tenn: Board of Missions Methodist Episcopal Church, South, 1930), p. 29. W. N. Blair, *The Korea Pentecost and Other Experience on the Mission Field* (New York: The Board of Foreign Missions of the Presbyterian Church in the U.S.A., 연도 미상), p. 42. 홀(Sherwood Hall)은 어린 시절 그가 들은 하디 목사의 설교는 웅변적이고 격렬하기보다는 자기의 가슴을 열고 청중들의 마음과 만나게 하는 직설적이고 성실한 것이었으며, 그가 나이가 든 후에도 하디의 감동적인 설교를 잊지 못한다고 회상한다. Sherwood Hall, *With Stethoscope in Asia: Korea*, 김동열 역, 닥터 홀의 조선회상 (서울: 동아일보사, 1984), p. 154.

렸으며, 그 신성한 교제는 사랑과 의로 좌우된다는 것을 확신하게 되었고, 이 집회를 마치기 전 성령이 그들에게 임하여 그들에게 승리의 길은 고백, 상한 심령과 쓰라린 눈물임을 분명하게 보여 주셨다.[279] 이 집회에 참여했던 선교사들은 하나님의 능력 가운데 은혜를 받고 한국인 형제들과 막혀 있던 담이 무너지는 느낌을 갖고 더욱 친근하게 그들과 교제하였다.[280] 같은 해 9월에 존슨(H. A. Johnson) 박사 일행이 입국하여 인도 및 영국의 남부 웨일즈(Wales) 지역의 부흥운동 상황을 전해 주었고,[281] 하나님의 은혜가 당시 선교사들과 한국인들에게 임하며 영국과 인도에서와 비슷한 현상을 수많은 사람들의 심령이 갈망하게 되었다.[282] 그 해 네 개의 교회를 세웠고, 그 해 가을 기도의 영이 선교사들에게 임하여 새해 겨울사경회에서 깊고도 풍성한 축복을 달라고 부르짖었다.[283]

1906년 말부터 평양 지역 장 · 감 선교사들의 정오기도회는 점차 열기를 더했고, 리(G. Lee)는 "성령께서 평양에 오셨고, 정오기도회가 우리에게는 바로 베델이 되었다"고 진술한다.[284] 1907년 1월 14일 월요일 선교사들의 정오 모임에서 성령의 부어 주심

---

279) William Blair & Bruce Hunt, *The Korean Pentecost & the Sufferings Which Followed* (Edinburgh: The Banner of Truth Trust, 1977), p. 66.

280) 한국감리교회사 II, p. 77.

281) A. W. Wasson, *Church Growth in Korea*, p. 52.

282) William Blair & Bruce Hunt, *The Korean Pentecost & the Sufferings Which Followed*, p. 68. 존스(G. H. Jones)와 노블(W. A. Noble)도 평양대부흥운동의 성령의 역사를 웨일즈의 대부흥, 호주의 성령 폭발(outbreak)과 같은 것으로 이해한다. G. H. Jones and W. A. Noble, *The Korean Revival-An Account of the Revival in the Korean Churches in 1907* (New York: The Board of Foreign Missions of the Methodist Episcopal Church, 1910), p. 5.

283) C. A. Clark, *The Nevius Plan for Mission Work-Illustrated in Korea*, p. 163.

284) W. N. Blair, *The Korea Pentecost and Other Experience on the Mission Field*, p. 44.

을 위해 하나님께 간절히 구했고, 그날 밤은 매우 달랐으며 교회에 들어갔을 때 모두가 하나님의 임재가 가득함을 느꼈고, 이것은 선교사들만이 아니라 한국인들도 똑같이 증언하는 바였다.[285]

곽안련은 평양대부흥운동이 1906년의 웨일즈의 부흥(the Welsh Revival of 1906)과 유사한데, 후자는 인도자만 기도하지 않고 각 개인이 타인을 의식하지 않고 통성으로 기도하였는데, 이 방법이 그때부터 한국에서 널리 쓰이고 있으며 가장 감동적인 현상 가운데 하나라고 하였다.[286] 블레어(William N. Blair)는 이 평양대부흥운동을 《한국의 오순절》(*the Korean Pentecost and the Sufferings Which Followed*)이라는 제목으로 책을 저술하여 1908년 뉴욕에서 발행하였다.[287]

이렇게 진행된 평양대부흥운동의 의미는 여러 가지가 있는데, 연합운동사적 관점에서 가장 큰 의미는 대부흥운동을 통해서 에큐메니칼 정신이 구현된 것으로, 한국인과 선교사들 간의 이해 증진이 크게 일어난 것이다. 그동안 선교사들이 한국인을 자신들과 비교하여 열등하게 여기고 자신들은 스스로 우월감에 빠져 있었다가,[288] 선교사들이나 한국인들이나 자기 죄를 참회하는 가운데 그동안 쌓였던 앙금이 가라앉고 상호 신뢰와 이해가 돈독하게 된 것이다.[289] 이때의 증인이었던 한 선교사는 다음과 같이 진술

---

285) 위의 책, p. 45. William Blair and Bruce Hunt, *The Korean Pentecost & the Sufferings Which Followed*, p. 71.

286) C. A. Clark, *The Nevius Plan for Mission Work-Illustrated in Korea*, p. 164. 영국의 어느 경(lord, 卿)은 〈London Times〉에 기고하기를, "한국에서 일어난 기이한 능력의 현현은 웨슬리(John Wesley)의 부흥과 견줄 만하다"라고 했다. S. H. Moffett, *The Christians of Korea*, p. 52.

287) A. W. Wasson, *Church Growth in Korea*, p. 51.

288) G. H. Jones and W. A. Noble, *The Korean Revival-An Account of the Revival in the Korean Churches in 1907*, p. 40. 본서 387페이지 하디 선교사의 고백 참고. 서정민, "초기 한국교회 대부흥운동의 이해", 이만열 외 7인, 한국 기독교와 민족운동 (서울: 보성, 1986), p. 263.

한다.

> 올해까지 나는 한국인들을 다소 멸시하는 생각을 가졌으며, 아시아는 아시아이고 서양은 서양이고 이 둘 사이에는 어떤 유사성도 없다고 생각해 왔다……겉으로 보면 서양과 상반되는 일이 수천 가지가 있지만, 한국인은 내면과 기본적인 인생 문제에서 서양인 형제들과 다를 바가 없다는 것을 깨닫게 되었다.[290]

대부흥운동의 에큐메니칼적 성향은 사경회가 장 · 감 연합으로 모이고, 아울러 강단교류도 이뤄졌다. 길선주 목사는 여러 감리교회에서 부흥집회를 인도하였고, 감리교 목사들도 장로교회에서 집회를 인도하며[291] 자연스레 교파간의 차이와 갈등을 해소하는 결과를 가져왔다. 이렇게 원산에서 시작하여 평양에서 절정에 이른 에큐메니칼적 부흥운동은 전국적인 부흥운동으로 전개되는 도화선이 되었고, 약 50,000명에 이르는 새 생명들이 하나님께 돌아오는 열매를 맺기도 했다.[292]

c. 백만인구령운동(百萬人救靈運動)

원산부흥운동과 평양대부흥운동은 이어서 백만인구령운동으로 전개되었다. 백만인구령운동의 출발은 송도(개성)에서 사역하던 남감리교회 선교사 세 명에 의해서 이뤄졌다. 그들은 스톡스

---

289) J. Z. Moore, "The Great Revival Year", *KMF* (1907. 8), p. 118.
290) 위의 책.
291) 길진경, 영계 길선주 (서울: 종로서적, 1980), p. 199.
292) G. H. Jones and W. A. Noble, *The Korean Revival-An Account of the Revival in the Korean Churches in 1907*, pp. 5-6.

(M. B. Stokes), 갬블(F. K. Gamble), 그리고 여선교사 리드(W. T. Reid) 등으로, 이들이 일주일간 산상기도회를 마친 후 스톡스가 지방 전도여행을 떠나며 교회의 성도들에게 1년 안에 5만 명의 그리스도인들이 늘어날 수 있도록 기도를 부탁하였다.[293] 1909년 9월, 남감리교회의 선교부연회가 서울에서 개최될 때 스톡스 등 3인이 참석하여 그 해 표어를, "20만 명을 그리스도에게"로 하였다.[294] 1909년 '재한개신교복음주의선교부연합공의회' (The General Council of the Protestant Evangelical Missions)의 표어위원회의 보고가 리드에 의해 이뤄졌는데, 연합공의회는 이 위원회의 "올해 일백만을 그리스도에게로!" (One Million Souls for Christ in Korea this year-금년에 빅만 명)를 채택했다.[295] 선교사들은 당시 복음화에 대한 매우 긍정적 견해를 가지고 있었다. 북감리교회 감독 해리스(M. C. Harris)는 1909년 연례보고를 통해 다음과 같이 보고하고 있다.

> 지금의 여건은 전적으로 호의적이다. 법과 질서가 집행되고 있고, 한국인들은 하나님의 나라에 해마다 가까이 오고 있다. 유교와 불교는 죽었고, 오직 그들의 영적 예배만 살아 있다. 그러나 하나님께 감사한 것은 한국인들이 영적으로 가난하고 하나님의 나라를 소유할 준비가 되어 있다는 것이다.[296]

---

293) G. T. B. Davis, *Korea for Christ: the Story of the Great Crusade to Win One Million Souls from Heathenism to Christianity* (London: Christian Workers Depot, 1910), p. 7. 한국기독교역사연구소, 한국 기독교의 역사 I, p. 277.

294) *Minutes of the Annual Meetings of the Korea Mission of the Methodist Episcopal Church, South 1909*, p. 7.

295) Fifth Annual Meeting of the General Council of Protestant Evangelical Missions in Korea, pp. 16, 18. A. M. Nisbet, Day In and Day Out in Korea, p. 90.

백만인구령운동은 1907년 대부흥운동과 견줄 수 있는 또 하나의 복음전도운동으로, 모든 교단이 이 운동에 협력하여 한국의 모든 사람들에게 복음을 전하기 위한 노력이 동원되었다.[297] 요지는 1910년도 한 해 동안 100만 명을 구원하자는 것으로 결과는 알 수 없으나 당시 북감리교회 선교부는 상당한 기독교인의 증가가 있을 것으로 예상하였으며, 한국이 동양인들 중에서 가장 많은 기독교인들을 갖게 될 것이라는 약속을 준다고 하였다.[298] 당시 선교사들이 이 운동을 전개한 것에 대하여 게일(J. S. Gale)은 다음과 같이 진술한다.

그 위대한 운동은 한국에서 특별한 노력을 요구한다. 백만명구령이라는 외침은 민족적 절망이 이를 때에 널리 전파되고 있다. 자신의 잘못으로 멸망과 굴욕의 함정에 빠져 자기방어와 자주정치의 능력을 상실한 이 나라 백성들은 세계 모든 사람들의 멸시를 받고 국가의 주권마저 빼앗겼으며……오늘에 모든 것을 빼앗긴 이 나라는 구세주를 갈망하고 있다. 오늘이 절정의 날이다. 우리는 내일을 기다릴 수도 예언할 수도 없다. 오늘이 바로 전도하는 날이요, 이곳이 전도할 그곳이다. 전도의 문이 활짝 열렸고, 그 문 앞에 겸손하게 서 있는 많은 사람들이 있고 단순한 마음으로 기다리는 이들이 있다. 우리 선교사들은 이때가 한국에서 중요한 전환점이라고 확신한다.[299]

---

296) *Annual Report of the Board of Foreign Missions of the Methodist Episcopal Church, Korea Mission 1909*, p. 26.
297) C. A. Clark, *The Nevius Plan for Mission Work-Illustrated in Korea*, pp. 170-171.
298) *Annual Report of the Board of Foreign Missions of the Methodist Episcopal Church, Korea Mission 1910*, p. 34.
299) *The Missionary Monthly*, vol.43, no.5 (1910. 5), p. 213.

이처럼 평양대부흥운동과 더불어 백만인구령운동이 민족적 위기에 처한 때에 이뤄져 '몰역사성'(沒歷史性)이라는 비판을 받기도 하지만,[300] 대부흥운동의 열기를 식히지 않고 전도운동으로 이어가고자 했던 열정만은 충분히 드러났다고 할 수 있다.

연합공의회가 결의한 백만인구령운동을 위해 1910년 서울집회를 계획하였다. 포사이드(Forsythe)의 노력으로 여러 선교사들이 서울 복음화를 위해 기도하고 계획을 세우기 위해 모였다. 그 해 10월 집회를 개최하기로 결정하였고, 대표위원들을 임명하였다. 집회를 준비하면서 성서공회는 매서인들로 서울의 각 가정에 성경을 팔도록 하였다. 이 일은 조직적으로 진행되어 한 가정도 빠지지 않고 접촉할 수 있게 되었다.[301] 장로교독노회는 1910년 9월 19일 제4회 노회에서 백만인구령운동에 다음과 같은 사항을 결의하며 협력하였다.

(1) 각 교회가 일쥬일간 ᄉᆡ벽긔도회 ᄒᆞᆯ일 일자ᄂᆞᆫ 十월十四日브터

(2) ᄉᆞ무원이 부족ᄒᆞᆷ으로 셰 사ᄅᆞᆷ을 더 턱ᄒᆞᄃᆡ 량뎐빅 박치록 방위량 삼씨를 턱ᄒᆞ엿ᄉᆞ외며

(3) 한국목ᄉᆞ나 외국목ᄉᆞ를 ᄉᆞ무국에셔 턱ᄒᆞ야 부흥ᄃᆡ로 쓰기를 허

300) 한국기독교역사연구소, 한국 기독교의 역사 I, pp. 278-279, 282. 1910년 당시 〈대한미일신보〉는 백만인구령운동에 대하여 다음과 같이 비판적인 논설을 실었다. "基督教家가 悉皆國家精神이 無ᄒᆞᆷ은 아니나 或此가 無ᄒᆞᆫ 者一有ᄒᆞ며 儒教家가 悉皆文明主義가 無ᄒᆞᆷ은 아니나 或此가 無ᄒᆞᆫ 者一有ᄒᆞ기로 吾儕가 此問題로 一論을 揭하노니 오즉 國家精神이 無ᄒᆞᆫ 基督教家와 文明主義가 無ᄒᆞᆫ 儒教家ᄂᆞᆫ 此論을 一讀ᄒᆞᆯ지어다. 基督教家中에 或者ᄂᆞᆫ 즉 靈魂救援만 知ᄒᆞᆯ ᄲᅮᆫ이오 肉身의 榮辱은 無關이라ᄒᆞ며 오즉 天國主義만 知ᄒᆞᆯ ᄲᅮᆫ이오 人間의 事業은 無關이라ᄒᆞ며 오즉 天堂地獄의 禍福만 知ᄒᆞᆯ ᄲᅮᆫ이오 國家民族의 存亡은 無關이라 하나니 此一 엇지 可懼ᄒᆞᆯ사가 아닌가 嗚呼라 此迷遠境에 陷ᄒᆞᆫ 同胞여 徒然히 宗教無國境의 偏見만 恃치말고 오즉 國家精神을 奮興ᄒᆞ야 上帝의 眞理를 勿遠ᄒᆞ고 生存의 福樂을 圖得ᄒᆞ라 此卽吾 가 要求ᄒᆞᄂᆞᆫ바라." 대한미일신보, 1910. 4. 15.

301) H. G. Underwood, "The Beginning of the Seoul Campaign", *KMF*, vol.6, no.12 (1910. 12), p. 298.

락홀ㅅ대 그 지회와 그 목ᄉ의 허락을 밧으면 로회에셔 허락홈을 청원이 오며

(4) 지졍은 외국션교ᄉ들은 외국돈으로 쓰기를 허락ᄒ고 한국부흥딕에 월급은 한국 돈으로 쓰기로 작뎡홀일.[302)]

연합공의회는 아시아 순례 전도여행 중이던 채프만(J. W. Chapman)과 알렉산더(C. M. Alexander)를 초청하여 부흥회를 개최함으로 백만인구령운동에 탄력을 주었다.[303)] 두 사람은 5일 후 떠났지만, 그들과 동행했던 데이비스(G. T. B. Davis)는 지방을 순회하며 부흥회를 인도하였으며, 이때 서울에서는 초교파적인 대전도단이 조직되어 전국순회전도를 실시했고, 지방에서도 전도단을 구성하고 대형 전도집회를 열어 전도운동을 한층 발전시켰다.[304)] 북감리교회의 1911년 연례보고는, 1910년 한일병탄으로 인해 기독교의 미래가 불리하게 작용하리라 우려했지만 도리어 교회의 부흥은 더욱 놀랍게 이어졌고, 전 지역의 교회들이 열심을 내고 기운찬 믿음, 매우 적극적인 전도와 교육, 다른 형태의 기독교 사역으로 사람들이 복음에 더 가까워지고, 과거보다 그리스도를 영접할 준비가 되었다고 하였다.[305)] 곽안련은

302) 대한예수교쟝로회 로회 뎨ᄉ회 회록 (1910), pp. 15-16.

303) J. W. Chapman, "Korea White unto the Harvest", *Competent Witness on Korea as a Mission Field-Statement from Twelve Men Whose Prominence and Observation Quarterly Them to Speak with Authority* (New York: Korea Quater-Centennial Movement Board of Foreign Missions of the Methodist Episcopal Church, 1910), pp. 12-13. G. H. Jones, "No Christian Defection in Korea", 위의 책, p. 18. G. T. B. Davis, *Korea for Christ: the Story of the Great Crusade to Win One Million Souls from Heathenism to Christianity*, pp. 7-11.

304) 金良善, 韓國基督敎史硏究, p. 90.

305) *Annual Report of the Board of Foreign Missions of the Methodist Episcopal Church, Korea Mission 1911*, p. 30.

1910년 한일병탄으로 인해 민족의 역사가 단절된 첫 경험을 한 민족에 백만인구령운동은 최소한 그들을 붙잡아 주고 위로하며, 그들에게 활동할 출구(outlet)를 마련해 주었다고 평가하였다.[306)]

백만인구령운동을 전개하며 특이한 전도방법이 탄생했는데, 그것이 바로 '날연보'(日捐補, day-offering)라는 것이다. 날연보는 물질을 드리듯이 전도에 헌신하도록 시간을 연보하는 것으로, 당시 경제적으로 어려운 형편에서 전도운동에 많은 물질의 헌금을 기대하기는 어려웠던 때라, 이것이 교인들에게 엄청난 호응을 얻어 적극적으로 참여하였다. 평양에서는 천 명의 성도들이 22,000일을, 재령에서는 10,000일을 연보하였고, 전국적으로 드려진 날연보는 10만 일이 넘었다.[307)] 날연보와 더불어 전국적으로 수백만 장의 전도지와 60만 권 이상의 마가복음 쪽복음을 배부하였다.[308)] 이러한 백만인구령운동의 전개에 대하여 초교파적인 잡지인 〈코리아미션필드〉(The Korea Mission Field)는 다음과 같이 보도한다.

한국인들이 힘들고 고달픈 생활 속에서도 총 10만 일을 이 일에 헌

306) C. A. Clark, *The Nevius Plan for Mission Work-Illustrated in Korea*, p. 171.

307) "The Million Movement and Its Results", *KMF* (1911. 1), p. 5. 마펫의 결단 인도로 평양중앙교회는 1,800명이 모여 22,150일을 적어냈다. 데이비스(G. T. B)가 3주간 국내에 체류하는 동안 평양중앙교회만 700명의 새로운 신자들이 등록을 했다. G. T. B. Davis, "The Million Soul's Movement-Notes on Visits to Pyen Yang; Syen Chyun; Chemulpo; and Taiku", *KMF*, vol. 6, no. 4 (1910, 4), p. 85.

308) 위의 책, p. 83. 데이비스는 당시 한국을 방문하면서 마가복음 쪽복음이 30만 권이 이미 다 배부되었고, 30만 권이 주문되었으므로, 일본으로부터 우선 10만 권을 급히 우송해 왔다고 한다. 반면 이만열은 70만 권 이상이라고 피력한다. 이만열, "한국성서 반포사업", 신학정론, 13권 2호, 1985, pp. 340-348.

신하였다. 지난 겨울 동안 헌신한 날수만 76,000일이었고 금년 가을에도 수백 명의 전도인들이 축호전도를 하는 일과 대형집회에 참여한 예비 신자들과 개인적인 만남을 위해 한 달 동안 시간을 드렸다. 수백만 장의 전도지와 한국인 성도들이 헌금하여 마련한 70만 부의 마가복음을 불신자들에게 배부하며 반드시 이 책을 읽고 복음을 믿으라고 간절히 전하며 기도했다. 한국의 불신 가정 가운데 심방을 하지 않은 곳이 하나도 없을 만큼 열심히 다녔으며 수천 명의 기독교인들이 전도의 결실을 맺기 위해 매일 중보기도를 드렸다.[309)]

이 운동으로 인해 1910년 한 해 동안에는 큰 변화가 없었지만 1912년까지 이르러 큰 열매를 맺었다. 1907년 전교회 등록 세례교인이 8,081명이었는데 1912년에는 53,008명이 되었고, 1907년 총신자수가 72,968명이었는데 1912년에는 127,228명에 이르렀는데 부흥의 원천은 역시 사경회였다.[310)] 이렇게 역경의 시기에 전도운동에 온 교회가 연합하여 진군할 때 일제는 전면적으로 국내에 침탈하기 직전에 "백만 명을 그리스도에게"라는 표어를 "백만 명의 십자가 군병"을 양성하려는 운동으로 간주하여 그들이 기독교를 처음부터 크게 경계하고 급기야 105인 사건을 조작하기에까지 이르렀다.[311)] 이 사건으로 인해 백만인구령운동이 큰 장벽을 맞아 전년도 1911년에 비해 교세가 줄었는데, 장로교회의 경우 전체 교인수가 전년 대비 20,000명이 감소하였다.[312)]

---

309) "The Million Movement and Its Results", p. 5.
310) C. A. Clark, *The Nevius Plan for Mission Work-Illustrated in Korea*, p. 174.
311) A. J. Brown, *The Korean Conspiracy Case* (Northfield, Mass.: Northfield Press, 1912), 8. 한국기독교역사연구소, 한국 기독교의 역사 I, p. 282.
312) 위의 책, p. 319.

이와 같이 백만인구령운동은 남감리교회에서 제안하여 연합기구인 '연합공의회'가 주도함으로 자연스럽게 에큐메니칼 운동으로 전개되어 평양대부흥운동의 열기를 이어갔으며, '날연보'라는 전도를 위한 새로운 헌신의 방법을 도입하기도 했다.

d. 진흥운동(振興運動)

대부흥운동 이후, 1920-1930년대에도 부흥운동이 지속되었다. 마펫(S. H. Moffett)은 한국교회가 성장과 퇴보를 거듭했는데, 첫 20년인 1884-1904년에는 꾸준하게 성장했고, 1905-1910년에는 엄청난 성장을 했지만, 1911-1919년에는 성장속도가 갑자기 완화되더니 감소하였고, 1920-1924년에는 다시 성장하고, 1925-1928년에는 다시 퇴보하고, 1929-1937년에는 동아시아에서 제2차 세계대전이 시작되는 때에 뚜렷한 성장시대를 맞았다고 하였듯이,[313] 3 · 1운동의 고통 후에 교회의 전도에 대한 열정과 사람들의 열심이 전보다 훨씬 강렬하였다. 북감리교회 선교부는 "순교자의 피가 교회의 씨라"는 것이 다시 재현되는 것 같다고 보고하였다.[314] 브루너(E. S. Brunner)는 한국교회 부흥의 원인을 다음과 같이 진술한다.

> 복음전도에 있어서 가장 큰 성장은 한일병탄 직전과 직후의 암흑기

313) S. H. Moffett, *The Christians of Korea*, p. 51. 1910년대의 퇴보는 국가적 상황의 변화와 일제의 압박으로 인한 것이었고, 1925-1929년의 경우는 무엇보다도 경제공황이 주원인으로 이것이 당시 세계적 현상이었지만 일제의 식민정책으로 한국은 엄청난 경제수탈도 당해야만 했고, 그 결과 대부분의 자립하던 교회들도 타격을 받아 탁월한 지도자들을 훈련하고 보유하지 못하게 만들었다. 위의 책, pp. 71-72.

314) *Annual Report of the Board of Foreign Missions of the Methodist Episcopal Church, Korea Mission 1921*, p. 28.

이다. 한국인들은 바벨론에 거주하던 유대인들의 경험과 비길 만하여 복음을 들을 준비가 되었는데, 그 복음은 비록 그것이 내세에서나 이뤄질 수 있는 것이지만 그들에게 풍요로운 삶을 약속하였고 의의 궁극적 승리를 말해 주었다. 기독교 신앙은 그들의 상처받은 영혼을 해방시켜 주었고, 그들이 잃어버린 것들을 보상해 주었고, 그들이 원하는 것을 채워 주었다.[315)]

브루너의 지적과 같이 한일병탄의 암흑기적 상황에서 교회는 꾸준히 성장하여 1910-1920년까지 성찬에 참여하는 자의 수가 꾸준히 증가하였다.[316)] 이와 같은 교회부흥은 진흥운동의 결과이다. 1919년부터 1928년까지 1차 진흥운동과 1929년부터 진행된 2차 진흥운동으로 전개되었다.

(1) 1차 진흥운동

진흥운동은 장로교회에서 시작되었다. 1919년 9월 제8회 장로교총회는 전국 12개 각 노회마다 세 명씩 '진흥위원'을 임명하여 위원회에 참여토록 하고 교회의 진흥책을 연구토록 하였다. 1921년까지 3개년 계획을 세워 첫해에는 개인과 가족 및 교회단위로 기도에 전력하고, 둘째 해에는 부흥회를 통한 부흥을 꾀하고, 셋째 해에는 유년 주일학교의 부흥의 해로 정하고 부흥운동을 전개했다. 각 노회마다 진흥부를 설치하고 총회의 진흥부와 협력하여 각 지방 교회의 진흥에 열심이었다. 각 교회마다 진흥

315) E. S. Brunner, "Rural Korea-A Preliminary Survey of Economic, Social And Religious Conditions", p. 50.

316) C. A. Clark, *The Nevius Plan for Mission Work-Illustrated in Korea*, p. 264.

비교표를 나눠 주고 그 결과를 노회에 보고하도록 하는 강력한 진흥책을 추진했다.[317]

1920년에 각 교회가 연 1-2회의 부흥사경회를 가졌고, 지역마다 연합부흥사경회, 노회도 회기 때마다 대부흥회를 가졌다. 이때 가장 큰 열매를 나타낸 부흥사가 길선주와 김익두 목사로 고난 가운데 있는 민족과 교회에 새 빛과 희망을 주었다.[318] 1920년 진흥위원회 위원장 블레어(W. N. Blair)의 지도 아래 모든 장로교회에서 진흥운동이 전개되었다. 그 해 주일학교 교사들이 10,000명에서 14,000명으로 늘어날 만큼 성장하였다.[319]

장로교회에 이어 감리교회에서도 진흥운동을 전개했다. 북감리교회 선교부는 1923년에 동양선교 75주년 기념사업으로 신자 50% 증가 운동과 남녀 청년 헌신자 300명을 얻는 운동을 전개하였다.[320] 1924년 3월 5-6일에는 서울에서 남북 감리교회가 '진흥방침 연구회' 를 연합으로 모여서 전도사업, 교육사업과 출판사업을 공동으로 시행할 것을 결의하였고,[321] 전도, 교육, 교역자 양성, 출판업, 예식문(禮式文)과 직명의 통일에 대한 문제를 연구하며, 11개조의 교회진흥 방법을 구체적으로 제시하고 실천에 옮겼다. 남감리교회는 1921-1924년 동안 교인이 16,613명, 교회가 170개가 증가되는 놀라운 역사가 일어났는데, 감리교회를 대표하는 부흥사는 유한익이었다. 성결교회에서도 노방전도 야시전도(夜市傳道) 등을 통해 진흥운동을 전개하였다.[322]

---

317) 죠션예수교쟝로회 총회 뎨八회 회록 (1919), pp. 47-48. 죠션예수교쟝로회 총회 뎨九회 회록 (1920), p. 69.
318) 金良善, 韓國基督教史研究, pp. 124-125.
319) C. A. Clark, *The Nevius Plan for Mission Work-Illustrated in Korea*, p. 182.
320) 위의 책, p. 125.
321) 한국감리교회사 I, p. 301.

1924년 남감리교회 연회는 1년간 특별부흥의 해로 정하고 선교사, 한국인 목사 및 일반 성도에 이르기까지 한국교회의 부흥 발전을 위해 기도와 전도에 온 힘을 기울였다.[323] 같은 해 남감리교회 선교부의 스토크(M. B. Stokes)가 서울 도심의 건물 2층에 노방예배당(street chapel)인 '중앙전도관'을 열고 집회를 시작하였는데 1925년 9월부터 1934년 12월 말까지 10년간 중앙전도관의 수강자가 149,459명이었고, 결신자가 29,009명이 되었다.[324] 1928년에 평양에서도 장로교인들이 전도관을 열어 대학 및 신학교 학생들로 집회를 인도하게 하여 첫 3개월간 1,000명 이상이 결신하였다.[325]

장 · 감이 이렇게 진흥운동을 전개하자 연합공의회(Korean Federal Council)는 1926년 10월 1일을 시작으로 모든 교회가 기도주간을 열어, 낙심한 자들이 돌아오고 불신자들이 구원받는 교회 부흥을 위해 주님께 탄원하도록 하였다. 10월 둘째 주부터는 조직을 위한 모임을 갖고, 셋째 주에는 조직이 되지 않은 교회들에서 모임을 갖기로 했다. 이 모든 모임 기간에 새벽기도회를 반드시 갖도록 하였고, 몇몇 선교부에서는 여기에 필요한 소책자를 공급하도록 약속하였다.[326]

1920년대 이후 가장 부흥운동이 잘된 곳은 평양으로서, 정치적 수도는 서울이었지만 기독교의 수도는 평양이라 불릴 정도로 18만 명의 인구에 27개 장로교회, 6개의 감리교회와 성공회, 몇

322) 金良善, 韓國基督敎史硏究, p. 125.
323) 남감리교 조선 매년회 제7회 회록, (1924), p. 73.
324) 기독교 조선 감리회 동,중,서부 제5회 연합 연회록, (1935), p. 155.
325) C. A. Clark, *The Nevius Plan for Mission Work-Illustrated in Korea*, p. 216.
326) *Sixteenth Annual Meeting of the Federal Council of Protestant Evangelical Missions in Korea*, p. 39.

개의 성결교회와 구세군 등 36개의 교회가 있었고 이 가운데 5개의 장로교회와 한 개의 감리교회가 출석인원 1,000명 이상이 되었다.[327] 1차 진흥운동의 결과로 한국 전 지역을 가로질러 복음 선포에 있어서 강렬한 관심은 1-2년 전에 지은 건물이 새로운 구도자들을 수용하기에는 어려울 지경이었다.[328]

(2) 2차 진흥운동

1929년부터 2차 진흥운동이 시작되었다. 1929년 9-10월에 서울에서 연합공의회 주관으로 연합대전도회가 열렸는데, 이것은 박람회 기간[329]을 통하여 광화문 네거리에 임시로 큰 전도관을 건립하고 50일 동안 98회의 전도 강연을 하였다. 이 기간 동안 총 27,000명이 청강하여 3,000명의 결신자를 얻었으며, 감리교회의 서울 중앙전도단은 1925년 창설 후 4년간에 걸쳐 67,748명이 청강하고 9,509명이 결신하였으며, 다섯 개의 교회가 신설되는 성과가 있었다.[330]

진흥운동에 주일학교연합회도 동참하였는데, 이 일은 1929년 가을 평양에서 열린 제3차 전국주일학교대회에서 주일학교 배가운동의 일환으로 4년간 주일학교 진흥운동을 전개하기로 하고, 다음과 같이 활동하였다.

제一년(1930): 조선주교 교직원으로 하여곰 성경을 숙달키로.

---

327) C. A. Clark, *The Nevius Plan for Mission Work-Illustrated in Korea*, p. 228.

328) *Annual Report of the Board of Foreign Missions of the Methodist Episcopal Church, Korea Mission 1922*, p. 31.

329) 이 박람회는 1929년 총독부 주관으로 9월 12일부터 10월 31일까지 50일간 광화문에서 열렸다. 기독신보, 1929. 11. 13.

330) 金良善, 韓國基督教史硏究, p. 127.

1. 양성공과 중 성경과를 전선적으로 실행함.
2. 성경통신과를 실행함.
3. 신학교와 성경학교에 후원을 함.

제二년(1931): 조선주교 교직원으로 하여곰 물질적과 신령적으로 헌신하도록.

1. 교사헌신회를 열게 함.
2. 회원은 一원을 헌금할 것.
3. 헌금은 적립하여 기본금으로 사용함.

제三년(1932): 조선주교 교사 양성을 배가하도록.

1. 전국강습회를 구체적으로 조직하여 활동할 것.
2. 교사양성통신과를 실시할 것.
3. 신학교와 성경학교의 후원요함.

제四년(1933): 조선주교 학생을 배가 모집코자 함.

1. 현재 주교를 조사하여 통계표를 작성할 것.
2. 매 3개월 진흥상황을 본부로 보고할 것.
3. 지방총무와 대표자가 모혀진 진흥방침을 전함.[331)]

이 기간 동안 진흥운동에 가입한 회원이 1,053명으로 교파를 초월하여 배가운동을 추진하였다.[332)]

1931년 장로교 제20회 총회에서는 2차 진흥운동 3개년 계획안을 발표하여, 첫해에는 헌신, 성경보급, 특별기도 등으로, 둘째 해에는 대부흥전도운동으로, 셋째 해에는 기독교 문화운동의 해로 정하고 교회 진흥운동을 크게 전개하였다.[333)] 1932년은 한국

331) 곽안련, 종교교육 창간호 (1930), p. 12.
332) 한국감리교회사, p. 63.

기독교계 '진흥년'(振興年)으로 장로교회와 감리교회가 연합하여 김종우, 정춘수, 이필주 목사 등이 강사로 서울에서 신앙부흥운동을 일으켰다.[334] 장로교총회는 진흥회원을 모집하여 1935년에 4,000명에 이르렀고, 2차 진흥운동 주강사로는 길선주, 김익두 외에 감리교의 정남수 목사가 크게 활동하였고, 연합공의회는 이때 전 교단의 진흥운동을 지원하여 시대에 맞는 전도방법을 연구하여 실행하였다. 즉, 불신자들을 위한 인생문제 해결을 제시한 팸플릿 10여 종을 발행하여 전국에 보급하였고, 개인 전도용 가이드북을 만들어 개인 전도자들을 돕고, 신문과 라디오 등을 통해 새로운 전도방법을 처음 사용하였다.[335]

1930년 가을 서울에서 각 교파 연합전도대회를 개최하여 수강자가 64,359명, 결신자가 6,370명이나 되어 자기 집에서 가까운 교회로 통지하여 심방하도록 하였다.[336] 1932년 조선예수교연합공의회(KNCC)는 열 명 단위 그룹의 교회 사역자들이 조용한 곳에 모여 능력과 부흥운동의 제일 좋은 방법을 위해 기도하며, 교회 사역자들을 위한 부흥회를 열고, 전 국토를 순회하는 전도대를 조직하며, 비용은 교회가 지불하되 농촌교회는 공의회가 지원토록 하고 이 운동을 위해 600엔의 특별 예산을 마련하였다.[337]

1935년 감리교회는 스토크가 피터스(V. W. Peters), 변홍규, 김우현, 조신일, 송대용 및 정남수 등과 함께 구령사업의 하나로 정기 간행물인 〈성화〉(聖火)를 통하여 심령부흥운동을 전개했

333) 죠션예수교장로회 총회 뎨이십회 회록 (1931), pp. 26, 28.
334) 한국감리교회사 II, p. 12.
335) 金良善, 韓國基督敎史硏究, pp. 127-128.
336) 한국감리교회사 II, p. 73.
337) *Proceedings of the Ninth Annual Meeting of the Korean National Christian Council*, p. 14.

고, 구원의 확신을 강조하였다.[338] 평양장로회신학교도 모든 학생이 길가나 공장, 가정과 가게 등에서 복음전도에 최소한 매주 190분을 힘쓰도록 하고, 1937년에는 설날 명절 기간에 일주일간 신학교 문을 닫고 모든 교수들과 학생들이 120개 교회에 흩어져 각 사람이 일주일간 주중에는 사경회를, 저녁에는 부흥회를 인도하는 새로운 운동을 전개하여, 이때 120개 처소에서 약 2,000명의 새 생명을 얻었다.[339] 1939년 감리교회 감독 김종우는 부흥을 강조하며 〈감리회보〉에, 부흥운동이 개인으로부터 가정으로, 가정으로부터 교회로, 교회로부터 사회로 크게 나타나기를 촉구하였다.[340] 1938년 웨슬리의 회심 200주년을 계기로 시작한 전도회원이 1939년 초에는 4,000명이 되었는데,[341] 평양에서 〈신앙생활〉을 발간하던 장로교인 김인서도 전도회원이 되어 교회부흥 전도 사업을 위해 헌금을 하기도 했다.[342]

이와 같이 1920-1930년대의 진흥운동은 장로교회가 먼저 시작하고 이어서 감리교회도 독자적으로 실시하다가 연합공의회가 주관하며 장 · 감이 연합하여 오랫동안 이어온 에큐메니칼 운동으로 자리 잡으며, 민족의 형편이 심히 어려운 때에 복음을 통한 위로와 소망을 전해 주었다.

이상에서 부흥운동을 살펴본 것과 같이, 부흥운동은 "선교사

338) 한국감리교회사 II, pp. 74-76.
339) C. A. Clark, *The Nevius Plan for Mission Work-Illustrated in Korea*, p. 188.
340) 감리회보, 제7권 25호 (1939. 2. 1), 1-2. 김종우 감독은 본인이 직접 부흥회를 인도하는 등 부흥을 위해 몸으로 헌신하다가 1939년 9월 17일 별세하고 말았다. 감리회보 98호, (1939. 10. 1), pp. 1-2.
341) 한국감리교회사 II, p. 152.
342) 감리회보, 제7권 26호 (1939. 3. 1), p. 12.

와 선교사 사이, 신도와 신도 사이의 친선의 정신"[343]을 심어 주어 교회연합의 원동력이 되어 주었다. 그 출발이 원산부흥운동이었는데 이때 이미 에큐메니칼적 부흥집회가 이뤄지며 성령의 놀라운 역사가 시작되었다. 또 한 가지 기억할 만한 것은 교회연합운동이 왕성하고 활발하게 진행되며 한국에 '하나의 교회'를 세우기 위한 노력이 경주될 때가 바로 1903년에 시작되어 1907년까지의 부흥운동, 1909년 백만인구령운동, 1920년대 진흥운동이 전개되는 동안에 이뤄진 것이다. 부흥운동은 이처럼 교파, 교리, 체제 등의 장벽을 뛰어넘는 교회일치운동으로 연결[344]시켜 준 고리역할을 든든하게 해주었던 것이다. 감리교회 통합의 논의가 처음 이뤄진 것도, 남북 감리교회의 '교회진흥방침연구회' 연합회의에서 이뤄진 것[345]을 감리교연합운동에서 이미 본 바 있다. 장기간에 이뤄진 부흥운동에 각 교단과 더불어 연합기구인 연합공의회가 주도되어 백만인구령운동 및 진흥운동을 전개한 것도 에큐메니칼 운동사에서 중대한 공헌을 한 것이다.

2. 해외선교

한국교회는 초기부터 받기만 하지 않고 주는 것도 잊지 않았다. 1897년 소래교회는 56달러를, 서울과 평양의 교회들이 30달러를 헌금하여 인도에서 기아에 시달리는 사람들을 위해서 보냈다.[346] 한국교회는 개신교 선교 이래 30주년이 되지 않아 선교사

343) 하리영, "기독교조선감리교회 총회를 보고서", 기독신보, 1930. 12. 1.
344) 한국기독교역사연구소, 한국 기독교의 역사 II, pp. 178-179.
345) 梁株三, 朝鮮南監理敎會 30年 紀念報, p. 141.
346) C. A. Clark, *The Nevius Plan for Mission Work-Illustrated in Korea*, p. 113.

를 해외에 파송하기 시작했다.[347] 정확히 최초의 선교사가 입국한 지 28년 만에 조선교회는 해외선교를 시작하였다. 특히나 교단 차원에서 해외선교를 시작하는 것은 한국교회뿐으로 중국은 교회가 세워진 후 75년이 지나도록 한국이나 시베리아에 선교사를 파송한 적이 없으며, 한국보다 큰 교단을 가지고 있던 일본도 이 사역을 시작하지 못하였다.[348] 여기에서는 중국선교와 시베리아 선교, 그리고 한국에 체류하는 중국인들에 대한 선교 및 일본선교에 대해서 살펴보고자 한다.

a. 중국선교

한국교회의 해외선교는 중국선교로부터 시작되었다. 중국선교는 산동 지역의 중국인선교와 만주 및 기타 지역의 동포선교로 나누어서 사역을 하였다.

(1) 만주선교

만주선교는 구한말 한국인들이 만주로 대거 이주하면서부터 시작되었다. 만주로의 이주는 농촌경제의 피폐와 정치적 억압과 강제로 인해,[349] 인구밀도가 적었던 만주 지역으로 수많은 젊은 농부들이 떠났다. 이것은 이주민들에게 기회이며 동시에 문제가 된 것으로, 그들은 기독교 봉사의 기회를 가졌으며 반면 일본과

---

347) C. A. Clark, "Work Among Koreans Abroad", *The Korea Missions Year Book 1932*, p. 89.

348) C. A. Clark, *The Nevius Plan for Mission Work-Illustrated in Korea*, p. 246.

349) *Annual Report of the Board of Foreign Missions of the Methodist Episcopal Church, Korea Mission 1931*, p. 61.

중국 정부 당국 사이의 복잡한 틈에 끼어 있게 되었다.[350] 한국인들이 만주로 이주하기 시작한 것은 1900년이다.[351] 만주선교의 시작은 남만주 지역에서 활동하던 스코틀랜드 장로교회 선교부가 미국 북장로교회 한국선교부에 만주에 거주하는 한국인 선교를 의뢰함으로 시작되었다.[352]

1901년 장로교공의회 위원회는 여섯 명의 선교사와 아홉 명의 한국인들로 구성된 선교위원회를 조직하고, 북쪽(만주) 지역의 미전도 지역에 전도인을 파송하고자 하였다.[353] 같은 해 북장로교회 선교부는 유상도를, 2년 후에는 김상년을 전도인으로 파송하고,[354] 초기 남만주 선교는 선천의 선교지부에서 주관하여 평북노회 전도부가 재정지원을 했다.[355] 1902년 만주에 사는 한국인들의 전도를 위해 만주의 스코틀랜드 장로교회 선교부(Scotch Presbyterian Mission)와 협의를 시작하였고, 스코틀랜드 선교부가 이들을 돌보도록 요청하였으며, 1905년 장로교공의회가 현지 실사를 하고 복음전도 사역을 계획할 위원회를 구성하였다.[356]

1912년에 캐나다 장로교회 선교부가 북만주의 한국인들을 위한 선교를 시작하였고, 블라디보스톡 서쪽 용정에 선교지부를 설치하였다. 남감리교회도 1908년 선교를 시작했다가 캐나다 선교

350) 위의 책, 1929, p. 45. 1945년에 만주에 거하던 한국인들은 260만 명에 이르렀는데, 당시 2,600만 명 가운데 무려 10%가 만주로 이주했고, 만주의 인구 3,700만 명 가운데 7%를 한국인이 차지하였다. 한국감리교회사 I, p. 150.

351) C. A. Clark, "Work Among Koreans Abroad", p. 87.

352) H. A. Rhodes, *History of the Korean Mission Presbyterian Church U.S.A., 1884-1934*, p. 368.

353) C. A. Clark, *The Nevius Plan for Mission Work-Illustrated in Korea*, p. 154.

354) H. A. Rhodes, *History of the Korean Mission Presbyterian Church U.S.A., 1884-1934*, p. 368.

355) 朝鮮예수敎長老會 史記(上), pp. 74-75.

356) C. A. Clark. *The Nevius Plan for Mission Work-Illustrated in Korea*, pp. 154-155.

부에 이양하였는데,[357] 이 예양협정은 만주선교 초기에 있었던 일로, 1909년 9월 장로교회와 감리교회 사이에 체결되어 모든 선교 사업을 캐나다 장로교회에 넘기고 남감리교회 선교사로 파송되었던 이화춘 목사는 본국으로 돌아왔다.[358]

캐나다 장로교회 선교부는 1919년 7월 은진중학교를, 1921년 6월에 명신여자중학교를 설립하여 젊은 남녀 인재들을 양성하였다. 1909년에는 독립운동 지도자 양성을 목적으로 세워진 명동학교에 예배 및 성경 교수에 참여하고 1910년 3월 명동중학교를 설립하였는데, 이 세 개의 남녀 중학교가 기독교 교육운동의 산실이 되어 독립운동과 복음선포 등에 있어서 만주는 물론 시베리아까지 중대한 역할을 감당했다.[359] 1921년 북장로교회 선교부는 두 회원을 봉천에서 동쪽으로 100마일에 위치한 신핀(Sinpin)에 선교지부를 설립하였다. 곽안련은 당시 만주로 이주한 한국인들은 청교도들이 미국에 정착할 때 그랬던 것과 같았다고 말한다.[360] 만주 지역의 교회들이 성장함으로 1921년 4월 21일 남만노회가 조직되었고,[361] 1931년 56개 교회와 3,070명이 기독교인들이 있었다.[362]

감리교회의 만주선교는 1908년 남감리교회가 이화춘을 용정에, 1910년 북감리교회가 손정도를 길림에 파송함으로 시작하였는데,[363] 이화춘과 함께 권서인 이응현과 함주익을 파송하여 용정

---

357) C. A. Clark, "Work Among Koreans Abroad", pp. 88-89.
358) C. A. Clark, *The Nevius Plan for Mission Work-Illustrated in Korea*, p. 244.
359) 한국감리교회사, pp. 153-154.
360) C. A. Clark, *The Nevius Plan for Mission Work-Illustrated in Korea*, p. 244.
361) 朝鮮예수敎長老會 史記(下), p. 389.
362) C. A. Clark, "Work Among Koreans Abroad", p. 87.
363) 한국감리교회사 II, p. 89.

촌에 사는 130호의 한국인들을 전도하였다.[364] 감리교회는 1918년 서만주에서 사역을 시작하였고, 거기에서 장로교회와 선교지를 분할하고, 감리교회가 서쪽으로는 장춘지역에서부터 북쪽으로는 시베리아 경계까지 책임을 맡았다.[365] 1920년 9월 19일 남감리교회 선교연회는 다시 동만주와 시베리아 선교에 참여하기를 결의하고 크램(W. G. Cram)을 관리자로 양주삼을 총무로 임명하여, 정재덕을 선교사로 파송하고 길림성 신안촌 액목현(新安村 額穆縣) 등에서 개척교회를 설립하였다. 1921년 서백리아만주선교회(西伯利亞滿洲宣教會) 제1차 연회가 니코리스크에서 램버트(Lambuth) 감독의 인도로 개회되었다.[366]

북감리교회는 1918년 내외국선교회를 조직하고 같은 해 8월, 배형식을 만주로 파송하였다.[367] 북감리교회는 1921년 장춘과 하얼빈에 진출하였는데, 남감리교회가 이미 이 지역에서 사역을 하고 있어 예리한 문제가 될 수도 있었다. 그러나 그들의 선의가 상실되지 않기를 소망하며,[368] 1923년에는 만주지방회가 조직되어 감리사에 배형식 목사, 액목(額穆)에 이광태, 장춘에 이홍주, 길림에 김응태, 봉천에 동석기, 화전에 허영백, 철령에 김성홍 등을 파송되었다.[369]

1924년 1월 29일 봉천(심양)장로교회에서 북감리교회 대표 다섯 명과 장로교회 대표 여덟 명이 모여 '장 · 감 전도구역위원

---

364) 위의 책, p. 332.
365) C. A. Clark, "Work Among Koreans Abroad", p. 89.
366) 한국감리교회사 I, p. 156. 2차 연회는 1922년 10월 10일 블라디보스톡에서, 3차 연회는 1923년 9월 26일 용정에서, 4-5차 연회는 1924-1925년 9월 하얼빈에서 열렸다.
367) 한국감리교회사 II, pp. 338-339.
368) *Annual Report of the Board of Foreign Missions of the Methodist Episcopal Church, Korea Mission 1921*, p. 238.
369) 미감리회 제16회 조선연회록 (1923), p. 32.

회' 를 열고 만주의 선교구역을 정하였는데,[370] 장로교회의 전도구역은 남만 길림성 남편에 반석, 화전, 몽강, 돈화현과 길림성에서 액목현으로 가는 대로 남편과 북만에 동영, 목능, 장수방정현과 그 동북 아홉 현과 서간도 전부와 개원전경이고, 감리교회의 전도구역은 길림성에 이통, 덕혜, 유수, 쌍성, 서란현과 길림성에서 액목현으로 가는 대로 동북편과 북간도 예영안, 오상, 아성, 빈강현, 합장선서편과 흑룡성 전부였다.[371] 이것은 봉천, 장춘, 하얼빈으로 이어지는 철도를 경계로 서북부를 북감리교회가, 동남부를 북장로교회가 맡는 것으로 국내에서 이미 행한 예양협정을 선교지에서도 그대로 적용하였던 것이다.[372] 《朝鮮예수敎長老會 史記》는 장 · 감의 예양협정에 대하여 다음과 같이 말한다.

> 中國東滿臥龍洞敎會가 成立하다. 先是에 南監理會 선교사 河鯉泳과 傳道人 李和春이 傳道하야 信者漸興함에 敎會를 設立하였더니 至是하야 長監兩敎의 分界條約에 依하야 長老會 管理에 歸함에 宣敎師 富斗一(카다다宣敎會)과 金永濟牧師가 輪行하며 視務하니라.[373]

1925년 만주선교에 가장 적극적으로 참여한 교단이 캐나다 장로교회로, 천주교를 포함하여 전체 교회수 116개 가운데 61개, 전체 신도수 17,538명 가운데 6,262명을 차지하였다.[374]

1920년대 만주에서의 기독교 사역의 개발에 상당한 관심을 보

370) 기독신보, 1924. 3. 12.
371) 죠션예수교쟝로회 총회 뎨十三회 회록 (1924), p. 40.
372) 한국기독교사연구회, 한국 기독교의 역사 I, pp. 213-218.
373) 朝鮮예수敎長老會 史記 (上), pp. 310-311. 하리영은 하디(R. A. Hardie), 부두일은 푸트(W. R. Foote)이다.
374) 한국감리교회사 I, p. 150. 남감리교회가 14교회에 1,513명, 동아기독교회가 7교회에 288명, 안식교회가 2교회에 164명, 천주교회가 32교회에 9,320명이었다.

여, 북감리교회 조선연회는 남감리교회 선교부와 만주의 다른 선교부들과 협력하여 그 땅에서 놀라운 사역을 개발하였다. 유력한 설교 장소에 대한 네트워크가 웰치(Welch) 감독, 북감리교회 조선연회 직원인 워드(Ward) 의사와 다른 몇몇 사람들에 의해 개설되었으며, 다른 선교부들과의 협력 프로그램도 조심스럽게 수행되었다.[375] 만주사역의 지도자는 항상 한국인에 의해 한국인의 지원으로 이루어졌고, 1929년 연회 때 모든 지역 감독이 한국인이었다.[376] 1924년에는 남감리교회가 만주에서의 몇몇 사역을 북감리교회에 이양했으며, 1920년부터 배형식이 이 지역을 담당하였다.

1926년에 장로교회와 감리교회는 만주선교에서의 예양협정을 다시 체결하였는데, 장로교회가 봉천까지 확장하고, 감리교회는 쑹화강을 따라 북쪽으로 강화하기로 하였다.[377] 1929년 1월 봉천(심양)에서 북감리교회 대표 다섯 명과 장로교회 대표 여덟 명이 장 · 감 양교단의 선교구역을 협의하여 분할하고, 2년 후에 재조정하기로 결정하였다. 1930년에 남북감리교회가 연합하여 '기독교조선감리회'가 출범한 후에 만주의 북감리교회 만주지방회와 남감리교회 간도지방회를 합동하여 기독교조선감리회 만주선교회 연회를 조직하여 1차 대회를 1931년 12월 4-6일 용정 램버트(W. R. Lambuth) 기념예배당에서 열었고, 이때 참가한 만주선교연회원은 27명이었다.[378]

---

375) *Annual Report of the Board of Foreign Missions of the Methodist Episcopal Church, Korea Mission 1922*, p. 31. 1922년에는 남감리교회보다 북감리교회의 책임이 두 배로 증가하였고, 북감리교회의 만주에서의 사역지는 장춘 하얼빈에 이어 남쪽으로 봉천(Moukden)과 길림(Kirin)까지 늘어났다.

376) 위의 책, 1931, p. 61.

377) 위의 책, 1926, p. 116.

378) 한국감리교회사 I, p. 157.

만주선교에서 애로사항이 있었는데, 그것은 만주지역의 반기독교 정서로 인한 것으로, 러시아 혁명으로 인해 사회주의 및 공산주의 세력의 반종교 운동과 더불어 마적단이 습격을 하는데다 3 · 1운동 이후에는 일제의 감시와 탄압이 작용하기도 했다.[379] 만주지역에 여러 환난과 핍박이 그치지 않았으나 1932년 북만노회, 1935년 봉천노회, 그리고 1937년에는 영구노회가 분리되어 네 개의 노회가 되었다.[380] 네 개의 노회에서 일하는 목회자들은 22명이었고, 한국에서 파송된 여섯 명의 조사들이 함께하였고, 사례를 받는 전도자들이 38명에 이르렀다.[381] 만주로 이주하는 한국인들이 늘어나면서 감리교회는 1935년부터 부활주일을 만주선교를 위한 선교주일로 설정하여 지켰다.[382]

1937년 4월 16일 만주의 사평가(四平街)에 성경학교가 개설되었는데, 마침 채핀 부인(Mrs. A. B. Chaffin)이 한국에서 와서 수개월간 거하며 많은 노력을 기울여 21명의 학생들이 입학을 하였고, 조선감리교회가 교실을 마련하고, 캐나다 장로회가 선교사 교사들을 위한 집을 짓는 데 협조하였다.[383] 사평가성경학교가 훗날 '만주신학교' 로 발전하고, 1940년 3월 사평가교회에서 만주신학교 제1회 졸업식이 거행되었다.[384] 1939년 7월 만주선교연회는 동만주 지방이 27개 교회에 3,201명의 신자들, 북만주 지방이 22개 교회에 1,381명 신자에 교역자는 42명에 이르렀

---

379) 한국기독교역사연구소, 한국 기독교의 역사 II, pp. 115-116.
380) 위의 책, p. 116.
381) C. A. Clark, *The Nevius Plan for Mission Work-Illustrated in Korea*, p. 244.
382) 한국감리교회사 II, p. 348.
383) "North District, Manchuria", Missionaries of the Woman's Foreign Missionary Society of the Methodist Episcopal Church, *Fifty Years of Light*, p. 115.
384) 한국감리교회사 II, pp. 349-350.

고,[385] 그 해 6월 여섯 번째 마지막 연회를 열고 1941년 조선감리교단 만주교구로 편입되었다가 같은 해 11월 만주의 개신교가 통합되면서 조선감리교회에서 독립했다.[386]

1941년 만주에 있는 조선장로교회, 감리교회, 성결교회, 동아기독교회(침례교회) 및 조선기독교회 등 다섯 개 교파가 합동하여 '만주조선기독교회' 총회를 창설했다.[387] 그 해 11월 26-27일 장춘에서 합동총회를 열고, 28일 대망의 '만주조선기독교회'의 결성식을 가졌는데, 교회가 380개, 교역자가 100명, 신도가 5만 명이었으며, 만주 전역을 신경(장춘), 봉천, 안동, 남만, 북만, 동만 등 여섯 개 교구로 편성하였고, 회장에 장로교회 정상인, 부회장에 감리교회 송득후를 선출했다.[388]

이와 같이 한국교회의 해외선교가 처음 시작된 만주선교를 통하여 에큐메니칼 운동이 나타났는데, 장 · 감 사이에 예양협정이 이뤄지고 나아가 만주에서 '하나의 교회'인 '만주기독교회'를 조직함으로 국내에서 이루지 못한 일을 해외 선교현장에서 이룬 쾌거였다.

(2) 산동선교(山東宣教)

산동선교의 의미가 큰 것은 한국교회가 외국인을 대상으로 외국에 나가서 선교한 첫 번째 경우일 뿐만 아니라,[389] 거기에서 한국 장로교회와 중국 장로교회 및 미국 북장로교회의 에큐메니칼 선교가 이뤄졌기 때문이다. '조선장로회총회'가 조직된 후 행한

385) 한국감리교회사 I, p. 159.
386) 한국감리교회사 II, p. 350.
387) 조선장로교총회 제三十회 회록 (1941), p. 9.
388) 한국감리교회사 II, p. 353.
389) 한국기독교역사연구소, 한국기독교의 역사 II, p. 133.

가장 큰 일은 중국의 산동지역에 중국어로 사역할 수 있는 해외 선교사를 파송하도록 결의한 것이었다. 담당 위원회가 선교 현지를 실사하고 선택 가능한 사람을 선정하면, 어느 누구도 선교사로 가는 것을 거부하지 않았다.[390] 이 일은 1912년 총회가 조직되고 전도부가 다음과 같이 청원서를 내놓았다.

> 로회를 시작할 ᄯᅢ에 제쥬에 션교ᄉᆞ를 보냄으로 신령ᄒᆞᆫ 교회를 셰워 하ᄂᆞ님ᄭᅴ 영광을 돌님으로 우리에게 깃븜이 츙만한바이온즉 지금 총회를 시작ᄒᆞᆯ ᄯᅢ에 외국젼도를 시작ᄒᆞᄃᆡ 지라등디(支那等地)에 션교ᄉᆞ를 파송ᄒᆞ기를 청원ᄒᆞ오며.[391]

이것을 계기로 산동성이 외국인을 위해 전도하는 첫 번째 선교지가 되었다. 산동은 중화문명의 발원지이며 중국인들이 존경하는 공자와 맹자의 출생지이고, 서해를 두고 한국과 중국 양국이 일찍부터 해상교역을 해온 중심지이다.[392]

1913년 장로교총회는 김영훈, 사병순, 박태로를 산동선교사로 선정하였고, 산동노회에 선교사업지의 선정과 그 협조를 요청하는 편지를 보내어 선교사업협약을 맺었다.[393] 총회는 이들을 파송하며, "선교사는 자유교회를 설립하지 말고 해지장로회(該地長老會)와 연합할 것이오 귀국할 시에는 언권 방청원으로 본 총회에 참여케" 결의하였다.[394] 이렇게 하여 파송 선교사들이 중국 현

---

390) C. A. Clark, *The Nevius Plan for Mission Work-Illustrated in Korea*, p. 176.
391) 예수교쟝로회 죠션총회 뎨일회 회록 (1912), p. 21.
392) 방효원, "산동선교에 대하야", 게자씨 68호 (1937. 4), pp. 15-17.
393) 예수교쟝로회 죠션총회 뎨이회 회록 (1913), pp. 8, 25.
394) 위의 책, 郭安連 編, 長老敎會史典彙集 (서울: 조선야소교서회, 1935), pp. 11.

지 교회와 긴밀한 유대관계 및 협력을 하도록 하였는데, 이것은 한국에 파송된 외국선교사들의 태도와는 상반된 것이었다. 이것으로 중국교회에서 논란이 있기도 했으나 중화예수교장로회 화북대회는 한국교회의 의견을 수용하고 내양현 등 다섯 현을 선교지로 일임했다.[395]

위 세 명의 선교사와 세브란스 의과대학 출신의 한 젊은 외과의사가 현지에 동행하여 네 가정이 산동성 청도로부터 100마일 정도 떨어진 내양현(萊陽縣)에서 1913년 선교사역을 시작하였다.[396] 이곳은 60년 이상 옛 방식에 의해 사역이 이뤄진 곳으로, 일곱 개의 미국 교단이 일해 왔고 영국 침례교 선교사도 사역을 하였으며 아직 영역 분할은 없었다.[397]

1915년 장로교총회 보고에 의하면 선교사들의 중국어 실력은 날로 향상되고, "교인의 총수 四十여 명인듸 평균으로 모히는 수는 三十여 명이오 금년에 쳐음으로 三人의게 셰례"를 주었다고 하였다.[398] 1920년 산동노회와 산동 미국 선교부는 그들의 사역에 만족하고 그들의 영역을 넓혀 주었다.[399] 처음부터 한국 선교사들은 한국 사경회 제도를 사용하여 1921년 1년간 16회의 사경회를 개최했고, 직분자들을 위해서 한 번의 사경회를, 1923년 22회, 1926년 26회, 1933년 45회가 열렸고, 1923년 여덟 명의 학생으로 시작하여 1925년 15명, 1933년 남자 17명, 여자 53명, 1936년 남자 28명, 여자 29명에 이르렀으며 그들은 한국에

395) 방효원, "산동선교에 대하야", 게자씨 66호 (1937.2), pp. 30-31.
396) C. A. Clark, *The Nevius Plan for Mission Work-Illustrated in Korea*, pp. 177.
397) 위의 책, p. 246.
398) 죠션예수교장로회 총회 뎨소회 회록 (1915), p. 34.
399) C. A. Clark, *The Nevius Plan for Mission Work-Illustrated in Korea*, pp. 177-178.

서와 같이 학생들에게 전혀 지원금을 지불하지 않고 운영하였고, 거기에서도 성경이 중심이 되었다.[400] 특히 김윤식(金允植)의 의료선교를 통하여 중국인들이 말씀 전파에 호감을 가졌으며, 그들이 감사의 표시로 병원의 정문에 큰 간판을 다는 비용을 희사하기도 했다. 1923년에는 선천에서 의사 조견직(趙見直)이 파송되어 다른 인구밀집지역인 정먹(Chungmeuk)에서 사역하였다.[401] 1923년 말 한국인 선교사들은 591명의 중국인 세례교인들, 총교인수 815명, 열 개의 교회 건물에 25개의 예배처소를 담당했고, 19개의 사립학교, 436명의 학생들이 있었으며 모두 자립하였다.[402]

1920년 한국인 선교사들은 선교지에 도착한 지 2년도 되지 않아 비기독교인 마을에서 300-400명의 사람들이 참여하는 집회를 열었고, 1923년에는 여러 부흥회를 통해서 16,000명 이상이 참석하였고, 1927년 이대영 목사가 부흥회를 인도하여 5만 명이 참석을 하였다.[403] 선교사들이 더욱 가세하고 사업이 체계화됨으로 산동선교의 성장이 눈에 띄게 이뤄졌다. 1921년 내양현에 성경학원을 열어서 현지인 목회자 양성을 시작하고, 1929년 중국인 류세법이 목사안수를 받았다.[404] 1930년에는 12명의 중국 성인들이 세례를 받았고 15명의 입문자들이 생겼으며 네 개의 기도모임이 시작되었다. 김익두를 강사로 네 곳에서 부흥사경회를 열

---

400) 위의 책, p. 250.
401) 위의 책, pp. 249-250.
402) 위의 책, p. 178.
403) 죠션예수교쟝로회 총회 뎨十八회 회록 (1925), p. 30. C. A. Clark, *The Nevius Plan for Mission Work-Illustrated in Korea*, p. 250. 장로교총회 보고에는 이대영 목사의 부흥회에 참여한 수가 4만여 명이라고 한다. 위 장로교총회 회록.
404) 죠션예수교쟝로회총회 뎨十八회 회록 (1925), p. 30. 한국기독역사연구소, 한국기독교의 역사 II, p. 135.

어 160명의 중국인들이 듣고 기독교인이 되기로 결단했다. 1929년 1,123명의 신자들, 15개 교회, 일곱 개의 학교, 21개의 성경반이 있었고,[405] 1931년 한국 남부지역 출신의 의사 안춘호가 산동의 내양현에 합류하여 사역을 하였다.[406]

1923년 산동대회(Synod)와 노회(Presbytery)는 한국인들이 사역하고 있는 곳을 독립노회로 분리시켜 주겠다고 제의하고, 1933년 5월 12일에 이 일이 마침내 이뤄져[407] 내양노회가 신설되었다.[408] 이 노회가 조직될 때 세 명의 중국인 목사도 한국의 세 선교사와 함께 회원이 되어 한중 에큐메니칼 노회가 되었고, 이 가운데 한 사람이 초기 한국인의 사역을 통해서 회심한 자였다.[409] 1935년 교회 건물이 21개나 되었고, 이 가운데 11개가 새로 지은 것이며, 정기적으로 기도 모임이 열리는 처소들이 32개에 달했다.[410] 1933년 한국인 독신여성 선교사 한 명이 파송되었으며, 1936년 산동지역의 사역이 잘 조직되었으므로 총회는 세 선교사 가운데 한 명을 만주로 전임시키기로 결의함으로 산동은 해외선교 사역의 중심지가 되었다.[411] 1937년에 방지일은 총회 외지 전도부로부터 선교사로 추천받아 평양 장로회신학교를 졸업하고 4월 평양노회에서 안수를 받고 산동에 파송되었다.[412]

이와 같이 산동선교는 한국교회가 해외의 외국인들에게 선교

405) C. A. Clark, "Work Among Koreans Abroad", pp. 88-89.
406) C. A. Clark, *The Nevius Plan for Mission Work-Illustrated in Korea*, p. 250.
407) 위의 책, p. 251.
408) 죠션예수교쟝로회 총회 뎨二十二회 회록 (1933), p. 86.
409) C. A. Clark, *The Nevius Plan for Mission Work-Illustrated in Korea*, p. 251.
410) 위의 책, p. 249.
411) 위의 책, p. 252.
412) "산동 선교사 방지일 보냄", 신앙생활 (1937. 4), p. 2.

한 첫 번째 경우가 되었다. 나아가 한국 장로교회와 중국 장로교회 및 미국 북장로교회와의 협력을 통해 해외선교에서 에큐메니칼 운동이 이뤄졌다. 그것은 먼저 현지사역을 하던 북장로교회 선교부가 중국 산동노회와 더불어 한국 선교사들에게 사역할 영역을 제공하고, 이후 한국인들의 사역지 내양현에 노회가 신설되는데 적극 협력했으며, 그 노회에 중국인 목사도 함께 회원이 된 것이다. 산동선교사 가운데 한 사람인 방효원은 산동선교에 대하여, "피선교지인 조선교회가 선교를 받은 지 25주년 만에 외국에 선교하는 일은 현금 20세기 피선교국으로서는 찾아볼 수 없는 세계적 신기록"[413]이라고 말하였다.

(3) 만주와 산동 외의 중국선교

중국선교는 만주와 산동지역이 압도적이었나, 점차 북경 및 상해를 비롯한 대도시들을 중심으로 한국인들이 증가하면서 이뤄졌다.

① 북경교회

만주와 산동 외에도 한국인들의 중국으로 이주는 천진, 북경, 상해, 연대 등 대도시 지역에도 이어졌다.[414] 특히, 유학생들이 북경, 상해와 남경 등에 상당수 진출하였다. 연합공의회는 두 명의 위원들을 북경에 보내 그곳에서의 사역을 철저하게 검토하게 하였다. 1923년 북경의 600명의 한국인들 가운데 100명이 학생이고, 학생들의 수는 매년 증가하였다. 그들은 주일 오후 중국 교

---

413) 방효원, "산동선교에 대하야", 게자씨 65호 (1937. 1), p. 16.

414) C. A. Clark, *The Nevius Plan for Mission Work-Illustrated in Korea*, p. 245.

회를 빌려서 예배를 드렸는데, 연합공의회는 일본에서의 경험을 거울 삼아 재중 선교사들과의 협력위원회 구성을 타진하고, 연 300엔을 지원하기로 하며 한 명의 목사를 지원하기로 했다.[415] 1925년부터 1927년까지 한국인 목사 한 명이 북경에서 사역을 했는데, 그는 한국으로부터 3분의 1을, 북경 주재 선교사들로부터 절반을, 그리고 나머지는 북경의 한국기독교인들로부터 지원을 받으며 1,000명 정도의 한국인들을 위해 사역했다.[416] 1925년에 북경에는 1,000명의 한국인들이 있었고 그들 가운데 절반이 학생이었는데, 그들 가운데 100명은 기독교인이거나 이따금 교회를 출석하였다. 1924년 5월 그들은 교회를 설립하기 위해 연합하고 남경신학교 출신의 한국인 목사를 청빙했다. 이에 연합공의회 '재일, 재중 한국인을 위한 사역위원회' 에서 300엔, 북경의 선교사 공동체가 500멕시코 달러, 북경 중국교회가 50불, 한국인들이 270불 등을 지원하기로 합의하였다. 그 해 교회출석은 30명이었다.[417] 이와 같이 북경교회는 연합공의회를 중심으로 설립되었다.

② 상해교회

상해에도 한국인들이 이주하였는데 특히 망명객들이 많았다. 1918년 9월 여운형이 장로교총회에 참여하여 상해 교인들 대표로 상황을 보고 목사 파송을 청원하였으나,[418] 여러 가지 국내 상

---

415) *Twelfth Annual Meeting of the Federal Council of Protestant Evangelical Missions in Korea*, pp. 51-52.
416) C. A. Clark, *The Nevius Plan for Mission Work-Illustrated in Korea*, p. 202.
417) Fourteenth Annual Meeting of the Federal Council of Protestant Evangelical Missions in Korea, p. 18.
418) 여운형, "상해에 在혼 조선인의 상황", 기독신보, 1918. 9. 25.

황과 3 · 1운동 등으로 응하지 못하던 차에 망명객들이 한꺼번에 밀려오고 임시정부까지 상해에서 조직되면서 이제는 목사들이 너무 많아 문제가 되었다. 1919년 7월 교인들이 상해에 거주하는 목사들 가운데 담임목사로 김병조를 투표하여 청빙하였고, 찬양대를 조직하고 한진교, 김태연을 집사로, 박헌양, 최병선, 이화숙, 최순신을 권찰로 임명하였다.[419] 예배는 교민단 사무실에서 일주일에 세 번 드렸고, 기존의 임원에 김인전, 정인과, 손정도, 이원익, 장붕, 조상섭 등으로 상의회(常議會)가 조직되어 교회를 운영하였다.[420] 위 인물들을 보면 장 · 감이 섞여 있는 상해교회가 에큐메니칼적인 교회임을 알 수 있다.

장로교총회는 상해교회에 때때로 적은 지원금을 보내주었고, 상해교회의 사역자들이 본국을 방문하여 교회 건축을 위한 모금을 호소하기도 하였는데 4분의 3 이상 개교회를 통한 모금이 이뤄졌고, 중국 주재 선교사들도 도움을 주었지만 한국인들이 국내에서 한 것과 같이 그들도 자신들의 사역을 스스로 감당하였다.[421] 상해교회는 조선장로교총회와 연결을 시도하였으나 불분명한 이유로 총회는 상해교회의 관심에 적절한 응답을 주지 않았고, 결국 상해교회는 1922년 1월 "상해조선인예수교회 임시장정"을 만들었다.[422] 이 장정 가운데 권징은 에큐메니칼 교회인 만큼 "장 · 감 양교회의 치리를 준거(準據)"하였다.[423] 그러나 상해교회는 국내교회의 지원이 소극적인 데다, 상해 임시정부와 한인

419) "상해조선인교회사", 기독신보, 1922. 7. 19. 한국기독교역사연구소, 한국 기독교의 역사 II, pp. 141-142.
420) "상해조선인교회사", 기독신보, 1922. 7. 26.
421) C. A. Clark, *The Nevius Plan for Mission Work-Illustrated in Korea*, p. 245.
422) 기독신보, 1922. 4. 26. 여기에 장정 전문이 실려 있다.
423) "상해조선인교회사", 기독신보, 1922. 8. 16.

사회의 갈등과 암투, 1932년 임시정부가 항주로 옮기고, 게다가 공산주의 및 신사상 등의 영향으로 교세가 크게 침체되었다.[424] 이와 같이 북경 및 상해 교회 모두 에큐메니칼 교회로 설립되고 발전하였다. 따라서 만주와 산동 외의 중국선교에서도 장 · 감을 중심으로 하는 연합사역이 이뤄졌다.

b. 재한중국인선교

산동선교를 통하여 한국인이 외국에 있는 외국인 선교를 처음으로 시작하였듯이, 한국에 있는 외국인들을 위한 선교도 이뤄졌다. 그들 가운데, 한국에 있는 중국인들을 위한 선교가 가장 왕성하게 이뤄졌다. 한국인들이 일본과 만주 및 시베리아 등지로 이주했듯이 일본인들과 중국인들도 한국으로 이주하였다.[425]

1902년 장로교공의회는 위원회를 구성하여 국내 중국인들의 수를 조사하고 그들을 위한 사역을 준비하도록 하였다. 당시 중국인들은 대체로 단기 체류자로 매년 4만 명이 산동에서 제물포로 와서 전국에 흩어져 멀리 원산과 동해안에까지 이르고 겨울철이면 모두 돌아간다는 정보를 파악하고, 한국의 화교들에게 사역할 수 있는 자를 보내 달라고 중국 선교부를 설득하였다. 그리하여 1912년 북감리교회 선교부의 데밍(C. S. Deming) 부인이 파송되었는데, 그녀는 중국에서 출생하고 성장하여 중국어를 잘하고 바로 화교들을 위한 사역을 시작하였다. 장로교공의회는 개인적인 선교헌금을 모아 100엔(50달러)을 지원하고 이후 정기적

---

424) 한국기독교역사연구소, 한국 기독교의 역사 II, pp. 144-145. 현규환, 한국 유이민사 (서울: 어문각, 1967), p. 682.

425) C. A. Clark, *The Nevius Plan for Mission Work-Illustrated in Korea*, p. 18.

으로 후원을 하였다.[426)]

이와 같이 한국에 있는 중국인들에 대한 선교도 연합으로 이뤄졌다. 한국의 중국인들을 위한 선교사역은 서울, 제물포, 그리고 평양에서 시작되었는데, 이곳에 예배시설은 물론 지교회와 학교들이 있었다. 이어서 원산에서도 사역이 이뤄졌는데 여기서는 건물을 임대하여 사용하였다. 이때의 사역에서 가장 눈여겨볼 수 있는 것은 화교 기독교인들이 본국에서 훈련받았음에도 불구하고 한국 방식에 적응하여 1928년 데밍 부인의 서울 사역에서 교회와 학교 모두 거의 자립을 했고 1,500달러나 되는 빚도 모두 청산했다.[427)]

연합공의회 보고에 따르면, 서울에 있는 땅을 구매하는 비용은 밀턴 스튜어트 전도 기금(the Milton Stewart Evangelistic Fund)으로부터 받았다. 재한 중국인들은 성경공부와 기도회를 위해 일주일에 두 번씩 치(Chee) 박사 집에서 모였고, 예배는 센(Sen) 씨의 지도 아래 제물포에서 드렸다. 처음에 리(Li) 목사가 사역하다가 산동 출신의 중국내지선교회(China Inland Mission)에서 일하던 치아오(Chiao) 목사가 담당했다.[428)] 1921년 9월 19일 새 부서를 공식적으로 개설하였으며, 여성들과 소녀들을 위한 학교를 개설하고, 유치원 사역을 통하여 오후에 어린이들을 돌보기도 하였다. 치아오 부부는 영적 지도자로서 검증을 받았고, 초기 어려운 상황 속에서도 연합과 충성을 이끌어냈다.[429)] 제물포의 젊은 설교자 센은 남경 연합신학교에서 신학을 공부하였

426) 위의 책, p. 183.
427) 위의 책, pp. 183-184.
428) *Tenth Annual Meeting of the Federal Council of Protestant Evangelical Missions in Korea*, pp. 41-42.
429) 위의 책, pp. 42-43.

고, 북경의 회중교회 신학교 졸업생 팬(Fan)이 제물포에서 목사가 되어 주일에 제물포에서 설교하였는데, 회중이 50명에 이르렀고, 새신자들도 여럿이 있었다.[430]

1923년 서울에 세례 받은 이들이 28명에 이르렀고, 그 해 아홉 명의 남자와 한 명의 여자가 세례를 받았다. 치아오 목사가 서울의 여러 곳에서 성경반을 지도했고, 20명이 세례 받기를 기다렸다. 아침 예배에 평균 60명이 출석했는데 모두 각기 다른 주일학교 반에 먼저 출석하였고, 저녁 기도회에는 50명이 출석했다. 주간학교(day school)에 남녀 아이들이 33명, 유치원은 24명이 등록하였다. 제물포에서는 로스앤젤레스의 밀턴 스튜어트의 후원으로 아름다운 새 교회건축을 하여 봉헌했다.[431] 원산 어린이학교에도 26명이 등록하였다.[432]

1925년 인구조사에 의하면, 한국의 전체 인구는 19,015,526명이었고, 그중에 한국인이 18,543,326명, 일본인이 424,740명, 기타 외국인이 47,460명이었는데 그 가운데 90%가 중국이었다.[433] 한국에서의 중국인 사역은 이처럼 제물포, 서울, 원산을 중심으로 이뤄졌으며 1927년 중국에서 많은 선교사들이 들어와 성공적인 사역을 감당했다.[434]

이와 같이 재한 중국인 선교에서도 에큐메니칼 운동이 이뤄졌

---

430) 위의 책, p. 44.

431) *Twelfth Annual Meeting of the Federal Council of Protestant Evangelical Missions in Korea*, pp. 45-46.

432) 위의 책, p. 47.

433) E. D. S. Brunner, "Rural Korea-A Preliminary Survey of Economic, Social And Religious Conditions", *The Christian Mission In Relation To Rural Problems-Report of the Jereusalem Meeting of the International Missionary Council March 24th-April 8th, 1928, vol. 6* (London: Oxford University Press, 1928), p. 106.

434) *Sixteenth Annual Meeting of the Federal Council of Protestant Evangelical Missions in Korea*, p. 25

다. 즉, 장로교공의회와 북감리교회 중국 선교부와의 에큐메니칼적 협력이 나타났고, 특히 이들을 위한 연합공의회의 관심과 노력이 돋보였다. 그것은 장로교공의회가 한국에 체류 중인 중국인을 위해 중국어를 잘하는 선교사를 찾았을 때 북감리교회 선교부에서 중국에서 태어나 중국어를 잘하는 데밍 부인을 보내 주었고, 장로교공의회가 그를 후원한 것이다. 연합공의회는 중국인들을 위한 교회를 설립하는 데 필요한 땅을 매입하도록 도와주었고, 중국인 사역자들이 한국에 들어와 사역할 수 있는 길도 열어주었다.

c. 일본선교

일본선교는 연합공의회가 직접 참여한 동경교회와 기타 지역 선교를 나누어 살펴보도록 한다.

(1) 동경교회

연합 선교사역이 일본에 있는 한국인들에 의해서도 이뤄졌다.[435] 동경교회의 기원을 살펴보면 다음과 같다. 1906년 9월 동경에 한국 YMCA가 설립되고 주일마다 유학생들이 YMCA 김정식 총무의 인도로 예배를 드렸다. 1908년 3월 정익진 장로가 동경에 국한문 옥편을 편집하기 위해 YMCA에 머물며 예배를 드리다가 유학생들이 점점 많아질 것으로 예견하고 교회를 설립하자고 제안하였다. 교회를 장로교회로 할 것인지 감리교회로 할 것인지 논의하다가 유학생들의 교파를 알아보니 한 학생만 감리교

435) H. Namkung, "Presbyterian Church of Chosen", *The Korea Missions Year Book* 1932, p. 10.

인이고 나머지는 장로교인이라 감리교회 학생의 동의를 얻어 장로교회로 하기로 하고 이 일을 장로교독노회에 보고하고 목사를 파송해 줄 것을 요청하였다.[436]

장로교독노회는 1909년 최초의 일곱 목사 가운데 한 사람인 한석진을 파송하여 3개월간 사역하도록 하였고,[437] 그가 교회를 창립하고 귀국하여 독노회에서 "일본 동경에 교회셜립과 신쟈의 형편과 젼도ᄉᆞ 청구셔를 보고ᄒᆞ매 회즁이 젼도국에 맛기기를 동의ᄒᆞ야 가로결뎡"[438]하였다. 같은 해 한석진 목사의 후임으로 평양장로회신학교에 재학 중인 임종순 장로가 부임하여 얼마간 사역을 하였으며,[439] 1910년에는 해외선교부(the Foreign Board)가 박영일 장로를 파송하여 그 사역을 계속했으나 그가 병사(病死)하고, 1912년 이후 이 사역은 장·감연합으로 이뤄졌다.[440] 장로교회로서는 중국 산동성에 현지인 선교를 계획하면서 일본 선교까지 단독으로 감당하기 어려운 형편이었으므로,[441] 결국 장로교독노회와 북감리교회 연회와 남감리교회 연회가 동의하고 개신교선교부연합공의회에서 실무를 담당하기로 결의하였다.[442]

1911년 5회 독노회 회의록은 동경교회 상황에 대하여 다음과 같이 보고한다.

---

436) 백남훈, 나의 일생 (서울 : 신현실사, 1968), p. 107.

437) C. A. Clark, *The Nevius Plan for Mission Work - Illustrated in Korea*, p. 170. C. A. Clark, "Work Among Koreans Abroad", p. 90.

438) 예수교쟝로회 죠션로회 뎨ᄉᆞ회 회록 (1910), p. 16.

439) 吳允台 編, 在日大韓基督教 東京教會 七十二年史 (동경: 혜선문화사, 1980), p. 114.

440) C. A. Clark, *The Nevius Plan for Mission Work-Illustrated in Korea*, p. 170. C. A. Clark, "Work Among Koreans Abroad", p. 90.

441) C. A. Clark, "The Work of National Christian Council for Korean in Japan", *KMF*, 1936.4, p. 78.

442) *Sixth Annual Meeting of the General Council of Protestant Missions in Korea 1910*, p. 19.

일본동경젼도형편

(1)젼도인은 박영일시를 쟉년에 ᄉᆞ기월 금년에 삼기월 보내엿ᄉᆞ오며

(2)례비쳐소ᄂᆞᆫ 죠션쳥년회관을 빌여쓰오며 교인은 一白五十人이오며 연보ᄂᆞᆫ 미쥬일에 평균 일원이오며

(3)감리교인과 쟝로교인이 난호와 례비보ᄂᆞᆫ 일이 싱김으로 대구 부히리 목ᄉᆞ의 인도로 아직 쟝로회 규모를 폐ᄒᆞ고 합ᄒᆞ여 례비보게 ᄒᆞᆫ 일이 잇ᄉᆞ오며

(4)동경교회에 감리교인과 쟝로교인의 공익을 위ᄒᆞ야 길션듀 원두우 부히리 삼시를 젼권위원으로 명ᄒᆞ여 감리교와 교셥케 ᄒᆞᆯ 일.[443]

다음 해 1912년 제1회 장로교총회는 동경교회를 '연합예수교회'라 하고, 장로회총회와 감리대회에서 각각 3인을 택하여 3년 동안 동경교회 일을 위임하고, 위원은 2년 동안 목사를 택하여 위임케 하며, 동경에서 쓰는 비용 및 월급은 장로회총회와 감리대회에서 각각 반씩 감당하도록 하고,[444] 동경교회 일은 선교사회에 맡기기로 결의하였다.[445]

이런 과정을 거쳐 그동안 장로교 및 감리교 공의회에 각각 있었던 재일 한국인 학생들에 대한 사역을 연합공의회에 넘기도록 하고, 재일 한국인 전체로 이 사역을 확장하도록 했다. 클라크(C. A. Clark)와 블레어(W. N. Blair)가 이 사역을 위한 위원들로 위촉되었다.[446] 1914년 동경교회의 신도수가 208명, 유학생은

---

443) 예수교쟝로회 죠션로회 뎨오회 회록 (1911), p. 11

444) 예수교쟝로회 죠션총회 뎨일회 회록 (1912), pp. 12-13.

445) 위의 책, p. 26.

600명에 이르자 연합공의회는 동경교회에 3년에 한 번씩 장 · 감 목사를 교대로 파송하기로 결의하였다.[447] 동경교회는 장 · 감 양 교단의 연합교회로서 복잡한 경로를 거쳐 드디어 창립되었고, 장 · 감의 총회와 대회에서 확실하게 모든 문서 절차가 결정되고, 장로교회 주공삼 목사가 장 · 감 양교단의 연합 후 파송된 1대 목사가 되었다.[448] 1915년 장 · 감 양교단의 협정대로 북감리교회 오기선 목사가 동경교회에 부임했다.[449] 오기선 목사 후임으로 부임한 장로교회의 임종순 목사는 유학생들만이 아니라 요코하마(橫濱)의 공장에서 일하는 한국인 여직공들을 위해서도 전도를 시작하여 동경연합교회가 더욱 다양하게 성장하였다.[450]

1923년 동경연합교회는 '조선 YMCA' 건물에서 예배를 드렸는데, 평균 150명이 참석하였고, 크리스마스 같은 행사 때에는 400명이나 회집하기도 했다. 세례자 74명, 학습자 21명, 그리고 42명의 새신자가 그 해에 등록했다. 그러나 YMCA 건물이 화재로 전소되어 붕괴됨으로 예배 회집이 어려워지자, 연합공의회를 중심으로 모금활동을 활발하게 전개했다.[451] 1924년부터 동경교회는 YMCA 건물이 설 때까지 예배드릴 처소를 찾아 방랑하다가

446) *Tenth Annual Meeting of the Federal Council of Protestant Evangelical Missions in Korea*, pp. 45-46.

447) 한국감리교회사 II, p. 368.

448) 吳允台 編, 在日大韓基督教 東京教會 七十二年史, p. 116. 2대 이후는 오기선(1914-1917, 북감리교회 조선연회), 이여한(1917-1918, 장로교회), 임종순(1918-1921, 장로교회), 오기선(1921-1924, 북감리교회 조선연회), 서상현(1924-1929, 장로교회), 신공숙(1927-1929, 남감리교회 조선연회), 김길창(1929-1931, 장로교회), 김응태(1931-1933, 조선감리회), 김수철(1933-1934, 조선감리회), 오택관(1934-1935, 장로교회), 김치선(1935-1944, 장로교회) 등이다. 위의 책, pp. 241-268.

449) 조션예수교 쟝로회 총회 뎨ㅅ회 회록, p. 37.

450) 조션예수교 쟝로회 총회 뎨七회 회록, p. 11.

451) *Twelfth Annual Meeting of the Federal Council of Protestant Evangelical Missions in Korea*, pp. 49-50.

서상현 목사가 부임하며 그의 사택을 교회당으로 겸하였다. 1925년 중국 YMCA 강당을 예배장소로 사용하며 다시 안정을 찾아 그 해 6월에는 142명이 출석하였고, 9월 초 모국에서 대수해가 발생하여 수많은 이재민들을 위한 구제헌금을 하였는데, 이것을 본 중국 기독교 청년들도 여기에 동참하여 우의를 다졌다.[452)]

1925년 연합공의회는 장로교총회와 두 감리교연회가 재일 한국인 전도에 합력할 것을 권하고, 일본에 체류하는 한 사역자의 비용이 연 2,000엔이 소요되므로 장로교총회가 연 2,700엔을 두 감리교연회가 각각 650엔을 제공하면 4,000엔이 되어 두 목사를 더 파송할 수 있을 것이라고 하였다.[453)] 선천 제2교회를 섬겼던 서상현 목사가 동경에서 사역을 잘하여 평균 출석이 200명 이상이 되었고, 때로 250명까지 모였다. 동경과 요코하마 인근에 예배처소가 일곱 곳이 있었고, 653명의 신자 중에 89명이 여성이었으며, 298명의 세례교인 중 57명, 59명의 학습교인 중 일곱 명이 여성이었다. 1926년 열 명이 세례를, 다섯 명이 학습을 받았고,[454)] 이들의 예배처소는 YMCA 빌딩을 임대하였다.[455)]

1925년 일본 선교는 연합공의회에서 선출된 여덟 명의 이사회에 의해 운영되었고, 일본 전체 사역을 위한 지원은 불안정하였다. 여섯 개 선교부가 매년 2,600엔, 한국교회들이 2,000엔, 재일 선교사들의 개인 헌금이 700-1,000엔이 되어, 세 지역에서

---

452) 吳允台 編, 在日大韓基督教 東京教會 七十二年史, pp. 146, 148.
453) *Fourteenth Annual Meeting of the Federal Council of Protestant Evangelical Missions in Korea*, p. 17.
454) *Fifteenth Annual Meeting of the Federal Council of Protestant Evangelical Missions in Korea*, p. 12.
455) *Sixteenth Annual Meeting of the Federal Council of Protestant Evangelical Missions in Korea*, p. 22.

6,600엔이 필요한데 5,600엔밖에 모금이 되지 못했다.[456] 1926년부터 동경한인연합교회는 조선예수교연합공의회(KNCC)에서 관할하기로 결정되었다.[457] 이와 같이 동경교회는 시작부터 해방이 되기까지 에큐메니칼 교회의 모습을 유지하였다.

(2) 동경 외의 일본선교

동경 외의 지역은 유학생들보다 노동자들이 다수로 재일동포들의 생활은 이루 말할 수 없이 어려운 형편 속에서도 위로받을 곳이 없었으며,[458] 그들은 어려운 형편 가운데 있는 자신들을 돌보아 줄 영적 지도자를 보내 달라고 다음과 같이 호소했다.

> 다른 나라 사룸들은 보호쟈가 잇셔 보호ᄒᆞ고 지도ᄒᆞ며 교회변으로 목ᄉᆞ나 신부나 전도ᄉᆞ가 잇셔 갈으치고 인도ᄒᆞ고 도아도 쥬것마는 다만 우리 죠션인을 위ᄒᆞ야는 보호자도 인도쟈도 아모도 젼무ᄒᆞ도다. 아아 우리에게도 일군을 보니여 쥬시옵소셔.[459]

1923년 많은 한국인들이 일본으로 건너가 오사카, 고베, 교토 등에 정착하고 공장에서 일하자, 경상노회가 그곳에 사역자를 보내자고 헌의하였다. 총회는 이 일을 경상노회가 맡으라고 요청하여 한 명을 파송하여 5개월을 지원했으나, 후원을 끊을 수밖에 없었고 그 사역자는 1년 만에 귀국하고 말았다. 1925년 재일 선교사들이 한 사람을 파송해 주면 생활비의 3분의 1을 지원하겠다

456) 위의 책, p. 23.
457) "죠선공의회 전도국사업의 연혁과 현재 전망", 기독신보, 1926. 1. 20.
458) "이곳에도 일군을 보니여 쥬시옵소셔", 기독신보, 1919. 12. 10.
459) 위의 책.

고 총회위원회에 제의하여 사역이 시작될 수 있었다.[460] 연합공의회는 고베에 예배 회집 건물을 빌려 주며 김이곤 목사로 사역하게 했다. 김이곤은 당시 평양장로회신학교 졸업생으로 고베 신학교에서 장학금으로 공부를 하며 교회사역을 했다. 연합공의회는 고베 사역에 있어서 재정적 부담을 느꼈고, 현지를 방문한 블레어(W. N. Blair)도 고베 사역을 중단하라고 요청했다. 재일 선교사들도 이것은 자기들이 담당해야 한다고 하고, 김이곤 목사에게는 도서비 정도만 지원하였다. 노동자들과 일반인들은 한국에서와 같이 자립을 권하였다.[461]

오사카에도 연합교회가 세워졌는데 박연서 목사가 1924년에 파송되어 1927년까지 사역을 하였고, 한태유 목사가 이어 1929년까지 교포 선교활동에 참여하였다.[462] 1932년 10월 조선예수교연합공의회(KNCC)는 서울 공덕동교회에 시무하던 김수철 목사를 조선감리회에 연락하여 '대판조선기독교회' 로 파송하도록 하였다. 이로 인해 공덕교회가 그를 잡으려고 했지만, '연합이 더 중요하므로' 11월 오사카 교회에 부임하였다.[463]

조선예수교연합공의회는 규슈(九州) 지역에 오택관 목사를 파송하여 교회를 세움으로 그 해 연합공의회가 일본에 파송한 목사는 세 명으로, 동경연합교회에 한 명, 관서지방에 한 명, 그리고 구주 교회였다.[464] 1927년 규슈 지역에 많은 한국인들이 정착하여 탄광과 공장에서 일하고 있음이 알려지자 재일 선교사들이 이

---

460) C. A. Clark, *The Nevius Plan for Mission Work-Illustrated in Korea*, p. 201.

461) *Twelfth Annual Meeting of the Federal Council of Protestant Evangelical Missions in Korea*, pp. 50-51.

462) 한국감리교회사 II, p. 368.

463) 기독신보, 1932. 10. 2.

464) 吳允台 編, 在日大韓基督教 東京教會 七十二年史, p. 162.

일을 한국교회가 담당할 것을 요청하여 선교부에서 그곳에 사역자를 파송하기 위해 연 675불을 지원할 것을 총회에 요청했고, 두 감리교 연회에 325달러를 지원 요청했는데, 그들이 수락하여 파송하게 되었다. 같은 해 함경도 지역이 캐나다 연합교회로 이양된 후, 캐나다 장로교회가 일본에서 사역할 선교사를 파송해 달라는 요청에 응해 영(L. L. Young)이, 1928년에는 몇몇 여성 사역자들까지 합류하였다.[465] 이때 남감리교회와 호주장로교회 선교부도 전도부인 한 명씩을 파송하도록 했다.[466]

일본선교에서 동경연합교회가 열심히 전도활동을 전개하여 관동지역에 교회가 7개, 신도들이 545명, 관서지방에 교회가 9개, 신도들이 306명, 구주지방에 4개 교회에 199명의 신도들이 모였고, 오택관 목사는 구주지역 전체를 돌보는 전도목사로 시무하였다.[467] 1924년 관서지방 '조선예수교회' 1차 신도대회가 니시노미야(西宮)에서 개최되어 다섯 곳에 집회소가 설립되어 149명의 교인이 있었다.[468] 재일 한국인들의 수는 정확히 알 수 없었는데, 김길창의 계수에 의하면 317,976명이라지만 실제는 40만 명에 이르렀고, 그들 대부분은 노동자들로서 어려운 때에 있었으므로 대부분 가난하였다.[469] 1932년 그들 가운데 4,000명이 기독교인들이었다.[470]

조선예수교연합공의회(KNCC)는 1932년 일본에 세 명의 목

---

465) C. A. Clark, *The Nevius Plan for Mission Work-Illustrated in Korea*, pp. 201-202.

466) *Sixteenth Annual Meeting of the Federal Council of Protestant Evangelical Missions in Korea*, p. 23.

467) 吳允台 編, 在日大韓基督教 東京教會 七十二年史, p. 162.

468) "관서의 조선예수교신도회", 기독신보, 1924. 5. 7.

469) *Proceeding of the ninth Annual Meeting of the Korean National Christian Council*, p. 14.

470) C. A. Clark, "Work Among Koreans Abroad", p. 90.

사와 전도부인 한 명을 파송하였다.[471] 캐나다 선교부는 여섯 명의 유치원 교사들과 교회사역을 돕는 아홉 명의 신학생들을 재정 지원했으며, 선천중앙교회는 규슈지역에 전도부인 한 명을 파송했고, 영국과 미국 성서공회는 재일한국인들에게 복음서를 팔 매서인을 각각 한 명씩 파송했으며, 재일 선교사들도 여러 면에서 일본사역을 도왔다.[472] 교회는 사할린과 홋카이도에서부터 시작하여 남쪽 규슈 섬까지 없는 곳이 없었다. 각 교회는 100명 남짓하였다. 1931년 828명의 세례교인 중 수입이 없는 학생들이 다수를 차지한 것이 독특하다.[473]

재일동포 선교가 성장하면서 1932년 '재일조선기독교대회' 조직을 준비하기 시작하여, 1934년 제1회 '재일조선기독교대회'가 조직되었다.[474] 재일본기독교회(Korean Christian Church in Japan)는 장로교회의 신조, 감리교회의 장전, 그리고 사도신경을 채용하였고, 웨스트민스터 소요리 문답을 교리문답으로 사용하였다.[475] 1935년 재일본 조선교회는 48개에 이르렀고, 그중에 14개가 자기 건물을 가지고 있었다.[476]

이와 같이 일본선교는 동경교회와 기타 지역 모두 에큐메니칼 교회로 출발하였고, 캐나다 선교부 및 영국과 미국성서공회 등도 협력하고, 연합공의회가 주로 주관하며 일본에서 1934년 '하나의 교회', '재일본기독교회'를 조직하기에 이르렀다.

---

471) *Proceeding of the ninth Annual Meeting of the Korean National Christian Council*, p. 14.
472) 위의 책, p. 15.
473) C. A. Clark, "Work Among Koreans Abroad", p. 90.
474) 吳允台 編, 在日大韓基督教 東京教會 七十二年史, p. 163.
475) *Proceeding of the Ninth Annual Meeting of the Korean National Christian Council*, p. 19.
476) C. A. Clark, *The Nevius Plan for Mission Work-Illustrated in Korea*, p. 243.

이상에서 해외선교에서의 에큐메니칼 운동에 대하여 살펴보았다. 한국교회가 다른 나라와 비교하여 매우 빠른 시일 내에 해외선교를 시작하였는데, 국내외의 외국인은 물론 재외 한국인들의 선교에 이르기까지 교파 간의 연합사역이 눈에 띄었다. 먼저 만주선교에서 장 · 감의 예양협정에서부터 시작하여 만주에서 '하나의 교회' 인 '만주기독교회' 의 탄생은 한국에서 이루지 못한 에큐메니칼 운동의 진수를 보여 주었다. 해외의 외국인들에게 첫 선교를 한 산동선교에서도 한국 장로교회, 중국 장로교회, 그리고 북장로교회의 협력을 통한 에큐메니칼 운동이 해외의 선교현장에서 열매를 맺었다. 북경과 상해교회는 애초부터 에큐메니칼 교회로 시작되고 성장하였다. 국내에 거주하는 외국인 선교의 시작이 된 재한 중국인 선교에 있어서도 장로교공의회와 북감리교회 중국 선교부 사이에 에큐메니칼 운동이 이뤄졌다. 일본선교는 연합공의회가 주관하여 동경 및 오사카 등에 연합교회를 세웠으며, 기타 지역 선교에서도 캐나다 선교부, 영국과 미국 성서공회 등이 협력하며 만주와 더불어 일본에서 '하나의 교회' 인 '재일본기독교회' 가 탄생하는 역사가 있었다.

E. 소결론

이상에서 교단 및 교파 간의 연합운동을 살펴보았다. 여러 다른 교단 및 교파에서 파송된 선교사들이 각기 선교활동을 하며 연합활동을 시작하였는데, 특별히 네 개 장로교회 선교부의 연합활동이 빛을 발하여 1907년 선교 23주년 만에 장로교독노회를 조직하고, 1912년 한국의 첫 번째 교단총회 '조선예수교장로회'

를 발족시키는 쾌거를 이루었다. 두 개의 감리교회도 장로교회보다 시간은 걸렸지만, 1930년 '기독교조선감리회' 를 탄생시켰다. 이렇게 같은 교단간의 연합운동만이 전개된 것이 아니고 교파 간의 연합운동이 이뤄졌는데, 특별히 언더우드와 아펜젤러를 중심으로 초기 선교사들의 연합정신의 영향으로 한국에 교파를 초월하여 '하나의 교회' 를 세우기 위한 노력이 경주되었다. 이 작업의 첫 열매가 1905년에 결성된 한국 최초의 초교파 연합체인 '재한개신교복음주의선교부공의회' 이다.

그러나 모든 선교사들이 '하나의 교회' 를 설립하는 데 동의하지는 않았고, 그들을 파송한 본국의 선교부에서도 열성을 보이지 않아 이것을 위한 진일보는 이뤄지지 않은 채 1912년에 '공의회' 영문명을 'the General Council of Missions' 에서 'the Federal Council of Missions' 로 바꾸며 장로교총회의 조직과 더불어 '하나의 교회를 구성한다' 는 목적마저 빠뜨리고 말았다. 이 연합공의회의 괄목할 만한 사역은 '선교지 분할' 로 선교부 간의 중복되는 전력을 절약하게 한 것이며, 출발 때의 자세는 연합정신에 매우 부합해 보이고 긍정적이었으나 결과적으로는 교파주의에 지방색까지 분리하여 연합정신을 흩뜨리고 말았다. 이후 1918년 '조선야소교장 · 감협의회' 를 조직하였는데 여기에 YMCA와 동양선교회까지 참여함으로 연합체의 규모가 보다 확장되었고, 나아가 이 협의회는 선교사들만의 모임이 아니라 한국인들도 참여하기 시작한 특징이 있다. 다만 아쉬운 것은 선교사들만의 모임인 '선교부연합공의회' 는 계속 별도로 존속한 것이다.

초기 한국교회 연합정신의 결정체는 '조선예수교연합공의회' (KNCC)의 조직이다. 장 · 감연합협의회의 멤버십 외에 여기에 추가된 기독교 단체는 캐나다 연합교회, 재일본 캐나다 장로교선교회, 예수교서회와 조선주일학교연합회 등이며, 후에 조선기독교여자절제회도 회원으로 참여하였다. 나아가 그동안 분리되었던 선교사들만의 모임인 '선교부연합공의회'가 조선예수교연합공의회로 통합되었다. 그러나 선교부연합공의회가 조직으로는 통합되었지만, 그들대로의 모임을 계속함으로 연합운동의 취지를 퇴색하게 만들고 말았다.

교회의 연합은 이렇게 에큐메니칼 기구를 통해서만 이뤄진 것이 아니고, 나아가 교회를 위협하는 요소에 대응하는 가운데 연합운동이 전개되었다. 그 첫째가 신앙핍박으로 인해 교회가 위협을 당할 때 하나로 대응했다. 북감리교회의 홀이 평양의 선교지부를 마련하기 위해 북장로교회의 마펫의 도움으로 땅을 매입하는 과정에서 지방 관리들의 적대적인 태도로 인해 마펫의 조사와 홀의 하인들, 그리고 그 집의 소유주 등이 구속되고 온갖 고초를 당하자 이들의 석방을 위해서 감리교, 장로교, 캐나다 장로교의 선교사들이 연합하여 대처함으로 일부는 처형 직전에 사면령을 받는 놀라운 일이 있었다.

교회를 위협한 두 번째 요소는 사상적인 것으로 1920년대 이후 신사상, 자유주의, 이단, 그리고 사회주의 및 공산주의 등이 유입되며 교회를 위협했는데 그중에 가장 큰 영향을 미친 것이 사회주의 및 공산주의로 많은 기독교인들이 여기에 매료되었다. 이때 교회가 이 문제에 대응하기 위해 당시 심각한 농촌문제에 뛰어들어 농촌운동을 전개하였고, 나아가 기독신우회 등을 조직하였고, 특히 조선예수교연합공의회가 유물론적이고 계급투쟁적 혁명론에 반대하며 나섰다.

교단 및 교파 간의 연합운동은 부흥운동 및 해외선교에서도 이뤄졌다. 부흥운동을 통하여 그동안 사이가 벌어졌던 선교사들간은 물론 선교사들과 한국 교인들, 그리고 한국 교인들간에도 교회연합의 원동력이 되었는데, 그것은 부흥운동이 시작된 1903년부터 1920년대 진흥운동이 전개되는 동안 재한개신교복음주의선교부공의회를 시작하여 장 · 감연합협의회, 그리고 조선예수교연합공의회까지 조직된 것이다. 연합공의회가 조직되고 백만인구령운동과 진흥운동을 직접 이끌었으니 부흥운동과 연합운동은 이처럼 직접적인 상관관계가 있었다.

해외선교에서도 연합운동이 이뤄졌는데, 본국인 한국에서 이루지 못한 '하나의 교회' 설립을 만주와 일본의 교포선교를 통하여 이룩해낸 것은 심히 놀라운 성과라 할 수 있으며, 산동선교에서 한 · 중 및 미국 북장로교회와의 에큐메니칼적 협력이나 일본선교에서 캐나다 선교부 및 미국성서공회 등과의 협력이 이뤄진 것도 선교현장에서의 연합정신이 이뤄진 본보기가 된다.

VIII 연합운동의 위기-교파주의로의 회귀

a. 극난한 시대적 상황

1924년 이후 해방까지 한국교회는 극난의 시기를 보내야 했다. 그것은 일제의 학정이 극성을 부린 것으로 인한 것도 그랬지만, 공산주의와 비기독교인들의 교회비판 등과 같은 교회 밖으로부터의 도전과 더불어 교회 내부에서도 강한 도전이 일어났기 때문이다. 그것은 자유주의와 이단의 도전이 시작된 것이다. 1924년 북감리교회 연례보고에 따르면, 신문과 잡지들에서 기독교를 공개적으로 공격하는 글들이 쏟아졌고, 소위 종교와 과학 사이에 예리한 질문들이 많이 있었으며, 성경은 공개적으로 의심이 되었고, 모든 질문들은 열린 정신과 마음 그리고 진정 진리를 추구하고자 하는 것이라고 전하였다.[1)] 이런 도전과 경제적 악재 속에서 사람들은 점차 종교에 무관심하게 되었다. 1927년도 전체 인구

---

1) *Annual Report of the Board of Foreign Missions of the Methodist Episcopal Church, Korea Mission 1924*, p. 87.

19,103,000명 가운데 불교인이 488,010명, 기독교인이 361,141명이었다.[2] 짧은 선교기간에 비하면 괄목할 만한 성장이었고 선교사들은 상대적으로 기독교의 입지가 견고하다고 확신하였지만, 종교적 무관심에 빠져 있는 자들을 향한 힘겨운 선교활동이 계속되었다. 그들은, "개종자를 얻는 것은 쉬우나 그들을 유지하기가 힘겨웠다"고 보고한다.[3]

교회가 국내적 요건으로 고전할 때 일제는 1930년부터 '비상시'라는 이름하에 언론, 사상, 교육의 통제 등을 통하여 군국주의로 몰고 가려고 모든 제도를 강화함으로[4] 교회는 이중고를 겪게 되었다. 1930년 3월 25일 〈조선일보〉는 사설을 통하여, 언론집회 결사의 장을 획득하는 것이야말로 현재 한국의 큰 과제라고 하였다가 압수당하였으며, 이를 계기로 사회단체나 자선단체의 집회와 결사에 대해서도 압박이 시작되고,[5] 1930년 이후엔 독립, 자유, 삼천리강산 등의 용어도 쓰지 못하게 하였다.[6] 여기에다 태평양전쟁을 앞두고 신사참배를 강요함으로 교회는 큰 위기를 당하였다. 이러한 정치적, 신앙적 위협과 더불어 경제공황의 여파로 인한 경제의 어려움 속에서 교회도 위기를 당했는데, 먼저는 그동안 꿈꿔 온 '하나의 교회'는 끝나고 도리어 교파주의로 회귀하면서 연합운동의 위기가 도래했다. 이러한 위기를 극복하고자 하는 연합활동은 여러 가지로 진행되었지만 결국 실패하고 말았다.

---

2) 위의 책, p. 152.
3) 위의 책.
4) 한국감리교회사 II, p. 13.
5) 조선일보사출판국 편, 조선일보 명사설 오백선 (서울: 조선일보사 출판국, 1972), p. 287.
6) 한국감리교회사 II, p. 26.

b. 교파주의에 대한 비판

1920년대에 각 교단의 성장과 더불어 교파가 난립하게 되었는데, 교파의 난립에 관하여 국내 언론에서 비판적인 글이 나타났다. 먼저 장 · 감 연합신문인 〈기독신보〉는 사설을 통하여 세계 각국의 교회가 연합을 계획하는 이 시기에 한국도 교파주의를 버리고 연합을 꾀해야 한다고 주장하였다.[7] 일반 신문도 동일한 입장을 펼쳐 1926년 〈동아일보〉는 서양교회에서는 교파가 필요하더라도 한국에서는 무용하다고 했고,[8] 〈조선일보〉도 같은 해 교회 내의 신구파의 충돌은 교파분립의 시작에서 비롯되었다고 비판을 하였다.[9] 1930년대 중반의 교파주의에 대해 송창근은 다음과 같이 비판하였다.

> 요즘 천하공지(天下共知)하는 바에 조선교계에도 무슨 당이 있다, 누구의 파가 있다 하야 서로 놀여보고 못밑업어 하는 터이요, 게다가 같은 조선 사람으로써 핏줄이 서로 다은 내 동족인데도 남(南)놈 북(北)놈 하야 스사로 갈등을 일삼으니 이 엇지함인가. 북놈이 잘되고 남놈이 잘못되여도 조선이 망하는 것이요, 북놈이 꺼구러지고 남놈이 승(勝)한대도 결국은 조선교회가 망하는 것 외에 소득이 없을터인데 그래도 피차의 성찰이 부족한 듯하니 오십 년 희년(禧年)이냐 오십 년 희년(噫年)이냐, 이 언더한 교계의 비극이냐, 슮으다 누구를 허물하랴, 바루 생각하면 모두 다 나의 허물이요, 나의 죄책이 아니런가.[10]

7) 기독신보, 1922. 2. 5.
8) 동아일보, 1926. 7. 13.
9) 조선일보, 1926. 5. 15.

c. 점점 멀어져 가는 장 · 감

장 · 감이 연합을 꾀하면서도 끝내 교파주의를 극복하지 못하였는데, 이런 분위기가 시작된 것은 1920년대 후반으로 보인다.[11] 이때부터 한국교회에 여러 가지 부정적인 현상들이 드러나기 시작했는데, 그것은 교파간의 갈등과 마찰, 선교사와 한국인의 갈등, 사회주의와 진보주의의 교회 비판, 지방색이 포함된 교권분쟁의 징조들이다.[12]

1920년대 후반부터 1930년대 전반에 이르는 동안 한국교회는 신학적 갈등과 교파 간의 갈등은 물론 심지어 장 · 감 연합운동 교파의 이권분쟁으로 와해되었는데, 대표적인 것이 앞의 문서선교에서 살펴본 바 있는 '신편찬송가 사건'과 '〈기독신보〉 사건'이다.[13] 전자는 1908년 이후 장 · 감에서 사용하던 《찬송가》를 개편한 《신정찬송가》를 1931년 장로교가 거부하고 《신편찬송가》를 발행한 것으로, 이로 인해 장 · 감연합에 큰 타격을 입었다. 후자는 장 · 감연합신문인 〈기독신보〉 사장 전필순의 독주로 인해 조선예수교서회 이사회가 제동을 걸자 전필순이 독자적으로 신문을 발행하면서 장 · 감이 각기 1933년 감리교회는 〈감리회보〉를, 장로교회는 〈종교시보〉를 창간하여 각기 기관지를 발행

10) 송창근, "새 생활의 전제", 신학지남 (1935.1), p. 12. 한국기독교역사연구소는 연합운동이 단절되고 교파주의로 회귀하게 된 것에 대해 다음과 같이 요약한다. "이러한 부정적 사건의 원인이 '교파신학'에 근거한 교파 간의 이해관계, 폐쇄적이고 배타적인 신학풍토, 지방색에 의한 교권의식 등이었다는 점에서 이같은 신학과 기독교인의 의식 형성에 상당한 영향을 끼친 선교사들에게도 책임의 일면이 있었음을 지적할 수 있다. 1920년대 이후 한국 기독교의 주도권을 놓고 한국인과 선교사들 사이에 마찰이 빚어지고 있음도 같은 맥락에서 해석할 수 있다." 한국기독교역사연구소, 한국 기독교의 역사 II, p. 169.

11) 위의 책, p. 83.

12) 위의 책, p. 186.

13) 위의 책, p. 161.

하며 장 · 감 연합은 점차 소원해지고 말았다.

이런 비판과 위기 속에서도 연합을 위한 노력이 중단되지는 않았다. 1924년 예수교연합공의회(KNCC)의 탄생과 더불어 1925년 11월 9일 YMCA 회관에서 교파를 초월한 '경성기독교연합교역자회'가 조직되었다.[14] 1929-1934년에는 장 · 감 교단의 통합까지 거론되다가 장 · 감이 합동추진을 위한 노력으로 장로교총회는 장 · 감 진홍방침을 위한 위원을 다섯 명으로 구성하고,[15] 감리교회도 제2회 총회에서 장 · 감 합동 추진을 위한 위원을 다섯 명 선정하기까지 이르렀다.[16]

d. 장로교회의 조선예수교연합공의회 탈퇴

그러나 1930년 중반 이후 우려했던 큰 문제가 발생했다. 1934년 제23회 장로교총회에서 평북노회장이 "조선예수교련합공의회 해소제의 건"을 헌의하였는데,[17] "련합공의회를 교파로만 조직하자는 것과 총대를 五인식 하자는 것은 부결"이 되었다.[18] 그리고 1935년 24회 총회에서, "평북로회장의 련합공의회 해소건은 기각하고 평서로회장의 헌의한 련합공의회 탈퇴건에 대하야는 본총회로서는 탈퇴함이 가하오며"라고 결의한 것이다.[19]

14) 기독신보, 1925. 11. 25.
15) 죠션예수교쟝로회 총회 뎨二十一회 회록 (1932), p. 56.
16) 기독신보, 1934. 10. 10.
17) 조선예수교장로회 총회 제二十三회 회록 (1934), p. 9.
18) 위의 책, p. 48. 장로교총회는 1933년 9월, 조선예수교연합공의회의 대표 수를 다섯 명까지 줄이도록 요청하였고, 더불어 YMCA, 성서공회, 기독서회 등과 같은 비교파적 그룹을 제외시키자고 하였으며, 1934년 조선예수교연합공의회 총회 때 15개 단체로부터 대표자의 수가 전년에 비해 반으로 줄었으며, 장로교총회는 다섯 명의 대표만 보내고 조선예수교연합공의회 직무를 중단할 것을 요구하고, 1935년 이후에는 대표를 아예 보내지 않았다. C. A. Sauer, *Methodist in Korea 1930-1960* (Seoul: The Christian Literature Society, 1973), p. 49.

김인서는 장로교회의 연합공의회 탈퇴를 지켜보는 가운데 한국교회의 유일한 연합기관의 운명이 다하는 것을 안타깝게 여기며 연합공의회가 해소될 때의 결과를 다음과 같이 예상하며 통탄했다.

> 직접영향은 公級會경영중인 동경교회가 분열될 것이오 주일학교연합회도 장차 분립될지 모을것이며 장 · 감양파간의 파쟁은 일층노골화할 것이다. 연합파열의 책임이 장로교에 잇는가 감리교회에 잇는가 장 · 감양교회 속에 숨어 잇는 政黨的某團某會의 쑤리 깁흔 파쟁에서 양조(釀造)되는가 그 책임이 장로교회에 잇든지 감리교에 잇든지 某團系某會人의게 잇든지 불문하고 오십주년기념으로 장 · 감연합공의회를 ᄶᅢ여버린다면 조선 사람은 합할 수 업는 못된 민족이란 것을 천하 교회에 증명하고도 남음이 잇슬 것이다.[20]

장로교총회는 연합공의회를 교파들만의 모임으로 하고, YMCA 등의 기관들의 참여를 원치 않았고, 나아가 장로교총회의 규모에 비해 총대수가 적은 것에 대한 불만이 있어 급기야 연합공의회의 탈퇴라는 극단에 이르게 된 것이다. 연합운동의 위기와 더불어 교파주의가 극성을 부린 것이다.

---

19) 조선예수교장로회 총회 제二十四회 회록 (1935), p. 52.

20) 김인서, "二十三總會의 登程問題", 신앙생활, 제3권 8호 (1934, 8), p. 5. 김인서는 1935년 9월에는, "대체 분요(紛擾)하는 제씨의 눈에는 서도(西道)사람 경성사람만 보이고 예수는 아니보입니가 지위와 세력만 보이고 주의 교회는 보이지 아니합닛가 終始 회개하지 아니하겟거든 주의 크신 진노가 삼각산하에 다시 떠러지기 전에 다-물너나서 주의 조선교회로 하여곰 평안케 하라"고 경고했다. 위의 책, 제4권 8호 (1935, 9), p. 42. 1936년 11월에는, "새 교파를 남조(濫造)할 ᄯᅢ가 아니라 백만명 천만명을 목표하고 전도할 ᄯᅢ이다"라고 강조했다. "총회분립문제에 대하여", 위의 책, 제5권 10호 (1936. 11), p. 26.

선교구역의 분할협정과 협의회 등으로 교파 간 연합운동을 잘 지켜오다가 국내는 물론 만주선교에서도 충돌이 일어나더니, 1936년 9월 11일 25회 장로회총회에서 선교구역의 철폐를 결의하고 그 해 9월 24일 감리교회에 이를 다음과 같이 일방적으로 통보하였다.

> 敬 頌
>
> 主恩中 道體萬安耳 今番總會가 長監 兩教會의 教區를 撤廢하기로 決議하였음을 玆에 仰達하오니 照諒하시옵소서. 不備餘
>
> 1936年 9月 24日
>
> 朝鮮耶蘇教 長老會總會
>
> 書記 洪澤麒 印
>
> 基督教 朝鮮監理會
>
> 摠理使 梁柱三牧師 貴下[21)]

장로교회의 일방적 통보에 대응하여 그 해 10월 8일 양주삼 총리사는 전국연합감리사 회의를 소집하고 이 문제에 대해 논의하고 감리교회도 자유로 행동하기로 하고 장로교회의 선교구역이었던 평북 신의주(1937), 함북의 성진(1939)과 청진(1940) 등에 감리교회를 설립하기에 이르렀다.[22)]

e. 적극신앙단의 등장

이러한 교회 안팎의 악조건과 교파주의의 극성 속에서도 1930

21) 감리회보, 제44호 (1936. 10. 10), p. 9.
22) 한국감리교회사 II, p. 128.

년대에 교회 부흥이 계속되며 중앙전도관과 이용도 등의 부흥운동이 전국에서 불길처럼 일어나고 있을 때, 적극신앙단이 등장하여 교회 연합운동에 찬물을 끼얹었다.[23] 적극신앙단은 YMCA 총무 신흥우를 중심으로 서울, 경기 지역의 장 · 감 목회자, 평신도들이 1932년에 창설한 신앙 친목단체로 순수 신앙운동을 부르짖었지만, 내면으로는 서북계의 교권 장악에 대한 불만을 가졌던 중부지역 교회들의 반발을 내포한 것이며,[24] 선교사들의 횡포에 대한 반동으로 일어난 것으로,[25] 지역적이고 신학적인 특성을 가

23) 위의 책, p. 71.

24) 이덕주, "한국기독교 신문, 잡지 개관", 한영제 편, 한국기독교 정기간행물 100년 (서울: 기독교문사, 1987), p. 31. 한국인으로 초기 적극신앙단원이 된 자들은 정춘수, 유억겸, 신공숙, 김인영, 박연서, 최석주, 엄재희, 김태원, 정성계, 이건춘, 홍병덕, 구자옥, 김종금, 함태영, 박용의, 권영제, 김영섭 등 교계 지도자들이었고, 신흥우가 당시 YMCA 총무였기에, Y맨들과 더불어 서북 지방을 제외한 중부 이남의 교회들을 기반으로 사역하는 자들이 주로 참여하였다. 고려대학교민족문화연구소 편, 한국문화사대계 제6권 (서울: 고려대학교 민족문화연구소, 1971), pp. 668, 673.

25) 全澤鳧, 人間 申興雨 (서울: 대한기독교서회, 1971), p. 224. 신흥우가 적극신앙단을 구성할 때 접촉한 세 단체는, "너무 보수적이 아닌 선교사들, 진보적인 교회 목사와 지도자들, 교회의 공적 관계가 적은 다른 한국인 지도자들"이었고, 그는 이들에게 자신의 계획을 1932년 명확하게 설명하였다. 적극신앙단의 다섯 개 신조와 21개의 실천강령은 다음과 같다.

五個條의 積極信仰 宣言

① 나는 자연과 역사와 예수와 경험 속에 계시되는 하느님을 믿는다.

② 나는 하느님과 하나가 되고, 악과 더불어 싸워 이기는 것을 인생 생활의 제1원칙으로 믿는다.

③ 나는 남녀의 차별 없이 인간의 권리 의무 행위에 있어서 완전한 동등권이 보장되어야 하며 타인의 권리를 침해하지 않는 완전한 자유가 있어야 된다고 믿는다.

④ 나는 신사회의 건설을 위하여 개인적 취득욕이 인간적 공헌욕으로 대치되어야 된다는 것을 믿는다.

⑤ 나는 사회가 많은 사람에게 경제적 문화적 종교적 생활에 있어서 승등적(昇登的) 균형과 안전이 보장되어야 한다는 것을 믿는다.

二十一個 實踐 綱領

① 정결한 신체 ② 정결한 마음 ③ 업무에 대한 헌신 ④ 토지에 대한 사랑 ⑤ 협동적 경제 ⑥ 고리대금업의 철폐 ⑦ 절제생활 ⑧ 관혼상제의 간소화 ⑨ 조혼의 배제 ⑩ 결혼 상대자 선택의 자유 ⑪ 도의(道義)의 단일 표준화 ⑫ 가정과 사회의 동등 대우 ⑬ 동일 노동에 대한 동일 보수 ⑭ 남녀 혼성의 단체 활동 ⑮ 회(會)에 대한 충성 ⑯ 약자와 무산자에 대한 단체적 보호 ⑰ 집회 취미의 향상 ⑱ 구습의 타파 ⑲ 도덕적 표준에 대한 재인식 ⑳ 진리와 정의에 대한 복종 산 정신과 실질적 사상의 보급. 위의 책, pp. 225-226.

지고 형성된 것이었다.[26)]

적극신앙단에 대하여 서북계의 비판과 반대가 일기 시작했다. 그동안 신흥우를 지지하던 윤치호가 양주삼과 더불어 적극신앙단에 대하여 다음과 같이 분석, 비판하였다.

> ① 그 단은 얼마 후에 비밀결사의 성격을 띠게 되었으며, ② 단원들은 자기네들만이 앞을 내어다보고, 애국적이며 진보적이며 이상적인 교계지도자로 자부하고 있으며, ③ 교회와 기독교 기관은 절망적이며 보수적이며 비이상적인 상태에서 이를 구원하는 유일의 방법은 그 단원들을 서울교회와 감리교 연회와 YMCA와 기독교서회와 기독신보와 기타 선교기관에 침투시켜야 한다고 생각하고 있으며, ④ 그 단의 가장 위대한 행동은 즉, 그들이 집회를 가지거나 운동을 할 때는 반드시 비밀히 또 속임수를 쓰면서 하고 있으며, ⑤ 1934년에는 감리교연회를 점령하려고 기도하여 그 해에 장로교총회에서도 문제를 일으켰으며, 특히 전필순씨가 기독교신보사를 가지고 나갔으며, ⑥ 1935년 정월에는 현동완씨가 사표를 제출하게 되어서 사건이 더욱 중대화되었다.[27)]

적극신앙단의 이런 생각에 대해 장로교총회와 감리교연회가 대응을 시작하여, 1935년 조선감리회 제5회 연회에서 적극신앙

---

26) 閔庚培, 韓國民族敎會形成史論 (서울: 연세대학교 출판부, 1974), p. 160. 민경배는 적극신앙단의 신학적 특색에 대해서는 마펫과 리 등이 주도한 평양신학교를 중심으로 하는 서북의 보수주의의 수준으로는 언더우드가 주도한 서울 쪽의 신학을 의심하고 畿湖교회를 근대주의자라 종종 공격을 하기도 한 것을 지적하고, 여기에 감리교신학은 1916년 〈신학세계〉 창간을 들어 한국적 신앙토착화의 시도가 강했음을 지적한다. 위의 책, pp. 160-161.

27) 全澤鳧, 人間 申興雨, p. 251. 현동완은 YMCA 간사로, 그는 구자옥과 불화하였는데 신흥우가 구자옥 편을 들어 현동완은 사표를 내고, 구자옥은 서울 YMCA의 총무가 되었다. 위의 책, p. 252.

단에 대해 감리교회에서 인정치 못할 단체에 가입하는 것을 절대 용납하지 않기로 결의하였고,[28] 장로교회도 1935년 제24회 총회에서 경성노회를 경유한 재경기독교유지회의 건에 의해 적극신앙단은 신앙선언을 검토한 결과 장로교회의 신경에 위반되는 것이므로 적극신앙단을 장로교회에서 용납하지 않기로 결의하였다.[29] 이 결의 후, 적극신앙단의 핵심 지도자인 신흥우는 1935년 그의 YMCA 총무직을 사임하였다.[30]

적극신앙단이 남긴 영향에 대하여 민경배는 다음과 같이 정리한다.

> 우선 이 신앙단은 당시 한국교회의 신학적인 성분과 민족교회적 요소의 지형도를 명백하게 그려 주었다. 적극신앙단이 출현하자 그 지형이 온통 밝히 형체화한 것이다. 우선 한국의 교회는 신학과 교회 정치의 판도가 서북계와 비서북계로 나누어져 있었음이 드러났다. 그리고 그것은 교파의 경계선을 관통하고 있었다. 다음, 홍사단의 세력이 그 지역적인 서북의 연결을 타고 전 교회에 미쳐 있었다. 이것 역시 교파의 경계를 관통하고 있었다. 셋째로 적극신앙단은 비서북계의 장로교나 감리교와 교회 외의 기독교 기관들, 그리고 경성을 그 구성성분의 터로 가지고 있었다. 경성과 교회기관, 곧 교회 외적 기독교 기구와의 연결은 이래서 논리적으로나 시기적으로 쉽게 연결될 수 있었다. 넷째로 장로교나 감리교의 대결이다. 아빙돈 단권주석의 문제, 장 · 감연합

28) 기독교조선감리회, 동부중부서부 제5회 연합연회 회록 (1935), pp. 159-160.
29) 조선예수교장로회 총회 제二十四회 회록 (1935), p. 53.
30) 이덕주, "한국기독교 신문, 잡지 개관", p. 31. 신흥우의 YMCA 총무직 사임은 비단 적극신앙단 때문만은 아니었고, 그가 흥업구락부의 지도자로 총독부의 주목을 받아온 것과 더불어 박인덕과의 문제 등이 결부되어 YMCA 이사회가 사표를 수리하였다. 全澤鳧, 人間 申興雨, p. 251.

회나 연합공의회의 문제, 전도구역의 피차 침범의 책임구명 문제, 그리고 함께 편찬해서 쓰도록 돼 있었던 찬송가를 장로교가 단독 편집 사용하는 데에 대한 내외의 배신 추궁 문제 등으로 그 대결이 심각했었다.[31]

적극신앙단은 이와 같이 그동안 내재되었던 갈등의 뇌관을 터뜨려 주는 역할을 톡톡히 해냈다. 민경배는 적극신앙단의 역할을 긍정적으로 평하며 신흥우가 박인덕과의 스캔들만 없었어도 큰 저항을 받지 않았을 것으로 판단하지만,[32] 반면에 연합운동사의 면에서 보면 적극신앙단으로 인해 그동안 쌓아 온 에큐메니칼적 노력들이 일련의 완충기간을 갖지도 못하고 일시에 무너져 버린 원인 제공을 한 것을 간과할 수 없다.

f. 신사참배에 대한 장 · 감의 이견

1930년대 교회의 연합운동에 결정적인 타격을 가한 일이 있었는데, 그것이 바로 신사참배의 강요이다. 일제는 전 제국민들을 세계제패를 위한 전쟁과 광적인 힘으로 결집시키기 위해 일본의 천황을 태양신 아마테라수(Amaterasu)의 거룩한 후예로 숭배하는 신앙을 군부가 만들어 놓았고, 이 신사참배를 한국인들에게도 강요하였다.[33] 일제는 통제하기 쉬운 기독교학교부터 신사참배를 강요하기 시작했고, 이어서 기독교계에도 압박을 가하였는데 교세가 약한 군소교단부터 시작해서 마지막에 가장 큰 교단인 장로

31) 閔庚培, 韓國民族敎會形成史論, pp. 178-179.
32) 위의 책, p. 180.
33) S. H. Moffett, *The Christians of Korea*, p. 72.

교회에까지 도전하였다.[34)]

신사참배의 문제가 1935년 전에는 그렇게 심각한 상황이 아니었는데, 1935년 총독부는 기독교 학교를 포함한 모든 교육기관에 신사참배에 응할 것을 명했다.[35)] 이에 대해 장·감은 각기 다른 반응을 보였다. 1936년 북장로교회 선교부는 미션 학교들을 폐교하도록 조치하며, "우리는 우리 미션 학교를 학교 설립목적과 이상을 유지하기에 심히 어려우므로 우리는 선교부가 세속적인 교육부분으로부터 철수할 것을 권한다"고 하였다.[36)] 남장로교회 선교부는 북장로교회 선교부보다 더 강경하게 대응하여 신사참배는 유일신과 다신론의 투쟁이라고 여기고, 1937년 9월 모든 학교에 대하여 중일전쟁에 나간 일본군의 승리를 위해 천조대신(天照大神)에게 기원하라는 명령을 거부하고 각 학교를 폐쇄하였다.[37)] 호주 장로교회 선교부도 1936년 2월 신사참배를 할 수 없다는 방침 아래 운영하던 모든 학교를 폐쇄하였다.[38)] 학교에서부터 시작된 신사참배 강요는 1938년 초에 이르러 일반 교회에까지 미치게 되었다.[39)] 그러나 이렇게 신사참배에 저항하던 장로교도 1938년 일제의 치밀한 공작과 위협 속에서 개최된 총회에서

34) 장로회신학대학교 100년사, p. 228.

35) H. A. Rhodes and Archibald Campbell, *History of the Korea Mission: Presbyterian Mission: Presbyterian Church in the U.S.A.; 1935-1959* (New York: Commission on Ecumenical Mission and Relation, the United Presbyterian Church in the U.S.A., 1964), p. 410. Ed. W. R. Wheeler, *The Crisis Decade-A History of the Foreign Missionary Work of the Presbyterian Church in the U.S.A. 1937-1947, Supplementing "One Hundred Years" by Arthur Judson Brown* (New York: The Board of Foreign Mission of the Presbyterian Church in the U.S.A., 1950), p. 72.

36) 위의 책. *Minutes and Reports of the Chosen Mission of the Presbyterian Church in the U.S.A. 1936*, p. 137.

37) 이영헌, 한국기독교회사 (서울: 컨콜디아사, 1978), p. 201. 김인수, 한국기독교회의 역사, p. 499.

38) 장로회신학대학교 100년사, pp. 229-230.

신사참배를 결의하고 말았다.[40)]

장로교와 달리 감리교회 학교들과 캐나다 선교부의 학교들은 큰 저항 없이 신사참배에 응했으며, 가장 먼저 신사참배에 응한 것이 로마 가톨릭 교회였다.[41)] 이와 같이 신사참배에 대해 각 교단의 입장 차이가 있었다. 장로교 선교부와 장로교총회가 1938년 총회 전까지는 대체로 신사참배를 거부하였으나 캐나다 선교부는 신사참배를 심각하게 받아들이지 않았고, 감리교 선교부나 조선감리교회도 마찬가지였다. 이와 같은 신사참배에 대한 장·감의 이견이 1930년대 후반 장·감을 비롯한 교회연합운동에 큰 저해요소가 되었을 뿐만 아니라 해방 이후에까지 영향을 미쳐 장로교 분열사로 이어지게 되었다.

g. 1940년대 상황

1940년 '종교단체법' 의 실행으로 인가제가 환원되었고 교회의 설립과 심지어 교역자의 자격과 교회 규칙에 이르기까지 총독부의 허가를 받도록 했다.[42)] 북감리교회 선교부는 1940년 연례보고에서 한국의 상황을 다음과 같이 보고하고 있다.

최근에 일본제국의 압박이 극심하여 교회의 생명이 실로 위태롭게

---

39) 박윤선, "고(故) 주남선 목사 옥고기(獄苦記)", 파수군, 제15호(1952.3), p. 22. 이 글은 저자가 주남선 목사에게 간청하여 친서를 받은 그대로 적은 것으로, 주 목사의 신사참배 반대 수난기이다. "1937년 7월 중일전쟁이 시작되자 조선총독 남차랑이 평양 숭실학교를 위시하여 전선기독교 교육기관에 신사참배를 강요하여 오다가 점차 교회에까지 미쳐서 각 교회급 노회가 결의 진행하여 오든 중 1938년 4월부터는 거창경찰서로부터 나와 교회에 대하여 신사참배를 강요함으로 거절하였으며……." 위의 책.
40) 조선예수교장로회 총회 제二十七회 회록 (1938), p. 9.
41) 장로회신학대학교 100년사, p. 230.
42) 사설 "종교단체법 실시를 앞두고", 동아일보, 1940. 2. 10.

> 되었다. 한일병탄 이래로, 한국의 기독교 지도자들이 다소 의심을 받아 왔고, 항상 비밀경찰의 감시 아래 있었다. 그들 중 많은 이들이 체포되었고, 일부는 장기간 구속되었고 다른 이들은 경고를 주고 풀어 주었다……조선 기독인들 중 일부는 처음부터 조선어, 조선 풍습, 조선 문화의 보존을 원했던 사람들이었기 때문에 이들은 항상 의심을 받고 있었다……교계도 통폐합되어 '조선감리교회' 도 사라지고 '일본감리교회' 에 속하게 되었다. 우리는 일본이 정치적 자주성으로서 조선을 제거하고 조선인들을 제국에 병합시키며 '아시아의 새 질서' 운동을 가속화하는 마지막 단계를 보고 있는 것 같다. 기독교회는 이 과정에 사로잡혀 있다……1940년 10월 2일 '조선감리교회' 전체위원(the General Board) 모임을 갖고, 한국교회는 '중앙협의회' (Central Council)를 해산하고, 신학교를 닫으며, 해외 기금으로부터 독립을 선언하고 일본 국가교회에 합류한다고 결의했다.[43]

10월 2일 전체위원 모임에서 정춘수 감독에 의해 공식성명을 발표하며 '기독교회의 개혁 계획' 을 크게 다섯 가지로 내놓았다. 그 중에 세 번째 항이 사회교육인데, 제국의 길을 전파하고 지지하기 위한 여덟 가지 방안은 신사참배, 교회조직, 유인물, 강의, 그룹 토의, 성경반, 특별전도 집회, 개인전도 등이었고, 이 모든 안이 만장일치로 아무 논쟁 없이 통과되었다.[44] 전체위원은 모두 한국인들이었고 선교사들은 두 명만이 비공식적으로 참여했다. 10월 7일 '조선선교부공의회' 실행위원들이 모여 정 감독에게 세 가지 공식적인 질문을 했다. 성명서가 전체 위원에 의해 채택

---

43) *Annual Report of the Board of Foreign Missions of the Methodist Episcopal Church, Korea Mission 1940*, p. 42.

44) 위의 책, pp. 43-44.

된 것, 감리교신학교의 폐쇄에 관한 것, 그리고 최근 외국인 재산법의 발표에 의한 전 선교부의 재산권에 대한 명백한 위기에 대한 것이었다. 한국의 다른 교회들과 선교부들도 비슷한 어려움에 처했다.[45] 10월 24일 선교부공의회 실행위원들이 투표하여 모든 감리교회 선교사들은 한국에서 철수하고 남북감리교회 두 명씩만 잠정적으로 남기로 했다.[46] 미국 장로교회 선교사들도 1940년 말에 철수하였고, 호주 장로교회 선교사들 가운데 한국을 떠나지 않고 지키다 일본 경찰에 의해 심문, 체포, 구금되는 일이 있었으며, 결국 1942년 장로교회 선교사들 모두가 떠나게 되었다.[47]

1941년에 감리교회 선교사들은 전원 철수하였고, 한국 기독교인들은 미국의 선교부나 개인 친구들에게조차 편지를 보내지 않겠다고 분명하게 선언했고, 특별히 그들에게 편지를 보내지 말라고 요청했다. 해외에 유학 중인 자나 영국이나 미국과 접촉하는 자 모두 의심을 받았기 때문이다. 1941년 '조선감리회'는 완전한 독재 체제로 재조직되어 총회(General Conference)라 불렀다. 감독은 전권을 가지고 임원들을 선출하지 않고 임명했고, 감독과 임원들은 한국의 실제 통치자들인 일제의 군부에 의해 좌우되었고, 감독의 계획에 따르지 않는 설교자들은 법적으로 제거되었다.[48] 1941년 이후엔 한국의 학교나 개인에게 기금을 보낼 수도 없게 되었는데, 이것은 일본과 미국 정부 간에 인준된 협약이 정지되었기 때문이었다.[49] 1942년 3월 10일 종교단체법의 요구

---

45) 위의 책, p. 44.
46) 위의 책, p. 45.
47) E. A. Kerr and G. Anderson, *The Australian Presbyterian Mission in Korea 1889-1941* (Sydney: Australian Board for Missions, 1970), p. 93.
48) *Annual Report of the Board of Foreign Missions of the Methodist Episcopal Church, Korea Mission 1941*, p. 65.
49) 위의 책, p. 66.

에 부응하여 교회가 재조직되어 혁신교단으로 통합되었다.[50] 1943년 북감리교회 연례보고는 '조선감리교회'가 사역을 계속하였고, 대부분의 감리교회 기관들도 그들의 사역을 계속하고 있음을 믿는다고 전하였다.[51]

h. 일본기독교조선교단

결국 한국교회의 연합운동은 일제의 신사참배 강요를 신호탄으로 소멸 지경에 이르렀다. 일제는 1942년 성공회, 성결교, 안식교, 구세군, 무교회주의자들과 같은 중소 교단을 해산하며, 여러 교파를 하나로 통합하여 통제하는 것이 수월하다고 여긴 나머지 이를 위해 혁신교단이라는 어용교단을 설립하도록 했다.[52] 일제는 이어서 1943년 5월 장로교회를 '일본기독교조선장로교단'으로, 같은 해 8월에는 감리교회를 '기독교조선감리교단'으로 바꾸고[53] 장 · 감 교단을 폐쇄하더니, 강압에 의해 1945년 6월 '하나의 교회'인 '일본기독교조선교단'으로 통합시키고 말았다.[54] 외형적으로는 장 · 감을 중심으로 그렇게 오랫동안 힘써도 이루지 못한 '하나의 교회'를, 일제가 너무나 '쉽게' 숙원사업을 이룬 것처럼 보이지만, 실상은 그것이 '하나의 교회'라고 인정할 사람은 아무도 없을 것이다. 마치 군사정권 아래서 군부에 의해

50) 위의 책, 1942, p. 29.
51) 위의 책, 1943, p. 38.
52) 김인수, 한국 기독교회의 역사(하), pp. 534-535.
53) 이덕주, "하나되게 하소서-한국 개신교회 일치와 연합운동의 역사적 흐름", 그리스도인의 기도 (서울: 제7회 한국 그리스도인 일치를 위한 일치 포럼-한국기독교협의회 교회일치와 종교 간 대화위원회 & 한국 천주교 주교회의 교회일치와 종교 간 대화위원회, 2007), p. 39.
54) 김광우, 韓國監理敎會百年: 制度變遷記 (서울: 전망사, 1990), p. 286.

언론의 통합이 이뤄진 것과 다를 바 없는, 어처구니없는 통합이었기 때문이다. 그리고 '일본기독교조선교단' 이 실질적으로 발족한 것은 1945년 8월 1일로, 이 사실을 전국 교회에 알리기도 전에 일제는 패전을 면치 못하고 말았다.[55]

55) 閔庚培, 鄭仁果와 그 時代, p. 193.

IX 결론

A. 요약

한국 개신교는 선교 초기부터 여러 교단 및 교파의 선교사들의 복음 전래로 인해 우리의 의지와 관계없이 여러 교파 교회들이 이 땅에 이식되어 각기 성장하였다. 그러므로 한국 개신교의 에큐메니칼 운동은 복음 전래와 더불어 자연스럽게 시작된 것이다. 특별히 초기 선교사들은 언더우드, 아펜젤러를 중심으로 연합정신으로 무장하여 교회 연합을 위하여 상당한 노력을 경주하다가 생을 마치기도 했다.

1929년 〈기독신보〉의 편집인 하디(R. A. Hardie)가 감리교회와 장로교회의 연합에 대한 설문조사를 했는데, 응답자들이 거의 만장일치로 연합에 대한 열정을 보였다. 36명 중 네 명만이 연합에 반대했을 뿐이다. 나머지는 찬성은 하지만 아직 때가 되지 않았다고 생각했다. 그러나 중요한 것은 설문지를 받은 나머지 42명의 지도자들이 응답하지 않았다는 것이다.[1] 북감리교회 해외선교부의 서더랜드(G. F. Sutherland)는 1931년 한국에서 귀국한 후, "미국에 있는 우리가 한국에 대하여 행한 가장 큰 실수는 한국을 동양에서 중요하지 않은 곳이요 하찮은 민족이라고 생각한 것……한국은 중심에 있고……한국은 극동 아시아의 미래의 어떤 평가에서도 잊지 말아야 한다"고 하였다.[2]

이처럼 선교사들이 언더우드와 아펜젤러 이후 교회 연합에 대한 열망과 아시아에서 차지하는 한국의 중요성을 말하면서도 왜 진작 한국에 '하나의 교회'를 형성하지 못했을까? 장로교회의 '독노회' 조직 전, 즉 1905년 '재한개신교복음주의선교부연합공의회' 출범 후에 장·감이 '하나의 교회'를 이루지 못한 이유에 대하여 브라운(G. T. Brown)은 크게 두 가지로 분석한다. 첫째는 장·감의 미국 본국의 지도자들이 이 문제에 대해 찬성하지 않았기 때문이다. 게다가 당시 두 감리교회가 한국에서 아직 하나의 감리교회를 이루지 못한 상태였고, 각 교회가 본국의 연회 소속으로 있었다.[3] 남감리교회의 해외선교 실행위원회 역시 이 문제에 대해서 적극적인 대응을 하기보다 한국의 '그리스도의 교회'가 어떤 통치형태를 취하고, 어떤 신조를 포함하고, 한국에서 장·감의 다른 견해를 어떻게 극복할 것인가 등에 대한 의문만 제기했을 뿐이다.[4] 둘째는 한국교회 지도자들도 또한 이것에 대한 열의가 부족했다. 북장로교회 선교부는 이 문제를 1906년 연례모임을 통해서 논의하고 '1907년 독노회를 조직한 이후에' 다

---

1) *Annual Report of the Board of Foreign Missions of the Methodist Episcopal Church, Korea Mission 1929*, p. 141.

2) 위의 책, 1931, p. 60.

3) G. T. Brown, *Mission to Korea* (Seoul: Department of Education, The Presbyterian Church of Korea, 1962), p. 77.

4) S. H. Chester, "Church Union in Korea", *The Missionary Monthly*, 1906. 3, p. 207.

시 거론하기로 연기하였다. 그들은 이 문제는 선교부보다는 교회가 결정해야 할 사항이라고 여겼기 때문이었지만, 이것이 독노회나 총회에서 한 번도 투표를 한 적이 없으니 선교사들의 전적인 지원 속에서 이 건이 통과되었다는 것이 큰 의구심을 나타낼 수밖에 없다고 브라운은 지적한다.[5)]

브라운의 이 분석은 의미가 있다. '재한개신교복음주의선교부연합공의회' (the General Council)는 1912년 명칭을 연합공의회(the Federal Council)로 바꾸었는데, 이때는 장로교가 총회를 조직한 시기와 맞물리며 새 명칭으로 출발한 연합공의회의 목적에는 '하나의 교회' 를 구성한다는 것조차 제외되고 만 것이다. 이와 같이 미국 본국 교단 및 교파에서의 반대, 이것을 수용할 수 있는 한국교회의 미성숙함 등이 결부된다. 한국에서 사역하던 선교사들간에도 의견이 분분하여 한국에서 '하나의 교회' 설립은 끝내 결렬되고 말았다.

이렇게 '하나의 교회' 를 설립하는 것은 이루어지지 않았지만, 초기 선교사들의 연합정신을 비롯하여 본 논문에서 전개한 여러 다양한 연합사역들마저 의미와 가치를 상실했다고 볼 수는 없는 것이다. 본 논문에서는 이 의미와 가치를 살펴보았는데, 먼저 III장에서 의료선교는 한국교회 에큐메니칼 운동의 출발점이 되었고, 그것의 공헌은 아무리 칭찬해도 지나치지 않을 것이다. 그만큼 다른 사역에 비해서 힘겨운 일이었고, 헤론과 홀과 같이 자기 목숨을 버리기까지 하는 희생이 따랐고, 이런 헌신적인 일로 인해 한국인들에게 복음의 문을 열어 주는 귀한 역할을 하였을 뿐만 아니라 사회와 민족에도 크게 이바지했기 때문이다. 의료선교를 통한 연합사업은 병원 설립 및 의학교육은 물론 콜레라, 결핵

5) G. T. Brown, *Mission to Korea*, pp. 77-78.

및 나병 등 전염병 퇴치, 의사협회 및 간호사협회 등에 이르기까지 다양하게 이뤄졌다. 이 사역을 선교사들의 도움 없이 한국교회가 감당하기까지는 20세기 후반에야 가능할 만큼 긴 세월이 필요하였다.

의료선교가 선교의 문을 열어 주었고, IV장에서 살펴본 교육선교는 복음 안에 들어온 자들을 다지고 훈련시켜서 장성하게 하는 역할을 톡톡히 감당했다. 교육에서의 연합사역도 중고등학교를 시작으로 신학교 및 대학, 그리고 주일학교까지 다양하게 이루어졌다. 특히, 장 · 감이 각기 하나의 교단으로 통합된 배경에는 각 교단이 '하나의 신학교'를 연합으로 설립함으로 이뤄진 쾌거라 할 수 있다는 점에서 교육이 차지하는 연합정신의 역할을 실감할 수 있을 것이다. 다만 어렵게 연합학교를 이룩했다가 각기 교단 및 교파의 단독 운영으로 돌아간 평양연합대학(숭실전문)과 이화여대(이화여전)와 같은 경우도 있는 것이 아쉽고, 오늘까지 연합학교 사역이 이뤄지고 있는 곳은 연세대학교 하나뿐이다.

V장에서 본 문서선교에 있어서 연합정신도 성경번역 및 출판으로 시작하여 찬송가 출판, 성경주석, 신문과 잡지 및 이 모든 것들을 인쇄 및 출판하는 것에 이르기까지 방대하게 이뤄졌다. 문서선교에서도 교육선교와 같이 한 번 이룬 연합사역이 성경번역 및 출판이나 예수교서회 또는 〈코리아미션필드〉와 같이 줄곧 이어진 경우도 있지만, 힘겹게 연합사업을 이루었다가 각 교파의 독자적인 사업으로 돌아간 찬송가 출판과 연합신문이었던 〈기독신보〉와 같이 아쉬운 일도 있었다. 특히 후자의 경우는 연합사업이 결렬되는 전형적인 모습을 보여 준 것으로, 그 원인은 판권을 둘러싼 이윤과 서북지역과 비서북지역의 교권싸움, 또는 한국 교

인들과 선교사들의 깊은 감정의 골 등이었다. 연합정신의 근본을 잃을 때 일어나는 현상을 분명하게 보여 주고 말았다.

VI장에서 본 한국 초기 교회의 사회 참여는 현재와 비교할 수 없을 정도로 사회를 지도하고 이끄는 지도력을 크게 발휘할 만큼 영향력이 있었다. 특별히 민족이 고난에 처해 있을 때, 민족과 함께하는 교회의 모습을 분명하게 나타내며, 교회의 지도력을 한층 발휘하는 데 온 교회가 연합하였다. 그것은 남존여비사상의 뿌리 깊은 전통문화 속에서 남녀평등의 기회를 잃고 있던 여성들을 위한 사역으로부터 시작하여 청년운동, 애국충군의 모습을 보였던 고종의 보호와 탄신일 축하, 한일병탄을 전후한 항일운동에 교회가 연합하여 참여하였고, 3 · 1운동 이후에는 절제운동과 농촌사역을 중심으로 민족의 삶의 현장에 뛰어들어 사회계몽운동에 교회가 연합하여 참여하였다. 여기서 주목할 것은 여자절제회와 YWCA를 비롯한 몇몇 여성단체들의 사회 참여로 인해 더욱 교회의 빛을 발한 것이다. 그러나 일제의 방해로 인해 1930년대 중반 이후에는 이어지지 못한 아쉬움이 있다.

VII장에서는 교단 및 교파 간에 기구(institution)를 통한 연합운동이 전개된 것도 살펴보았다. 특히 비슷한 시기에 내한하여 선교활동을 시작한 장 · 감이 시기적 차이는 있었지만 이 땅에 각각 '하나의 장로교회'와 '하나의 감리교회'로 통합된 것은 놀라운 일이었다. 이들이 각기 총회를 조직하기 전에 선교사들이 자기들만의 공의회를 시작하였고, 점차 한국인들이 그 모임에 참여하며 선교사들과 한국인들이 함께 조직한 장 · 감연합협의회가 탄생하고, 급기야 장 · 감 외에 동양선교회(성결교)와 Y와 여자절제회 등을 비롯한 여러 기독교 단체들이 참여하는 범에큐메니칼(pan-ecumenical) 기구인 조선예수교연합공의회까지 출범하였으니, 짧은 선교역사 안에 올린 적지 않은 연합사업의 성과라 하겠다.

여기서 매우 아쉬운 역사의 순간이 있었다. 그것은 선교부공의회가 구성되고 장 · 감연합협의회가 조직되기 전, 장 · 감이 '하나의 교회'를 설립하고자 시도한 것이다. 그러나 미국의 교회들이 반대하고, 선교사들 가운데 반대하는 이들도 있었고, 한국교회가 수용할 수 있는 능력의 부재 등이 지적되었지만, 역시 당시 가장 큰 문제는 미국교회의 태도를 지적하지 않을 수 없을 것이다. 그들의 일방적인 판단으로 인해 이 땅의 교회가 어쩌면 영원히 교파주의에서 벗어날 수 없게 되는 계기가 되었기 때문이다. 이것은 비단 미국교회만의 문제가 아니라 재한 선교사들의 태도에도 문제가 있었다. 그것은 선교부연합공의회가 조선예수교연합공의회로 통합되었으면서도 그들만의 모임을 끝까지 지속함으로 연합운동의 취지를 약하게 만든 것이다. 교단 및 교파 간의 연합운동은 이렇게 기구를 통해서도 이뤄졌지만 더불어 교회를 위협하는 요소에 대응하는 일에도 공동으로 참여하였다. 대표적인 것으로 평양의 관리들에 의해 생명까지 위협을 받은 기독교인들을 구명한 것과, 사상적으로 교회를 위협했던 사회주의 및 공산주의에 대응한 것이다.

이렇게 교회가 연합운동을 전개해 왔지만, VIII장에서 본 바와 같이 1930년대 이후 일제 말에 이르러 연합운동은 점차 쇠퇴하고, 각기 교파주의로 회귀하고 말았다. 장 · 감은 각각 1932년과 1934년 교파를 초월한 합동을 추진하기 위해 각각 다섯 명의 대표를 선정하기까지 했으나, 1934년 장로교총회에서 연합공의회 해소 건이 제출되더니 1935년 총회에서 연합공의회에서 탈퇴하기로 결의하고 만 것이다. 장로교총회가 교단 규모에 비해 총대수가 적은 것이 불만이었던 데다가 기독교 단체들을 제외한 교파들만의 모임을 원했기 때문이다. 이렇게 해서 장 · 감이 꿈꾸고 협력해 오던 연합은 끝내 무산되고, 연합사업 현장에서 충돌이 일어나며 예양협정도 지킬 필요가 없게 되었다. 이렇게 장 · 감을 중심으로 각 교파 교회가 연합에 대한 관심보다는 자기 자리를 찾아가며 정착하는 데 힘을 기울인 것이다. 그만큼 각 교파 교회가 이 땅에 뿌리를 내리고 자리를 잡아가고 있었던 것이다.

이 와중에 신흥우를 중심으로 발생한 적극신앙단의 등장은 그동안 잠재되어 있던 서북과 비서북지역의 갈등을 폭발시키며 나아가 선교사와의 갈등마저도 불을 붙이며 연합운동에 찬물을 끼얹고 말았다. 이는 곧 본론에서 서술한 찬송가 출판의 연합사업의 막을 내리게 했고, 〈기독신보〉도 끝내 종간하게 만들고 말았다. 여기에다 그동안 힘겨움 속에서도 강요가 심하지 않았던 신사참배 문제가 일제의 태평양전쟁 준비의 박차와 더불어 극성을 부리고, 이에 대한 장 · 감의 대응이 엇갈리며 연합의 길은 더 요원해졌다. 1940년대에 이르러 선교사들은 이제 철수를 해야만 하는 사태에까지 이르렀고, 일제는 조선기독교단이라는 어용 연합기구를 만들며 교회연합을 강요하였다. 그러나 누구도 이것을 '하나의 교회' 라고 인정하지는 않는다. 이상이 본 논문에서 다룬 초기 한국교회의 연합운동사이다.

B. 제언

본 논문은 이 땅에 '하나의 교회' 를 세우기 위해 몸부림쳤던 초기 한국교회사를 서술한 것이다. 본 논문을 마무리하면서 필자는 다음과 같이 몇 가지 제언을 하고자 한다.

첫째, 초기 한국교회가 '하나의 장로교회' 및 '하나의 감리교회' 를 설립하는 데 성공한 것에 대해서 긍정적인 평가를 내리면서도, 이 과정에서 아쉬운 점이 하나 있다. 그것은 여섯 개의 장 · 감 선교부가 각기 하나의 교단으로 통합한 것은 놀랍고도 잘된 일이지만, 그들이 '하나의 교회' 를 향한 꿈을 가지고 연합을 꾀하는 과정에서 그리도 급하게 각 교단 총회를 조직함으로, '하나의 교회' 를 설립하는 일이 요원하게 되었다는 점이다. '하나의 교회' 를 설립한다는 것은 실로 선교지의 교회들이 각 교파 교회로 뿌리를 내리기 전에라야 보다 가능성이 있기 때문이다. 불행하게도 초기 한국교회는 연합기구를 조직하고 '하나의 교회' 는 꿈꾸었다고 하지만, 이것을 내다보고 각 교파 교회가 어떻게 대처해야 하는지에 대해서는 전혀 대비를 하지 못한 아쉬움이 실로 크다고 하겠다.

이 경험은 현재 세계 각국에 많은 선교사들을 파송하고 있는 한국교회가 미국교회의 전철을 밟지 않을 수 있는 귀중한 역사공부가 될 수 있는 것이다. 선교가 교파 교회를 이식하는 차원이 아니라면 이 역사공부는 매우 큰 가치와 의미가 있는 것이다. 한국교회는 이제 미국에 이어 세계에 가장 많은 선교사를 파송하는 교회이다.[6] 이것은 곧 선교지에서 한국교회가 차지하는 비중과 역할이 그만큼 커졌다는 것을 일컬으며, 이때 현지에 파송된 한

6) 현재 한국 선교사들은 173개국에 16,616명(목사: 10,737명, 평신도: 5,879명)이 파송되었다. 강승삼, "편집인의 글, 한국형 선교모델을 만들자", 한국선교(KMQ) vol. 6, no. 2 (2007. 봄), p. 4. 세계 제일의 선교사 파송 국가인 미국의 경우 1995년 자료에 의하면 44,713명이다. *International Bulletin of Missionary Research*, 1995. 1.

국 선교사들은 교회를 개척하거나 신학교를 세우는 등 일련의 선교사역에 있어서 초기 한국교회에 있었던 것과 같이 연합사업을 꾀하며, 현지에 교파 교회의 설립이 아닌, 교파가 없는 '하나의 토착 교회' 설립에 주력해야 할 것이다. 교회는 그리스도께서 머리가 되시는 하나의 교회일 뿐이다.

둘째, 네 개의 장로교회와 두 개의 감리교회가 한국에 들어왔으나 장 · 감이 각기 '하나의 교단'을 이루는 데 공헌을 하였지만, 아쉽게도 교파간의 통합은 이루지는 못하였다. 그 이유는 본론에서 여러 가지로 서술한 바 있다. 1910년대 장 · 감연합협의회가 조직되기 전에는 미국교회와 일부 선교사들의 무관심과 반대와 한국교회의 수용 능력 부족이라 치더라도, 그때로부터 약 20년이 지난 1930년 감리교회의 통합 이후 교파주의로 회귀할 때는 한국교회의 목소리가 커지고 말았다. 특별히, 감리교회의 3-4배에 이르는 교인수를 가졌던 장로교회에서 연합에 대한 불만의 소리가 나오기 시작했다. 연합기구에서 대표자의 수가 교인수에 비례하지 않는 것에 대한 불만으로 시작하여, 연합공의회가 교파 간의 모임만이 아니라 기독교단체들이 참여하는 것에 대해서도 곱게 보지 않은 감정이 폭발하여 연합공의회의 해소를 제안하더니 급기야 연합공의회에서 탈퇴하는 추태를 보이고 만 것이다.

곧 초기에는 '하나의 교회'를 이루지 못한 것에 대해 미국교회와 선교사들에게 책임을 전가할 수 있을지 모르지만, 1930년 이후에는 한국교회의 책임도 크다는 사실을 인정해야 한다. 이것은 특히, 장로교회의 《신편찬송가》 출판과 〈기독신보〉의 파경에서 명백하게 드러났다. 장로교회가 이런 저런 이유를 들어 23년 만에 재편집하여 발간한 연합찬송가 〈신정찬송가〉를 비판하고, 이것에 대한 일련의 대안을 마련하기 위해 전혀 노력을 기울이지 않고《신편찬송가》의 출판을 서두른 것은 연합정신을 완전히 상실한 자세를 취한 것이다. 물론 장로교회와 예수교서회 및 감리교회와의 판권 문제도 기인한 것을 간과할 수 없으니 장로교회만의 문제는 아니다. 〈기독신보〉도 전필순과 예수교서회의 갈등으로 비춰졌지만, 실상은 이것만이 아니라 선교사들에 대한 감정의 골이 깊어졌고, 나아가 서북과 비서북이라는 당시의 교권 다툼의 대리전 양상을 보이고 말았다.

이 역사연구를 통하여 우리는 교회 연합을 이루는 비결을 배우게 된다. 교회 연합을 깨뜨린 원인을 답습하지 않는 것이다. 이 일이 결코 쉽지 않은 과제이다. 오늘날도 찬송가공회가 조용하지 않는 것을 보면, 이것이 얼마나 어려운 과제인가를 실감하게 된다. 이권문제로부터 벗어나 자유하지 않는 한 교회의 연합은 불가능한 것이다. 나아가 특정 대상과의 감정의 골이 깊어 가고, 게다가 지역간의 세력 다툼까지 이어진다면 교회의 연합은 한없이 멀어져만 가는 암흑기를 보내야 할 것이다. 이런 점에서 한국교회는 그리스도께서 친히 죽기까지 희생과 헌신을 아끼지 않으신 본을 따라서 세상을 향해서만이 아니라 교파 및 교회 간에도 이런 정신으로 일관해야 할 것이다. 이 정신을 부인하고 따르지 않는 교파 및 교회는 연합정신을 스스로 포기하는 비성경적인 자세를 취하고 있는 것이다.

셋째, 초기 한국교회가 비록 '하나의 교회'를 이루지는 못했지만, 본 논문에서 서술한 바와 같이 여러 가지 사업에 협력하는 연합정신 정신을 보여 주었다. 연합사업에 참여한 그들의 땀 흘린 역사의 발자취를 확인하며, 그들의 연합사역이 끝까지 유지되지 못한 불완전한 모습을 보여 주기도 하지만, 이것을 언제나 잊지 말아야 할 것이다. 그것은 현대 에큐메니칼 운동이 견지하는 방향과도 같은 것이다. 즉, 현대교회는 대단한 권력을 자랑하는 맘모스 교단으로 통일되는 것을 결코 추구하지 않는다. 대신에 각 교회가 서로를 인정하고 존중하는 가운데, 어떤 목적을 가지고 거기에 협력하는 연합정신을 추구하고 있다.

이 점에서 본 논문이 하나의 동기 부여를 제공할 수 있기를 바란다. 그것은 오늘 한국교회가 초기 교회와 비교할 수 없이 셀 수 없는 분파로 나누어짐으로 '하나의 교회'를 세울 수 있는 길은 더욱 요원하지만, 연합사업만큼은 끊이지 않고 부지런히 감당할 수 있기를 바라는 것이다. 복음을 위해, 교회를 위해 힘을 모아 추진해야 할 연합사역이 얼마나 많은가! 이것을 교회들이 공동으로 모여 연구하고 투자하고 실행에 참여할 때 복음전도의 효과가 배가될 수 있는 것은 자명한 일이다. 과거부터 계속해 오고 있는 부활절 연합예배를 유지 발전시키고, 빌리 그레이엄을 초청하여 큰 성과를 보았던 대형 연합전도집회, 또 최근에 예장 통합측을 중심으로 한국교회가 연합하여 큰 성과를 거둔 사학법 개정 등과 같은 일이 지속되어야 한다.

이와 같이 그리스도 안에서 한 교회 아래 한 자녀로 서로의 차이를 인정하며, 서로를 존중하는 자세를 가지고 현재 세계교회협의회(WCC)가 지향하는 바와 같이 기존의 교파와 교단을 서로 인정하고 존중하는 교회의 일치를 추구하는 데 능동적이고 적극적으로 참여해야 한다. 이제 한국교회가 과거의 이런저런 모순을 걷어내고, 교회의 본질을 찾아가는 가운데 '하나인 교회'의 참 모습을 회복하는 날이 임하기를 간절히 기원한다.

참고 문헌

1. 회의록

기독교조선감리회총회 회록 (1930-1933)

기독교조선감리회 동부, 중부, 서부 연합회의록 (1931-1941)

기독교조선감리회중앙협의회 1집. 서울: 기독교조선감리회 총리원, 1933.

대한예수교쟝로회 로회회록 (1905-1911)

미감리교회 조선연회록 (1916-1928)

남감리교회 조선매연회 회록(1924-1925)

조선기독교연합공의회 회록 (1937)

조선야소교연합협의회 회록 (1918)

조선예수교장로회 총회 회록 (1912-1943)

Annual Meeting of the General Council of Protestant Evangelical Missions in Korea 1905-1911.

Annual Meeting of the Federal Council of Protestant Evangelical Missions in Korea 1915-1927.

Annual Report of the Board of Foreign Missions of the Methodist Episcopal Church, Korea Mission 1884-1943.

Journal of the Korea Annual Conference Methodist Episcopal Church, South 1924-1927.

Minutes of the Annual Meeting of the Korea Mission of the Methodist Episcopal Church, South 1902-1927.

Minutes of the Annual Meeting of Korean National Christian Council 1928-1932.

Minutes of the Fifteenth Annual Meeting of the Council of Presbyterian Missions in Korea and the First Annual Meeting of the Presbytery of the Presbyterian Church in Korea, 1907.

Minutes of Presbyterian Church in the U.S.A. Board of Foreign Mission 1907-1936.

Official Minutes of the Korea Mission Conference, Methodist Episcopal Church 1905-1908.

2. 신문 및 잡지

監理會報 (1934-1939)

게자씨 (1937)

그리스도신문 (1897-1906)

基督教報 (1937-1938)

基督申報 (1915-1937)

대한미일신보 (1907-1910)

대한크리스도인회보 (1898-1901)

獨立新聞 (1896-1898)

東亞日報 (1920-1940)

東方學志 (1983)
每日新聞 (1935)
每日申報 (1938)
새가정 (1988)
聖書朝鮮 (1933)
新生命 (1923)
信仰生活 (1932-1941)
神學世界 (1917-1931)
神學月報 (1901-1903)
神學正論 (1985)
神學指南 (1923-1938)
新韓民報 (1909-1914)
實生活 (1932)
예수교회보 (1913)
節制時報 (1938)
죠션크리스도인회보 (1897)
朝鮮日報 (1931-1938)
宗教教育 (1930)
週刊기독교 (2004)
青年 (1925-1938)
把守軍 (1952)
韓國教會史學會誌 (1979)
한국기독교사연구 (1987-1988)
한국선교(KMQ) (2007)
學海 (1937)
皇城新聞 (1899-1908)

International Bulletin of Missionary Research (1995)
The Christian (1910)
The Christian Observer (1893-1905)
The Church at Home and Abroad (1893)
The Korea Field (1903)
The Korea Mission Field (1905-1941)
The Korean Repository (1895-1896)
The Korea Review (1901-1905)
The Madison Daily Courier (1895)
The Missionary Monthly (1906-1910)
The Missionary Review of the World (1894-1910)

3. 일기, 편지, 보고서, 찬송가

이만열, 옥성득 편역. 언더우드 자료집 I. 서울: 연세대학교 출판부, 2005.

________________. 언더우드 자료집 II. 서울: 연세대학교 출판부, 2006.

이만열 편. 아펜젤러-한국에 온 첫 선교사. 서울: 연세대학교 출판부, 1985.

찬숑가. 서울: 조선야소교서회, 1908.

新訂讚頌歌. 서울: 조선야소교서회, 1931.

Annual Report of National Bible Society of Scotland (1880-1900)

Appenzeller, H. G. 자유와 빛을 주소서-H. G. 아펜젤러의 일기(1886-1902). 노종해 역. 서울: 대한기독교서회, 1988.

Bernheisel, C. F. Diary. 김인수 역. 편하설 목사의 선교일기. 서울: 쿰란출판사, 2004.

Korea Mission of the Presbyterian Church in U.S.A. *Report of Pyeng Yang Station 1903-1931*. Korea Mission of the Presbyterian Church in U.S.A.

Lee, Graham. Graham Lee's Letters(1897-1912). Moffett's Collection, the Library of Princeton Theological Seminary.

The Methodist Church(Ki Dok Kyo Chosun Kam Ni Hoi). *Report of the Joint Commission of the Methodist Episcopal Church and the Methodist Episcopal Church, South, on Methodist Union in Korea* (Seoul: Authority of the Commission, 1931.

Moffett, S. A. Letters 1890-1904. 김인수 역. 마포삼열 목사의 선교편지: 1890-1904. 서울: 장로회신학대학교 출판부, 2000.

_______________. *S. A. Moffett First Letters From Korea 1890-1891*. Seoul: Presbyterian Theological Seminary Institute of Missions, 1975.

Speer, R. E. *Report on the Mission in Korea of the Presbyterian Board of Foreign Missions*. New York: The Board of Foreign Missions of the Presbyterian Church in the U.S.A., 1897.

Underwood, H. G. *Rev. Underwood's Missionary Letters 1885-1916*. 김인수 역. 언더우드 목사의 선교편지, 1884-1916. 서울: 장로회신학대학교 출판부, 2002.

4. 동양서적

姜渭祚. 日本統治下 韓國의 宗敎와 政治. 서울: 대한기독교서회, 1977.

고려대학교민족문화연구소 편. 한국문화사대계 제6권. 서울: 고려대학교 민족문화연구소, 1971.

郭安連 編. 長老敎會史典彙集. 서울: 조선야소교서회, 1918.

곽차섭 편. 미시사란 무엇인가?-역사학의 새로운 가능성-미시사의 이론, 방법, 논쟁. 서울: 푸른역사, 2000.

국사편찬위원회 편. 한국독립운동사 제1권, 제5권. 서울: 정음문화사, 1968.

기독교대한감리회총리원교육국 편. 한국감리교회사. 서울: 기독교대한감리회총리원교육국, 1975.

길진경. 靈溪 吉善宙. 서울: 종로서적, 1980.

김광우. 韓國監理敎會百年: 制度變遷記. 서울: 전망사, 1990.

김교식 편. 조만식. 서울 계성출판사, 1984.

김기봉. '역사란 무엇인가' 를 넘어서. 서울: 푸른역사, 2000.

김남식. 한국기독교면려운동사. 서울: 성광문화사, 1979.

김봉희. 한국기독교문서간행사연구. 서울: 이화여대출판부, 1987.

金良善. 韓國基督敎史硏究. 서울: 기독교문사, 1971.

______. 韓國基督敎 解放十年史. 서울: 대한예수교장로회 총회 종교교육부, 1956.

金麟瑞. 金麟瑞 著作全集 제5권. 서울: 한국교회사문헌연구원, 1988.

김인수. 한국기독교회의 역사. 서울: 장로회신학대학교 출판부, 1997.

김정주 편. 한국절제운동 70년사(1923-1993). 서울: 대한기독교여자절제회, 1993.

김호용. 대한성서공회사 I. 서울: 대한성서공회, 1993.

김활란. 그 빛 속의 작은 생명. 서울: 이화여자대학교 출판부, 1973.

______. 又月文集 I. 서울: 이화여자대학교 출판부, 1979.

______. 그 빛 속의 작은 생명-우월 김활란 자서전. 서울: 이화여자대학교 출판부, 1965.

대한기독교서회 편. 대한기독교서회 약사 1890-1960. 서울: 대한기독교서회, 1960.

대한 YMCA 역사편찬위원회 편, YMCA 40년사. 서울: 대한 YMCA 연합회 출판부, 1962.

대한 YMCA 연맹 편. 한국 YMCA 운동사 1895-1985. 서울: 로출판, 1986.

대한 YWCA 연합회 편. YWCA 40년사. 서울: 대한 YWCA 연합회 출판부, 1962.

__________________. 한국 YWCA 반백년: YWCA 희망의 상징. 서울: 대한 YWCA 연합회, 1976.

獨立運動史 資料集 1-17. 獨立運動史 資料集 5권. 서울: 발행처 불명, 1995.

東亞日報社. 3 · 1運動 50週年 記念論集. 서울: 동아일보사, 1969.

閔庚培. 서울 YMCA 운동 100년사, 1903-2003. 서울: YMCA, 2004.

______. 殉教者 朱基撤 牧師. 서울: 대한기독교출판사, 1985.

______. 알렌의 宣教와 近代 韓美外交. 서울: 연세대학교 출판부, 1991.

______. 日帝下의 韓國基督教 民族 · 信仰運動史. 서울: 대한기독교서회, 1991.

______. 鄭仁果와 그 時代. 서울: 한국교회사학연구원, 2002.

______. 주기철-죽음의 권세를 이기게 하여 주소서. 서울: 동아일보사, 2001.

______. 韓國教會讚頌歌史. 서울: 연세대학교출판부, 1997.

______. 韓國基督教 社會運動史: 1885-1945. 서울: 대한기독교출판사, 1987.

______. 韓國基督教會史. 서울: 대한기독교서회, 1972.

______. 韓國民族教會形成史論. 서울: 연세대학교 출판부, 1974.

박상증 편저. 한국교회와 에큐메니칼 운동. 서울: 대한기독교서회, 1992.

박용규. 한국기독교회사. 서울: 생명의말씀사, 2004.

朴殷植. 韓國獨立運動之血史. 서울: 단국대학교, 1920.

박찬승. 한국근대정치사상사 연구. 서울: 역사비평사, 1992.

白樂濬. 韓國改新教史. 서울: 연세대학교 출판부, 1973.

白南薰. 나의 一生. 서울: 신현실사, 1968.

邊宗浩 편. 李龍道牧師 日記. 서울: 신생관, 1966.

邊太燮. 韓國史通論. 서울: 삼영사, 1986.

새문안 70년사 편찬위원회 편. 새문안교회 70년사. 서울: 새문안교회 당회, 1958.

서울 YMCA 편. 서울 YMCA 운동사 1903-1993. 서울: 로출판, 1993.

서울 YWCA. 서울 YWCA 50년사. 서울: 서울 YWCA, 1976.

宋相錫 編. 朝鮮예수教長老會 50週年 歷史畵譜: 禧年 祝賀 紀念, 第1輯. 평양: 조선예수교장로회총회, 1935.

______. 韓國節制教育硏究史料集. 서울: 성광문화사, 1979.

숭실대학교 90년사편찬위원회. 숭실대학교 90년사. 서울: 숭실대학교 출판부, 1987.

梁株三. 朝鮮南監理教會 30年 紀念報. 서울: 조선남감리교회 전도국, 1930.

______. 南監理教會道理 及 章程. 서울: 남감리교회 죠션매년회, 1923.

연세대학교백년사 편찬위원회 편. 연세대학교백년사: 1885-1985 I. 서울: 연세대학교 출판부, 1985.

연세의료원 120년사 편찬위원회. 인술, 봉사 그리고 개척과 도전의 120년-1. 한국의 현대의학 도입과 세브란스(1885-1945). 서울: 연세의료원, 2005.

연세창립 80주년기념사업연구회 편. 연세대학교사: 1885-1965. 서울: 연세대학교 출판부, 1969.

영남신학연구소 김동건 편. 신학의 전망: 21세기를 맞으며. 서울: 한국장로교 출판사, 1999.

유달영. 최용신 양의 생애-농촌계몽의 선구. 서울: 새글집, 1961.

윤경로. 한국근대사의 기독교사적 이해. 서울: 역민사, 1992.

윤춘병. 한국 기독교 신문 · 잡지 백년사. 서울: 대한기독교출판사, 1984.

______. 한국감리교 도서출판 백년사. 서울: 기독교대한감리

회본부 교육국, 1986.

이광린. 초대 언더우드 선교사의 생애-우리나라 근대화와 선교활동. 서울: 연세대학교 출판부, 1991.

______. 올리버 알 에비슨의 생애. 서울: 연세대학교 출판부, 1992.

이덕주. 한국토착교회 형성사 연구: 한국적 기독교의 뿌리를 찾아서. 서울: 한국기독교역사연구소, 2000.

이만열. 한국기독교문화운동사. 서울: 대한기독교출판사, 1987.

______. 한국기독교 수용사 연구. 서울: 두레시대, 1998.

______. 한국기독교 의료사. 서울: 아카넷, 2003.

이만열 외 7인. 한국기독교와 민족운동. 서울: 보성, 1986.

이성삼. 한국감리교회사. 서울: 기독교대한감리회본부 교육국, 1980.

______. 감리교와 신학대학사-감신대 70주년 기념 1975. 서울: 한국교육도서출판사, 1977.

이승만. 한국교회 핍박, 청일전기. 서울: 한국교회사 문헌연구원, 1993.

이영헌. 한국기독교회사. 서울: 컨콜디아사, 1978.

이장식. 대한기독교서회 백년사. 서울: 대한기독교서회, 1984.

이찬영. 한국기독교회사총람. 서울: 전망사, 1994.

이태진. 서울대 이태진 교수의 동경대생들에게 들려준 한국사-메이지 일본의 한국 침략사. 서울: 태학사, 2005.

이형기. 하나님의 나라와 교회-20세기 주요 신학의 종말론적 교회론. 서울: 한들출판사, 2005.

______. 21세기를 향한 새로운 신학적 패러다임의 모색. 서울: 장로회신학대학교 출판부, 1997.

이화 80년사 편찬위원회. 이화 80년사. 서울: 이대 출판부, 1967.

이환신 외. 엡윗회 조직과 사업. 서울: 감리교 총리원, 1936.

임희국. 선비 목회자 봉경 이원영 연구-이원영 목사의 생애와 사상. 서울: 기독교문사, 2001.

장로회신학교. 조선야소교장로회신학교 요람. 평양: 조선야소교장로회신학교, 1916.

장로회신학대학교 100년사 편찬위원회. 장로회신학대학교 100년사. 서울: 장로회신학대학교, 2002.

장병욱. 감리교여성사. 서울: 성광문화사, 1979.

전택부. 한국기독교청년회 운동사. 서울: 정음사, 1978.

______. 한국 에큐메니칼 운동사. 서울: 한국기독교협의회, 1979.

______. 人間 申興雨. 서울: 대한기독교서회, 1971.

______. 토박이 신앙산맥. 서울: 대한기독교출판사, 1977.

______. 한국교회발전사. 서울: 대한기독교출판사, 1987.

전필순. 목회여운. 서울: 대한예수교장로회총회 교육부, 1965.

정요섭. 한국여성운동사. 서울: 일조각, 1971.

조선일보사출판국 편. 조선일보 명사설 오백선. 서울: 조선일보사 출판국, 1972.

조이제. 한국감리교청년회 100년사. 서울: 감리교청년회 100주년 기념사업위원회, 1997.

주선애. 장로교여성사. 서울: 대한예수교장로회여전도회 전국연합회, 1978.

______. 살며 섬기며-주선애 글모음. 서울: 두란노서원, 1986.

車載明 編. 朝鮮예수敎長老會史記(上). 서울: 조선기독교창문사, 1928.

천화숙. 한국여성 기독교사회운동사. 서울: 혜안, 2000.

최은희 편. 조국을 찾기까지(하권). 서울: 탐구당, 1973.

한국교회사학회 편. 朝鮮예수敎長老會史記 (下). 서울: 연세대학교 출판부, 1968.

한국기독교백주년기념사업협의회 여성분과위원회 편. 여성! 깰지어다 일어날지어다 노래할지어다. 서울: 대한기독교출판사, 1985.

한국기독교역사연구소. 한국 기독교의 역사 I. 서울: 기독교문사, 1989.

______. 한국 기독교의 역사 II. 서울: 기독교문사, 1990.

한국기독교협의회 70년 역사편찬위원회 편. 하나되는 교회, 그리고 세계: 한국기독교협의회 70년 연표. 서울: 대한기독교서회, 1994.

한규무. 일제하 한국기독교 농촌운동 1925-1937. 서울: 한국기독교역사연구소, 1997.

한근조. 고당 조만식. 서울: 태극출판사, 1972.

한영제 편. 한국성서 찬송가 100년. 서울: 기독교문사, 1987.

______. 한국기독교 문서운동 100년. 서울: 기독교문사, 1987.

______. 한국기독교 정기간행물 100년. 서울: 기독교문사, 1987.

현규환. 한국유이민사 서울: 어문각, 1967.

홍이섭. 한국근대사. 서울: 연세대학교 출판부, 1975.

Allen, H. N. *Things Korean*. 윤후남 역, 알렌의 조선 체류기. 서울: 예영커뮤니케이션, 1996.

Avison, O. R. 에비슨 기념사학회 역. 舊韓末秘錄 (下卷). 대구: 대구대학교 출판부, 1986.

Baird, R. H. *William M. Baird of Korea*. 김인수 역. 배위량 박사의 한국선교. 서울: 쿰란출판사, 2004.

Cable, E. M. 편. 基督教朝鮮監理會 教理와 章程. 서울: 基督教朝鮮監理會 總理院 教育局, 1931.

Georg G. Iggers. *Geschitswissenschaft im 20. Jahrhundert*. 임상우, 김기봉 역. 20세기 사학사 (서울: 푸른역사, 1999).

Wells, K. M. *New God, New Nation- Protestants and Self-Reconstruction Nationalism in Korea 1896-1937*. 김인수 역. 새 하나님 새 민족. 서울: 한국장로교출판사, 1997.

5. 서양서적

배민수. *Who Shall Enter the Kingdom of Heaven?*. 서울: 대한예수교장로회총회 교육부, 1993.

Appenzeller, H. D. *Fifty Years of Educational Work- Korea Methodist News Service Jubilee Address Reprints*. Seoul: Fiftieth Anniversary Address Delivered at First Church, June 19-20, 1934.

Appenzeller, H. G. *The Korea Mission of the*

Methodist Episcopal Church. New York: Open Door Emergency Commission, 1902.

Bishop, I. B. *Korea and Her Neighbors-A Narrative of Travel, with an Account of the Recent Vicissitudes and present position of the Country*, vol. II. London: John Murray, Albemarle Street, 1898.

Blair, W. N. *The Korea Pentecost and Other Experience on the Mission Field.* New York: The Board of Foreign Missions of the Presbyterian Church in the U.S.A., 연도미상.

__________. *Gold in Korea.* Topeka, Ks.: H. M. Ives & Sons, 1946.

Blair, W. and Hunt, B. *The Korean Pentecost and the Sufferings Which Followed.* Edinburgh: The Banner of Truth Trust, 1977.

Bradt, C. E. W. R. King and H. W. Reherd. *Around the World Studies and Stories of Presbyterian Foreign Mission-By a Carefully Selected Company of Students Who Personally Visited and Critically Investigated Most of the Foreign Mission Stations of the Presbyterian Church, U.S.A.* Wichita, Ks.: The Missionary Press, Co. Inc., 1912.

Brown, A. J. *The Korean Conspiracy Case.* Northfield, MA.: Northfield Press, 1912.

Brown, G. T. *Mission to Korea.* Seoul: Department of Education, The Presbyterian Church of Korea, 1962.

Butterfield, K. L. *The Rural Mission of the Church in Eastern Asia.* New York: International Missionary Council, 1931.

Cable, E. M. and Underwood, H. H. *The Chosen Christian College-Twenty-Fifth Anniversary Booklet, May 17th, 1940.* Seoul: YMCA Press, 1940.

Chosun Kamni Kyohoe. *Hand Book of the Korean Methodist Church for 1931-1932.* Seoul: Methodist Center, 1931.

Chosun Kamni Kyohoe Central Council. *The Relationships and the Central Council of the Korean Methodist Church and By-Laws.* Seoul: Korea Methodist Church, 1931.

Chun, S. C. *Schism and Unity in the Protestant Churches of Korea.* Seoul: The Christian Literature of Society, 1979.

Clark, C. A. *The Nevius Plan for Mission Work-Illustrated in Korea.* Seoul: Christian Literature Society, 1937.

Cooper, S. K. *Evangelism in Korea.* Nashville, TN.: Board of Missions Methodist Episcopal Church, South, 1930.

Crane, S. M. *A Legacy Remembered-A Century of Medical Missions.* Franklin, TN.: Providence House Publishers, 1998.

Davis, G. T. B. *Korea for Christ: the Story of the*

Great Crusade to Win One Million Souls from Heathenism to Christianity. London: Christian Workers Depot, 1910.

The Board of Foreign Missions of the Presbyterian Church. *Historical Sketch of the Missions in Korea, Sixth Edition.* Philadelphia: The Woman's Foreign Missionary Society of the Presbyterian church, 1909.

Fisher, J. E. *Pioneers of Modern Korea.* Seoul: Christian Literature Society, 1977.

Gale, J. S. *Korea in Transition.* New York: Young People's Missionary Movement of the United States and Canada, 1909.

Gordon, E. B. *Adoniram Judson Gordon.* New York: Fleming H. Revell Company, 1896.

Griffis, W. E. *A Modern Pioneer in Korea-The Life Story of Henry G. Appenzeller.* New York: Fleming H. Revell Company, 1912.

Hall, R. S. *The Life of Rev. W. J. Hall.* New York: Press of Eaton & Mains, 1897.

Harrington, F. H. *God, Mammon, and the Japanese-Dr. Horace N. Allen and Korean-American Relations, 1884-1905.* Madison, WI: The University of Wisconsin Press, 1944.

Government General of Tyosen. *Annual Report on Administration of Tyosen.* Tokyo: Toppan Printing Co., Ltd., 1938.

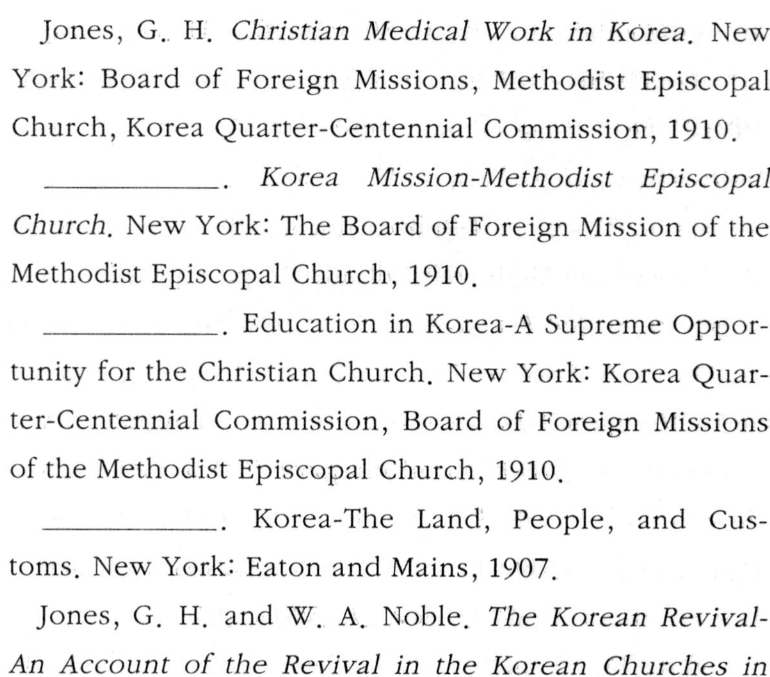

Jones, G. H. *Christian Medical Work in Korea*. New York: Board of Foreign Missions, Methodist Episcopal Church, Korea Quarter-Centennial Commission, 1910.

__________. *Korea Mission-Methodist Episcopal Church*. New York: The Board of Foreign Mission of the Methodist Episcopal Church, 1910.

__________. Education in Korea-A Supreme Opportunity for the Christian Church. New York: Korea Quarter-Centennial Commission, Board of Foreign Missions of the Methodist Episcopal Church, 1910.

__________. Korea-The Land, People, and Customs. New York: Eaton and Mains, 1907.

Jones, G. H. and W. A. Noble. *The Korean Revival-An Account of the Revival in the Korean Churches in 1907*. New York: The Board of Foreign Missions of the Methodist Episcopal Church, 1910.

Japan Chronicle 특파원. The Korean Conspiracy Trial. 윤경로 역. 105인사건 공판 참관기. 서울: 한국기독교역사연구소, 2001.

Hall, Sherwood. With Stethoscope in Asia: Korea. 김동열 역. 닥터 홀의 조 선회상. 서울: 동아일보사, 1984.

Kerr, E. A. Anderson, G. *The Australian Presbyterian Mission in Korea 1889-1941*. Sydney: Australian Presbyterian Board of Missions, 1970.

Kim, B. G. *History of Korean Journalism vol. I-From the 19th Century to the 1945 Liberation*. Seoul: The

Korea Information Service, Inc., 1965.

Korea Methodist News Service, *Korean Snapshots: 1884-1934 Getting acquainted with Korea.* Seoul: Korea Methodist Church, 1934.

Korea Quater-Centennial Movement Board of Foreign Missions of the Methodist Episcopal Church. *Competent Witness on Korea as a Mission Field-Statement from Twelve Men Whose Prominence and Observation Quarterly Them to Speak with Authority.* New York: 1910.

McCully, E. A. and E. J. O. Fraser. *Our Share in Korea -Supplementary to The Land of the Dawn by James Dale Van Buskirk.* Toronto: The Board of Foreign Missions of the United Church of Canada, 1931.

McKenzie, F. A. *Korea's Fight for Freedom.* London: Fleming Revell Co., 1920.

Missionaries of the Woman's Foreign Missionary Society of the Methodist Episcopal Church in commemoration of the completion of fifty years of work in Korea, *Fifty Years of Light.* Seoul: YMCA Press, 1938.

Moffett, S. A. *Argument in Favor of Seoul as the Location of the Union College.* Yokohama: Fukuin Printing Co., LTD., 1913.

Moffett, S. H. *The Christians of Korea.* New York: Friendship Press, Inc., 1962.

Nisbet, A. M. *Day In and Day Out in Korea.* Richmond, VA.: Whittet & Shepperson, 1919.

Palmer, S. J. *Korea and Christianity.* Seoul: Hollym Corp., 1967.

Pyen Yang Union Christian College. *Catalogue of Pyeng Yang Union Christian College 1910.*

Presbyterian Theological Seminary at Pyeng Yang. *Catalogue of the Presbyterian Theological Seminary at Pyeng Yang, Chosen.* Yokohama: Fukuin Printing Co., LTD., 1916.

Rhodes, H. A. *History of the Korea Mission Presbyterian Church U.S.A. 1884-1934.* Seoul: Department of Education, The Presbyterian Church of Korea, 1934.

Rhodes, H. A. and Campbell, A. *History of the Korea Mission: Presbyterian Church in the U.S.A.* 1935-1959. New York: Commission on Ecumenical Mission and Relation, the United Presbyterian Church in the U.S.A., 1964.

Robertson, J. C. F. *The Bible in Korea.* London: The British and Foreign Bible Society, 1952.

Ryang, J. S. *Southern Methodism in Korea-Thirtieth Anniversary.* Seoul: Board of Missions, Korea Annual Conference, Methodist Episcopal Church, South, 1929.

Sauer, C. A. *Methodist in Korea 1930-1960.* Seoul: The Christian Literature of Society, 1973.

Scott, W. *Canadians in Korea-Brief Historical Sketch of Canadian Mission Work in Korea.* Nashville: Board of World Mission, Presbyterian Church U.S.A., 1975.

Speer, R. E. *Christianity and the Nation.* New York: Fleming H. Revell Company, 1910.

____________. *Missions and Politics in Asia.* New York: Fleming H. Revell Company, 1898.

The Federal Council of the Churches of Christ in America. *Korean Situation: Authentic Accounts of Recent Events by Eye Witness.* New York: The Commission on Relation with the Orient of the Federal Council of the Churches of Christ in America, 1919.

The Federal Council of Missions in Korea. *The Korea Missions Year Book 1928-issued under the direction of the Federal Council of Missions in Korea.* Seoul: The Christian Literature Society of Korea, 1928.

____. *The Korea Missions Year Book 1932-issued under the direction of the Federal Council of Missions in Korea.* Seoul: The Christian Literature Society of Korea, 1932.

The Federal Council of Korea and the Interchurch World Movement of North America. *Korea Hand Book of Missions 1920.* Yokohama, The Fukuin Printing Co., Ltd., 1920.

The Korea Mission of the Presbyterian Church in the U.S.A. Quarto Centennial Papers Read Before the Korea Mission of the Presbyterian Church in the U.S.A. at the Annual Meeting in Pyeng Yang, August 27, 1909

___________________________. The Fiftieth Anniversary Celebration of the Korea Mission of the Presbyterian Church in the U.S.A. June30-July3. Seoul: YMCA Press, 1934.

______________________. The 50th Anniversary of the Chosen Mission of the Presbyterian Church in the U.S.A. 1884-1934. Seoul: June 30-July3, 1934.

Underwood, H. G. *The Call of Korea, Political-Social-Religious*. New York: Fleming H. Revell Company, 1908.

_________________. *The Christian Movement in Japan, Korea, and Formosa*. New York: Young Men's Christian Association, 1914.

Underwood, H. H. *Modern Education in Korea*. New York: International Press, 1926.

Underwood, L. H. *Underwood of Korea Being An Intimate Record of the Life and Work of the Rev. H. G. Underwood, D.D, LL.D., for Thirty-One Years A Missionary of the Presbyterian Board in Korea*. New York: Fleming H. Revell Company, 1918.

______________. *Fifteen Years Among The Top-Knots or Life In Korea*. New York: American Tract Society, 1904.

Wasson, A. W. *Church Growth in Korea*. New York: International Missionary Council, 1934.

Wheeler, W. R. *The Crisis Decade-A History of the Foreign Missionary Work of the Presbyterian Church in the U.S.A. 1937-1947, Supplementing "One Hundred Years" by Arthur Judson Brown.* New York: The Board of Foreign Mission of the Presbyterian Church in the U.S.A., 1950.

World Missionary Conference, 1910. *Report of Commission II: The Church in the Mission Field-with Supplement: Presentation and Discussion of the Report in the Conference on 16th June 1910.* New York: Fleming H. Revell Company, 1910.

YMCA. *Fifty Years of Light.* Seoul: YMCA Press, 1938.

6. 기타 백과사전, 논문 및 미간행 자료

김인수. "초기 한국교회 선교사들의 에큐메니칼 정신과 활동에 관한 고찰". 長神論壇 제8집 (1992. 11).

_____. "초대 선교사 언더우드의 에큐메니칼 정신과 사역". 현대와 신학 제17집 (1993).

_____. "호러스 그랜트 언더우드-선교사 활동과 인간적 측면을 중심으로". 장신논단, 제19집 (2003).

박용옥. "한국근대 여성운동사 연구". 고려대학교 미간행 박사학위 논문, 1982.

이덕주. "하나 되게 하소서-한국 개신교회 일치와 연합운동의 역사적 흐름". 그리스도인의 기도. 서울: 제7회 한국 그리스도인 일치를 위한 일치 포럼-한국기독교협의회 교회일치와 종교간 대화위원회 & 한국 천주교 주교회의 교회일치와 종교 간 대화위원회, 2007.

이만열. "한국기독교 사회운동", 기독교사상 제314호 (1984. 8).

임희국. "연합정신에 입각한 영남지역 교회사 연구". 신학과 목회 제12집 (1998).

______. "연합정신의 현장에 닿은 신학교육". 교회와 세계 제214집 (2002. 12).

주재용. "한국 기독교 백년사". 신학연구. 제21집 (1979, 가을호).

허은숙. "한국 기독교 사회운동사 연구-YMCA와 면려회를 중심으로". 서울: 연세대학교 연합신학대원 미간행 석사학위 논문, 1992.

Avison, O. R. *Dr. Avison's Memoirs in Korea 1893-1935*. Moffett Collection, the Library of Princeton Theological Seminary.

Brunner, E. D. S. "Rural Korea-A Preliminary Survey of Economic, Social And Religious Conditions." *Report of the Jerusalem Meeting of the International Missionary Council March 24th-April 8th, 1928 vol. 6*. London: Oxford University Press, 1928.

Byun, Chang Uk. *Abstract of Comity Agreements Between Missions in Korea from 1884 to 1910: The Ambiguities of Ecumenicity and Denominationalism*. Dissertation of Princeton Theological Seminary, 2003.

Encyclopaedia Britanica, Inc. *The New Encyclopaedia Britanica vol. 11*. London: 1985.

Federation Council of the Churches of Christ in

America. *Paper: "Conspiracy Case."* Unpublished Material. Moffett Collection, the Library of Princeton Theological Seminary, 1912.

Kim, John Man-Soo. *Horace Grant Underwood: Ecumenism and Inter-Religious Dialogue in a Korean Missionary Context.* Unpublished Dissertation of St. Louis University, 1992.

Moffett, S. A. and J. E. Adams. *Presentation of Difficulties which have arisen in the Chosen(Korea) Mission of the Presbyterian Church in U.S.A. Because of a Lack of Definition between the Foreign Board and itself concerning their mutual responsibilities in the administration of Field Work.* Unpublished material. Moffett Collection, the Library of Princeton Theological Seminary, 1918.

ABSTRACT

A Study of the Unity Movement of Korean Protestant Churches: 1884-1945

Shin, Soo-Il
Department of Historical Theology
Graduate School
Presbyterian College & Theological Seminary

This dissertation is the first academic attempt to write about the unity movement of Korea Protestant churches starting from the entrance of foreign Protestant missionaries, 1884, to the independence of Korea from the Japanese Empire, 1945, which includes broad ecumenical movements.

Korea Protestant churches needed the unity movement from the beginning because the first missionaries were from different denominations such as American Presbyterianism and Methodism and they have transplanted their denominations into this land. The first trial of the unity movement of Korea Protestant churches was for the construction of 'one church' without any denomination, but it failed and was stopped so that its orientation for the unity movement was changed into the union work among various denominations.

The reason why this thesis tells the story until 1945, is because it was the end of the occupation of Japanese Empire which means Korea' s liberation from that, and the period of time studied needed to be limited and therefore the unity movement after that time could not be considered. The periodization of this thesis is divided as followings. The first period is from the entrance of foreign missionaries, 1884, to the annexation of Korea from Japanese Empire, that is called the age(period) of the early missionaries.

The second period is from 1910 to 1930 during which the unity movement has bloomed, and the third period is from 1930 to 1945 during which the unity movement has weakened and been terminated. Even though I have divided the periodization like this, I have written this thesis according to themes because one can more easily observe the history of the unity movement by this method than by studying it by period which would need to repeat themes each period.

Before discussing the work according to themes, it is

required to describe the social and theological background of the unity movement for each period including telling about the spirit of unity of the early missionaries. The unity movement of the Korean Protestant churches is connected with the social situation and surroundings which was faced during each period. Sometimes, the unity movement made abundant progress due to the situation, but sometimes it had contrasting result of not going forward. The main causes of the unity movement in the first period were the ecumenism of early missionaries such as H. G. Underwood and H. G. Appenzeller, and revival movements. Those of the second period were nationalism against the Japanese Empire and progressive movements within the general society. The main causes of the interruption of the unity movements in the third period which resulted in the weakness and termination of the ecumenical movements were theological conflict and self-interest and self-centeredness among denominations, and the interference of the Japanese Imperial government.

There are five main themes of the unity movement in Korean Protestant churches. First is the unity movement through cooperation in medical mission which was able to open the door for the mission of Korean Protestant churches and was the beginning of the ecumenical movement in Korea. Second is the unity movement through educational work, that is school education and Sunday school movement, which contributed to the growth of Korea protestant churches both in quantity and quality. This dissertation describes the establishment of primary and secondary schools and then that of theological schools, colleges, and the Sunday School Association. Third is the unity movement through literary mission such as the translation and publishing of the Bible, the publishing of hymns, newspapers, magazines, and the biblical commentaries and includes the establishment of publishing houses which could publish these things.

Fourth is the unity movement through social participation in which the Korean Protestant churches took part in national fields of life from the beginning; such as work for women and youth, the protection and having the birthday party for Emperor Kojong which showed Christians loving the nation and being loyal to the emperor. Social participation was also shown in anti-Japanese movements, and social enlightenment movements centering around the temperance movement and movement for rural enlightenment and development. Fifth is the unity movement among denominations. It is from the unity movement when groups were joined into denominations of Christians, it resulted in at last their one Presbyterian and one Methodist church in

Korea. Then the movement for unity had the different groups work together in organization such as the General Council of the Protestant Evangelical Missions in Korea which consisted only of missionaries without Korean Christian leaders, the Korean Presbyterian-Methodist Federal Council which consisted of both missionaries and Korean Christian leaders, and the Korea National Christian Council which became the greatest union institution, consisting of various denominations and missions and bodies such as the YMCA, YWCA, the Sunday School Association, the British and Foreign Bible Society, the Christian Literary Society of Korea, Women's Temperance Society of Korea. There were also the unity movements among denominations when they were faced with the threat to the churches of being through the persecuted for their faith and from the threat of socialism and communism, and increased cooperation through revival movements and foreign mission work.

Even though the ecumenical movements of Korean Protestant churches have been pursued through these five themes, Korea Protestant churches finally failed in this attempt and stopped the unity movements and returned to denominationalism after 1930. This resulted from theological conflicts and self-interest among denominations, and the interruptions of the Japanese

Empire. The Japanese government synthesized all denominations in the Korean Protestant churches and forcibly made 'one church' without any denomination under the Japanese Kyodan. However, it was just maintained for a short time owing to the liberation of Korea from the Japanese Empire.

As we observed above, the efforts of early missionaries and Korean Christians for the construction of 'one church' without denominations in Korea at last failed. G. T. B. Brown analyzes the reason as follows. First is the opposition of the leaders of American Presbyterian and Methodist Churches in the United States. Second is the lack of leadership in the Korean churches. Even though they failed to establish 'one church' in Korea, a lot of union work among various denominations had meaning and value in themselves. Finally, as Korean denomination centered in Presbyterianism and Methodism became rooted deeply in this land, they gradually did not have the same need for the unity movement. Moreover, when there was the most difficult time under the Japanese Empire at the end of the 1930's, the movement for unity was almost gone and denominationalism returned.

색 인

ㄱ

ㄴ

ㅂ

ㅅ

ㅈ

한국교회 에큐메니칼 운동사(1884~1945)

2008년 4월 20일 인쇄
2008년 5월 1일 발행

지은이 | 신수일
발행인 | 이형규
발행처 | 쿰란출판사

주소 | 서울 종로구 이화동 184-3
TEL | 02-745-1007, 745-1301, 747-1212, 743-1300
영업부 | 02-747-1004, FAX / 02-745-8490
본사평생전화번호 | 0502-756-1004
홈페이지 | http://www.qumran.co.kr
E-mail | qumran@hitel.net
qumran@paran.com
한글인터넷주소 | 쿰란, 쿰란출판사

등록 | 제1-670호(1988.2.27)

책임교열 | 박은아 · 송은주

값 17,000원

ISBN 978-89-5922-522-4 93230